元宇宙文化产业丛书

丛书主编 陈少峰 于小涵 周博文

高校文创产业研究论文集

陈少峰 黄 文 周博文 主编

浙江工商大学 出版社

ZHEJIANG GONGSHANG UNIVERSITY PRESS

·杭州·

图书在版编目（CIP）数据

高校文创产业研究论文集 / 陈少峰, 黄文, 周博文
主编. — 杭州：浙江工商大学出版社, 2023.12
（元宇宙文化产业丛书 / 陈少峰, 于小涵, 周博文
主编）
ISBN 978-7-5178-5760-0

Ⅰ. ①高… Ⅱ. ①陈… ②黄… ③周… Ⅲ. ①高等学
校—校园文化—文化产业—中国—文集 Ⅳ. ①G647-53

中国国家版本馆 CIP 数据核字（2023）第 194784 号

高校文创产业研究论文集
GAOXIAO WENCHUANG CHANYE YANJIU LUNWEN JI

陈少峰　黄　文　周博文 主编

策划编辑	任晓燕
责任编辑	唐　红
责任校对	韩新严
封面设计	朱嘉怡
责任印制	包建辉
出版发行	浙江工商大学出版社
	（杭州市教工路 198 号　邮政编码 310012）
	（E-mail：zjgsupress@163.com）
	（网址：http://www.zjgsupress.com）
	电话：0571-88904980，88831806（传真）
排　　版	杭州朝曦图文设计有限公司
印　　刷	杭州高腾印务有限公司
开　　本	710mm×1000mm　1/16
印　　张	24.5
字　　数	328 千
版 印 次	2023 年 12 月第 1 版　2023 年 12 月第 1 次印刷
书　　号	ISBN 978-7-5178-5760-0
定　　价	72.00 元

编委会

目　录

数字化时代的机遇与挑战 ………………………… 王国华 / 1

元宇宙文旅吸引力影响因素研究 ………………… 宋荣发　张立波 / 10

新型文化企业的内涵意义、角色定位及发展方向 ………… 张振鹏 / 22

跨媒介视域下中国科普内容产业的发展路径研究 …… 崔亚娟　姚利芬 / 30

中华造物文化：核心价值与创新实践 ………………… 管　宁 / 44

并行工程理论视角下旅游景区文创产品开发研究 …… 李　静　邵明华 / 69

元宇宙技术在"山东手造"中的应用与探索 …… 昝胜锋　郝凤彩　昝博闻 / 89

博物馆数字化转型的公众认知研究 ………… 于小涵　陈柏福 / 107

智能文创：城市竞争新赛道 ………………… 蔡尚伟　董　渤 / 125

文旅融合：文化创意产业的新空间和新路径 ……… 李　炎　李彦忻 / 140

北京中轴线沉浸式体验现状及发展建议 ……… 郭　嘉　林　晨 / 159

文旅产业高质量重启：问题意识、价值指归与推进路向 …… 郭万超　孙　博 / 170

挖掘城市文化资源推动长三角城市群创意产业发展

　　——以沪、宁、杭等城市为例 ………………… 秦　璇 / 184

产业发展视角下VR直播应用分析 ………………… 余　霖　石景源 / 197

中国传统文化题材影视作品IP体系打造的价值研究 … 刘 强 郭子润 / 208

岛屿经济体视域下澳门文旅产业发展的路径探析 …………… 陈晓君 / 219

从《诗经》看当代"艺术乡建"的底层逻辑 ……………… 廖勇传思 / 241

强化人才支撑，推动人才培养模式创新发展的若干思考 ……… 秦 晴 / 254

"元宇宙"的影像逻辑：由事实到价值的可能性 ……………… 侯杰耀 / 262

新一代信息技术条件下高校教学空间虚拟化及管理研究 … 李 微 宋 菲 / 275

元宇宙时代石家庄非物质文化遗产继承和推广探究

　　　——以藁城屯头宫灯为例…………… 张艮山 陈 枫 冯利华 / 288

工业遗产旅游中沉浸体验与游客忠诚的关系

　　　——基于文化认同的中介作用 …………… 宋 宪 张立波 / 297

虚拟人技术的发展及其伦理风险 ……………… 田 郭 / 315

品牌与文旅产业 ……………………… 陈少峰 / 326

数字经济与元宇宙视域下石家庄市国家级非遗的创意展示方法研究

　　　………………… 陈 枫 张艮山 赵新宇 / 338

近三年我国文化企业发展现状分析 ……………… 王 军 / 345

ChatGPT的功能、特点及前景 ……………… 窦雅璇 / 361

论元宇宙：特征、场景应用与对文化产业的影响 …………… 薛雄星 / 374

数字化时代的机遇与挑战

王国华①

【摘要】人类世界已经进入数字经济的时代,我们所面对的数字经济大潮已经汹涌澎湃地朝着每一个人迎面扑来,只有深刻地认识数字经济的巨大机遇和严峻挑战,认真反思数字产业存在的不足与缺憾,努力创新数字产业机制,真正建立起一套制度层面上的高效的"激励结构",才能真正疏导数字经济的能量大潮,使数字经济健康发展。

【关键词】数字经济;元宇宙;数字技术

一、数字化时代的未来发展趋势

不可否认,今天的人类世界已经进入数字经济的时代!无论是"元宇宙"概念的诞生,"元宇宙"技术的环球风靡,还是 Facebook 表示将在 5 年内转型成为一家元宇宙公司,无论是美国公司 OpenAI 在 2022 年 11 月 30 日推出的人工智能技术驱动的自然语言处理工具 ChatGPT,抑或是马斯克太空探索技术公司推出的星链技术 Starlink,等等,它们都是通过全新的数字化技

---

① 作者简介:王国华,教授,北京工业大学文化创意产业研究所所长。

术,结合互联网科技,为人类不断提供新技术产品的数字经济形态。

所谓数字经济时代,就是绝大部分的经济表现形态都是数字化形式,这种经济现象可以称为数字化经济。数字时代的本质,就是移动互联网的时代。移动互联网的使用时长已经超过 PC 互联网,而且还在快速上升。移动互联网的商业模式正在迅速成熟,其潜在的机会一定是 PC 互联网的 10 倍甚至更多。互联网科技的迅猛发展使越来越多的计算机连接起来,诞生了很多新现象,我们面对的世界可谓日新月异。

移动互联网将更多的实体、个人和设备连接在一起,互联网不再只是新经济、虚拟经济,而是会成为主体经济不可分割的一部分。这是一个大趋势。现在是一个非常关键的时期。无论是纯粹的互联网公司,还是传统的各行各业,如果没有抓住机会,未来都会相当危险。企业家如果认为互联网与自己所在的行业没有关系,或者想结合互联网但没有考虑移动互联网的特征,未来都可能在竞争中被边缘化。因此,我们必须熟悉移动互联网的产品特征和精神,转变思路,这样才能跟上数字经济的发展形势。数字技术是互联网时代所诞生的媒介传播新技术;数字技术在当今时代泛指基于互联网的现代信息技术;它具有"边界最模糊、跨界性最强、交叉性最多、综合性最广"等特征;数字技术有时候又被称为"数字化",即世间万物都可以用数字技术进行传播、展示、再现。所以说,数字技术是一种新产业、新理念、新模式。

尤其值得关注的是,数字化正在推动所有产业转型升级。人类进入 21 世纪后,由于大数据、智能制造和无线网络等新技术的涌现,全球的科技创新出现了令人震惊的新特征——"快迭代""大融合""强集成"。所谓"快迭代"是指数字技术更新换代速度更快。根据摩尔定律,集成电路可容纳的元器件数目每隔 18 个月翻一倍。其迭代速度还在加快。所谓"大融合"是指计算机通用技术因为人工智能技术出现而呈现出融合式发展。根据谷歌工程总监雷·库兹韦尔分析,计算机等通用技术会以指数级倍增,人工智能将呈现爆炸式的突破发展,这种现象在业界被称为"库兹韦尔定律"或"加速循环规则"。所谓"强集成"是指新的技术创新成就一定是在硬件与软件等多因素"集成"条件下实现的,这在业界被称为"安迪比尔定律",即英特尔总裁安迪推出新的芯片,微软总裁比尔就会立即升级软件产品,硬件与软件相互促进、相互提升、迭代前行。

数字化的价值与意义,表现在它催生出无数全新的产业。人工智能、系统集成、网络营销、万物互联、数字化管理、数字化教育、数字产品生产与消费等,传统的新闻出版、广播影视、教育培训、体育赛事等,都将通过数字化技术拓展世界市场。可以说数字化将改变所有的传统产业。最值得瞩目的是:数字化改变了人类的思维方式,让我们从因果关系的串联思维变成了相关关系的并联思维。数字化也改变了人类的生产方式。物质产品生产退居次位,信息产品的加工将成为主要的生产活动。数字化还改变了人类的生活方式。我们的精神世界和物质世界都将构建在"大数据"之上。所以说,数字化(又被称为大数据)不仅仅是一门技术,更是一种全新的商业模式,它与云计算共同构成了下一代经济的生态体系——一切皆信息。

数字化的价值与意义还表现在其本身是一个无限演进的、变幻无穷的新技术。数字技术本身就是不断地转型升级和无限演进的新技术,人世间的万事万物也都可以用数字技术进行传播、展示、再现。

在人类未来诸多事物发展趋势不确定的情境下,数字化可以说是人类未来发展最为确定的趋势。也就是说,至少在未来的二十年时间里,一切事物的数字化演变,将是最明确可感的时代趋势,也是人类社会未来发展的重大机遇。从经济发展的角度来看,未来人类最大的需求与供给就是数字化产品的消费与生产。

从保障民生的诸多产品生产来分析,数字化农业、数字化种植、数字化养殖、数字化营销等,已经成为许多发达国家的物资生产的主流模式;从各种重工业产品生产到各类矿产开发与生产加工,数字化已经成为不可或缺的核心技术和最重要的生产工具;各类轻工业产品的生产与销售,更离不开数字化技术的支撑与保障;人类精神生活产品的数字化更是普及到人们日常生活的方方面面了。数字旅游产品、数字娱乐产品、手机游戏、影像产品生产,一刻都离不开数字技术。有些城市的网游企业、游戏平台,几乎成为该城市生产总值的主要贡献企业。教育领域的数字化更是日新月异,数字教材、数字课程、数字培训、数字演示、数字联络等,各类传媒机构的数字化变革与升级已经成为当下生存竞争的最主要优势。

从城市化的发展趋势来看,制约城市发展的最大阻力是该城市的数字化转型速度。谁的数据搜集更丰富,算法更快、更精准,谁的数据保护更安全,谁就能在竞争中获得相对优势。城市发展向来是一个国家发展的风向标。而未来城市的竞争核心在于它的数据储备量和数据的使用量,尤其是看该城市能够动用多少数据,能够在多大程度上用数据驱动管理、生产和市场。过去,城市的投入绝大多数是在城市交通、城市卫生、城市环境等基础设施上,而未来的城市投入,将更多的是在数字技术人才、数字化管理以及公共设施数字化改造方面。

数字化给我们带来的最大机遇是创造了许许多多全新的就业岗位。数字服务业将会成为未来城市取代制造业的最大就业领域。我们将看到:很多传统制造业的岗位会被机器取代,传统的大规模流水线生产的各种工作岗位将会被机器人占领,许多汽车制造厂、日用化工厂等,将会变成无人值守的机器人工厂,而数字服务业广泛的服务领域和巨大的服务需求,则是机器人和AI(人工智能)一时难以替代的,有关数据搜集、数据整理、数据集成、数据销售等工作,都有巨大的就业需要,而这些数据服务业就业也需要高端的数字技能。从这个意义上看,未来的就业群体将是一个需要终身学习的群体。

二、数字经济发展面临的挑战

数字经济给了我们巨大的发展机遇,也给我们带来了诸多挑战。中国数字经济发展面临的挑战表现在四个方面。

第一,我们现行的教育体系严重落后于数字经济时代的要求。我们的教育体系基本上还是在为传统的大工业时代流水线生产培养技术人才的基础上所形成的教育体系,现行的教育理念与教育方法,尤其是教育评估标准和课程设置标准,基本上是为传统制造业服务的。在已经进入数字化时代的今天,依然沿用工业化时代的理念与方法去培育我们的人才,显然是不能适应数字化时代需求的。[①]因此,我们必须改变我们的教育理念与教育模式,在课程设置、师资配备、技能认证等方面进行深度改革,这样才能应对数字时代的挑战。

第二,我们的数字产品消费主体在整个社会消费群体中的占比较低。全社会对于数字产品的消费没有出现应有的主流文化引领的格局,尤其是各级政府对数字化时代特征以及数字化转型的重要性缺乏认识,在主观意识层面没有像对待传统工业产品或服务产品那样公平对待数字产品的生产与消费,在各级管理层面对于数字产品的购买与使用、数字人才的遴选与评判方面,缺乏应有的法律与法规支撑。很多政府机构对于网络游戏、网络服务业等新兴产业的认知,多少带有一定的偏见。很多政府主导的"重大工程""重点项目"等,在数字化技术引领、数字化管理与应用等方面严重滞后于时代要求。政府在数字化管理转型过程中不到位,使得许多重要投资没有获得应有的效能。

第三,在我们的数字经济结构里,大多数跟随性的数字技术产品占主导

---

① ［美］杰里米·里夫金:《第三次工业革命》,中信出版社 2012 年版,第 243 页。

份额,例如手机游戏、网络游戏、直播带货、数字传播等,而对于芯片生产技术,以及一系列涉及数字产业可持续发展的核心技术的自我掌控,却一直是我们的软肋。我们许多企业家非常担心"海外市场断货"的问题,主要是因为我们还没有掌握许多数字产品的核心技术,我们的数字产品生产经常遇到技术上的所谓"卡脖子"的问题。这表明我们在埋头研究属于自己的知识产权技术方面,还需要更多的制度创新与更深刻的努力,以及更诚实的研究精神。

第四,在创新机制方面,我们面临的挑战更为激烈。我们普遍缺乏"跳出具体技术看技术"的思维。数字经济时代的到来,并非仅仅因为数字技术本身的迅猛发展而导致社会结构的变革与进步。必须承认,社会机制的创新,以及社会文化的不断提升与变革,更是数字时代形成的重要原因。有学者指出:"我们从事数字经济时,只看到了技术发展的可能性,没有看到技术发展被制度机制约束的现实性,因而需要深化制度机制的改革促进数字经济的高质量发展。"①中国数字经济可持续发展的最大挑战依然是前卫的数字技术与相对滞后的各种制度机制的矛盾。数字技术虽然改变着社会的方方面面,但技术不是万能的,而且技术的进步与创新,往往取决于制度机制的激励。著名的制度经济学家、1993年诺贝尔经济学奖获得者道格拉斯·诺斯曾经就"经济与制度关系"说过一番十分经典的言论:"制度是一个社会的游戏规则,更规范地说,它们是为决定人们的相互关系而人为设定的一些制约,制度构造了人们在政治、社会或经济方面发生交换的激励结构。"②中国的数字经济健康发展,需要建立一套有利于经济增长的"激励结构"。所以说,创新并构建一套创新激励机制是数字经济健康发展的根本。推动数字经济可持续发展的核心动力在于构建一套独特的创新激励结构。

---

① 方竹兰:《中国数字经济发展的思考》,《首都师范大学学报(社会科学版)》2022年第6期。
② 郭利华、贾利军编译:《经济学茶座》,内蒙古人民出版社2003年版,第155页。

世界银行曾经发表过一份报告,其结论之一就是:依靠自然资源开发的国家或地区比依靠人力资源开发的国家或地区经济增长速度慢。这证明了人力资源能力较高的地区也是财富积累较快的地区。当人力资源开发到一定的程度,其经济发展就会产生一个质的飞跃。创造一切条件吸引高知识、高素质人群来参与数字经济建设,是当今社会成功实现数字化转型的关键所在。我们无法指望一个对于人力资源开发意义缺乏深刻认识的城市能够拥有数字经济持续发展的增长力。而人力资源开发和"激励结构"的创建基础则是开明的政府、良好的民主环境、宽松的人文氛围、充分的个人发展机会以及广泛的社会职业选择。可以肯定,一个城市拥有数字经济持续发展动力的关键,就是尽一切可能创造条件吸引高知识、高素质、高收入人群来参与这个城市的数字产品生产,并生活、居住在这个城市。这需要该城市的政府与全社会对人权的普遍的、真正的尊重。

三、数字产业发展的先决条件

一个城市的数字产业能否持续发展,很大程度上取决于如下三个方面的"先决条件"。

首先,是否构建了一套完备的创意社会支撑体系。发达国家的数字经济发展实践证明:不断地弥补整体职业结构存在的缺陷,克服企业欠缺自主品牌的弊端,破除城市产业规划的思维定式,强化知识产权的有效保护,营造传统教育无法提供的创意环境,激发创意产品的市场消费需求,防止创意人才流失,提升技术工人素质,等等,这些都是城市数字经济发展所必备的"创意社会支撑体系"的具体内容。

其次,是否具有虚心学习并借鉴发达国家成功经验的意识与胸怀。美国科学技术的迅猛发展,得益于其在传统工业发展过程中逐步建立起来的一整套制度安排,比如反垄断、知识产权保护、R&D(科学研究与试验发展)

的体制化等。保证美国经济持续增长的是美国企业的制度安排和对政治干预的排除,而不仅仅是技术创新与资本、劳动力和自然资源的积累。概而言之,确保私人产权,自由从事商业活动,根据市场安排确定价格,企业成为经营主体和创新主体等,这些都是保证美国等发达国家经济增长的制度特色。

美国硅谷是现代创意企业的栖息地,也是世界数字经济发展的高地。人们经常追问:美国的硅谷究竟是什么?其实就是世界上最棒的创新平台,按照美国学者普遍同意的观点来说,硅谷的本质就是创意公司的聚合地。硅谷是世界上第一个典型的适合创业企业生长、繁衍、发展的良好栖息地。斯坦福大学亚太中心和洪福研究所归纳了硅谷成功的八大要素:第一是比较完备和有利的游戏规则;第二是制度创新;第三是员工的高素质和高流动性;第四是鼓励冒险和宽容失败的氛围;第五是开放的经营环境;第六是与研究型的高校密切结合;第七是高质量的生活环境与生活品质;第八是专业化的商业基础设施。①硅谷的这些特征是值得每个推进数字经济发展的城市认真学习与借鉴的经验。

再次,是否真正重视对人的投资。1979年芝加哥大学教授舒尔茨(1902—1998)因创造了独特的人力资本理论而获得诺贝尔经济学奖。舒尔茨认为,在现代社会,人力资本的投资不仅是必要的,而且会越来越成为经济增长的主要源泉,一改传统经济学普遍认为的机器、厂房、设备等物力资本规模决定经济增长速度的观点。舒尔茨反复强调:"人力投资的增长无疑已经明显提高了投入经济奋飞过程中的工作质量,这些质量上的改进也已经成为经济增长的一个重要源泉。有能力的人们是现代经济丰裕的关键。"他断言,改善穷人福利的决定性要素不是空间、能源和耕地,决定性要素是人口质量的改善和知识的增进。

---

① [美]阿伦·拉奥、皮埃罗·斯加鲁菲:《硅谷百年史:伟大的科技创新与创业历程:1900—2013》,人民邮电出版社2014年版,第411页。

数字经济的核心资源就是人无穷无尽的创造性。英国前首相布莱尔的精神导师吉登斯2007年来中国讲学一再强调:"国家最重要的投资是对人的投资。当你强调国家竞争力时,你就必须要对人进行投资,你必须对人的素质进行投资,而不是仅仅对工作岗位进行投资。"

重视对人的投资,就是为了"完全释放每个人的创新能力",就是要"重视员工个人素质提升与人才创新体系建设,改进职业培训体系"。数字技术产业的转型升级必须依靠不间断进行的各种类型的产业理念与技能的培训,对于数字产业的观念启蒙尤其重要。制定合理的机制鼓励各个高等院校和咨询研究机构大力开展各种数字技术产业培训,以及大力投资人力资源使其尽快提升已成为政府的当务之急。

综上所述,我们所面对的数字经济大潮已经汹涌澎湃地朝着我们每一个人迎面扑来,只有深刻地认识到数字经济的巨大机遇和严峻挑战之所在,认真反思数字产业存在的不足与缺憾,努力创新产业机制,真正建立起一套制度层面上的高效的"激励结构",我们才能真正疏导数字经济的能量大潮,让数字经济健康发展。

元宇宙文旅吸引力影响因素研究

宋荣发　张立波①

【摘要】文旅与元宇宙的融合对经济发展的意义重大,本研究本着这样的问题搜索相关文献,试图从文献中探索出影响元宇宙文旅吸引力的影响因素模型。Nvivo11.0通过对所选的19篇文献进行编码分析,归纳得到3个一级节点,即技术相关、内容相关和服务质量相关,构成了影响元宇宙文旅吸引力的影响因素。技术相关是影响元宇宙文旅体验感的最主要因素;内容相关和服务质量相关对元宇宙文旅吸引力的影响也非常显著。

【关键词】元宇宙文旅;元宇宙;体验感

① 作者简介:宋荣发,贵州省黔南州人,中国海洋大学管理学院MTA硕士研究生,主要从事文旅产业、数字文化产业研究。张立波,山东淄博人,中国海洋大学管理学院教授,兼北京大学文化产业研究院研究员,主要从事文化旅游企业商业模式、大数据及数字文化产业研究等。

一、问题的提出

近来,多地发布元宇宙相关产业规划文件,鼓励元宇宙相关产业的发展。"元宇宙"是下一代互联网形态几乎已成共识,是物联网、云计算、区块链、人工智能、大数据、脑机接口等一系列数字技术的应用方向和技术组合的实践路径。[①]基于历史文化背景的以"镜像虚拟世界"为代表的"元宇宙＋文旅"为游客带来了新体验,通过数字再现技术,游客可以"回到"古代实现"游、购、娱"。[②]沉浸式体验是一种产业形态,集众多软硬件于一体,具有可控、即时性、多感官等特色,它超越了传统媒介的展现形式,形成视、听、触等"全体验服务模式",可以实现身临其境的感觉。[③]元宇宙不断突破感官限制,助推文旅产业发展,提升游客体验,如何打造更具沉浸式体验的产品成为研究主题,如何让元宇宙文旅的体验更加个性化、特色化是摆在当下的研究课题。[④]一项关于旅游吸引力的研究发现,旅游吸引力影响游客的数量,吸引力越强游客就越多,而旅游目的地的吸引物、景区服务水平是影响景区吸引力的核心要素。[⑤]文旅元宇宙将变革式影响旅游产业未来走向。文旅与元宇宙的融合对经济发展的意义重大,为了厘清影响元宇宙文旅因素,以

---

① 石培华、王屹君、李中:《元宇宙在文旅领域的应用前景、主要场景、风险挑战、模式路径与对策措施研究》,广西师范大学学报(哲学社会科学版)2022年第4期,第98—116页。

② 陈义:《元宇宙赛道迎来密集政策扶持 产业价值凸显》,《通信信息报》,2022-10-12。

③ 花建、陈清荷:《沉浸式体验:文化与科技融合的新业态》,《上海财经大学学报》2019年第5期,第18—32页。

④ 石培华、王屹君、李中:《元宇宙在文旅领域的应用前景、主要场景、风险挑战、模式路径与对策措施研究》,广西师范大学学报(哲学社会科学版)2022年第4期,第98—116页。

⑤ 张红贤、游细斌、白伟杉,等:《目的地旅游吸引力测算及相关因素分析》,《经济地理》2018年第7期,第199—208页。

及因素之间是否也存在影响关系,本研究搜索相关文献,试图从文献中探索出元宇宙文旅吸引力影响因素模型,解决元宇宙文旅发展在学术和实际运营中的理论问题。

二、研究方法

(一)文献搜集与文献对象选择

本文所有文献均来自中国知网,通过"主题"搜索关键词"元宇宙文旅""元宇宙""文旅",在总库中检索出19篇主题为"元宇宙文旅"的文献和其他文献累计78篇。通过知网对所有关于"元宇宙文旅"主题的检索结果进行可视化分析得知:2022年发布的文章为19篇,之前发布的关于元宇宙文旅的文献仅为1篇,这很好地说明了元宇宙文旅这个主题2022年才开始逐渐成为研究话题。知网可视化分析结果还提供了19篇文献的研究主题分布情况,主要是以元宇宙、文旅产业、人文叙事空间、探索分析方向、数字文旅、数字技术、文旅融合等为主题的与本研究主题密切相关的文献。本研究资料数据以源于中国知网的19篇主题为"元宇宙文旅"的文献为主,"元宇宙""文旅"文献为辅。

(二)研究工具选择

Nvivo是一款在质性研究中比较受推崇的软件,该软件具备强大的编码功能,能够对质性研究相关工作取得的几乎所有文本、图片、视频、语音等材料进行内容处理,便于Nvivo用户对材料进行层层编码分析,通过节点编码建立关系来探索关系模型,该流程尤其适用于质性研究中的扎根理论研究方法。

（三）文献数据编码方法

对文献资料由下而上的归纳是Nvivo软件常用的编码方法之一,适合通过广泛地阅读文献,抓取关键概念,汇编成开放式节点,继而进行内容概念的再次归类,形成二级节点,最终根据相似或相关性将二级节点归类到最顶层的一级节点。本研究采用三级编码原则,一级节点位于顶层,属于更宏观的概念层。完成对19篇文献的编码工作后,利用"关系"工具在所有一级节点间建立关系,再基于Nvivo11.0版的"探索"功能,探索一级节点间的关系模型。运用软件Nvivo11.0版对文献进行词云分析得到词云图,通过该词云图直观地了解研究所选文献的集中关注点,如图1所示。虚拟、世界、旅游、技术、科技、体验、沉浸、内容、游客、吸引力、服务等概念均为本研究所用文献的研究关注点。

图1　原始文本构成的词云图

三、研究结果与分析

(一)一级节点的确定及分析

根据 Nvivo11.0 对所选的 19 篇文献进行编码分析,归纳得到 3 个一级节点,即技术相关、内容相关和服务质量相关,构成了影响元宇宙文旅项目发展的因素,位于三级编码的综合概念最顶层。技术相关、内容相关以及服务质量相关的节点总数各自所占百分比如图 2 所示,参考点数的占比在某种意义上代表对元宇宙文旅建设的影响比重。

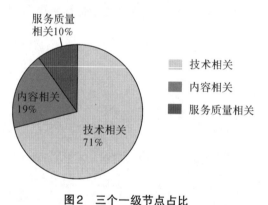

服务质量
相关10%

技术相关

内容相关

服务质量相关

内容相关
19%

技术相关
71%

图2　三个一级节点占比

(注:图中数字代表各节点的编码参考点数。)

由图 2 可知,技术相关、内容相关和服务质量相关分别占 71%、19% 和 10%。"技术相关"占比遥遥领先,说明许多学者认为影响元宇宙文旅体验感的因素主要是技术相关;"内容相关"占 19%,说明该因素在影响元宇宙文旅体验感方面也非常显著;最后是"服务质量相关",占 10%,相对于技术相关和内容相关,服务质量相关占比最小,也是影响元宇宙文旅体验感的三大原因之一。

（二）各一级节点的组成

本研究通过 Nvivo11.0 软件进行编码分析得到一级节点，构成了影响元宇宙文旅吸引力的因素，其下属的各二级节点有影响元宇宙文旅吸引力的微观因素，各节点编码参考点数如表1所示。为了更系统、更直观地分析各一级节点的构成，首先对三级编码得到的技术相关、内容相关和服务质量相关3个一级节点进行分析。其中技术相关占71%，是影响元宇宙文旅吸引力的主要因素，包括沉浸式相关技术和元宇宙文旅技术；内容相关占19%，包含内容创作和内容创意两个节点；服务质量相关占10%，包括游客感受相关和游客满意度两个节点。

首先，元宇宙以文旅沉浸式体验为导向，融合产业内容和物理空间建设一个"全域全时空"的艺术体验文旅目的地。[1]相比 AR、VR、NFT，人工智能才是其核心能力。区块链是一种确权技术，通过元宇宙文旅会产生大量的数据，是一种保障性技术；而 NFT 会极大地增加 IP 的运作效率。[2]其次，由于元宇宙本身的原因，文旅需要技术支持。元宇宙沉浸式旅游体验固然具备吸引力，但支持元宇宙的技术仍是核心的决定性因素。[3]再次，元宇宙文旅内容需要艺术创作且需要不断更新的创意内容，来建设一个以沉浸式体验为导向的艺术体验文旅目的地。

---

① 仝好：《基于元宇宙理论的乡村数字化人文叙事空间景观设计方法研究》，《新美域》2022 年第 7 期，第 114—116 页。

② 《张江科技评论》编辑部：《元宇宙打造数字文旅新业态》，《张江科技评论》2022 年第 3 期，第 51—53 页。

③ 冯学钢、程馨：《文旅元宇宙：科技赋能文旅融合发展新模式》，《旅游学刊》2022 年第 10 期，第 8—10 页。

表1 一级节点及其下属二级节点的编码参考点数

一级节点	二级节点	编码参考点数
技术相关	元宇宙文旅技术 沉浸式相关技术	164 59
内容相关	内容创作 内容创意	85 17
服务质量相关	游客感受 游客满意度	35 17

数据来源：根据Nvivo的编码数据整理。

（1）技术相关是指实现元宇宙文旅的相关技术，包括沉浸式相关技术、人工智能技术、虚拟现实技术，依据上面的分析可知技术原因是最核心的因素；元宇宙文旅技术仅包含除元宇宙技术以外和文旅内容开发相关的技术，如文旅行业软件等。5G、VR、人工智能等新技术推动人类进入智媒时代，抖音、快手、哔哩哔哩等平台上的互联网创意内容在数字生活空间中为用户搭建不同的消费、互动、体验、品牌场景，使得用户在场景中感知并主动传播品牌精神，成为当下运营新思路。

（2）内容相关是指元宇宙文旅项目的文化内容和文化创意。内容创作的首要任务是保障其符合政策、法律法规和时代的需求；内容创意需要有创新，有趣味，有艺术感，有意义。内容的选取和内容的展示对元宇宙文旅运营来说从始至终都至关重要，首先，元宇宙文旅内容在创意上应该有自己独特的思路和方式，中国文化博大精深，文旅内容创意的精华是寻找中国文化的源头。其次，元宇宙文旅的吸引力来自丰富多彩的、有趣的、有特色的、有创意的文创内容以及以"工匠精神"来制作的文旅内容项目，只有内容足够精彩，文创质量足够精良才能吸引游客、满足游客，才能得到广大游客的好评和赞美，良好的口碑可以实现元宇宙文旅事业的长久发展。再次，需要有专业化的内容创意团队，保障文旅内容在知识内容传播上的正确性、生动性、趣味性。内容研发方面应该由专业团队来负责。最好由在文化研究方面积累了丰富经验的团队来负责内容研发和内容创意,保障内容相关因素的正确性和创意性才能吸引游客、满足游客需求。

(3)服务质量相关是指在元宇宙文旅项目运营中的整个管理服务水平,包含游客感受和游客满意度两个方面,游客感受包含游客感受到的元宇宙文旅营销团队提供的广告、活动宣传,以及服务运营团队提供的贴心提示、友情建议、游览安排等。游客满意度主要包含对元宇宙文旅内容及沉浸式体验的满意度,需要认真研究客户的需求,内容策划需要考虑游客的需求,而不是只考虑自身资源所能展示的内容。元宇宙文旅是一个新的主题文旅项目,是新技术与文旅的融合,不能只有技术的展示,这是对元宇宙文旅项目运营人员的服务水平的考量。将内容运营升级为用户体验,这就要求文旅项目不但要有好的内容,还要有好的服务。贴心的服务可以提升客户的游览意愿,可以保障客户放心、愉快地完成旅游,吸引游客做出好评,好的口碑可以吸引更多的游客前来欣赏元宇宙文旅项目。加强元宇宙文旅项目服务人员的学习培训,提升综合职业素质,完善公司绩效考核机制和激励机制,建立内部控制机制,建立完善的服务体系。首先,应该秉承为游客生活注入正能量的理念,满足游客需求,提升元宇宙文旅体验感。其次,借助优秀管理服务经验,塑造一支有独特风格、受大家欢迎的元宇宙文旅服务团队。

(三)探索模型

在 Nvivo11.0 中,对3个一级节点建立关系后,运用"探索"工具进一步探寻元宇宙文旅吸引力影响因素及各影响因素之间的关系模型,如图3所示,图中的箭头方向表示影响方向。元宇宙文旅吸引力会受到技术相关、内容相关、服务质量相关这三个主要因素的影响;技术相关因素和服务质量相关因素会对内容相关因素产生影响。

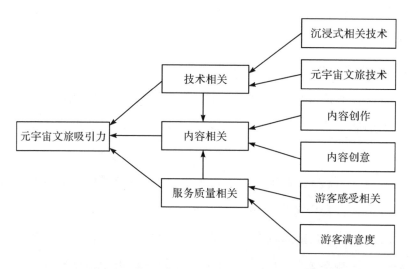

图3　元宇宙文旅吸引力影响因素结构关系图

从技术相关节点来说,沉浸式相关技术使用的深度和广度不仅会直接影响元宇宙文旅吸引力,还会因为内容转换相关技术限制和影响"内容相关"的呈现水平;服务质量相关不但会直接影响元宇宙文旅的吸引力,还会直接因为在游客旅游活动中的服务管理水平影响游客心情,进而影响游客对"内容相关"的满意度。游客对管理服务水平不满会影响旅游活动心情,对提供的旅游内容保持抵制的消极态度,在旅游评价中做出"差评",也会减少该元宇宙文旅项目对其他游客的吸引力。对于技术相关因素来说,提供有竞争力的元宇宙文旅项目首先需要加快发展元宇宙的六大核心数字化技术:人工智能技术、区块链技术、物联网技术、网络与计算技术、交互技术、3D引擎与仿真技术。加强技术创新可以使得各种技术之间的"界壁消融",从而实现技术与技术、技术与产业的直接融合。[①]科技在日新月异地发展进步,各种智能技术、沉浸式技术在不断更新迭代。因此,要保持和提升元宇

---

① 臧志彭、解学芳:《中国特色元宇宙体系建设:理论构建与路径选择》,《南京社会科学》2022 年第 10 期,第 137—147,158 页。

宙文旅吸引力,首先,其技术运用要跟得上时代,要满足文旅内容最佳呈现效果。其次,从服务质量相关及内容相关角度来说,元宇宙文旅项目需要特色内容及服务附加值。文化旅游产业需要内容上的创新,需要不断满足不同层次的多元化、差异化市场需求,提供给客户想要的产品和服务,以及旅游产品的附加内容。数字时代的文旅产业知识、创新、品牌等无形资产决定着市场竞争力。[1]只有在内容提供方面有足够的特色才能更具吸引力。可以将 NFT 技术应用在元宇宙文旅中,内容创作者可以通过数字作品得到收益。[2]

综上所述,元宇宙文旅项目的吸引力会受到技术相关、内容相关、服务质量相关的影响,而技术相关和服务质量相关的因素也会直接影响内容相关的呈现效果,影响游客的体验心情和游客对旅游内容的满意度。

四、结论与展望

本研究运用扎根理论的思想,通过对材料的仔细阅读以及在 Nvivo11.0 版软件中进行编码分析归纳得到如下结论。

(1)技术相关因素是影响元宇宙文旅吸引力最关键的因素。随着5G、虚拟现实、增强现实、虚拟情景互动、人工智能等技术的发展和运用,元宇宙文旅终于向人们走来。用户还可以通过线上元宇宙和线下元宇宙进行体验,不需要戴着头盔,只要站在那儿,虚拟人就自动跑到我们面前,而且虚拟人的整体形象会全方位展示出来,跟我们形成一种交互性和沉浸式的融合体验,这有助于开发更有趣的元宇宙文旅 IP 内容,进一步丰富元宇宙文旅

---

[1] 陈瑾、陶虹佼、徐蒙:《新发展格局下我国文化旅游产业链优化升级研究》,《企业经济》2022 年第 11 期,第 123—133 页。

[2] 孙溥茜:《文旅产业——元宇宙的流量蓝海》,《机器人产业》2022 年第 4 期,第 22—26 页。

IP形象和IP产品。

（2）内容相关因素是影响元宇宙文旅吸引力的重要因素。内容相关涉及文旅项目的内容IP运营，对于文旅项目IP品牌建设至关重要，文旅内容IP和元宇宙的融合旨在充分运用新科技成果的优势来重现文化历史故事。随着Web3.0的到来，信息科技发展日新月异，"产业＋科技"的融合是必然趋势，科技的变革再一次带来了新兴的产业机会，又一次为文旅行业的内容创作和创意开辟了新的发展空间，文创内容有了沉浸式展示方式，元宇宙文旅文创内容在对游客的吸引力方面显得比以往任何时候都更为重要。

（3）服务质量相关因素会影响元宇宙文旅吸引力。元宇宙文旅项目的旅游客户以年轻人为主，Z世代钟爱新事物，成长于新经济时代和信息时代的他们，受到全方位的、多元的文化熏陶，有个性，爱冒险，喜爱新鲜事物，崇尚多元化的消费方式，渴望依托网络渠道寻求认同。Z世代有鲜明的新经济时代特色，因此，在客户的服务内容和服务方式的研究上应该与时俱进，满足Z世代的差异化需求。提升新消费主力的满意度是元宇宙文旅新经济产业的新课题。

（4）技术相关因素和服务质量相关因素会影响内容相关因素。将内容运营升级为用户体验，这就要求该文旅项目不但要有好的内容，而且要有好的形式。元宇宙文旅内容作为新数字文创，必然要与最新的技术融合，产生足够大的经济效益。元宇宙文旅是新时代的数字文创项目，它不但是可以广泛参与合作的，而且是动态发展的；推进旅游文化创意内容与拥有诸多优势的元宇宙融合可以满足新旅游文化的消费需求，实现文化价值与产业价值的良性循环。通过AR、VR等新技术的运用可以让元宇宙文旅内容的展现形式更丰富，更适合市场，新技术将把文旅内容完美地表现出来以吸引客户。

关于研究中存在的不足：首先，本研究是基于扎根理论的方法对已有研究文献归纳总结出的结论，使用Nvivo软件的编码过程中对概念的理解存在主观性,理解的偏差会导致研究结果存在一定的误差,探索出的模型的有效性有待进一步实证检验;其次,由于研究主题新颖,仅从中国知网搜索紧扣主题的可选文献少,研究结果仅作参考;再次,本研究主题没有进一步限定人群范围或者元宇宙文旅项目范围来深入研究。

本研究探索到的结论可以作为元宇宙文旅吸引力后续研究的基本参考,进一步充实元宇宙文旅吸引力影响因素体系。具体而言:第一,可以多关注热门元宇宙文旅项目,运用对游客进行问卷调查的方式收集数据,分析游客的满意度;第二,可以进一步对人群进行分类,更细化地研究分析不同人群对元宇宙文旅吸引力的影响;第三,根据不同元宇宙文旅项目来做对比研究,探索不同内容对相同或相似群体的吸引力;第四,可以通过同一个项目不同时期不同题材的文旅内容对相同或相似群体的吸引力来进行研究;第五,可以结合 Nvivo 软件对元宇宙文旅吸引力调查的访谈资料进行质性研究,也可以进行混合研究。

新型文化企业的内涵意义、角色定位及发展方向[①]

【摘要】 新型文化企业是以数字化能力形成内容、产品、技术、服务、组织、管理集成的创新优势,实现自身角色定位和发展方式创新的文化企业。新型文化企业是文化产业数字化发展的引领者、文化价值创造的拓展者、文化产业生态系统的赋能者,未来需要形成协同共生的企业特性、与时俱进的企业能力、长期主义的企业文化。

【关键词】 新型文化企业;文化产业;协同共生

《中共中央关于制定国民经济和社会发展第十四个五年规划和二○三五年远景目标的建议》在文化产业方面明确提出"实施一个战略""发展三个新型",即"实施文化产业数字化战略""发展新型文化企业、文化业态、文化消费模式"。文化产业数字化、新型文化业态、新型文化消费模式,在之前的

---

① 基金项目:本文系国家社会科学基金重大项目"文化产业数字化战略实施路径和协同机制研究"(项目编号:21ZDA082),国家社会科学基金艺术学重大项目"科技赋能艺术生产与演出、演播研究"(项目编号:21ZD05),国家社会科学基金艺术学重点项目"数字文化产业商业模式创新及其生态治理研究"(立项号:22AH017)的阶段性成果。
② 作者简介:张振鹏,深圳大学文化产业研究院副院长、教授、博士生导师。

政府工作报告和政策文件中都有提及,在各界有较高的关注度和较多的讨论,而首次出现在中央文件中的新型文化企业,既是文化产业数字化战略的产业主体,也是新型文化业态、新型文化消费模式的创新主体,有必要厘清其基本内涵,归纳其共性特征,分析其前景展望。

一、新型文化企业的内涵意义

新型文化企业的本质是企业。企业的内涵意义是随着实践和理论推进而变化的。新制度经济学的创始人罗纳德·科斯于1937年发表文章《企业的性质》将企业定义为"一种资源配置的机制",此后,交易费用理论、产权理论、代理理论、激励理论对于企业边界、资本结构、所有权和控制权分离、企业组织结构等方面的讨论逐渐形成了现代企业理论。在我国计划经济时期,"企业"与"事业单位"是通用词汇。改革开放之后,《辞海》(1978年版)将"企业"解释为"从事生产、流通或服务活动的独立核算经济单位",区别于"事业单位"的解释——"受国家机关领导,不实行经济核算的单位"。20世纪后期,社会主义市场经济体制的建立,推动国有企业"自主经营、自负盈亏、自我约束、自我发展",民营企业焕发出勃勃生机,多元化的企业成为经济社会发展的市场主体。随着信息技术的普及应用和迭代升级,传统企业日趋微型化、去中心化、组织结构扁平化,虚拟企业、平台企业、社群组织、在线创业公司等新组织形式不断涌现。企业不再是市场主体的单一角色,而是以系统能力与客户连接、为社会服务的价值创造者。

新型文化企业的核心是文化。学术界关注较多的是文化产业和产业政策,对文化企业的讨论主要集中在国企改革、社会责任、并购重组、商业模式等方面,文化企业的定义建立在文化产业的理解基础上,将其界定为从事文化产业活动的企业。国家统计局颁布的《文化及相关产业分类》(2004年首次颁布,2012年和2018年两次修订)对文化及相关产业的定义是指为社会公众提供文化产品和文化相关产品的生产活动的集合,并将文化装备、文具、玩具、视听设备、焰火、鞭炮产品制造及销售纳入统计范围。文化产业以生产活动为定位,放大了文化企业的认知边界。联合国教科文组织把文化产业界定为按照工业标准生产、储存,以及分配文化产品和服务的一系列文化活动。为应对疫情,联合国教科文组织于2022年初发布题为《重塑创意政策》的报告,呼吁保护文化产业的目标是确保文化表现形式的多样性。事实上,文化企业与制造业、商业等其他产业类型的企业根本区别在于生产经营对象和形式不同,文化企业的生产经营对象是文化成果,主要形式是文化活动。由此,文化企业的定义应凸显文化的意义,是以文化为核心资源、以文化创意为核心能力、以文化价值创造为核心业务的企业组织。

新型文化企业的表征是新型。新型是指不同以往的类型。文化企业的类型按规模可分为大、中、小、微四种,按经济类型可分为国有、民营、混合所有制企业,按出资和责任方式可分为独资、合伙、公司制企业,按业务内容可分为创意设计、生产、服务三种类型,这些传统的企业类型显然无法被定义为新型。互联网时代造就了一批平台型企业。这类企业通过信息和内容的聚合与分发及其与供给者、用户、商家的连接,利用"眼球效应"和"流量资源"获取经济租金,实现了业务流程、商业模式、组织形态创新。[①]但是,部分平台型企业由于市场支配地位和用户信息的使用不当、资源配置和利益分配不均衡等问题,无法成为新型文化企业的典范。2021年10月,中国企业评价协会依据国家统计局颁布的《新产业新业态新商业模式统计分类(2018)》《数字经济及其核心产业统计分类(2021)》制定标准评选和公布了"新型实体企业100强"名单,突出"新型"的企业需要具备数字化的核心能力、持续性的创新投入、履行社会责任的突出贡献。新型文化企业,不是单

---

① 刘汉民、解晓晴、齐宇:《工业革命、组织变革与企业理论创新》,《经济与管理研究》2020年第8期,第3—13页。

方面的标新立异,也不是行业的一家独大,而是以数字化能力形成内容、产品、技术、服务、组织、管理集成创新优势,实现自身角色定位和发展方式创新的文化企业。

二、新型文化企业的角色定位

新型文化企业是文化产业数字化发展的引领者。文化产业的基本职能是提供满足人们精神需求的内容产品。从事传统内容产品生产经营的文化企业将大数据、云计算、人工智能、区块链等数字技术应用于产品开发和创新服务方式,提高了内容产品的传输速度、广度和深度,重构了文化产业的内容形态、消费场景和组织形式。但是,文化企业数字化转型不只是提供数字化产品和服务及交易方式,更为重要的是将数字技术充分应用于企业组织架构和价值创造过程,提升组织绩效和运营效率。在工业时代盛行的科层组织结构,难以满足数字化时代对个体价值、自主管理、合作共赢的诉求[1],文化企业的组织架构需要增强与外部环境的适应性和包容性,实现与外部资源和内容供给者、用户及利益相关者连接的广泛性和便捷性,促使文化企业建构或融入动态平衡、合作共赢的产业生态系统,通过整合及利用不同层级的资源,实现产业生态系统各主体的价值共创。新型文化企业以数字化为核心能力积极探索业务和组织变革,应当为亟待数字化转型的企业提供可参照的经验并发挥明显的带动作用,进而引领文化产业数字化发展。

新型文化企业是文化价值创造的拓展者。数字技术丰富了价值创造方式,拓展了价值创造的主体、时间、地点等边界范围。[2]文化企业是将文化资

---

① 吴江、陈婷、龚艺巍等:《企业数字化转型理论框架和研究展望》,《管理学报》2021年第12期,第1871—1880页。

② 谢卫红、林培望、李忠顺等:《数字化创新:内涵特征、价值创造与展望》,《外国经济与管理》2020年第9期,第19—31页。

源开发和转化为内容产品实现文化价值创造的经营主体。数字化技术为文化资源和内容产品提供了更多可视化、多样化的表达方式，极大地增强了文化的创造力、传播力和影响力。博物馆、文化馆、图书馆、科技馆等机构的公共文化资源及非物质文化遗产和民俗民间文化，都可以借助数字技术实现数据采集、分类、整理、输出、反馈，以及授权、保护、开发、转化、溯源。新型文化企业应当率先垂范、自觉践行中华优秀传统文化创造性转化、创新性发展，利用自身的数字化能力优势，连接文化资源的所有者、管理者、开发者、使用者、消费者，生成更多具有广泛影响力的中国文化符号，用数字创意的艺术形式讲好中国故事，创造更高质量、更生动的内容产品和更有效率、更可持续的传播方式，打造文化新业态、新场景、新体验、新消费，满足高品质、多样化、个性化的精神文化需求，提升人们的文化获得感与文化幸福感，拓展文化价值创造的广度、深度、强度、精度、速度、效度，释放中华民族的文化底蕴与创造活力，为建设社会主义文化强国做出应有的贡献。

新型文化企业是文化产业生态系统的赋能者。数字化时代的产业组织不再是线性的产业链式分工结构，而是个体、群体、群落共生演化的生态结构。企业的生产经营更多地受到外部因素的牵制，不仅要提升自己，还要关照产业生态系统中的价值共创伙伴。[①]文化产业经营主体包含大量资源和能力有限的中小微文化企业及个体从业者，需要借助"外力"解决生存和发展问题。文化产业生态系统是由禀赋各异但又相互依附的组织和个体构成的群落组织系统，能够赋予文化企业和从业者适宜的生态位，补给其短缺的人才、技术、信息、资金、服务资源。文化企业和从业者可以与价值共创伙伴协作，将创意、技能、产品、服务转化为商业收益和文化价值，获得协同效应和范围经济，拓展成长空间，获得创业机会。在文化产业生态系统中，新型

---

① 陈威如、王节祥：《依附式升级：平台生态系统中参与者的数字化转型战略》，《管理世界》2021年第10期，第152—172页。

文化企业的角色不是供需交易的数字化中介平台,经营目标不是快收益和高垄断,而是依托数字化能力优势,在自身创新业务模式、改善经营效率的同时,承担"数字化服务商"的职责,积极对外输出数字化能力,创造更多数字化场景,将业务辐射到更多价值共创伙伴,推动价值共创伙伴之间建立开放、分享、协同、共赢的新型经济关系,赋能文化产业生态系统的有序运行和提质增效。

三、新型文化企业的发展方向

协同共生的企业特性。人类所有非凡的进步,并非出自竞争,而是来自人们在组织中的合作。在工业时代,企业专注于竞争和如何获得竞争优势,而在产业边界逐渐消弭、创新范式持续变革的数字时代,企业几乎无法确定真正的竞争对手是谁,其战略的核心不是获得竞争优势。面对前所未有的复杂性和不确定性的发展环境,任何一家企业都难以独自应对和独立存在,企业关心的不再是竞争对手,而是合作伙伴。正因如此,企业与外部的共生发展、组织间及其与个体间的协同共生,凸显出价值优势。[①]网络视频、有声读物、数字音乐、云课堂、云演艺以及互动式、沉浸式体验等文化新业态,无一例外地来自资源能力互补的多个组织和个体的价值共创。这些价值共创的成果远远超出了任一组织和个体自身能力所创造的价值。新型文化企业需要建立符合协同共生理念的企业战略、组织设计、业务模式,注重自身与外部的连接,增强组织韧性和业务弹性,实现与合作伙伴的资源共通、价值共创、利润共享、协同共生,创造更加优质和丰富的内容产品及服务,谋求在更加广阔的范围、更加互动的关联、更加开放的格局下获得整体价值最大

---

① 陈春花、朱丽、刘超等:《协同共生论:组织进化与实践创新》,机械工业出版社 2021 年版,第 120 页。

化,从而造就更多合格的文化产业经营主体,共同推动文化创新和繁荣发展。

与时俱进的企业能力。资源和能力是企业开展经营管理活动的基础。拥有丰富的资源并不能保证企业的高绩效,是否具备高效配置资源的能力是决定企业成败的关键。协同共生的企业可以从外部补给内部资源的不足,但企业能力要依靠自身的塑造和积累。在数字化时代,数据是企业进行价值创造的要素资源。企业通过数据与市场连接,企业没有数据,就失去了与市场连接的通路。但是,数据只是一种要素资源,只有合理地利用才会产生价值。数字化时代的很多文化需求是创造出来的,甚至消费者自己都从未发现这些需求的存在,新型文化企业不应止步于满足需求的阶段,而应该积极地创造新需求。数字技术让企业更容易贴近、理解、连接消费者,为企业创造新需求提供了更大的空间和可能性。新型文化企业通过数据的采集提取、智能分析、挖掘利用、流动互通、循环反馈,更新业务模式和流程管理,经由创意将文化资源转化为内容产品和服务,完成文化价值创造。动态能力理论强调企业需要具备依据环境变化做出快速反应并重新配置资源的能力。在持续变化的数字环境中,新型文化企业必须保持敏锐的洞察力和高度适配环境变化的自我更新能力,形成数据资源高效利用及其创意转化的核心能力。

长期主义的企业文化。企业文化是企业恪守的价值观和行为规范,是内部成员使命感、归属感、责任感、成就感,以及企业凝聚力和持续发展动力的来源。数字化给予人们便捷、高效获取信息的同时,也让人们卷入了信息过载的洪流,因人们不得不与之长期相处,专注度被损耗、难以预估的变化、不确定性加大成为常态,文化产业领域一些不恰当的抓眼球、搏出位、争流量、求爆红的急功近利和短期行为随之萌生。不同的企业文化,就会有不同的企业发展模式。在不确定性中寻求稳定性需要依赖笃定的信念和稳定的价值观,也就是长期主义的企业文化。长期主义的企业文化特征是开放、创新、分享、诚信、耐心，其企业管理者能理性系统地思考未来，关注长期价值和社会价值，担当社会责任，注重企业与内部成员及外部合作伙伴共同学习和持续成长，具有穿越时间、超越危机的力量。新型文化企业不是朝三暮四、随波逐流的机会主义者，而应当是笃行日新、行稳致远的长期主义者，坚持不懈地做重要并且正确的事，彰显文化价值，呈现人性的善良与真诚，增进人类共同福祉，持续呼应社会与时代的需要，与不断进步的社会共生、共荣。

中国经济转型的关键在于发展数字经济，发展数字经济的关键在于推进产业数字化，而推进产业数字化的关键在于培育新型企业。中国文化产业的高质量发展，需要新型文化企业焕发勃勃生机，积极推进文化产业数字化，呼吁组织和个人协同合作，促进满足人民文化需求和增强人民精神力量相统一，推进社会主义文化强国建设。

跨媒介视域下中国科普内容产业的发展路径研究

崔亚娟　姚利芬①

【摘要】由于国家对科技创新和科学普及的重视,科普内容产业日益成为成长中的新兴业态。科普展览和科普教育是科普内容产业经济主线,其在中国的空间分布集中于东部和发达城市,产业形态和结构多元复杂。跨媒介视域对研究科普内容产业和科普 IP 转化有积极意义,本文从分析中得出提升科普内容产业的竞争力和发展路径建议。

【关键词】科普;内容产品;内容产业;跨媒介

科普内容和科普产品是两个不同的概念,但二者之间又有着相关性:科普内容可以变成科普产品,同样很多科普产品需要依托科普内容而生产。有学者给科普内容产业进行了定义,认为:科普内容产业是以满足科普市场需求为前提,以市场机制为基础,向国家、社会和公众提供科普产品和科普服务的活动,以及与这些活动有关联的活动的集合。②在这里,科普产品和

---

① 作者简介:崔亚娟,北京联合大学艺术学院教授;姚利芬,通讯作者,中国科普研究所副研究员。

② 任福君、任伟宏、张义忠:《科普产业的界定及统计分类》,《科技导报》2013 年第 3 期,第 67—70 页。

科普服务都被纳入科普内容产业中,并且包含了与二者相关的活动。从这个角度来看,科普内容产业涵盖的内容还是比较丰富的。科普内容产品主要是指出版类、影视类及新媒体等产品类型中与科普相关的产品。与科普内容产品生产、销售相关的产业连接在一起,就形成了科普内容产业。科普内容产业作为内容产业的一部分,同样遵循内容产业或者我们称之为文化产业的运行规律。从跨媒介视域探寻科普内容产业内部的运作规律,会给我们带来新的研究视野和新的启示。

一、跨媒介作为一种研究范式的方法论意义

跨媒介(intermedia)是近些年来中国文艺界、传播界和文化研究领域关注的热点话题。实际上,跨媒介性研究(intermediality studies)从20世纪80年代以后在西方已经成为显学。关于跨媒介研究有多个方向,其中包括艺术的跨媒介性转向以及跨媒介叙事理论等,这些理论拓展了我们对当下一些问题的研究思路,也给我们的内容产业研究打开了新的学术视野。

(一)作为观念和方法的跨媒介理论

跨媒介理论广泛地应用于人文社会科学的多个领域,在艺术学领域,跨媒介性主要是指媒介间性,尤其是跨媒介研究的方法论,越出了美学门类研究和比较文学的比较艺术范式,在很多方面推进了艺术理论知识系统建构。[1]作品内部也存在着跨媒介性,如戏剧、电影作为综合艺术跨越了多个艺术门类,我们在研究内容产业过程中,主要是探讨作品之间的跨媒介性,如图书和新媒体、小说和电影、戏剧和影视、电影和游戏等。支撑内容产业

---

[1] 周宪:《艺术跨媒介性与艺术统一性——艺术理论学科知识建构的方法论》,《文艺研究》2019年第12期,第18—29页。

的主体是文学艺术作品,而作品的跨媒介性在推动艺术理论创新的同时也给内容产业创造了新的契机。

(二)作为叙事理论范畴的跨媒介叙事

跨媒介叙事(Transmedia Storytelling)是在西方非常流行的叙事学理论,其作为符号学的发展分支日益受到学术界的关注。这一理论最早由美国学者亨利·詹金斯于2003年提出,他认为跨媒介叙事是指"一个故事的各个有机组成部分穿越于多个媒介传播渠道,系统构建出一种协作合一的娱乐体验。在理想情况下,每一种媒介对于故事的展开具有自己独特的贡献"。① 跨媒介叙事后来经由玛丽-劳尔·瑞安的创造性阐发,极大地丰富了叙事学的视角和阐释力。瑞安在《故事的变身》(*Avatars of Story*, 2006)一书中,创新性地提出了"文本架构"与"互动性模式",为数字文本中的"互动悖论"即叙述者的线性同读者参与的非线性之间的矛盾提供了一个解决方案。② 跨媒介叙事作为文艺学和传播学的重要理论成果,在内容产业的研究方面也发挥着重要作用。跨媒介叙事提供了多平台、创作者参与和故事延展的多种可能。通过跨媒介叙事,可以打通图书出版与影视作品,以及新媒体出版之间的渠道,产出更加丰富的原创性成果。

(三)跨媒介视域与科普IP生产传播机制

IP的生产传播是指一个原创的知识产权内容在多个媒介领域的传播,其研究方法与跨媒介不谋而合,且能够通过跨媒介视域更好地串联IP的孵化与生产。从跨媒介视域研究IP的生产传播机制,也给IP研究带来新的视

---

① 亨利·詹金斯:《融合文化——新媒体和旧媒体的冲突地带》,杜永明译,商务印书馆2012年版,第157页。

② 张新军:《数字时代的叙事学——玛丽-劳尔·瑞安叙事理论研究》,四川大学出版社2017年版,第4页。

野。IP作为一个原创的具有跨媒介能力的内容,可以进行多媒介多场景下的传播与应用。在数字技术的加持下,媒介融合与多平台传播的趋势进一步增强,在内容产业领域,IP已经成为重要思维方式和盈利手段,IP生产正在重构内容生产模式,用户的互动和沉浸式参与带来内容创新和机遇。但在科普领域,IP开发仍处在起步阶段,其商业价值和市场机会还有待开发。

二、中国科普内容产业发展基本情况

(一)中国科普内容产业的经济主线

随着国家对科学普及和科技创新的重视,中国科普内容产业的发展目前已经粗具规模,在中国,科普一直兼具公益性和经营性的双重属性,在很大程度上承担着提高国民科学素质的社会责任。从国内外科普内容产业的发展来看,科普作为一个独立的产业模式的自足性尚待考察,不少行业研究仅将科普作为一个产业单元或者行业类型进行分析。国内虽然有不少科普内容产业研究的文章和报告,但是科普还未能作为国民经济的重要产业领域进入研究的视野。不过,我们从科普本身出发,对其涉及的产业形态、产业结构进行分析仍有其价值和积极意义,这有利于我们从科普的角度关注其相关产业带来的经济效益和社会影响,也有助于推动行业的健康发展。

国内科普内容产业的经济主线主要围绕科普展览和科普教育展开,其中科技馆是科普的重要阵地。首先,大多数科普场馆本身具有公益性质,但是科普场馆需要向社会购买科普设施和科普产品,社会是科普内容产业的巨大市场。其次,科普教育包含了科普出版、科普展教等内容产品以及互联网科普等方面的内容,这些也成为科普内容产业的重要组成部分。再次,科普玩具、科普短视频、科普旅游等新兴业态也成为科普内容产业发展的增长点。近年来,科幻影视产业取得了重要突破,科幻产业的发展带动了科幻出版、科幻影视、动漫和其他周边产品的发展,成为科普内容产业发展的巨大推动力。

总体来看,科普内容产业在中国尚未形成完整的产业体系,集中度较差。优质的科普产品较少,跟公众对科普产品的需求不成正比,目前科普产品的两极分化比较严重:一方面,严肃的科普产品不受欢迎;另一方面,接地气的科普产品又存在低俗化和伪科学等问题,不利于科学知识的传播和普及。因此,当前加快科普内容产业的发展亟须强化产业的集聚效应和资源的整合能力。应积极搭建科普内容产业平台,建立科普内容产业园区,扶植一批科普创新企业,发展科普的新兴业态。

(二)中国科普内容产品空间分布与演变

由于国家对科普工作的高度重视,国内建立了很多科普平台和阵地。作为全国的政治中心和科技创新中心,首都北京的科普内容产业发展走在全国前列。不论在科普出版、科普教育,还是在科普信息化建设等方面都取得了积极的成果。另外,在上海和广东等经济发达地区,科普内容产业也呈现蓬勃发展的局面。科普内容产业的发展,一方面与地区的经济发展水平相关,另一方面也跟政府的投入和科普政策的支持力度有直接的关系。目前我国的科普内容产业主要分布在京津冀地区、长三角地区,以及广东等省。①在长三角地区有全国性的科普产品交易市场——中国(芜湖)科普产品博览交易会。该博览会已经举办了十届,分为健康中国科普、科普设施建设、科学教育科普、机器人智能制造、科普文化创意、数字中国科普等板块,是国内科普行业的重要盛会。同时,一些地方性、专业性的科普产品交易市场也逐步建立起来,如上海国际科普产品博览会。该博览会一方面吸引国际展商前来参展,另一方面主打智能主题,形成了自己的特色和品牌。

---

① 中国科普研究所:《我国科普产业发展研究报告》,2018 年 5 月。

从现有的数据来看,科普内容产业在全国的空间分布严重不平衡,产业集群集中在东部和经济发达城市,中西部地区的科普内容产业发展比较薄弱。虽然国家近年来持续加大对中西部地区科普的投入,但是在偏远地区的投入仍然偏低,科普的基础设施建设比较薄弱。因此,需要加大偏远地区科普的信息化建设,如加大科普短视频等新兴传播业态的投入不失为解决该地区科普发展困境的一个方案。

(三)中国科普内容产业形态和产业结构

科普内容产业的分类并无统一的标准,而且随着时代和技术的发展,科普内容产业的产业形态也发生了变化。劳汉生根据科普文化产品的公共性与非公共性,将科普文化产业划分为公益性科普文化产业领域、准公益性科普文化产业领域、商业性科普文化产业领域。[①]这种划分方式有利于将科普的经营性和公益性区分开来,在统计商业数据方面具有积极意义,但没有涵盖科普的具体产业形态与业务类别。任福君等学者在2010年发表的一篇文章中将科普内容产业分为科普展教、科普出版、科普教育、科普玩具、科普旅游、科普网络与信息6种业态。[②]这种划分方式是目前比较通用的科普内容产业的业态分类模式,虽然近年来科普内容产业也在不断衍生新的业态,如科普影视、科普游戏等,但基本上仍在这几大类别下进行衍生和拓展。

科普会展旅游、科普影视、科普游戏等科普内容产业的发展,丰富了科普产品和科普服务的市场,给科普内容产业的发展带来新的契机。据2018年中国科普研究所的相关调查初步统计,目前我国科普内容产业的产值规模有1000亿元左右,主营科普的企业数量有370家左右,尚不够全面。从产业结构的角度来说,目前低端的科普产品较多,重复率较高,中高端的科普

---

① 劳汉生:《我国科普文化产业发展战略(思路和模式)框架研究》,《科技导报》2004年第4期,第55—59页。

② 任福君、周建强、张义忠:《科普产业发展研究》,中国科普研究所,2010。

产品较少,科普产品的供给和公众的需求方面也存在着不平衡的局面。需要调整科普的产业结构,加大供给侧结构性改革力度,形成健全的科普内容产业发展机制。

中国科普内容产业已经初步形成了产业链,在各个类别下都有代表性的企业。从综合性和全国性的平台来说,科普出版社、科普网站等在科普领域发挥着重要的作用。如科学出版社、中国科学技术出版社、中国科普网、科普中国等。中国科普网是我国最早成立的国家级科普平台,其由科技部主管、《科学时报》杂志运营,与《科普时报》、科米直播共同构成科普全媒体平台。而科普中国网是中国科学技术出版社旗下的互联网媒体,该网站设立了科普中国服务云公众入口,可以提供个性化的定制和自动推送服务。旗下链接了一系列品牌网站,包括"科技前沿大师谈""科学原理一点通""乐享健康""科幻空间"等,其中"科普中国服务云"搭建了科普的图文和短视频上传和下载平台,公众可以在此根据需求查询相关科普知识,一些专业人士也可以将科普知识分享给公众。

三、跨媒介视域下中国科普内容产品的IP转化

(一)科普类读物的影音IP转化

在新媒体技术的加持下,科普传播不再局限于传统科普形式,数字音频广播给科普增添了新的传播渠道。目前科普类音频节目主要包括资讯类、原创科普节目以及有声读物几大类型。其中,有声读物是非常受欢迎的一种科普类型。

以国内最大的音频平台喜马拉雅为例,根据相关资料整理,科普类音频以面向青少年为主,面向其他公众的科普音频相对较少。儿童科普类音频节目有"宝宝巴士""喜马拉雅儿童官方""奇奇学""雨滴老师奇妙课""字节

有趣""海贝少儿英语"等粉丝数量和专辑产出量较大的账号。其他科普类音频中科普读物音频化的账号较多,有"听书铺""喜马讲书""晓书童频道"等。平台提供的音频分享模式主要分为两大模块——免费模块与付费模块,前者会有广告植入。

科普畅销书的IP转化也渐成趋势。《十万个为什么》可谓中国科普图书第一IP,该书从诞生至今已经60余年,为一代又一代的青少年开启了科普的启蒙之窗。在《十万个为什么》出版60周年之际,少年儿童出版社与抖音携手推出《十万个为什么》系列短视频,累计播放量已经达到1.6亿次。时代在发展,传统的科普内容必然要适应时代的变化。应借助多种媒体的传播工具,打破知识传播的壁垒,让知识传播的有效性最大化,进一步点燃青少年对科普的热情。2018年以来,少年儿童出版社已经开始以《十万个为什么》为核心品牌进行科普内容产业链的打造,除了传统的图书、期刊、音频,还陆续开发了舞台剧、绘本、网络平台、教育App、短视频、科技活动、科技展览等一系列科普内容产品,为科普IP转化提供了很好的借鉴和参考。

《装在口袋里的爸爸》系列图书于2009年出版,畅销十余年,是当代儿童经典图书之一,累计销量达到2000多万册,其作者是国内首位迪士尼签约作家、著名儿童文学作家杨鹏。近些年,原创文学内容已经开始进行多层次、多形式的IP开发,包括舞台剧、喜马拉雅儿童原创音频节目、漫画作品、动画影片等。但是和《海底小纵队》这样的从海外引进版权的超级IP相比,《装在口袋里的爸爸》在自身的内容质量、运营模式、衍生品开发及全媒体呈现上还有很多可以提升的空间。

科普期刊对于很多爱好科普的人士来说有着独特的魅力。《科学画报》《知识就是力量》《环球科学》《科学世界》《科幻世界》等期刊在细分读者人群中已经形成了强黏性,可以为这些期刊在科普平台上建立账号,进行融媒体传播。《科学画报》于1933年8月由中国科学社创办,是我国历史最悠久的一本综合性科普期刊。不少著名学者、教授、科学家,青少年时代都曾受到它的熏陶和启发。如果将其进行 IP 的转化,应该会收获不少粉丝。《少年科普画报》入驻哔哩哔哩网络平台,进行短视频的传播和衍生。《航空知识》在纸质发行的基础之上增加了电子版,同时入驻抖音等短视频平台,其官方账号已经发布了几百个原创短视频来进行航空知识的科普。其他面向各个学科的期刊如《中国国家地理》《天文爱好者》都是非常好的科普读物和经典 IP,可以共同为打造全媒体平台而努力。

(二)科普影视 IP 与周边产品开发

科普影视产品的 IP 开发在国内尚处于初级阶段。虽然科幻 IP《三体》,以及电影《流浪地球》的周边产品开发都取得了较好的市场收益,科幻影视 IP 的开发也体现了跨空间和跨媒介的新趋向,但是目前中国科普影视作品中成熟的 IP 比较少见,尤其是科普电视栏目和节目,仍以电视和网络媒体播出为主,其品牌价值尚未形成,导致跨媒介能力不足。

除了影视媒体和线上产品,全国各地的科技馆也开始尝试开发自己的科普 IP 产品。例如,上海科技馆借助自身资源和科研成果,与企业进行合作开发的《远古巨兽》系列 4D 电影,就很好地带动了相关科普内容产业链的形成。影片打破国外片源垄断的现状,在全国多个城市上映,播放次数超过 2000 万次。上海科技馆组织了各类科普影展活动,并开发了相应的文创周边产品,包括科普图书、科普专刊、科普漫画、教育资源包、App 等。《远古巨兽》系列产品已经初步形成品牌效应,为科普内容产业品牌化发展提供了很好的思路。

(三)科技产品的 IP 开发与衍生

近年来,我国科技产品的衍生开发已经开始萌芽。很多科技场馆和科技类文创公司主动对接市场需求,一些具有科技元素的文创产品逐渐走入大众视野,为提升公众对科学素养和对科技产品的关注度做出了积极贡献。

尤其是近年来中国航天事业取得的成就得到了社会公众的广泛关注,相关的航天模型和科技产品也被开发成文创产品,受到了航天爱好者和广大青少年的喜爱。2020 年 7 月,"天问一号"火星探测器发射升空,由嫦娥奔月航天科技(北京)有限责任公司正式授权,赛凡科幻空间同步推出的中国火星探测系列联名产品,包括"纪念徽章""主题 T 恤""收藏模型"和"主题键帽 & 客制化键盘"等。①

同时,一些科技产品也将航天元素植入品牌宣传中,为品牌注入新的形象。如华硕推出航天联名款笔记本,其机身充满着航天元素,材料选择突出金属质感,并且在 A 面中心位置加入了一个有着镜面效果的圆,圆的中心是压印而成的"a"Logo,银白色的机身设计更符合航天迷对于高品质、低调感的追求。

科技馆作为兼具科技展示和教育功能的场所在科技产品的衍生开发方面独具优势。如中国科技馆就自主开发了其 IP 形象——科小贝,并围绕这一形象开发了一系列衍生产品。同时,围绕馆内的展陈设施,开发了一系列科普文创产品,在线下建立了 500 平方米的科学商店,并在淘宝上建立了旗舰店,通过跟线下展厅对应的方式建立网上展厅,并售卖相关主题文创产品。上海科技馆先后开发了《拼图寻鸟之旅》《探索鲸奇世界》等 30 多款科普小游戏,将科普场馆的功能进行多方位、多维度地拓展。例如,浙江自然博物馆开发的 AR 科普文创系列借助传统实物载体,结合增强现实技术实现了科普产品的寓教于乐功能。

总体来说科技类文创产品的开发在我国仍处于起步阶段,离公众的需求还有较大距离,一些科普产品在艺术性和科技感方面尚有较大提升空间。科技类产品与知名品牌联手进行产品销售的成功案例并不多见。

---

① 王拓:《专访中国火星车祝融虚拟形象设计团队:打造属于中国的科幻 IP 周边》,2021-04-25,https://baijiahao.baidu.com/s?id=1698007752959030121&wfr=spider&for=pc。

（四）中国科普产品海外传播的IP打造

21世纪以来，中国当代科幻小说海外传播的发展也呈上升态势，先后有近百部作品被译成20多种语言、荣获多个国家的众多奖项，受到海外读者的一致好评。尤其是以刘慈欣著的《三体》为代表的中国当代科幻小说在海外的传播非常成功，2012年，《三体》外文版刷新了我国当代文学作品海外销售的最高纪录，创造了海外图书馆馆藏数量的纪录。2014、2016年，《三体》三部曲的英文版相继出版，同时也被译成多种语言在多个国家出版发行，仅英文版就被全球超1350家海外图书馆收藏。[①]2019年春节，根据刘慈欣的同名小说改编的电影《流浪地球》脱颖而出，除了堪比美国好莱坞大片的特效制作外，影片还凸显了中国人的价值观，表达了中国人对家乡的眷恋、集体主义精神和人类命运共同体等中国特色文化精神，不但在国内取得良好的票房和口碑，还在海外市场获得了800多万美元的票房，占全球总票房的1.25%，打破了近几年国产电影的纪录。[②]

互联网已然成为当下中国对外传播的主要阵地。在YouTube上，展示中国武术文化、美食文化、服饰文化等的视频越来越多。作为向海外民众科普中国美食、弘扬中国文化的短视频博主，李子柒能够"出海"，被海外大众认知，关键在于她运用生活化的方式向人们传输中国传统文化，通过视频展示"田园"生活，引起海内外观众共鸣。因此，在向海外传播中国文化的过程中，应淡化主体的"硬"身份，改变以往政府主导或主流媒体构建的传播形式，激发多元主体的传播力量，鼓励企业、自媒体创作者等多主体协作。此外，在对外传播的过程中，要打造传播矩阵，重视网络平台的建设，对于不同

---

① 吴瑾瑾：《中国当代科幻小说的海外传播及其启示——以刘慈欣的〈三体〉为例》，《山东大学学报》（哲学社会科学版）2021年第6期，第172—184页。

② 李嘉莉：《文化走出去视域下中国电影国际传播探析》，北京外国语大学，2020。DOI：10.26962/d.cnki.gbjwu.2020.000126.；34.

的渠道采用不同的传播策略。

四、中国科普内容产业竞争力及发展前景

科技创新已经成为一个国家综合实力的重要象征。习近平总书记提出，要为建设世界科技强国而奋斗。科普内容产业虽然属于科学技术的普及和推广，但其核心是文化产业，在文化产业的大家庭里，各个领域都有科普的渗透。但是，我们通过分析发现，科普产品多处在公益领域、教育领域，在整体的文化产业市场的竞争力较差。科普产品的跨媒介传播和运营意识尚未觉醒，具有巨大的提升空间。随着公众对科学知识的需求和公众科学素养的提升，以及科普产业化的推进，科普内容产业将迎来一个快速的增长期。

(一)科普内容产业将成为文化产业的重要生力军

科普内容产业是文化产业的重要组成部分、科普内容产业化跟科普信息化有机结合，将会带动科普内容产业新的提升，文化和科技融合也将推动文化产业的快速发展。以科普作为题材的影视节目、动漫以及各类科普文化产品的大量生产和传播，必将促进文化产业的大繁荣。科普文艺作品要加大与区域特色和当地文化的融合，加大人文的含量，需要从受众需求出发开发具有创意性的产品，这些都符合文化产业的产业特征。而且科普作为泛知识领域的重要代表，是内容产业非常重要的支撑，也将对文化产业的大发展、大繁荣做出积极的贡献。

(二)科普内容产业将更加科技化、智能化和信息化

5G、AI和大数据等新兴技术改变了媒体传播的生态，视频化传播成为媒体传播的重要载体。科普短视频成为科学传播的重要方式，在受众到达率和传播效果方面已经体现出其突出的优势。科普与科技本身的近亲性使

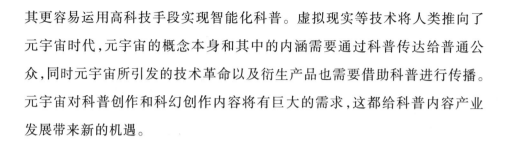

其更容易运用高科技手段实现智能化科普。虚拟现实等技术将人类推向了元宇宙时代,元宇宙的概念本身和其中的内涵需要通过科普传达给普通公众,同时元宇宙所引发的技术革命以及衍生产品也需要借助科普进行传播。元宇宙对科普创作和科幻创作内容将有巨大的需求,这都给科普内容产业发展带来新的机遇。

(三)科普内容品牌化和大众化的趋势增强

数字技术正在进一步加快媒体融合的进程。科普创作从主要集中于科普读物和影视作品的专业化创作逐渐开始向大众化创作转向,视频化传播将成为一段时期科学传播的重要方式。提升全民的科学素养,不仅需要专业的科普创作和传播人员,全体公众的参与是未来推动科普走向全民化的重要手段。在视频化传播时代,以建设科普视频传播平台为契机,集中视频、音频、图书出版以及其他衍生产品,并涵盖大型活动与展览,线上线下互动,构建立体的品牌化传播平台。从 PGC(专业生产内容)到 UGC(用户生产内容)的转变将是科学传播未来的常态。短视频等老百姓喜闻乐见的传播形式,一方面可以吸引更多的受众观看,另一方面也将激发普通老百姓的创作热情,他们既是观众也是传播者,受众参与科普内容的文本重构,必将推动科普内容的生产创新,加快科学传播的大众化进程。

(四)科幻创作的发展将为科普内容产业注入新的活力

科普创作需要具有科学精神,但更需要增强艺术感染力和公众参与性。近年来,科幻出版尤其是科幻影视产业的发展为科普内容产业的发展带来了巨大的增长空间。随着《流浪地球》《疯狂的外星人》等科幻电影在市场上的认可,中国科幻产业发展并迸发出新的活力。科幻 IP 的开发成为提升科幻产业规模和品质的重要抓手。每年的中国科幻大会对科幻产业的发展起到了重要的带动作用。2023 年 10 月,世界科幻大会在成都召开,必将推动中国科幻与世界接轨,给中国科幻产业发展带来新的机遇。国内科幻动漫、科幻游戏以及科幻周边产业的快速发展,将会为科普内容产业整体效益的提升做出积极贡献。

(五)海外传播将为科普内容产业拓展新的渠道

目前,"一带一路"沿线国家的中国科普图书传播主要依赖于文字和语言。对于科普图书来说,在传播过程中要保证当地民众能够很好地理解文化上的差异,就要在构建好文化认同的同时,解决语言和文字的差异问题。同时要加强科普电影、纪录片、短视频、动漫等的海外发行和传播,尊重影视艺术创作规律,用海外公众能看懂、理解、喜欢甚至能引发情感共鸣的方式讲述中国故事。

与发达国家相比,中国科普产品的对外输出还存在诸多问题,对外科普产品的开发远远不够,也缺少能够在国际平台传播的科普品牌。在当前融媒体的环境下,要充分利用新的媒体平台进行有效的转化,培育科普精品,拓展传播渠道,向海外民众讲好中国故事。要统筹文化传播战略,了解国际传播的态势,突破不同文化之间的障碍,创造多样化的传播样式,以此来加快中国文化对外传播的发展。

(北京联合大学设计学研究生王菲、胡安妮对本文亦有贡献)

中华造物文化：核心价值与创新实践

管 宁①

【摘要】造物文化是人类融合了精神文化内涵与物质生产技艺的文明创造，其发展水平与历史高度，始终决定着一个民族文化在人类文明史中的地位。从人类不同文明体系的发展看，造物文化能否持续发展并走向更高层次，直至发展至更复杂、更精美的水平，则在很大程度上取决于相应的精神文化和科技文化的发展。在高质量发展背景下，优秀造物文化的继承，应进入其内部去深入把握最具时代价值的元素与基因，如"致用有度"的造物思想、物我互融的空间构筑、整体论的思维方式、物尽其用的生态理念等造物智慧，可成为当代造物设计的一种活的源泉和内在动力。中国现代造物设计凭借雄厚传统文化的滋养，正在逐步形成具有本土风格的现代设计体系，且在实践领域不断推出创新成果；但新一轮竞争条件下的设计创新，应从善于修为、构筑尚品，善辨良莠、沉浸醴郁，善破法度、致力原创三个方面着力，以实现中国本土造物体系和现代设计话语体系的建构。

【关键词】造物文化；核心价值；文化基因；传承创新；现代设计

---

① 作者简介：管宁，福建社会科学院研究员、博士生导师，主要研究方向为文化理论与文化产业。

造物文化是人类融合了精神文化内涵与物质生产技艺的文明创造，其发展水平与历史高度，始终决定着一个民族文化在人类文明史中的地位。造物文化就其内涵而言，是人类利用自然资源，通过一定的工艺和技术手段，制作和生产物质产品的活动，从最初单纯的功能性逐步发展为功能与艺术的融合，并由此发展出古代造物文化与现代造物文化，它是人类聪明才智与美学思想的物质化体现。造物过程中以一定的美学理念将造物与艺术相融合，使对象物在形式和造型、图案和画面、内涵与寓意等方面具有美感或意境，进而形成独特的美学风格，我们称之为造物美学。狭义的造物文化，指的是具有较高文化与艺术含量并以物质形态呈现的文明创造，主要包括文化产业中的工艺品、工业设计、建筑设计、时尚设计等以物质形态呈现的产品（这些门类已纳入国家统计局最新颁布的《文化及相关产业分类（2018）》目录之中）；广义的造物文化，指的是一切以物质形态呈现的人类文明创造，在范畴上要大于工艺美术和设计①，包括装备制造业中的汽车、动车、轮船、天文望远镜、航天飞机、桥梁、影像设备、计算机等，当然也包括狭义造物文化中涉及的各门类造物产品。对于广义造物文化，著名美学家宗白华曾做过这样的定义："物质文化就是人类利用自然界材料制造人类实际生活所需用之物品，如衣服、居室、器械、舟车、桥梁、街道等类。"②本文主要在狭义范畴讨论造物文化。

造物文化是相对于精神文化而言的文化创造，二者都是人类文明的重要组成部分，其主要区别在于前者以物质形态呈现，如瓷器、丝绸、漆器、家具、园林、古村镇、传统民居（建筑）等；后者以无形的精神及符号形式存在，如中国古代的诗词歌赋、书法绘画、戏剧曲艺，现代的小说、话剧、交响乐、舞蹈、油画、电影电视等。但二者之间又存在密切联系甚至交叉融合，如附着

① 诸葛铠：《"造物艺术论"的学术价值》，《山东社会科学》2006年第4期，第55—59页。
② 宗白华：《美学与艺术》，华东师范大学出版社2013年版，第61页。

于瓷器上的山水画、丝绸织品中的花卉图案、建筑中的木雕石刻等。建筑作为人类的居所具有丰富的精神文化内涵，著名建筑学家贝聿铭认为，"艺术、历史和建筑确实是合为一体、密不可分的""艺术和历史才是建筑的精髓"。①中国古代江南门窗所饰山水，就深受吴门画派、松江画派等影响，"或远山近水，或一水两山，典型的明清山水画的布局，在门窗浮雕板上均可寻到芳踪"。②中国古典园林与传统文人如书画家和诗人等更有着不解之缘，"园林为他们提供了一个美好的生活起居和艺术创作的环境，这些艺术家以园林风景为题材的创作又推动了中国古典园林艺术的发展和提高。两者相互借鉴相得益彰"。③优秀造物文化必然是哲学、文化和技术美学等多种精神文化因素综合作用的结果，并通过科技、工艺等手段以物化的方式呈现出来。

传统造物文化是中华传统文化的重要组成部分，既在中国古代社会中创造了辉煌成就，也体现了古代中国文化的精神高度，为世界瞩目。在当代，作为精神文化与科学技艺双重承载的文明形态，造物文化发生了历史性的变革，并在更广泛和深刻层面体现着一个民族的持续创造力与发展潜力。拥有悠久农耕文明与优秀传统文化的中华造物文化，如何适应现代社会的历史变迁、文化变革与技术革命，不仅关系到传统文脉的历史延续，更关系到民族复兴的未来前景。面对现代造物文化发展日新月异的形势，面对传统造物文化生成环境的日益散逸消弭，如何有效接续造物传统，创造新时代具有民族特性与世界价值的造物文化，成为中华民族伟大复兴战略全局不可忽视的问题。

---

① 菲利普·朱迪狄欧、珍妮特·亚当斯·斯特朗：《贝聿铭全集》，李佳洁、郑小东译，中国工信出版集团、电子工业出版社2015年版，第10—11页。

② 马未都：《中国古代门窗》，中国建筑工业出版社2006年版，第26页。

③ 阮仪三：《江南古典私家园林》，译林出版社2012年版，第3页。

一、造物初始：礼制的彰显

造物文化是中华文明的重要组成部分，也是世人认知中国古代文明的重要媒介，不但承载着极其丰富的文化基因，而且在推动中华文化传播方面发挥着精神文化难以替代的重要作用——古代丝绸之路便主要是借助物质贸易的方式，将中华文化以造物的形式传遍欧亚大陆，促进了中外文化交流，由此产生了历时几个世纪的重要影响。[①]造物活动使人类脱离动物界，并由此创造了人类文明——创造和使用工具并进行有组织的造物活动成为人类的独特能力，进而成为衡量一个民族创造力的主要标志，在今天甚至成为一个国家、民族富裕和强大的硬核因素。造物文化也可称为物质文化，现代设计产生之后，人们便将造物视为一种有意识的设计行为。但事实上，古代人类的造物活动，也是一种设计行为，是人类文明发展中具有基础性的劳动，"人类通过劳动改造世界、创造文明、创造物质和精神财富，最基础最主要的创作活动是'造物'，设计便是造物活动的预先计划"。[②]与造物文化相伴而生的是精神文化，从人类文明史看，两种文明形态的创造始终是相互依存、互动发展的。如同马未都所言，人类创造的文化，在历史的长河中由物质生发出精神，由精神再度变为物质，最终合二为一，成为一份宝贵的文化遗产，与自然景观一道，构成地球上最动人的风景。[③]

尽管人类的造物先于艺术等精神文化的创造，如最早体现人类文明创造的石器时代所制作的石斧、石刀、石犁等，较之在岩石上绘制图案更早出现，并且以其工具性功能使人类逐渐走出蛮荒，开启文明创造的伟大历程。

---

① 管宁：《中华造物文化的传承与创新》，《文艺理论研究》2019年第2期，第1—12页。

② 何晓佑：《传薪与创新——中国传统造物智慧启迪现代产品创新设计》，《创意与设计》2022年第1期，第5—13页。

③ 见马未都博客文章第1188篇。

但从人类不同文明体系的发展看,造物文化能否持续发展并走向更高层次,直至发展至更复杂、更精美的水平,则在很大程度上取决于相应的精神文化和科技文化的发展。换句话说,精神文化虽然稍晚于造物文化的发展,但其发展的程度却对造物文化走向精致与精美具有决定性作用——那些具有高度繁荣的古代哲学与文学艺术的民族,都拥有相对高度发展的造物文化。古希腊、古罗马作为欧洲大陆文明的源头,其古典哲学、诗歌、戏剧、神话故事和雕塑以及宗教等,都是无与伦比的人类精神文化创造,也正是拥有这些精神文化的支撑,欧洲古代造物文化才有可能产生精湛无比的教堂、宫廷与城堡建筑,相关手工艺也达到很高的发展水平,并在现代性发生之后,形成并走向一个不同于传统却依然能够高度发展的现代造物体系。而古代玛雅文明虽然也产生被誉为世界七大奇迹之一的神庙和金字塔建筑,以及在当时体现一定造物文化水平的陶罐陶盆等器物,但因其精神文化发展主要在宗教、祭祀,以及石雕石刻、壁画、文身、彩绘和圣球运动方面,哲学、文艺的发展较为薄弱,其造物文化的发展未能走向更加精美、精湛的水平。诸多事实表明,造物文化要获得不断发展的新高度,离不开精神文化的支撑,其中一个重要原因,在于精神文化不仅体现了一个民族心智水平和原创能力,同时也体现了一个民族的创新原动力——思想、心灵与情感的不断丰富与发展,必然会对造物的新颖性、精致性乃至体系性提出新的要求,并赋予造物更丰富的内涵,由此推动造物向更高层次发展。中国古代拥有高度繁荣发展的精神文化,由其支撑的造物文化共同造就了人类四大文明体系。

中国古代造物文化始终与精神文化有着彼此相融、难解难分的密切关系,如同有学者指出的那样:"中国古代的设计思想、技术思想是和古代的哲学思想融汇一体的。"这种注重物质与精神创造相融的方式,"避免了物质与精神的对立而能做到和谐统一,这是非常高明的造物观"。因此,"只有搞清传统工艺造物文化的历史语境、理论背景和核心范畴、概念体系,才有可能认识到传统工艺造物文化的精粹所在,也才有可能在一个更高的层面上达到传统与现代的视野融合，而不是简单的折中与拼凑"。①而这种造物文化与精神文化紧密相融的关系，始终体现在历代造物理论与实践之中，由此导致不同历史语境下，造物文化呈现特征及其所显示的价值和发展特点不尽相同。在魏晋之前，造物文化更多地体现出礼仪性；魏晋之后，则越来越体现出审美性，并实现功用与审美的和谐统一，而礼仪性这一传统依然存在并延续至现代。在世界造物文化发展中，中国古代先人创造了辉煌的造物文明，积累了极为丰富的造物美学，具有独特的造物观，其所形成的一整套造物美学体系以及造物智慧，成为华夏文明的重要组成部分。

中国古代早期的造物能够体现一定高度和水平的，多半是与礼制文化相关联，且由于封建时代初期能脱离农业生产专门进行造物活动的，基本局限在王公贵族阶层，而上层复杂的礼制文化也在一定程度上使礼器不断走向精美与精致。与此相应所形成的造物美学及其著作，主要从礼制、礼器艺术角度进行阐发。春秋时期，西周的礼乐政治依然在意识形态占据主导地位，建筑在空间布局、造型设计等方面，都严格按照礼制规制进行规划与构筑，形成在建筑价值的评判上，以"是否符合西周确立的礼乐制度"作为总原则，并"由此衍生出关于建筑的礼制批评"。②西周其他器物制造也遵循和适应礼制的要求，以体现礼仪需求与礼制思想为目的。如青铜器作为典型的礼器之物，"具有'纪念碑'的性质，礼仪价值大于实用和审美价值"③，其制作更是受到严格的规范制约。处于农耕文明早期的先秦时期，从民间到宫廷，人们的"文化"活动时常与宗教密不可分，作为宗教祭祀活动空间场所的建筑也就有了鲜明的礼制特征。从狭义角度理解，先秦礼制建筑主要是由国

---

① 梅映雪：《传统工艺造物文化基本范畴述评——传统工艺美学思想体系的再思考》，《美术观察》2002年第12期，第53—55页。

② 叶朗、朱良志主编：《中国艺术批评通史（先秦卷）》，安徽教育出版社2015年版，第165页。

③ 叶朗、朱良志主编：《中国艺术批评通史（先秦卷）》，安徽教育出版社2015年版，第238页。

家主持建造,以明礼乐、宣教化为目的,体现统治者身份与地位。扩而广之,礼制建筑的功用性体现为通过举行祭祀、崇拜等活动,以满足那个时代人们与祖先和神灵进行沟通、交流的需要。对祖先与神灵的膜拜、崇尚之情具有庄严与神圣的精神特征,与之相应的建筑也因此倾注了人们的巨大心力,由此也就充分体现和代表着那个时代的布局规划思想和最高建筑艺术水平。夏商周时期的礼制建筑,主要见于王国和方国中的宫殿宗庙等大型建筑,包括一些规格较高的祭祀建筑;春秋战国时期的礼制建筑则呈现出与汉唐时期礼制建筑的衔接关系。这个时期的礼制建筑在大规模、长时间的建造过程中,形成了较为完善的建筑规划布局思想,即"'天人合一'的宇宙观,贵中尚左的尊卑观,中轴对称的建筑格局,依山傍水、便民利君、兼顾实用与审美的思想,辩证崇方的科学追求以及前朝后寝、左庙右宫的礼制建筑格局"①,这些思想对后世产生了深远影响。千余年之后的北京城规划,依然是按照中轴对称的建筑格局进行规划设计,主要的皇宫、庙宇建筑全都围绕中轴线而建,"以皇宫为中心,外设天、地、日、月四祭坛,方位恰处八卦中天南、地北、日东、月西之位,以示对天地宇宙的尊重"②。与此相呼应的,还创造出如华表、牌坊、祭坛、祠堂、辟雍、阙楼、宗庙等配套性建筑,构成一个礼制建筑系列。

早期造物的礼制功用十分明显,虽然随着历史发展逐渐弱化,但始终存在于历代的造物活动之中,由此成为一以贯之的思想观念。这一过程中,造物的"致用"观会随着实践发展而不断丰富。作为春秋时期造物思想理论总结的《考工记》,一方面"肯定了使用与审美在器物中的重要性","需要符合人使用的尺度"(这里的尺度包括人的身份与形貌),礼仪、礼制造物虽然以适应某种思想性表达为主,但为凸显这种表达而进行的装饰就形成了审美

---

① 李栋:《先秦礼制建筑考古学研究》,山东大学博士论文,2010年。

② 薛生辉:《传统造物设计中的中国文化思想》,《南京艺术学院学报(美术与设计版)》2009年第5期,第164—166页。

的延伸与发展,如同张道一先生所言"从上万年前人类就建立起审美的意识""反映在工艺美术上,不仅要求造物致用,并且要求悦目舒心"。①另一方面,进一步认为"造物要讲究法度,但不能拘泥于法则,应懂得因地制宜、灵活变通"(这与西方现代设计强调精准性、同一性相区别)。②当然,变通的前提先要遵循法度,《考工记》明确强调"法"先"巧"后的观念,巧于变通必须以不脱离法度为前提,由此才能达到"熟能生巧"的最高境界。《墨子·法仪》《庄子》等著作,也阐发循序法度是造物的基本原则的思想。这体现出中华哲学中特有的辩证思维之内在特征,是古代造物美学中的独特基因。

有研究者对古罗马与汉代造物艺术作了比较研究,指出"推动古罗马和汉代物质文化发展的内在规律有着明显差异。古罗马造物艺术发展的根本动力来自社会经济活动,而汉代造物艺术的核心是体现统治规范和社会伦理"。③这从造物艺术发展动力角度表明,魏晋之前的造物文化是以礼仪性为主要特征的,体现出鲜明的政治伦理与宗教内涵,其伦理价值尤为突出。礼仪性特征虽然是中华造物文化的突出特点,并占据重要地位,但这一特征主要出现于中华造物文化的早期,即"礼制艺术时代,这是以'礼器'作为主要艺术载体和代表最高艺术成就的历史阶段"。④在这个时代里,不仅建筑成为政治伦理意涵表达的载体,而且"人们创制出各种陶器、玉器、青铜器等,对其进行的装饰美化与社会性的礼仪有关,而不是以表达自我情感为目的。⑤此伦理功用目的必然导致造物过程中个性情感融入的缺失,也限制了器物品类的发展与日用功能的完善,在一定程度上阻隔了造物审美与水平

---

① 张道一:《张道一选集》,东南大学出版社 2009 年版,第 234 页。

② 刘一峰:《论〈考工记〉的造物美学观》,《文化艺术研究》2021 年第 3 期,第 88—94 页。

③ 朱文涛:《古罗马与汉代造物艺术比较研究》,苏州大学博士论文,2010 年。

④ 杨祥民:《中国传统造物设计美学思想探析——以礼仪性精神为论述中心》,《艺术探索》2019 年第 4 期,第 70—78 页。

⑤ 杨祥民:《中国传统造物设计美学思想探析——以礼仪性精神为论述中心》,《艺术探索》2019 年第 4 期,第 70—78 页。

的提升。魏晋之后,随着文人文化的兴起,礼制之物呈现的秩序、规范、固化与神圣化,因难以适应文人对真性、真意的追求而逐渐式微①,造物领域形成了一支影响千年的流脉——文人文化及其所推崇的雅韵审美,礼器之物更多地被雅器之物取代。从今天的视角看,造物的礼仪性价值显然已大大弱化,其原因在于:这种礼制性造物具有严格伦理规范性、突出的宗教色彩与鲜明的泛政治化特征,因缺乏个体色彩、自由情感和个性审美,不适合现代社会生活与审美需求,也不适应工业设计语境下的造物生产体系。当今时代,人们对造物的舒适性、审美性乃至品位性的需求上升至主导地位,因而更多地关注于文化观念的前卫、使用功能的提升与审美品质的彰显。

那么,对于中国礼制性造物文化遗产,如何看待其现实价值呢?除了遗产本身具有的文物、历史、考古和科学价值外,人们还可以从两个方面考量其现实文化价值,一是公共文化建筑,二是美学因素的借鉴。就前者而言,现代公共文化建筑时常被作为国家或城市的文化地标,往往蕴含特殊的政治伦理和文化观念,承担着体现和彰显一个国家或城市精神文化象征性表达的功能,具有鲜明的礼制性特征。传统建筑文化在以建筑物体现礼制内涵方面,如怎样处理道与器、物与欲、技与艺、用与美之间关系所积累的经验与智慧,可作为现代公共文化以及其他标志性建筑及其器物的美学与设计思想资源。就后者而言,礼制性建筑为体现政治伦理、宗教文化内涵而发展出相应的美学体系,如群组建筑空间布局法则、建构体量与心理对应关系的处理、器物造型的寓意传达,以及独特的装饰美学等,不仅可以为现代标志性建筑、公共艺术的建造提供文化支撑,也可赋予其他领域的造物设计以丰富灵感。

① 李溪:《清物十志:文人之物的意义世界》,北京大学出版社2022年版,序,第5页。

二、当代传承：拣择与萃取

造物作为人类物质文明的重要组成部分，不仅只是物质性存在，也是文化的外在表现和形态。造物要走向高级形态，离不开深厚的思想文化的涵养与支撑。古人便有"学技必先学文"之说，认为"凡学文者，非为学文，但欲明此理也"，"予尝谓土木匠工，但有能识字记账者，其所造之房屋器皿，定与拙匠不同，且有事半功倍之益"。[①]可见文化素养对于造物的重要性，而人们也只有理解和把握了造物背后的文化底蕴，才能真正欣赏与洞悉其精华所在。由此观之，传统造物文化的当代传承就必然是一个复杂的系统工程，涉及思想意识、文化观念、价值重估、传承理念与时代需求等诸多因素。在博大精深的中华传统造物文化中，如何遴选与萃取最有益于当代文化创造的元素与基因至关重要。礼制性造物文化精髓，可以在一些特定造物领域中，如大会堂、纪念馆、纪念碑、国徽、勋章以及博物馆、图书馆等公共文化建筑加以继承与弘扬，但在现代化社会大生产模式及其相应的现代生活方式普遍建立的背景下，大规模的礼制性造物显然已成为历史，这是从农耕社会走向工业乃至后工业社会的一种历史必然。因而在更普遍的造物领域中，应选择那些更适合当代社会生活方式、审美情趣和价值理想的优秀传统造物文化，通过梳理阐发古代造物设计美学中有关人与天（自然）、人与物、功用与审美等方面的美学思想与哲学智慧，从中发掘能够启示与对接当代造物美学与设计的优质基因，以期在新发展阶段为提升中国现代造物水平、满足高品质生活需要提供有益支撑。

高质量发展的背景下，优秀造物文化的继承，应进入其内部去深入把握最具时代价值的元素与基因，而非笼统粗疏、浮泛浅表的传承。比如，对古

---

① 李渔：《闲情偶寄》，江苏凤凰文艺出版社2019年版，第142—143页。

代"回归自然"传统的理解,不能笼统而简单地认为只是对自然界的崇尚,而应从哲学、思维方式、美学和技术等多个层面去理解。对于当代而言,中国古代造物精华中拥有两个面向值得深入挖掘、继承发展,那便是体现雅韵审美的文人文化和与之相应的哲学思想资源。前者在创造主体上以文人士大夫为主,后者则以先秦思想家为主体,即道家与禅宗思想体系及其所体现出的造物智慧。有学者指出:"传统文化在漫长的历史进程中形成,离不开与人民同呼吸共命运的知识分子、文化人,各个专业领域的专家、学者,非物质文化的创造者和传承人。他们是中国精神、中国智慧的典型代表,以自己的创造性劳动为文化的创造、传承作出了不可替代的贡献。"①古代文人士大夫便是今日所称之知识分子、文化人,古代先哲便是今日所言之专家、学者,他们既是中国文化精神的典型代表,也是中国传统文化精华的主要创造者。以文人文化为美学基石创造的造物文化,可视为文人造物,它是古代精英文化的体现与表征,"极具文化的内隐性与象征意义"。②文人文化所创造的雅韵审美,具有很高的艺术价值③,在其涵养与影响下的造物产品也因此成为传统造物中的精华,甚至是中华古代文明的典型代表,并主要表现在江南丝绸、宋代瓷器、私家园林、明式家具、文玩器物以及其他具有文人审美趣味的造物之中。从总体看,文人造物具有如下美学特征:第一,"简约清雅,流畅灵动。简约而不失优雅,简单而富有韵律",文人造物明显区别于宫廷的华丽繁复,也不同于民间的稚拙素朴,而以雅致、空灵为审美基调。④第二,妙肖自然,宛若天成。模仿自然而又顺乎自然,造物过程往往表现为"法天象地的艺术思想、收天纳地的空间意识、融天入地的造物观念、顺其自然的造

---

① 蔡武:《从三个方面理解把握文化自信》,《学习时报》2018年9月5日。
② 杨婧、陈建新:《从"雅致"到"新奇"——在继承中发展的李渔造物思想》,《设计艺术研究》2016年第2期,第100—102页。
③ 参见管宁:《国潮:雅韵审美的青春气息》,《光明日报》2022年3月23日。
④ 管宁:《中华造物文化的传承与创新》,《文艺理论研究》2019年第2期,第1—12页。

物原则"①，不求刻意的人工雕琢，但求顺应自然地了无痕迹。第三，质朴无华、素淡古拙。崇尚朴素之美，追求雅洁适宜，忌奢华求古朴，弃华丽尚典雅，如李渔强调女子衣装应"不贵精而贵洁，不贵丽而贵雅"②，对于人居美学，他主张"盖居室之制，贵精不贵丽，贵新奇大雅，不贵纤巧烂漫"③，正所谓"朴素，而天下莫能与之争美"④，表明素淡之美具有难以撼动的地位。不难看出，文人造物所彰显的雅韵之美，不是一般工匠所能达致，而是文人审美与艺术精神濡染与涵养的结果。事实上，古代高水平的造物都善于从精神文化中汲取养分，造物过程时常汲取诗书画意，尤其是文人艺术的养分，形成崇尚雅趣的造物之风；众多文人士大夫也亲自参与造物设计⑤，在造物中寄托和呈现审美理想，由此将造物文化推向一个文明的高峰。

相较于造物审美，更具启示性与生命力的是造物思想与智慧。文人造物所呈现的审美特质虽然代表了那个时代的造物艺术高度，可成为当下设计师取之不竭的美学资源，但毕竟现代社会所面临的造物环境、条件，以及设计手段和造物需求，已然同古代农业社会大相径庭。当下社会更需要创造适应时代审美精神、现代工艺水平乃至智能设计的造物产品，古代造物智慧则可以成为一种活的源泉和内在动力，在人们拣择、萃取和运用中获得新的生命力。

第一，"致用有度"的造物思想。中国传统造物是建立在手工业基础上的，不同于现代工业化造物体系，手工艺生产过程中，工匠对器物的把握带有更多个人的理解与经验，同一种器物制造往往因工匠的个性化处理而呈现出工艺和审美的差异。因而，传统造物虽然也讲究法度，但又不拘泥于法

---

① 张燕：《论中国造物艺术中的天人合一哲学观》，《文艺研究》2003年第6期，第114—120页。
② 李渔：《闲情偶寄》，江苏凤凰文艺出版社2019年版，第116页。
③ 李渔：《闲情偶寄》，江苏凤凰文艺出版社2019年版，第141页。
④ 庄子著，朱墨青整理：《庄子》，万卷出版公司2009年版，第169页。
⑤ 计成：《园冶》，江苏凤凰文艺出版社2015年版，第17页。

度,倾向于因地制宜、灵活变通,给工匠发挥艺术个性的空间;这与西方现代设计强调统一、精准不同,而是更具有艺术感、生命感。"在西方,窗户就是窗户,它放进光线和新鲜空气;但对中国人来说,它是一个画框,花园永远在它外头。"①当然,在实践中如何解决精准与变通之间的矛盾,是对现代设计师的考验与挑战。相较于西方现代造物的科学理性,中国古代造物尊崇的是实用理性,但这种功能主义的实用不是一种纯粹的科学理性,而是一种"实用有余而科技不足"的,既建立于经验知识基础之上,又融涵了文化智慧的实用,使其虽然不及科学理性精准,"却也给了'实用'一种弹性的文化方式",即"致用有度"的灵魂把握。②注重于实践经验的积累所获得的造物技艺能力,而不追求绝对的精密精准,并以师徒相承的方式延续着造物技艺,这在一定程度上会导致工匠受经验的限制而削弱创新能力;但另一方面,也以其独特的辩证思维特征,显示出实用理性与文化理性融合的中国智慧。"致用有度"的背后,是中国古代基于"整体心理结构和精神力量,其中也包括伦理学和美学方面的,例如道德自觉、人生态度、直观才能等"。③正是由此所构筑的智慧支撑,使得中华造物在满足实用的同时,讲求艺术与趣味,推动造物的高水平发展。而"巧法造化"的思想,在关注实用的同时,也非一味强调人的主体地位以及对自然物的支配与改造力量,而是寻求人与造物之间达成一种和谐关系,这些造物思想与智慧对当代设计和生态理念的运用都有很大的启示意义。

第二,物我互融的空间构筑。建筑作为综合性的造物艺术,空间构筑不是单纯的物理容积与体量的生成,而是在空间围合与敞开中渗透着人的轨

---

① 周文翰:《时光的倒影:艺术史中的伟大园林》,北京美术摄影出版社 2019 年版,第 270 页。

② 邵巍巍:《中国传统造物文化中的"现代"启示》,《天府新论》2020 年第 3 期,第 118— 126 页。

③ 李泽厚:《中国古代思想史》,生活·读书·新知三联书店 2008 年版,第 314 页。

迹与视角。建筑空间构筑的目的主要是供人活动与栖息的，人在其中的运动使建筑成为"流动空间"，中西概莫能外。德国著名建筑师密斯设计的巴塞罗那博览会德国馆，之所以能成为现代经典，在很大程度上是依凭巧妙的、连续性的空间隔断，即"通过极富感官美感的材料对空间加以分割和围合，从而形成一种相互联通的半敞开式动态空间"①，以延长参观者观览路线，使方正的空间具有了流动的特质。但西方建筑空间讲求工整、秩序，即便是密斯的设计，也只是对不同方正空间进行有秩序的串联；而中国传统建筑除了体现儒家美学的宫廷建筑和官宦居所之外，则讲究"节奏性十足、韵律感极强的动态构势为表现方向"，其"审美习惯和空间表现从来都不是以'静态'为标准的"②，不仅如此，体现文人审美的江南私家园林建造，借助"疏密得宜，曲折尽致"的空间展开方式，在虚实相生中使园林及其建筑空间获得诗歌与绘画才具有的生动气韵，这种气韵正是人与物在特定的空间结构中形成的互动关系所产生的丰富的心理感受，空间在与人的交互中生成了远比物理尺度更广阔的精神意蕴与审美情趣。此时，不同空间之间不仅存在巧妙的组合与关联，而且存在彼此互动与映照；"'我'与物之间，是交互的关系"③，而非主体与客体的关系；空间的物理性在人的动态观照中生成了无比丰富的意趣与想象，成为灵动的、富有生趣的空间——这是中国造物最高妙，也是最具独特性的地方。对此有学者作了理论总结："中国古代建筑群体空间的组合是以人的'感知'规律为依据的，而现代建筑群体组合则是以技术和功能的'理性'为基准。"④事实上，唯有生命感知和人文意趣的介入，才能使得造物之美不只是停留于被观赏，更重要的是能够被发现。精美的

---

① 罗伯特·麦卡特、尤哈尼·帕拉斯玛：《认识建筑》，宋明波译，（台湾）原典出版 Ui-Books2021 年版，第 101 页。
② 邵巍巍：《中国传统造物文化中的"现代"启示》，《天府新论》2020 年第 3 期，第 118—126 页。
③ 李溪：《清物十志：文人之物的意义世界》，北京大学出版社 2022 年版，第 155 页。
④ 张杰：《中国古代建筑组合空间透视构图探析》，《建筑学报》1998 年第 4 期，第 52—59 页。

造物之所以百看不厌、常看常新,其奥妙就在于此。很显然,这样一种空间组织的智慧充满了人文色彩,无疑能赋予当代设计极大启发与滋养。

第三,整体论的思维方式。中国古代哲学对事物探究强调整体观照和系统把握,形成了不同于西方的整体论思维方法。中国哲学整体论的核心要义在于:其一,整体是自然生成的,事物是在生成变化中形成的,不同于西方的构成整体论。其二,整体不是由部分构成,也不大于部分,而部分却包含整体的意味,是一个自足的世界,于是便有了"一花一世界"的独特艺术境界,而西方则强调整体大于部分。其三,"中国传统整体论从阴阳五行的运动变化理解整体",不同于西方从世界的普遍联系理解整体。①这对中国艺术以及造物文化产生了深远影响。中国风水文化传统历史悠久、蕴含丰厚,早在周朝人们选择地址建筑家园时,就确立"相其阴阳、观其流泉"②的原则,将地理、气候、水土、朝向等多种因素纳入整体性综合考量,"旨在营建一个阳光充足、空气清新、水源安全、人与自然和谐相处的美好家园"。③在建筑群组关系中,也强调整体性的美感,并以"一种自觉追求的、系统复杂而十分成熟的群体透视构图体系"④,达到一种大构图中套小构图、小构图在自足中又融入大构图,彼此互为关联、相得益彰,体现了部分包含整体的独特观念。中国古代文人园林运用了多重的围合与敞开的空间组织方式,使空间在虚实的相生相克中实现了景致的动态变化,产生"步随景移、移步换景"变幻多姿的美学效果;而园林中必有的亭子却并不从属于园林,而具有"独立之物的自立"⑤的自身圆足性,也因此有了杜甫"乾坤一草亭"的著名诗句,这些造物设计,都是突出地体现了整体论观念的经典创造。

---

① 朱慧、张华春:《中西整体论思想刍议》,《湖北社会科学》2016年第12期,第107—112页。
② 孔子等:《四书五经》,万卷出版公司2010年版,第230页。
③ 唐明邦:《建筑风水文化》,《建筑与文化》2016年第2期,第62—63页。
④ 张杰:《中国古代建筑组合空间透视构图探析》,《建筑学报》1998年第4期,第52—59页。
⑤ 海德格尔:《演讲与论文集》,孙周兴译,生活·读书·新知三联书店2005年版,第174页。

第四,物尽其用的生态理念。中国古人始终秉承"物尽其材""物尽其用"的造物准则,其背后则是"天地与我并生,而万物与我为一"①哲学观念的支撑。强调"强本节用""致用利人"的生态理念,在"物我同一""物我和谐"理念影响下,避免了西方造物注重对自然单向度的控制与支配。古人有"圣人处物不伤物,不伤物者,物亦不能伤也。唯无所伤者,为能与人相将迎"②,因而能够以"惜物"的姿态对待造物,实现人与物和谐相融。在可持续发展成为世界主题的今天,西方开始强调生态保护,生态设计也因此成为一种新的造物设计潮流,但中国基于"物我同一""天人合一"理念的生态观,在认知上将天、地、人视为一体,深知毁物便是毁己,其寻求与自然的融合是一种内在需求,而非由于环境恶化采取的被动应对策略,因而更具有主体的内在自觉性。但造物毕竟是一种文明创造,遵从"不伤物"的原则,不等于对自然物无所作为,不意味着放弃对物质必要的利用与装饰。如何协调二者关系,孔子提出"质胜文则野,文胜质则史"③观点,以寻求"文"与"质"的统一。优秀的造物设计,应是"美善相乐,文质彬彬",④即达到功能与形式的相互制约、和谐统一。这一造物智慧必然能在今天造物活动中,对人们的行为规范、目标设置与价值追求产生积极的意义。

不难看出,中国传统造物文化最富有生命力的因素,在于其独特的思维方式与智慧,正是这种有着深厚人文底蕴的哲学智慧与思想资源,中华造物文化才能以其辉煌的成就支撑起世界四大文明之一的中华文明。因此,优秀传统造物文化的继承,关键在于把握其思想智慧,而非实物遗产;实物遗产的价值除了其文物价值和观赏价值之外,更重要的是其中蕴含的审美取

---

① 庄子著,孙雍长注释:《庄子》,花城出版社1998年版,第28页。

② 庄子著,夏华等编译:《庄子》,万卷出版公司2016年版,第214页。

③ 孔子著,桑楚、连山主编:《论语全鉴》,北京联合出版公司2015年版,第437页。

④ 郭青、郑毅:《中国古代造物思想对可持续设计的启迪》,《艺术家》2022年第3期,第51—54页。

向,以及形成这一审美取向的文化氛围、哲理蕴含与思想智慧。审美取向终会过时,而思想智慧之光将永续照耀。

三、创新实践:鉴照与再创

传统造物智慧的弘扬,既离不开深入的阐释与挖掘,更离不开当代实践领域的运用与创造。"我们不是生活在古代、生活在过去,实践总是在不断前行的",没有"实践创新的功夫,所谓优秀传统文化就只是博物馆中的文物"。①传承创新不能停留在理论层面,而要在实践领域进行不断探索,立足当代造物发展需要的传统阐释,是继承与弘扬的前提,而以什么样立场与姿态去阐释,则决定着是否能引领新时代造物文化迈向正确的发展道路。这个过程中,应避免单一的视角,而要以世界性的宏阔眼光,将传统造物精华与智慧放在全球视野下加以考量与鉴照,既准确把握传统文化优质基因,又潜心汲取世界各民族造物优长,创造出能顺应时代需要与合乎世界潮流的新时代造物文化。习近平指出,推动中华文化走出去,在"向世界阐释推介更多具有中国特色、体现中国精神、蕴藏中国智慧的优秀文化"的同时,"要注重把握好基调,既开放自信也谦逊谦和"。②时下国潮的兴起,反映了人们对中华优秀传统文化认同的持续提升,这赋予中国式现代化更厚实的文化基础。但国潮的未来发展,一方面要真正将传统精华呈现出来,并深入传统内部而非停留于表面;另一方面要以更加开放包容的姿态,虚怀若谷、大度从容地涵纳人类先进文明,在深入广泛的交流互鉴中,构筑智能时代造物文化发展的新境界。

中国传统造物文化虽然经过长期努力实现了现代转换,尤其是改革开

---

① 蔡武:《从三个方面理解把握文化自信》,《学习时报》2018年9月5日。
② 习近平:《习近平谈治国理政》(第四卷),外文出版社2022年版,第230页。

放四十多年的发展，使中国当代造物设计有了长足的进步，呈现出良好的发展态势。但我们要清醒地看到：中国现代设计毕竟起步较晚，理论与实践基础都还比较薄弱；西方百余年的现代设计历程所积累、沉淀的设计文化与设计智慧，在今天的设计实践中依然发挥重要作用且充满创新活力。现实地看，工业设计中汽车制造领域最具引领和前卫的设计，依然产生于西方国家；顶级奢侈品牌、服装首饰设计也是欧美占据风头；建筑设计尽管有马岩松在国际上的突破，但还远未改变西方引领的局面。同时，西方尤其是欧洲各国拥有深厚的文化底蕴，能为现代造物提供深厚的文化滋养与智慧启迪，这也是在现代转型之后欧洲设计百年来一路领先的重要原因。中国现代设计应本着文明互鉴的姿态，立足中华造物美学与智慧的深厚沃土，广泛吸收借鉴西方设计思想资源，高起点、高标准、高质量地发展现代设计；在实践创造过程中，大胆探索、勇于创新，强化本土话语建构，逐步形成具有中国特色的本土现代设计理论体系、学科体系与话语体系。

梁思成曾言："每一时代新的发展都离不开以前时期建筑技术和材料使用方面积累的经验，逃不掉传统艺术风格的影响。而这些经验和传统乃是新技术、新风格产生的必要基础。"[①]换言之，新技术、新风格不会凭空产生，而必须从历史文化和传统审美中获得生长的土壤与养分。当代造物文化实践中，创造主体越来越自觉地从传统文化中提取有益的文化基因，同时积极鉴照与涵纳世界先进造物文化，探索尝试一系列具有开拓性的创新实践，使优秀造物传统焕发出新的生机。随着现代性开启而登场的现代设计，虽然在某种意义上脱胎于工艺美术，但在大工业生产方式为主导的现代社会里，必然扮演造物的时代主角。后发而起的中国现代造物设计经历了曲折探索之后，凭借雄厚传统文化的滋养，正在逐步形成具有本土风格的现代设计体系，且在实践领域不断推出创新成果，产生越来越广泛的影响。

① 梁思成：《中国建筑的特征》，长江文艺出版社2020年版，第190页。

在建筑设计领域,王澍以宋代文化为审美基调设计的国家版本馆杭州分馆"文润阁",以对宋代山水画理与园林美学的深度理解和发掘,在一座废弃矿山留下的残山剩水的基础上,通过精心设计将其雕琢成一件"艺术品",营造出"人在阁中走,宛若画中游"的独特意境,成为展现"现代宋韵"的园林式建筑。富有现代感的亭台楼阁掩映于山麓水畔之中,在廊院回曲、步移景换中,文人园林最具特征的"掩映之美"呈现无遗,实现了中国园林美学精神的创造性运用与表达,构筑了一个足以同宋代雅韵审美进行高峰对话的当代造物精品。马岩松秉承"山水城市"理念,充分汲取传统山水画审美精髓及其美学原则,在国内外重要项目中,富有创造性地在现代建筑中诠释了山水画审美意境。他承接设计了位于美国科罗拉多州东北部丹佛的单体高层住宅建筑,其独特性集中表现在两个方面,即相融与相宜。其一是与自然环境相融,以山水与建筑融合的理念,实现山水城市审美理想。科罗拉多州地形地貌独特,丹佛城市西侧有著名的落基山脉绵延横亘,使该州成为全美最受欢迎的登山目的地之一;丹佛不仅有贯穿而过的南普拉特河,且是平均海拔1610米的高海拔城市。如何使建筑与独特的地理条件相融合,中国古代"天人合一"思想及其在建筑实践中的运用经验,给予马岩松团队极大的智慧启迪。他们在单体建筑中设计了一个"垂直峡谷"嵌入其中,以人造的类自然景观与丹佛城市所处的自然地理环境遥相呼应且相映成趣,使得科罗拉多州包括峡谷、高山、森林、溪流、瀑布等多样性地貌,以一种特殊的方式被纳入和延伸到城市建筑空间,最大限度拉近了人与自然的关系。其二是与在地文化相宜,充分体现与社区文化的结合,该建筑项目恰好位于城内的一个艺术街区 River North(RiNo)之中,作为公寓建筑如何具备一定的艺术感以便与该街区原有的文化氛围相协调,考验着设计师的文化智慧。马岩松团队设计了一个巨大的开裂峡谷,几乎贯穿整栋建筑,营造了富有想象力的艺术气息,使新建筑与社区里的画廊、餐厅、酒吧所形成的氛围十分相宜。同时还与自然相宜,由于采用立体式绿化方式以及园林曲折尽致空间结构原则,楼内巨大的立体绿化空间形成向上攀登的游览方式,恰好映衬与呼应了丹佛所在州作为热门登山目的地所具有的登山文化。

在现代家具设计领域,中国(上海)国际家具博览会的历届展览中,中国设计师从传统造物美学与造物智慧中悉心汲取精华营养,所设计创造的一批产品得到西方设计界越来越多的关注与认可,由英国学者夏洛特·菲尔、彼得·菲尔以及中国的瞿铮编著的《当代中国家具设计:融合与再造》,全面介绍与阐释了当代中国新锐设计师的家具设计作品。该书收录的设计作品,主要是基于传统造物美学并融合当代西方设计相关理念进行的再造,品类包括日用陈设、茶具、家具装饰等。其中包括梵几、上下等有影响的中式家居设计品牌。一批源于明式家具造型审美的现代家具,因其对明式家具文化底蕴的深刻理解,以及对现代金属材料美学质感的把握,如设计师邵帆将圈椅的独特美学韵味以最简洁的方式进行表达,设计出获得西方设计师认可与推崇的新中式家具,为当代东方雅致生活的营造提供了重要的设计支撑,让传递着传统造物美学基因的中国现代设计在世人面前呈现出新的气象。对此作者评价道:"传统文化有着强大的凝聚力。"中国新生代设计师"重新发现了中国文人精致的唯美主义,以及生活方式的文化",他们"扎根于中国传统文化,从先辈们的遗产中汲取灵感,设计出了极具创意的家具产品"。①

在工业设计领域,国家政策支持力度不断加大,2010年迄今出台了一系列政策意见,发布的《制造业设计能力提升专项行动计划(2019—2022)》提出4个方面的行动计划和措施。在新技术变革中,数字化、智能化、生物智能的发展将导致包括人元生物技术、超智能机器人合体等一系列工业设计理念的更新,从而促进"设计社会化、社会人文化、人文产业化等具有生态演

---

① 夏洛特·菲尔、彼得·菲尔、瞿铮:《当代中国家具设计:融合与再造》,虞睿博译,北京联合出版公司2021年版,引言,第11、13页。

化与文明进化意义的设计不断迭代",中国设计行业呈现设计人才、设计教育大融合以及设计文化大革新趋势,正在引来"工业设计的功能新生"。[1]

面对高质量发展对高品质生活的新要求,面对全球设计领域日新月异的发展和智能设计的快速崛起,中国当代造物要积极顺应时代发展趋势,对标最新前沿造物水平,准确把握传统造物精华,不断提升设计软实力,推进新一轮竞争条件下的设计创新,为中华民族伟大复兴提供重要支撑。

善于修为,构筑尚品。高质量发展阶段的造物设计,必须拥有精神文化的强大支撑,高端造物须有审美与哲学感悟,这与有些学者强调的"画山水,笔下的功夫重要,心灵的功夫更重要"[2]是相同的道理。传统造物文化中的典范之作,无不蕴含着丰富的文化内涵;缺乏深厚文化修养的创造主体,难以达臻造物之巅峰。不论是具有技巧性的绘画、音乐、舞蹈艺术,还是技艺性的雕刻、编织、刺绣等工艺美术,文化修为的深厚与否都决定着其所能达到的艺术高度。当然,悉心观察和感悟大自然,以获得神遇迹化的灵感,亦不可或缺。在技术手段不断丰富的当代,造物文化似乎对文化修养的依赖越来越低,但事实上,前沿和高端的造物设计恰恰需要更深厚的文化积淀与更广阔的艺术视野。作为讲求工艺的紫砂壶制作,原本只要拥有精湛技艺就能创造出色的作品,而绘画艺术也是一种格外依赖笔墨技巧的艺术创作,但著名画家吴冠中以及与他交往甚密的紫砂壶大师顾景舟认为:技艺和技巧达到一定程度便难以提升,而文化修为的提高才能突破技艺阈限,使作品达到更高的艺术水准,否则就只能停留在工艺品的层面。吴冠中十分强调文化艺术修养的作用和建立在文化修为之上的思想情感,他对艺术界"惟笔墨是尊"的倾向持有不同看法,在他看来,"脱离了具体画面的孤立的笔墨,其价值等于零",因为"笔墨只是奴才,它绝对奴役于作者思想情绪的表达,

---

[1] 于炜、张立群、田斌主编:《中国工业设计发展报告(2021)》,社会科学文献出版社2021年版,第13—15页。

[2] 朱良志:《作为"示现"的山川》,《美术大观》2022年第3期,第28—36页。

情思在发展，作为奴才的笔墨手法永远跟着变换形态，无从考虑将呈现何种体态面貌"。①可见，要构筑具有高度艺术水平的造物尚品，文化艺术修为的提升不可或缺。

善辨良莠，沉浸醲郁。优秀传统文化在当下大致有两种存在方式：一种是文化遗产以既存的或静态的方式存在，另一种是以经由人们拣选并纳入实践运用的方式存在。而前一种存在的现实价值必须经由第二种方式才能获得实现。就后者而言，抱持怎样的标准、尺度与立场去选择与运用传统文化，显得格外重要。对传统进行甄别遴选，善于披沙拣金，取精用宏，让优秀传统显露真容，进而学优行范、引领风尚，这不仅是确保优秀文化基因得以传承的关键，也是确保创新创造获得优良品质的前提。唐宋作为中华文化不可多得的高峰，所形成的汉唐气象与宋元意境两个重要美学传统，可成为今天文化创造的重要资源。但深入把握传统文化精神底蕴，而非流于表层元素符号，是文化高质量发展的核心要义。中华造物文化独特价值在于其人文性的融入和生命感知的渗透，应以"技为下，艺为上"②的理念看待传承造物文化，注重把握其美学精神与造物智慧。唯其如此，才能做到从功能到舒适，再到趣味；从实用到审美，再到意境——这是区别于其他民族造物文化的独特之处，也是中华造物美学显著特征与核心价值。科学理性支配下的西方现代造物，实现了人类在工业时代文明创造的高峰，具有其特殊价值；而中华造物基于其独特哲学背景以及实用理性与文化理性的融合特征，应在工业乃至智能时代中自觉凸显造物的人文色彩与生命价值，形成中国现代造物设计独特语言。深刻领悟融通并持续浸润于传统美学精粹与气息之中，方能以承百代之流、会当今之变的胸怀与视野，创造引领时代先声的造物文化佳构。

---

① 张熙：《笔墨为何等于零？——从语境研究视角浅析吴冠中的笔墨观》，《美术》2020年第7期，第136—137页。

② 吴冠中：《画眼》，文汇出版社2014年版，第2页。

善破法度,致力原创。传统造物讲究法度,但又不拘泥于法度,倾向于因地制宜、灵活变通,赋予创造主体发挥艺术个性的空间;这与西方现代设计强调统一精准不同,更具有人文气息与生命体悟。有学者指出,西方陷入"现代性困境"的表征之一,就是对人文层面的忽视,以及过于强势的视觉中心主义。①中华造物讲求舒适,又善于把握适度,而经验型实践方式又有助于控制适度的微妙分寸,这是中华造物感性因素介入的结果,区别于西方的过度舒适化或单一的舒适性维度。当然,在现代设计教育与设计理论普遍西方化,且现代设计本身也逐步走向成熟并出现越来越多经典的时候,中国现代设计实践中如何解决变通与精准之间的矛盾,无疑是一个新的考验与挑战。这就特别需要在继承中善于打破陈规与法度,从当代中国人的现实需求与文化习惯出发,汲取现代设计最新理论与实践成果,致力前瞻性、原创性的探索,形成具有自身特色的本土现代造物语言。破法而不悖法作为创新的方法论遵循,既要超越古法旧制与既成模式,又不能违背文化发展基本规律,如古人言:"新异不诡于法,但须新之有道,异之有方。有道有方,总期不失情理之正。"②从而将原创性建立在体现时代精神和个体独特的生命感悟与表达之上,创造出表现真性情、真感悟、真趣味的经典之作。在融合创新成为时代潮流的今天,还应善于进行古今中外的融合;并在融合中注重动态的中立与平衡,既无须全盘照搬西方,也不必过于拘泥传统,而应在现代语境下不偏执一端,不滞留表象,善于将中西文化的深层密码与智慧优长加以灵活运用,以实现有机融合、优化重构。

---

① 见有方专访:《程泰宁:让中国建筑堂堂正正地走向世界》。

② 李渔:《闲情偶寄》,江苏凤凰文艺出版社 2019 年版,第 73 页。

结　语

尽管现代造物在社会环境、审美需求、技术条件和生产方式等方面都发生了迥异于古代的变革，但对中华深厚传统造物文化的持守、传续和挖掘、运用，依然是建立当代中国本土造物体系的文化根基与智慧源泉。中华造物文化这份遗产富矿的开掘才刚刚开始，它与现代设计相遇所释放出的能量远未穷尽。而深度把握、理解和感悟中华造物智慧的精妙与灵智，是文脉传续并绽放生命力的关键前提。人们越是深刻洞悉传统造物文化及其文化背景，越能深切体悟其中深厚笃实的底蕴与灵慧通达的智慧。首先，依托精神沃土滋养极致造物。造物的极致是那种超越技艺水平的文化创造，是创造主体从匠人到艺人再到哲人的境界提升，具有哲人素养的设计师不仅能超越前两者，还能借助设计体现"神性"。①但哲人的成就必须有哲人产生与存在的土壤，中国精神文化的数千年积淀提供了一片广袤的文化沃土，作为"诗人哲学家"的庄子所倡导的"以物为量"和老子主张的"大制不割"的艺术哲学思想等，可为造物领域哲人的产生提供丰厚的思想文化资源。其次，独特天人关系所形成的造物观念。古人在造物中体现崇尚自然，是以与自然相融合的方式去对待，而不是主观欣赏的方式去观照，是按照自然法则行事而接近自然、融入自然，而非利用自然为己所用。人与物之间更多是一种相宜关系，是一种精神的映照，如同白居易江州生涯中对蟠木几的书写与比拟那样。文人造物乃雅致之物，雅物与人之间是一种不沾不滞的关系，是一种散逸而又通达的存有，是一种若即若离而又挥之不去的"伴侣"和"知己"②，更是一种可以在与人的相与往返中不断对话、不断生成意义的"活物"。再

---

① 周宪：《艺术理论的文化逻辑》，北京大学出版社2018年版，第239页。
② 李溪：《清物十志：文人之物的意义世界》，北京大学出版社2022年版，序，第9页。

次,对造物功用性的独特理解与把握。中国古人在实用之外更强调审美功用,甚至是具有涤荡浊世的"澡雪"功用;同时强调与物相宜,在理解和掌握物性之后,使自身进入物的真性世界,在与物相融中获得愉悦与自由。西方待物的立场,在于让物为己用,侧重于享受物所提供的感官舒适,带有一定的役使意味。不过,西方现代生态批评以及生态设计逐步将生态环保理念引入造物设计之中,充分考虑材料的环保与再生性,减少对环境的负面影响,同时又能够提供造物应有的实用性功能,这解决了造物对自然的干预问题。但造物审美愉悦的提升,尤其是在与物的互动中不断澄明事物之"真性"的诗性意境,实现从生态设计走向"人性化的设计诗学"[①],则更有赖于中国传统造物文化所蕴含的美学哲思与智慧。

---

① 周宪:《艺术理论的文化逻辑》,北京大学出版社 2018 年版,第 242 页。

并行工程理论视角下旅游景区文创产品开发研究①

李 静 邵明华②

【摘要】作为旅游景区文化资源创意表达的重要手段,文创产品在景区文旅融合过程中扮演着提升游客文化消费层次、改善旅游产业供给结构的重要角色。当前,我国旅游景区文创产品开发在地域文化植入、资源创意转化、价值符号传播等方面取得了一定成效,但仍存在管理模式粗放、技术介入有限和入市风险较高等问题。引入并行工程理论,通过数字化定义旅游景区文创产品生命周期、集成化创新旅游景区文创产品管理模式、并行式重构旅游景区文创产品研发思路等方式,构建基于管理域、技术域和执行域的三域结构开发系统,为后疫情时代我国文旅行业稳步复苏和纾困创新提供路径参考。

【关键词】并行工程;景区文创产品;集成管理;三域系统

---

① 基金项目:山东省泰山产业领军人才项目"台儿庄古城文化创意产品研发与服务平台建设"(鲁政办字〔2018〕246号);国家社科基金艺术学项目"乡村振兴战略下农村特色文化产业发展研究"(18BH156)。
② 作者简介:李静,山东大学管理学硕士,任职于江苏省常熟市虞山街道办事处。邵明华,山东大学历史文化学院、山东大学文化产业研究院教授、博士生导师;研究方向为历史文化资源与文化产业、文化旅游。

如何在危机之中寻找生机，在变局之中主动破局，实现文旅产业的高质量发展和稳步提升已然成为旅游景区在后疫情时代的新挑战和新课题。文旅产业不仅要唤醒文旅市场活力，更需要聚焦新旧动能转换，着力推动产业发展从资源主导的单一要素驱动向文化、创意、科技的多元要素协同驱动转型，搭乘文化和旅游深度融合之势实现文旅产业的复苏、转型和提升。"文创设计作为一种生活方式，同样也是一种生产方式，在创造物质财富的同时，也在创造精神文化价值"。[①]景区文创产品是旅游景区文化资源的创意呈现，也是景区把握迭代契机、推动转型升级的重要着力点。开发旅游景区文创产品，不仅可以实现景区在地文化资源的创造性转化和创新性发展，塑造旅游景区文化品牌形象，而且还可以解决当前景区普遍存在的固守资源、依赖门票、缺乏创新等现实问题，进而提高景区整体竞争力。引入并行工程理论，通过并行方法设计旅游景区文创产品及其开发过程，创新旅游景区文创产品开发思路，构建基于管理域、技术域和执行域的三域结构开发系统，同时充分发挥文化创意在文创产品开发过程中的基础性作用，实现旅游景区文创产品开发的系统性规划、协同化创新和新技术运用，为后疫情时代我国旅游景区稳步复苏、纾困创新和实现高质量发展提供路径参考。

一、相关文献综述

（一）旅游景区文创产品研究

在国家推动中华优秀传统文化"双创"和景区文旅融合的双重背景下，为破除景区资源诅咒，满足消费者对旅游商品实用功能、文化内涵和创意设

---

① 杨志：《融入社会创新的文创设计可持续发展机制研究》，中国美术学院博士论文，2018年。

计的需求,增强游客消费的情感认同、文化认同和价值认同,学术界关于"旅游景区文创产品"的研究整体呈现出上升趋势,相关研究主要集中于以下几个方面:

第一,功能属性认知研究。虽然学术界对于旅游景区文创产品的内涵与外延的诠释不一,但对其功能属性还是达成了一定的共识。从旅游产业角度看,早期关于旅游商品和旅游纪念品的研究已经具备一定的文化产业视野和文化创意意识。张萌①、黄继元②等学者在阐述旅游商品具有纪念、收藏、馈赠等原生价值的同时,也突出强调了文化属性在旅游商品中的核心地位,认为旅游商品开发应通过深化文化内涵、创新资源表达、发掘购买需求等方式提升自身文化、审美、实用等现代价值。从文化产业角度看,相关研究从文化属性、创意属性、经济属性三个层面对文创产品进行分析。文化属性层面,郝鑫提出文创产品的实现方式、表现类型和附带利益等内容与人们各方面的精神需要密切相关,"是满足人们精神需要和欲望的任何有形产品和无形服务"③;创意属性层面,磨炼指出文创产品的创意是以更加巧妙的方式解读传统文化,解决了文化符号通过标签化的方式强加于产品的问题④;经济属性层面,魏鹏举归纳出文创产品具有创始成本高、复制传播成本低和价值循环累积等五个特征⑤。近年来,文创产品与旅游商品的外延交叉部分

① 张萌:《旅游商品创新开发的若干思考》,《复印报刊资料》(旅游管理)2000年第4期,第31—34页。

② 黄继元:《中国旅游商品的发展问题研究》,《云南社会科学》2004年第2期,第53—57页。

③ 郝鑫:《浅析文化创意产品的内涵和外延》,《现代交际》2012年第7期,第126—128页。

④ 磨炼:《基于旅游纪念品及相关文创产品的设计策略》,《包装工程》2016年第16期,第18—21页。

⑤ 魏鹏举:《文化创意产品的属性与特征》,《西江月》2010年第20期,第54—58页。

也越来越多,邹统钎[①]、柴焰[②]等从价值实现层面充分肯定了旅游景区研发文创产品在文化传承、品牌推广和创值增收等方面的正面意义。文化与创意赋予旅游商品新生力量,旅游景区为文创产品提供开发平台,二者相辅相成,互促发展,意义深远。

第二,研究视角多元。宏观层面,旅游景区文创产品开发环境复杂化,路径选择多样化。徐媛等提出在文旅融合背景下通过挖掘元素、确定品类、选择材质等方式促进传统元素、地域元素与现代结合的旅游景区文创产品设计思路[③];刘文良等树立全域旅游思维,指出旅游景区文创设计可以通过景区特点与文化创意、产品形态与地域符号等四个方面的高度融合拓宽发展领域和空间[④];明兰等以互联网为语境提供了IP开发助力文创设计的新思路[⑤]。微观层面,关于"旅游景区文创产品"的学术研究积极响应景区与市场的需求。部分学者借助多种分析工具,从知识产权、叙事思维、情景构建、设计符号学、美学等多个视角出发探讨,提供旅游景区文创产品开发对策建议。例如张洒英从知识产权视角探讨了文创产品的维权问题[⑥];张迪等运用因子分析方法构建了故宫文创产品游客感知评价体系,并得出故宫文创应注重传统文化与现代价值、实用功能相结合的结论[⑦];黎丹提出设计项目管

---

① 邹统钎:《创意旅游经典案例》,南开大学出版社 2011 年版。

② 柴焰:《关于文旅融合内在价值的审视与思考》,《人民论坛》(学术前沿),2019 年第 11 期,第 112—119 页。

③ 徐媛、陈婧:《文旅融合背景下的文创产品开发设计研究》,《智库时代》2020 年第 5 期,第 9—10 页。

④ 刘文良、邵煜涵、焦晓琼:《全域旅游视域下文创产品创新发展研究——以宁夏银川市西夏区为例》,《宁夏社会科学》2019 年第 6 期,第 188—194 页。

⑤ 明兰、李晖、邓白云:《互联网语境下地方文化 IP 开发及文创产品设计——以衡阳市为例》,《湖南包装》2019 年第 6 期。第 56—59 页。

⑥ 张洒英:《文化创意产品价值的实现路径分析》,《社会科学》2012 年第 11 期,第 59—66 页。

⑦ 张迪、郑红:《基于因子分析的北京旅游文创产品游客感知评价体系研究——以故宫为例》,《旅游纵览》(下半月)2019 年第 12 期,第 121—124 页。

理方法,运用领导、计划、组织等管理手段,以期把控文创产品设计质量,提升文创设计工作效率,实现文创产品良性发展[1];陈立生等运用罗杰斯的"创新扩散理论",从创新采纳的受众视角讨论了故宫文创如何进行研发与营销创新[2]。

第三,聚焦景区实践。整体来看,关于旅游景区文创产品开发的应用研究成果丰富。于景区承载内容层面梳理,面向类型相对集中,包括红色文化类景区、名人古迹类景区、非物质文化遗产类景区等。从景区质量标准层面分析,研究聚焦5A级旅游景区文创产品,如邹统钎以凤凰古城为例,总结出文化创意融入旅游产品有名人效应、创意赛事、文化创意包装等四条路径[3];刘文华以长白山为例,认为景区文创产品开发应就地取材,提炼地方文化元素,打造特色文化IP[4];向勇以故宫文创为例,指出其成功之处在于构建了原真性的场景体验,实现了价值融合的共生创新和IP价值的全产业链创新[5]。旅游景区文创产品研究呈现出学术与实践互联互动的良好态势。

综上所述,学术界关于"旅游景区文创产品"的研究,主要表现在以其功能价值研究为基础,从开发原则、设计管理、创意路径、市场拓展等视角,聚焦景区文创实践进行纵横向的研究。参考已有研究成果,结合文创产品定义和旅游景区的特性,本文将"旅游景区文创产品"的概念界定为:为满足游客个性化、差异化需求,通过整合、筛选、提炼旅游景区的文化资源和文化元

① 黎丹:《设计项目管理在文创产品设计中的执行应用——以"苏式生活"文创产品设计为例》,湖北工业大学硕士学位论文,2016年。

② 陈立生、李思奇、王晴等:《从创新扩散理论分析故宫文创的研发与推广》,《新闻研究导刊》2018年第24期,第217—219页。

③ 邹统钎:《创意旅游经典案例》,南开大学出版社2011年版。

④ 刘文华:《长白山区域旅游文创产品开发与营销策略探析》,《传播力研究》2018年第27期,第33—35页。

⑤ 向勇:《故宫文创:传承优秀传统文化的先锋实验》,《人民论坛》2019年第9期,第124—126页。

素,融入创意人才的灵感和想法,生产文化创意产品,以创造新的盈利点,实现旅游景区文化资源的创意转化和文化理念的价值传递。

(二)并行工程理论及其研究进展

并行工程概念由美国国家防御分析研究所完整提出,是指通过集成和并行的方式设计产品及其相关过程。[1]随后此工作模式从军工领域逐渐扩展到汽车、卫星工程、机械电子、铁路火车、石油钻头、工业设计等多个领域。作为一种系统化工作模式,并行工程并非要求产品研发各环节简单、同时进行,而是要"通过多学科团队、过程分析改进、产品数据管理、协同工作环境、自动化的设计支持工具CAX、DFX及其信息集成等方法和工具集,来促进多学科、跨部门的信息共享和协作"[2],具有跨领域、跨学科、跨部门智能协同设计的含义。同时为支持并行工程这一先进制造模式落地,"构建通信基础结构、信息模型,规划和控制工作流程"[3],探讨并行工程的实现路径,搭建并行工程的支撑模式成为并行工程理论研究的重要内容之一。

工业工程领域知名学者秦现生在《并行工程的理论与方法》一书中针对并行工程的管理子系统、过程子系统和环境子系统创新性地提出由管理域、执行域和支撑域组成的三域互动推拉应用体系,并从三域概述、建设步骤、体系要素及构建应用体系的重要意义等方面进一步阐释了并行工程的应用机理,是并行工程理论研究的重要突破。三域应用体系实现了对集成环境的自动化管理、对开发过程的监督控制和对开发人员的组织指导,通过支撑

---

[1] W. I. Winner et. The Role of Concurrent Engineering in Weapons System Acquisi-tionR. IDA Report R338, 1988:12.

[2] 熊光楞、王昕:《面向并行工程的知识管理研究》,《高技术通讯》2002年第6期,第38—74页。

[3] Prasad, B., Wang, FJ., Deng., JT. Towards a computer-supported cooperative environ-ment for concurrent engineeringJ. Concurrent Engineering: Research and Applications, 1997(3):233–252.

域与管理域的并行协同和推拉互动最终在执行域达成了产品及相关过程的并行、精准和高效的一体化设计。进行并行工程的三域划分能够进一步对产品实现并行开发起到优化、指导和规范作用,"有助于并行工程的整体规划、分项建设"①,从而加深对并行工程实现路径的理解,提升并行工程理论在现实中的可实现性,具有广泛的适用意义。

在互联网技术高速发展的时代,消费环境和研发环境日趋复杂,旅游景区文创产品开发已经演变为一项文理渗透式工作,即一个包含资源梳理、抽象设计和具体产品实现的复杂过程。这就要求旅游景区从整体层面打破文创产品单向、线性的串行开发思维,"从一开始就考虑产品整个生命周期中从概念形成到产品报废的所有因素"②,全面系统地认知景区文创开发的复杂性;从组织层面,合理调度管理人员、设计人员、营销人员等各种专业人才,"打破传统的组织结构带来的部门分割封闭观念"③,实现产品开发团队的高效协作;从技术层面,通过产品信息集成分享平台、虚拟设计网络平台等技术和硬件软件设施的综合运用满足消费者个性化定制需求。本文即是基于并行工程理论,综合运用工学、管理学、历史学、艺术学等多学科知识,尝试探讨运用并行工程理论创新旅游景区文创产品开发的模式与路径,为文旅融合背景下景区文创产品开发提供新视角。

二、我国旅游景区文创产品开发的多维分析

随着我国人民文化需求的逐步释放和文化购买能力的逐步提升,在国家大力推进文旅融合发展、鼓励旅游景区改革供给侧结构、提升文化消费水平和层次的背景下,旅游景区普遍开始重视文化创意产品的植入。旅游景

---

① 秦现生:《并行工程的理论与方法》,西北工业大学出版社2008年版,第78页。

② 徐悬:《基于并行工程的产品设计研究》,北京理工大学出版社2019年版,第45页。

③ 徐悬:《基于并行工程的产品设计研究》,北京理工大学出版社2019年版,第45页。

区文创产品作为实现将"文化形式转变为旅游体裁的价值符号,形成个体旅游者与旅游体裁之间的价值连接"①,发挥了衔接景区文化资源和旅游消费市场的重要作用,并表现出多方关注参与、转化模式多元和市场前景广阔等特征。以故宫博物院为代表的部分景区通过探索传统文化资源内涵在现代语境的多元表达,对文化资源形态与物质载体进行想象延伸、创意连接和IP开发,已形成了自主研发、合作研发和授权研发等文创产品开发形式,开了我国旅游景区文创发展的先河。但总体来看,我国旅游景区文创产品仍表现出产品同质化、形式低端化和迭代能力弱等问题,追根溯源,进一步从管理维度、研发维度和市场维度深入分析,主要表现为以下几个方面:

(一)管理:顶层设计机制缺位,旅游景区文创产品管理模式粗放

顶层设计要求景区能够从全局出发,对旅游景区文创产品开发工作进行统筹规划,制定目标,协同组织,调配资源,规划品牌,构建体系,从而实现文创产品的高效开发和长效发展。但是,当前我国旅游景区企业或管委会作为文创产品的直接管理者,在顶层设计、品牌管理等层面的确还存在较大问题。

第一,景区文创缺乏统筹管理,开发效率低下。旅游景区文创产品的统筹规划与文创产品的研发设计思路、管理运营思维、风险应对能力等密切相关,由于目前景区尚未形成成熟的文创产品管理模式且普遍缺少文创产品统筹管理能力,文创开发表现出文创发展规划脱离旅游景区整体战略规划和发展实际,文化资源创新脱离旅游景区特色场域和游客消费需求,文创产品售卖环境脱离景区文化环境和游客旅游行为,景区文创管理行为脱离实际需求,开发工作低质低效等问题。第二,景区文创品牌管理缺位,迭代能

---

① 傅才武:《论文化和旅游融合的内在逻辑》,《武汉大学学报》2020年第2期,第89—100页。

力较弱。文化资源要文化资本化,经过文化创意转化成文化产品,进行产业化经营,形成文化品牌。[1]没有品牌管理,也就意味着景区文创产品开发无法形成差异化竞争优势,也无法受到品牌保护。旅游景区往往依据文创产品的市场热度进行单个产品的开发,缺乏引领思维与创新意识,从而无法构建具有景区地域特色的文创产品主题与体系,严重制约了产品的可持续发展。第三,复合型管理人才短缺,组织管理失序。人才是组织的基础,文化创意产业的繁荣与发展需具备创意思维能力、创新实施能力和创业管理能力的"三创"人才。[2]由于景区缺乏有效的人才吸引、合作、培养、激励机制,相关从业人员的管理水平和专业素养较低,普遍缺乏一定的文化产业视野和文化创意创新能力。旅游景区文创产品开发参与人员在设计能力、思维模式等方面的差异,在增加文创产品开发沟通成本的同时也阻碍了文创产品开发的组织协同与高效运作。

(二)研发:科技创新能力不足,旅游景区文创产品技术介入有限

"坚持问题导向,找准文化和科技两种思维、缺乏交融的软肋,补齐文化发展缺少核心技术支撑的短板,以体系化思维攻克关键核心技术和系统集成技术"[3],是促进文化和科技深度融合的基本原则之一。旅游景区文创产品研发引入先进技术,研发文化科技类创新产品,是景区文旅融合的重要着力点,但就当前我国景区而言,文化科技深度融合不足,大数据、人工智能、虚拟现实、5G技术等为文创赋能作用不够凸显,原因有以下几点。

第一,文创产品科技含量低,交互体验感有待提升。随着旅游行为普遍

---

① 向勇:《文化产业导论》,北京大学出版社 2015 年版,第 111 页。

② 杨会:《"互联网+"时代的"三创"人才:内涵、特征及培养路径——以数字媒体艺术专业为例》,《教育理论与实践》2017 年第 3 期,第 13—15 页。

③ 科技部、中央宣传部、中央网信办、财政部、文化和旅游部、广播电视总局:《关于促进文化和科技深度融合的指导意见》,2019 年。

化,"越来越多的旅游者对新的旅游业态提出更高层次的文化需求,而这种高层次文化需求的实现,则需要文化创意因子的融入"①。然而现有旅游景区文创产品大多表现出文化资源表现形态单一,局限于直观视觉呈现;科技类文创产品短缺,文化和科技的融合度明显不足;体验产品品质较低,与消费者互动性有限;数字产品文化内涵欠缺,难以形成情感连接等问题。如何实现科技与景区文创的深度有效融合还有待进一步探索。第二,研发工作科技介入程度低,研发模式有待革新。"在数字化技术浪潮下,文化内容借助技术赋能进入创新场域,重塑文创产品的模式"②,大数据、云计算、虚拟现实等技术已经能够作用于旅游景区文创产品的运营管理、开发创新和营销推广各个环节,并通过提升信息传播效率,拓宽产品创新空间,优化产品宣传效果为文创产品研发过程赋能。然而由于科技投入金额高、周期长、风险大,现有旅游景区文创产品研发暴露出高额投资意愿不足和技术介入度、参与感较低的问题,景区文创开发工作缺乏技术支撑致使产品创新缺乏活力,创意设计、营销推介空间受限。

(三)市场:产品供需矛盾突出,旅游景区文创产品入市风险较高

产品的供需是否平衡关系到旅游景区文创产品是否能够完成"惊险一跃"。2022年上半年,虽然旅游景区的流量和热度依旧受到疫情的冲击,但是《2022年上半年全国文化消费数据报告》显示依旧有超过九成的受访者表示会在旅游中进行文化消费。所以随着疫情防控的常态化,抓住疫情"窗口期",挖掘文化内容,释放文化创意,从而实现文创产品的提升已经成为旅游景区的普遍共识。开发景区文创产品是旅游景区破除疫情难题、拓展增长潜力、实现跨越式发展的关键所在。面对消费者对景区文创文化性、创意

① 杨静:《文创产品的设计与开发》,吉林美术出版社2019年版,第169页。

② 李晶、李青松:《数字化时代文创产品的开发创新——以"汉仪字库陈体甲骨文"衍生产品开发为例》,《出版广角》2020年第18期,第59—61页。

性、体验性、交互性等价值的更多的需求,文创市场的供需矛盾进一步凸显,景区文创开发同时也面临较高的市场风险。

第一,产品供需矛盾突出,市场转化率低。旅游景区文创产品供需矛盾首先表现为需求端的急速增长与供给端的缓慢发展之间的矛盾。受资金、人才和市场机制等多方面限制,文旅市场无效供给过剩,有效供给不足,消费者对于旅游景区文创产品的支付能力和支付意愿的增长速度快于其本身的发展速度和供给能力。其次表现为需求端的高品质要求与供给端的低端化生产之间的矛盾。文创市场贴标售卖、定价随意、质量低劣等现象频生,消费者对于景区文创产品的文化层次、艺术质感、功能价值要求高于其现有市场表现。最后表现为消费者的多层级需求与旅游景区的单一供给之间的矛盾,旅游景区文创产品同质化问题突出,无法满足消费者对于其内涵丰富化、形式多样化、生产个性化的需求。第二,知识产权保护意识薄弱,文创产品入市风险高。知识产权价值是旅游景区文创产品的核心价值体现,做好文创产品的产权保护工作既是对旅游景区既有文化资源的珍视,也是对开发人员劳动成果的尊重。旅游景区文创产品知识产权保护意识薄弱一方面表现为景区缺少申请商标权、专利权保护景区智力成果的自觉,从而导致景区文创产品抄袭问题严重,维权难度大;另一方面表现为授权机制的不健全,景区与设计师、工作室、生产厂商之间的权属边界不清晰,产权纠纷等问题进一步增加了文创产品的入市风险。

三、基于并行工程理论的旅游景区文创产品三域系统

并行工程的核心内容包括数字化产品定义、协同工作环境、产品开发团队重组和开发过程重组四个方面。[①]这四个方面是并行工程集成框架的重

---

① 徐景:《基于并行工程的产品设计研究》,北京理工大学出版社2019年版,第54页。

要支撑,也是搭建景区文创产品并行开发模式的要素基础。本文面向景区文创产品开发,以并行工程理论为基础,参考秦现生"并行工程三域互动推拉应用体系"①,进一步结合旅游景区文创产品商品本质与意识形态特质双重属性、经济效益与社会效益双效价值的特征,充分衡量消费者心理需求,搭建由技术域、管理域和执行域组成的旅游景区文创产品三域系统,如图1所示。其中管理域、技术域、执行域三者有机互动、交互支持,通过尽早地开展旅游景区文创产品开发的各项工作缩短产品生产周期;依托"产品及产品开发过程的持续改进提高产品的质量和过程的效率与效果"②,满足旅游景区文创产品并行交叉的开发诉求。以下将结合旅游景区文创产品开发需求深入探索三域功能和实现方式。

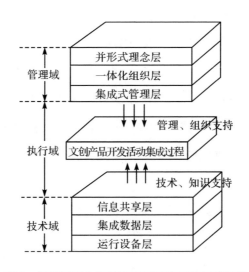

图1　旅游景区文化创意产品开发三域系统结构

① 秦现生:《并行工程的理论和方法》西北工业大学出版社2008年,第68页。
② 秦现生:《并行工程的理论和方法》西北工业大学出版社2008年,第68页。

(一)管理域:实施旅游景区文创产品集成管理

管理域作为组织管理子系统的支撑,位于旅游景区文创产品开发系统的最顶层,是旅游景区文创产品开发的顶层设计所在。管理是一个过程,在这一过程中,通过科学的计划、组织、领导和控制,让所有成员一起去实现既定目标。[①]这就要求景区树立整体性开发思想,"以集成过程为核心,通过计划与进行控制、技术组织与管理、质量控制、成本控制及人员的组织管理等手段,多视图管理"[②],最终实现景区对文创产品开发工作的集成管理。

管理域主要由三个层级组成,如图2所示。第一层为并行式理念层。理念层要求旅游景区文创产品开发主体能够树立并行开发思维,明确景区文创开发的并行原则,并将其贯穿于执行域始末。并行思维是一种不依赖于绝对先后顺序,多进程、多线程的思维模式。类比人脑,在计算机语境中,广义层面的并行思维是指使用并行计算技术为多个完全独立的计算机任务提供并行处理的能力。[③]在文创产品开发语境中,就是要求景区在遵循整体性开发原则的基础上,在产品研发层面遵循三境交互原则,从"物质层、行为层、精神层"[④]出发,借助"感觉挪移、表象叠加和意向互通"[⑤]等方式,层层递进,运用多感官设计增强文创产品体验性,达成文创产品与消费者在意识形态领域的交互。在产品营销层面遵循供需共振原则,关注消费者价值与需求,以情感化的文化元素和人性化的产品设计唤醒消费者的文化记忆,强化

---

① 秦现生:《并行工程的理论和方法》,西北工业大学出版社2008年,第79页。

② 秦现生、王润孝、武子等:《并行工程中的三域原理及其体系结构研究》,《西北工业大学学报》2001年第2期,第181—186页。

③ 张弛:《"并行思维模式"理论及"思维优化"理论初探》,《中小学信息技术教育》2015年第1期,第30—33页。

④ 张祖耀、叶镠勤:《基于多感官体验的博物馆文创产品设计研究》,《包装工程》,2021年第18期,第368—373页。

⑤ 陈育德:《灵心妙悟》,安徽教育出版社2005年版,第5页。

消费者的文化认同感,加强产品与消费者之间的联系。第二层为一体化组织层。并行工程"协调合作"的含义对各项工作的并行交叉和管理协调提出了较高的要求,这就需要景区构建一体化组织,"通过组织跨部门、多学科的开发小组在一起并行协同工作"。[①]一体化组织建设不仅要求景区达成工作人员在物理空间中的表面连接,更要求其能够打开员工心理空间,共享共创,从而达成精神层面的某种连接。旅游景区要进一步改善人力资源管理思维和文创办公环境,既要建立能够专注工作的独立区域,也要设立能够交流想法、活跃思维的开放区域,营造积极的创意、分享氛围,以实现文创开发跨部门、跨职能的协调沟通。第三层为集成式管理层。集成式管理层集成景区文创所有管理工作,直接面向旅游景区文创产品的技术域、执行域,通过理念指导和组织支持对执行域和技术域的所有工作负责。在这一层级,旅游景区首先根据技术域的数据信息制定景区文创开发规划、品牌战略、知识产权保护方案和创意人才激励政策。其次依据产品开发进程把控景区文创开发细节,运用WBS(工作分解结构)分解重构景区文创产品开发流程,通过"增加小循环(并行)次数来减少大循环(出错返工)次数"[②],将旅游景区文创产品开发细分为文创规划、品牌定位、文化资源选取、粗略设计、详细设计、供应商选择、打版、批量化生产、市场营销和售后服务十个部分,设计文创产品集成框架,明确各环节具体任务和执行时间,并跟踪、检查、反馈、调整其进程、质量和成本,以实现文创产品的整体优化。此外,旅游景区在保证各项工作按质按量交付的同时,也要保证各环节的高效沟通,基于此旅游景区应设立文创产品开发指标,以文化内涵、创意指数和市场表现等为评估标准,多维度、多标准对文创产品进行评估,统一衡量景区文创开发各项工作,降低沟通成本,提升开发效率。

---

① 高静波:《现代企业运营管理体系》,经济管理出版社2008年版,第235页。

② 范玉青、梅中义、陶剑:《大型飞机数字化制造工程》,航空工业出版社2011年版,第247页。

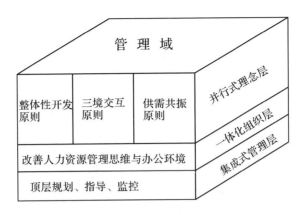

图2 旅游景区文化创意产品管理域结构图

(二)技术域:共享旅游景区文创产品数字信息

技术域作为环境子系统的支撑,位于旅游景区文创产品开发系统的最底端,是旅游景区文创产品于管理域实现集成管理、于执行域实现并行设计的技术基础。在大数据广泛应用背景下,"技术域致力于为产品开发提供一个高效自动化的产品开发集成环境的支持"[①],以实现旅游景区文创产品开发的信息集成、知识共享、过程监控、消息反馈和团队协作,进而达成旅游景区文创产品开发过程的数字化管理。这就要求景区数字化定义产品生命周期,构建包括景区文化资源、旅游文创市场和产品供应商在内的文创产品数据库,时刻监控景区文创开发进程,跟踪景区文创市场动态和景区文创学术前沿动态。

技术域主要由三个层级组成,如图3所示。第一层为设备运行层。设备运行层为实现文创产品设计并行提供必要的硬件和软件支撑,包括并行工程所需的各类硬件和软件设施,如"计算机与通信网络、数控制造设备、计算机软件系统、网络管理系统等"[②],是并行工程对通信交流的基本要求。第

① 科技部、中央宣传部、中央网信办、财政部、文化和旅游部、国家广播电视总局:《关于促进文化和科技深度融合的指导意见》,2019年。
② 张兴:《并行工程在建筑领域的应用》,天津大学硕士学位论文,2006年。

二层为集成数据层。旅游景区文创产品集成数据层汇集运行机理信息,是旅游景区文创产品三域系统的大脑所在,包括文化资源档案、市场调研数据库、学术研究动态和产品开发进程四个部分。文化资源的开发体现了文化产品的转化能力,旅游景区首先应建立景区文化资源的数字档案,即通过梳理文化资源,提取造型、色彩、线条、材质、功能等文化元素,解读文化内涵,对文化资源编码。第二,旅游景区应及时更新景区文创市场调研数据,跟进消费者需求调研、文创市场分析和供应商数据整理等工作,生成景区文创市场调研报告。消费者需求调研要求旅游景区以季度为单位向游客发放调研问卷,了解消费者需求和购买动机,细分消费群体,发现潜在市场机遇。文创市场分析要求景区积极考察其他景区文创产品开发工作,学习其成败经验,把控文创产品发展趋势。同时由于文创产品涉及种类之多、材质之杂、工艺之繁,且大多数景区自身并不具备产品生产功能,这就要求景区对制造工厂等供应商进行实地考察、记录备案,以供设计对接。第三,旅游景区还需收集整理文创产品相关学术研究,关注学术前沿动态,指导景区文创产品开发工作,提升景区文创产品的创意层次。第四,集成数据层还要求旅游景区实时传输文创产品开发进程,召集各环节员工以自身专业素养和知识储备对其进行评估和审核,及时更正文创产品开发过程中存在的问题,以实现景区文创产品的高效、精准开发。第三层为信息共享层。信息共享层位于技术域顶层,面向执行域和管理域,是集成信息与管理域、执行域之间的重要接口,以便其各取所需,协同办公。

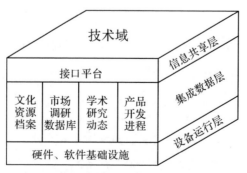

图3　旅游景区文化创意产品技术域结构图

(三)执行域:重构旅游景区文创产品研发思路

执行域作为研发过程子系统的支撑,位于技术域与管理域之间,在管理域的统领之下,也是旅游景区文创产品三域系统的核心所在。执行域由文创产品开发的各项活动组成,这一系列活动相互关联又相互制约,如图4所示。从研发过程分析,执行域要求旅游景区在遵循文创产品形成规律的基础上,依据文创产品特性,重构、优化景区文创产品开发过程,推动各项任务尽早开展、持续改进、协同并行。在管理域和技术域的支持下,产品评价和信息反馈更加及时准确,文创规划工作与品牌定位工作可以同步推进,相辅相成,相互促进。在文化资源选择阶段,旅游景区可以依据文化资源数字档案进行筛选,并依据市场调研数据库、学术研究动态分析论证;在粗略设计阶段,旅游景区应衡量文化资源的吸引力和表现力,确定文创产品初级形态、功能等基本信息;在详细设计阶段,旅游景区应评估文创产品设计的可落地性,包括加工生产可行性、表现力、性价比等;在供应商选择阶段,旅游景区应依据供应商数据库,选定产品工艺、材质,把握产品品质;在产品打版阶段,旅游景区应衡量产品呈现效果,最后经由景区和消费者的双重认可再进行批量生产。从文创规划阶段到批量生产阶段由数个双向沟通循环箭头连接,在推进过程中,景区可以及时生成文创产品报告,开展市场营销和售后服务的策划工作,以尽早投入市场运作,保证产品市场领先地位。

并行工程理论具有高度协同含义,这一含义对于激发旅游景区文创产品研发潜力,实现多元主体的深度融合具有重要意义。从支撑主体分析,协同化要求旅游景区文创产品开发积极探寻对外合作,协同各方会同创新、利益共享。为此,旅游景区应树立多元协同的研发理念,创新文化资源表达方式。第一,释放三螺旋结构的创新能力。三螺旋结构由大学、产业和政府三个部门组成,"其核心命题为在知识经济社会,大学扮演创新中的强化角色,三者被看作不断发展的网络三螺旋"[1]，是知识型组织的典型架构。旅游景区处于三螺旋的上方，发挥着构建"政、产、学、研"合作模式，集结、平衡三方力量，推动学术链、产业链和行政链螺旋上升的中介作用。为此，景区可以组建"旅游景区文创产品研发实体"，联结大学方，与高等学校签署合作协议，为旅游景区文创产品开发提供知识供给、理论支撑和人才支持，深入研究旅游景区文化资源内涵，调动高校智力资源参与的积极性；联结产业方，旅游景区既要与产业方建立长效的合作机制，培育合作默契，也应与合作企业建立灵活的合作机制，通过设立文创产品开发项目，向企业招标，筛选优质的文创产品研发方案，激发企业创新活力；联结政府方，旅游景区可以借助政府的力量，打破"地域歧视"，破除"各自为政"的壁垒限制，自觉承担起传承弘扬区域文化的责任。如以政府为主导创办全域文创产品设计比赛，向社会大众征集文创产品设计方案，提高景区文化影响力和景区文创设计质量。第二，协同多种研发手段。旅游景区应协同多种手段、多种载体、多种形式开发文化资源。首先，促进景区文创与非遗工艺相结合。作为我国古代劳动人民智慧的结晶，非遗技艺在体验设计与产品创新过程中所做的探索更有利于自身的活态传承，所以旅游景区与当地非遗传承人合作，更能够创造景区特色和地域特色。其次，促进景区文创与文化科技相融合。文化创意只有与科技融合，才能从根本上改变产能上升通道，刺激文化产品的市场活跃度。[2]这一点在旅游景区大型实景演出中得到了印证，"大型歌舞《丽江千古情》使用 IMAX3D 的大片视觉，重现《纳西创世纪》《泸沽女儿国》《马帮传奇》《古道今风》《玉龙第三国》等丽江长达千年的历史与传说"[3]，市

---

[1] 游振声：《美国研究型大学学术创业模式研究》，重庆大学出版社 2017 年版，第 183 页。

[2] 文化产业案例研究课题组：《首都文化产业（文化企业）案例分析》，经济日报出版社 2015 年版，第 29 页。

[3] 刘文良、邵煜涵、焦晓琼：《全域旅游视域下文创产品创新发展研究——以宁夏银川市西夏区为例》，《宁夏社会科学》2019 年第 6 期，第 188—194 页。

场反响良好。旅游景区应通过科技赋能文创产品研发,开发数字化文创产品。再次,旅游景区还应积极寻求跨界合作。文创产品开发本身即是一项由制造业,信息传输、软件和信息技术服务业,以及文化、体育和娱乐业等多行业参与的复合型工作,为此旅游景区可以积极尝试与时尚产业、影视产业、游戏产业合作,以进一步挖掘旅游景区文化资源的无限可能。

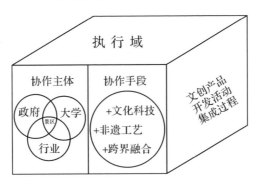

图4 旅游景区文化创意产品执行域结构图

四、结 语

并行工程对产品设计、工艺、制造等上下游各方面进行同时考虑和并行交叉设计,解决传统的串行产品开发模式中出现的变更频繁、设计质量不高和设计周期长的现象。[①]引入并行工程理论指导旅游景区文创产品开发工作,并不是简单、同时地推进文创产品开发的各项工作,而是具有知识共享、协同办公、创新创意、并行交叉等内涵。并行工程的工作思维能够打破旅游景区文创产品开发单一、单向的思维,从更加全面、清晰的视角完善对旅游景区文创产品开发工作的认知。作为产品制造领域的著名理论,并行工程理论契合了旅游景区文创产品开发对于统筹协调规划、多方协同创新和智能高效发展等现实需求,具有理论上的适配性和实践上的可行性,是旅游景

---

① 高静波:《现代企业运营管理体系》,经济管理出版社2008年版,第235页。

区与消费者的双向选择。基于并行工程理论的旅游景区文创产品三域系统面向产品开发的全过程,以技术域为大脑,集成所有管理行为,使得旅游景区文创产品开发能够协同市场、设计等多个部门,政府、企业等多方力量,为旅游景区文创产品并行设计提供了有力的技术和组织支持。同时三域系统以执行域为核心,面向产品开发流程,重构旅游景区文创产品研发思路,以提升旅游景区文创产品市场转化率、市场占有率和可持续发展能力。

元宇宙技术在"山东手造"中的应用与探索[①]

昝胜锋　郝凤彩　昝博闻[②]

【摘要】非物质文化遗产蕴含了中华民族积累的认知经验和卓越智慧，其中的传统手工艺是大众日常生活和审美文化的重要组成部分。2022年，为释放传统手工艺发展新动能，加快优秀传统文化"两创"进程，山东先行实施"山东手造"推进工程，挖掘发展新动力，打造创新文化名片。元宇宙作为数字经济未来发展的重要载体和综合场景，能够为手工艺产业发展带来新的机遇和技术支撑。通过探讨研发设计、制作生产、体验流通三个阶段中元宇宙技术在手工艺产业中的关键应用技术和基本方法，本文建议将元宇宙技术探索性应用于"山东手造"品牌管理建设，构建基于元宇宙技术的手工艺产业数字化平台，为发挥"山东手造"品牌效能，助力"两创"发展提供参考。

① 基金项目：山东省教育教学研究课题"黄河国家文化公园建设模式与机制创新研究"（2022HHZX063）；2021年度内蒙古自治区哲学社会科学规划重点项目（2021NDA181）；2019年度内蒙古自治区高等学校科学研究项目人文科学研究重点项目（NJSZ19251）。
② 作者简介：昝胜锋，山东大学文化产业研究院副院长，文化产业动能转换与生态系统山东省文化科技重点实验室主任，副教授，研究方向为文体产业。郝凤彩，内蒙古艺术学院文化艺术管理学院副院长，副教授，研究方向为文化产业。昝博闻，内蒙古艺术学院文化艺术管理学院研究助理。

【**关键词**】元宇宙；山东手造；精准定制；场景交互

引　言

手工艺作为以手工劳动进行制作的具有独特艺术风格的工艺美术，兼具文化价值与审美价值，伴随人类社会的发展与进步。2022年，为进一步加强手工艺传承保护，推动优秀传统文化创造性转化、创新性发展，山东省正式启动"山东手造"推进工程。"山东手造"旨在发挥山东文化资源丰厚富集的优势，打造传统手工艺区域公用品牌，推动黄河流域和山东省文化产业高质量发展，在弘扬传统文化中激发和凝聚文化自信。然而，"山东手造"还面临着一些挑战，产品研发设计依靠老艺人和老方法，从而使生产制作成本上升而推高市场销售价格，这亟须新的理论方法和技术手段来提高"山东手造"的研发设计精准性、制作生产高效性和体验流通的便捷性。

党的十九届五中全会提出建设数字中国，加快数字化发展。《中华人民共和国国民经济和社会发展第十四个五年规划和2035年远景目标纲要》要求实施文化产业数字化战略，加快发展新型文化企业、文化业态、文化消费模式，壮大数字创意、网络视听、数字出版、数字娱乐、线上演播等产业。随着数字技术持续迭代创新，元宇宙概念成为互联网领域最受追捧的热点技术和应用场景。元宇宙作为互联网进化的未来形态，因其能够实现线上、线下多平台互联所组成的一种新的经济、社会和文明系统，受到广泛关注，并被国家语言资源监测与研究中心收录为"2021年度十大网络用语"之一。元宇宙作为集成与融合现在与未来全部数字技术于一体的终极数字媒介，它将实现现实世界和虚拟世界的连接技术的革命，进而创建超越现实世界的、更高维度的新型世界(喻国明,2021)。①

本文关注"山东手造"实现"两创"发展过程中元宇宙技术的应用,基于文献梳理和典型案例剖析,探索不同阶段手工艺创作生产过程中元宇宙技术的具体应用。文章首先对元宇宙世界观及其相关技术进行概念阐释,梳理元宇宙技术在手工艺创作生产领域的应用现状,解读元宇宙技术在手工艺领域应用的主要进展;在此基础上,分别对研发设计、制作生产、体验流通三个阶段中元宇宙技术的探索进行分析;最后基于探索结论及相关案例提出展望,以期寻找元宇宙技术与"山东手造"的结合点和突破点,提高手工艺在制作、体验等方面的数字化水平,为提升"山东手造"品牌影响力,助力"文化强省"战略的有效实施,以及实现中华优秀传统文化"两创"高质量发展提供参考。

一、元宇宙技术与"山东手造"的实施管理

(一)元宇宙概念与技术发展

元宇宙概念最先源于 Neal Stephenson(1992)在 *Snow Crash* 中提出的"Metaverse(元宇宙)"和"Avatar(化身)"两个概念,该书描绘了现实人类利用VR设备与虚拟人共同在虚拟空间生活的故事。②沈阳(2021)将元宇宙定义为"整合多种新技术而产生的新型虚实相融的互联网应用和社会形态,它基于扩展现实技术提供沉浸式体验,基于数字孪生技术生成现实世界的镜像,基于区块链技术搭建经济体系,将虚拟世界与现实世界在经济系统、社交系统、身份系统上密切融合,并且允许每个用户进行内容生产和世界编辑"。

① 张蓝姗、史玮珂:《元宇宙:数字化生存的逻辑探究与反思》,《当代传播》2022年第2期,第81—84页。

② 陈昌凤:《元宇宙:深度媒介化的实践》,《现代出版》2022年第2期,第19—30页。

2021年被称为元宇宙元年,朱嘉明(2021)认为是因为元宇宙呈现超出想象的爆发力,其背后是相关元宇宙要素的"群聚效应",近似1995年互联网所经历的"群聚效应"。自2020年开始的新冠疫情加速了社会虚拟化速度,"宅经济"快速发展,线上生活逐步成为常态。而在这期间,人们又开始认识到虚拟与虚假无关,现实生活与虚拟世界逐步打通。因此,用户、资本与技术对互联网改造传统产业的要求日益升级,在内容载体、传播方式、交互方式、参与感和互动性等方面提出了更高要求,如图1所示。不难发现,元宇宙概念的社会认可就是在媒介、交互、用户、经济等相互作用下,对互联网新技术应用于传统产业的一种突破。

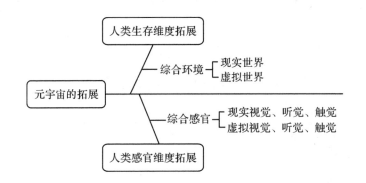

图1　元宇宙扩展维度(作者整理绘制)

元宇宙在技术运用领域包括交互技术、通信技术、计算能力以及核心算法四大基础技术,如表1所示,在技术运用环节组成了虚实对象连接、建模与管理技术,网络及运算技术,虚实空间交互与融合技术三大板块,以此实现虚拟现实融合和万物互联架构,完成虚拟画面与现实世界的双向嵌入。[①]

———————————

[①]　王文喜、周芳、万月亮等:《元宇宙技术综述》,《工程科学学报》2022年第4期,第744—756页。

表1　元宇宙技术运用及业态范围(作者整理归纳)

技术类型	技术运用	业态范围
交互技术	①运用虚拟现实(Virtual Reality, VR)/增强现实技术(Augmented Reality, AR)、全身跟踪的交互方式实现设备与用户的多维度交互,创造高沉浸感的数字环境 ②利用全身传感将触觉感知传送到大脑,帮助用户与多维的VR信息环境进行自然地交互	游戏、建模、远程办公、可视化营销、在线教育、云端上传、5G内容流媒体、网络安全、场景体验、可穿戴设备等
通信技术	①初级阶段:虚拟现实与增强现实各自为营 ②中级阶段:利用4.5G连接,实现部分场景云网实时互通,在全景图像展示、多媒体娱乐等领域实现融合 ③高级阶段:5G连接支持全场景虚拟现实与增强现实同时运行	5G、云计算、大数据、工业互联网＋、人工智能、神经网络、机器学习、深度学习、人机混合智能等
计算能力	释放VR/AR终端压力,提升超算技术、智算技术的续航能力,满足元宇宙上的云需求	工业制作、监测预警等
核心算法	提高硬件设备帧率、分辨率,升级数据分析、信息处理能力,提升可触达性	4K/8K高清显示、智能芯片、智能传感器、智能服务、智能信息数据、智能家居等

　　元宇宙技术的产业生态架构则是以这三大板块的基础性技术支持为脉络,通过链接内容生产、认证机制、数据处理、虚实界面、网络环境五大层面完善生态节点,从而打造以场景内容入口、前端设备平台、底层技术支撑为层级的产业生态架构。包括了以5G为主的通信基础,以云计算为核心的算力基础,以拓展现实、机器人、脑机接口为核心的虚实界面,以人工智能为核心的生成逻辑,以区块链为核心的认证机制,以及数字孪生的世界蓝图这六大技术节点,囊括了元宇宙产业生态系统技术运用的方方面面,即场景内容入口、前端设备平台、以底层技术为支撑,打造前端设备,以通过前端设备的协同联动与平台构建,提供场景内容展示,并最终以场景内容的创新发展为入口,为用户提供一个虚实融生的元宇宙世界,如图2所示。

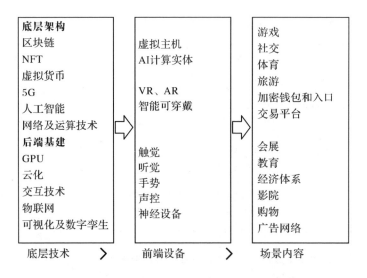

底层架构	虚拟主机	游戏
区块链	AI计算实体	社交
NFT		体育
虚拟货币	VR、AR	旅游
5G	智能可穿戴	加密钱包和入口
人工智能		交易平台
网络及运算技术		
后端基建	触觉	会展
GPU	听觉	教育
云化	手势	经济体系
交互技术	声控	影院
物联网	神经设备	购物
可视化及数字孪生		广告网络
底层技术	前端设备	场景内容

图2　元宇宙技术全产业链条（作者整理绘制）

(二)元宇宙技术在手工艺领域研究中的探索

随着元宇宙技术的快速发展,数字化在手工艺产业领域的研究应用逐年增多。由于具有强大且敏锐的数据挖掘与分析能力,元宇宙技术在数据挖掘、场景交互等领域运用广泛,对手工艺领域内文化价值挖掘、技艺传承保护均有涉及,为产业高质量发展提供市场分析、数据挖掘、场景交互、建模管理等支持。为探索近年来国内基于元宇宙技术在手工艺产业领域的研究主题与交互趋势,本文采用文献计量方法,以"中国知网"刊载的论文为研究对象,对相关研究热点、研究主题进行判别分析。

本文通过知网数据库检索"元宇宙技术""数字化""工艺美术""手工艺"等相关词条,共检索到文献168篇。总体来看,国内元宇宙技术应用于手工艺领域中的研究在2016年后出现明显的增长趋势,从研究热点的时间变化来看,主要集中在三维技术、虚拟现实、人工智能等领域的研究。三维技术方面强调利用数字技术创新传统手工艺产品设计,李帅鹏(2017)提出"三维数字化技术能够弥补传统工艺美术设计手法的不足,借助三维数字化技术进行艺术造型和设计,可以促进传统工艺美术产品的繁荣与发展"。①虚拟现实则更多地运用到博物馆、美术馆对互动场景的打造,李旭健(2020)认为,虚拟现实技术具备的优势主要体现在两方面:一是可以对同一问题生成不同的应对方案模型,相关领域的专家和研究人员可以根据生成的模型进行利弊分析,选择出最佳解决问题的方案,并且在选择模型时,不会产生实际成本;二是具有的多感知性和沉浸性特点,使利用该技术制作的系统能极大地调动使用者的兴趣,这一优势对于教育和旅游领域极为有益。②人工智能方面强调为手工艺产业打造能够提供信息收集、数据整理的数字平台,吴雪蒙(2020)提出"要打造一个具有前瞻性的网络传播体系",采用"云共享、众传承"的方式传播传统手工艺类非物质文化遗产信息。③其中,三维技术是传统手工艺领域应用较多的元宇宙技术,主要应用于展示展览馆场景打造、移动终端、传播展示等。④

系统梳理元宇宙技术的具体应用可以发现,在手工艺产业上下游产业链的不同阶段,所关注的元宇宙技术侧重点不尽相同,主要体现在:第一,研发设计阶段。基于数字孪生、扩展现实、虚拟仿真、深度学习等技术,在该阶段通过人机模拟的身份建模、数据建模、社会计算等手段,进行市场预测、成品模拟与需求定制,实现基于数字画像的创新设计。第二,制作生产阶段。基于物联网、人工智能等手段的元宇宙网络及边缘计算技术,通过提供高速通信、泛在连接以及共享资源等功能,实现制造执行系统(MES)、供应商关

---

① 张爽、彭珊珊、凌慧东:《传统手工艺数字化平台的设计与实现》,《无线互联科技》2018 年第 5 期,第 71—72 页。

② 韦秀玉:《论文化产业语境下传统手工艺体验中心的建构路径》,《理论月刊》2021 年第 11 期,第 90—97 页。

③ 吴雪蒙:《传统手工艺类非物质文化遗产的数字化保护探究》,《开封大学学报》2020 年第 3 期,第 77—79 页。

④ 倪红英:《现代文化产业视域下发展传统工艺美术产业的思考》,《中国商论》2016 年第 35 期,第 146—147 页。

系管理系统(SRM)等互联互通,助力产能预测、柔性生产与过程溯源。第三,体验流通阶段。通过沉浸体验、区块链、人工智能等元宇宙虚实空间交互等技术,提高场景互动与精准触达能级,使得元宇宙中的价值归属、流通、变现和数字资产成为可能。

二、元宇宙技术在"山东手造"中的实践探索

"山东手造"是对手工艺产业全链条的创新升级。因此,本文从研发设计、制作生产、体验流通三个阶段研讨元宇宙技术在手工艺产业中的应用重点和技术支撑,如图3所示。

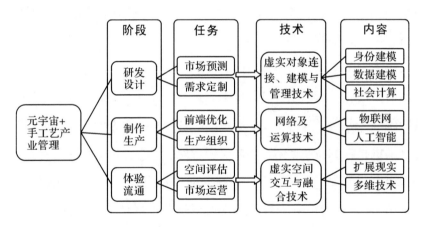

图3 不同手工艺产业管理阶段的元宇宙技术应用(作者整理绘制)

(一)研发设计:市场预测与需求定制

传统手工艺产业在研发设计方面,经常面临文化寓意模糊不清、市场环境认知不足、知识产权确权难等问题,运用元宇宙虚实对象连接、建模与管理技术,可以在市场预测、需求定制等方面进行模拟建模,能够有效降低研

发成本,提升产品需求契合性,优化和丰富手工艺品牌内容。[①]

1. 基于身份建模的市场预测

研判手工艺领域市场环境,识别市场风险与挑战并对其进行及时矫正与规避,可以提高手工艺品在市场竞争中的抗打击能力,有效激活手工艺产品文化价值与经济价值。[②]传统手工艺市场存在信息获取缓慢、版权确权难等问题,难以真正做到中华优秀传统文化创造性转化与创新性发展,因此可以使用身份建模技术,在元宇宙世界中模拟产品及市场运作,及时找到问题并寻找到规避方法,激活手工艺品的竞争能力。[③]身份建模技术是通过对物理对象身份标识进行建模解析,能够让物理对象在元宇宙世界中与所要制作的物品进行感知映射,一是通过使用条形码(Bar Code)技术、二维码(Quick Response code、QR code)技术、射频识别(Radio Frequency Identifica - tion, RFID)技术等对身份进行唯一标识,解决身份确定、版权认定问题;二是通过虹膜、人脸、指纹等生物特征标识与解析技术将物理对象身份之外的生物属性、时空属性等相关信息进行标识,进而在元宇宙世界中形成与物理对象一致的"虚拟数字人",利用"虚拟数字人"及相关模拟技术,既能对制作者作品的实用性与审美性的统一、知识确权等问题进行确认,也能通过模拟经营对手工艺产业市场进行预判。三是利用头戴式5G AR/VR、5G便携式设备(Pad)、洞穴状自动虚拟环境(Cave Automatic Virtual Environment, CAVE)仿真系统等终端接入沉浸式虚拟环境,对可能出现的问题进行模拟性的操作解决,判定市场走向,降低手工艺产业在面对市场竞争中的各类风险。山东文旅云公司联合北京太一云公司发行"沂蒙画卷"数字藏品,即是依托元宇

---

① 崔栋:《原生与再造:手工艺现代生产的文化密码与多维活化》,《吉首大学学报》(社会科学版)2017年第2期,第116—118页。

② 程瑶:《文化产业建设下的民族手工艺转型研究》,《渤海大学学报》(哲学社会科学版)2017年第3期,第130—134页。

③ 李玲,肖琪:《创新驱动战略下江苏手工艺非遗的知识产权保护》,《对外经贸》2021年第1期,第93—96页。

宙、数字孪生、区块链、NFT等技术集成应用的数字文创平台而诞生的,在设计制作、IP衍生环节高度体现了基于身份建模的市场预测作用。

2.基于数据建模的形态模拟

充分的市场调研是获取消费需求,了解民众对产品喜好的重要措施之一,然而手工艺品因其"手造"的特点,在进行"两创"过程中难以完全符合市场需要,而且制作完成后难以进行修改,很难判定产品形态是否在表达文化诉求的基础上满足市场需要。①在此背景下,数据建模技术能够在元宇宙世界中获取产品的文化发展脉络与传统形态的演变流程,进而模拟创作符合当下审美诉求与文化诉求的产品。数据建模技术同样是交互技术中建模手段的一种,与身份建模不同的是,数据建模是通过门户网站、电商平台等数据信息,收集手工门类数据并构建模型,评估手工门类是否符合当下文化价值观与消费需求,根据评估结果确定手工门类的发展方向与产品形态的可塑性。利用数据建模预估制造成品所需的产品材料数量及制作成品的各项收缩比值,通过5G条件下的多接入边缘计算(Mobile Edge Computing,MEC)系统,开展柔性生产制造,动态调整生产方案,进而引导手造企业、从业者,改进设计、改善材料、改良制作、提高品质,推进"手造"创新创意发展,打造文化"两创"新标杆,构建文化活态传承新模式。山东淄博华光国瓷公司将互联网、大数据、人工智能等新一代信息技术与手造产业深度融合,与中央广播电视总台文创联合推出"虎悦春碗",利用3D、数据建模等数字技术实验改良工艺技法,创意民间图案元素,实现传统手造的文创赋能。

3.基于社会计算的需求定制

利用社会计算技术掌握市场动向,按照文化消费趋向制作手工艺品,可以提升手工艺品制作技能,强化知识产权意识,针对消费需求及时进行更新

① 齐熙:《对地域性特色工艺美术文化产业发展的思考》,《美术文献》2014年第1期,第244页。

完善。传统手工艺产品的制作往往是制作者在传统造型基础上按照自己的理解进行制作，耗费较多时间和较高经济成本往往无法达到好的效果，一些按照"社会热点"所制作的产品，往往因"手造"周期长、成本高而难以与机器制作的快消品进行市场竞争，其中也因其知识产权、版权等因素，极易出现侵权漏洞等问题，因此可以广泛应用社会计算技术以识别手工艺品是否能够抓住"社会热点"，进行有效创意创新。社会计算技术首先运用身份建模技术对基础数据、信息进行记录，构建进入元宇宙世界的实体对象，并利用IoP、社会计算等算法对实体对象行为进行模拟，从而与其他实体对象构建联系。社会计算技术也分为社交网络分析、群体智能、人工社会等，它们能够利用模型、图论等方式将元宇宙世界中的个体通过社会关系连接为群体，而这种虚拟社会关系不会影响现实中的社会关系，是一种能够连接线上线下一体的新型社会关系。基于社会计算技术的手工艺产品能够在元宇宙世界中对其研发阶段的文化规律、形式表达等未来发展趋向进行模拟，并在模拟社会关系的基础上，更容易收集消费者的位置、年龄、偏好等数据并对消费趋势进行深度挖掘，从而帮助制作者在研发过程中掌握最新动向，在合理配置中高低不同层次产品，精准满足多样化消费需求基础上，保护制作者知识产权，打造独一无二的"手造"产品。济宁曲阜孔府印阁公司不断强化线上电商营销基础上，利用社会计算理念赋能特定消费群体的破圈传播，面向年轻消费群体打造"活字印章"产品，配合公司设计的"夫子六艺人偶"镶嵌，为景区、书店、商超提供定制生产，打开了传统手工艺和诚信文化传承、传播的大门。

（二）制作生产：前端优化与生产组织

传统手工艺在制作生产过程中在顶层设计方面有所欠缺，使用元宇宙网络及运算技术可以通过提供高速通信、泛在连接以及共享资源等功能，对上下游产业链条进行运算模拟，做好建链、延链、补链、强链、优链工作，提高生产管理与流程控制、设备运维与系统操控、生产监测与多维管控水平,构建"材料稳定、生产制造、流程管理"的全智能生产链。

1.基于物联网的前端优化

传统手工艺产业制作生产过程缺乏对重点项目、标准体系、文化架构等内容的前瞻性优化,需要物联网技术将前端进行连接,聚焦产能预测、过程感知、转产辅助等功能,精准管控生产要素、生产工艺、生产活动,为手工艺产业制作生产奠定前端基础。物联网作为元宇宙的网络基础设施,通过感知层、网络层、应用层为制作者和消费者提供真实、持久、顺畅的交互体验,是元宇宙世界与现实世界的连接和桥梁。该技术通过借助传感器、智能终端等设备实时采集和处理数据,一是优化"手造"保护传承,在地域文化大数据分析的基础上,建设重点项目库、人才培训工程等实现动态管理;二是建立"山东手造"标准体系,拟定"山东手造"企业、产品目录,采用5G、6G高速无线传输、人工智能等手段对手造企业、加工制作工坊、大师工作室、个体从业者等不同情况,进行量身定制、分类施策。如泰安肥城鸿熹桃木有限公司牵头组建肥城市桃木雕刻协会,成立肥城市桃木雕刻驿站,入驻中国桃木旅游商品城,凝聚肥城桃木手造多方力量,打造"泰山桃木王"品牌,并出台《桃木制品通用技术条件》作为山东省地方标准,筑牢产业前端基础。

2.基于人工智能的生产组织

传统手工艺产业在生产组织方面较为松散,随着消费市场对人性化、高品质、多样性和"新、奇、特"的要求越发明显,在生产组织方面逐步向现代化模式演进。针对这种情况,人工智能技术能够在生产组织方面提供精准化的供需服务,聚焦生产单元模拟、精准动态作业、柔性生产制造、生产过程溯源等环节,巩固完善产业链条。[①]具体而言,第一,作为能够大幅提升运算性

---

① 樊传果、孙梓萍:《人工智能赋能下的传统手工艺非物质文化遗产传播》,《传媒观察》2021年第8期,第68—73页。

能的技术,人工智能在内容生产、内容呈现与内容审查方面实现组织性、合法性的有机成长,从传统的决策树和状态机向更高级的深度学习、强化学习发展。充分利用人工智能技术的优势,提出针对每个地区特征和需求的手工艺产品。[1]第二,该技术能够针对工作室、企业等多种生产模式在面对的消费群体、经济实力、需求层次等方面提供专业化决策,实时更新消费市场新动向,并结合其他技术进行模型化、可视化,有效帮助企业、工作室、个人做出明智的应对举措。[2]济宁广胜木雕公司创新生产组织模式,通过电商大数据平台与高端手工定制双线并行,利用大数据、人工智能等现代化管理手段拓展渠道,根据海内外客户人群细分市场,精准服务客户。

(三)体验流通:空间评估与市场运营

传统三维技术现在已广泛应用于传统手工艺体验流通领域,但针对场景体验后期的效益评估与提升打造尚有不足,使用元宇宙虚实空间交互与融合技术能够丰富场景互动内容,并根据模型模拟对空间收益进行评估分析,在场景打造、展示展演、交易运营方面提供更为传神的文化体验与展示、再现。[3]

1.基于扩展现实的手工艺场景互动

目前,在传统手工艺展示展演、游学互动过程中,对大部分消费者来说仅仅只是"看个热闹",无法充分发挥此类活动寓教于乐的作用,各种活动也只是昙花一现,难以真正实现民间民俗文化、技艺的传承创新,即使当下一些可穿戴设备能够实现场景模拟,还原制作的规范流程,但无法让消费者沉

---

[1] 王康媚:《人工智能时代民间手工艺数字化保护开发的路径研究》,《艺术教育》2020年第9期,第175—178页。

[2] 吴维忆:《新工艺与人工智能设计的创造心理与社会美学内涵探究》,《工业工程设计》2020年第1期。,第26—32页。

[3] 张朵朵、尼克·布莱恩·金斯:《数字化平台助力手工艺非遗传承的中英案例研究》,《中国非物质文化遗产》2021年第2期,第113—120页。

浸其中,发挥"手造"文化价值与审美价值。扩展现实技术(Extended Reality, XR)对于增强传统手工艺产业场景互动的真实性、沉浸性具有积极意义。XR作为元宇宙技术虚实场景相生相融的实现手段,是利用计算机技术及可穿戴设备构建的一个虚实相生、人机交互的环境,从而打破传统意义的虚拟与现实对立局面,完成场景升级。扩展现实技术不仅能够为制作者提供手工艺品制作过程的场景体验,也能够为消费者提供虚实相生的体验感,在消费者获得充分审美体验的同时,利用各种计算机技术和可穿戴设备实现虚实相生,领悟文化流程与技艺创新的关系,完成真正意义上的沉浸式场景互动。[1]济宁嘉祥春秋源鲁锦制品厂通过筹建春秋源鲁锦博物馆,全面展示鲁锦古法纺织流程,打造活态互动沉浸式博物馆,使鲁锦实现从织布到产品开发、批量生产、新产品推广的落地,形成业务闭环。

2.基于多维技术的手工艺交易运营

传统手工艺产业在交易运营方面欠缺对交易对象、场景等方面的掌握,应急管理程度不足,需要打通时间、空间现实,使用多维数字化技术实现从"二维界面"到"三维场景"的转换。多维技术是指利用交互设备、VR输出设备、5G基站、Wi-Fi6设备、物联网、云服务器等设备软件,通过按需码货、品质定级、实时分拣、交易撮合等智能技术持续赋能服务、内容、应用及场景,打造元宇宙产业链闭环。山东作为手工艺大省,产品类型多种多样,数量繁多的产品极大丰富了手工艺交易市场,通过多维技术能够对交易的人群、场景、环境等进行细分,并根据元宇宙世界中的模拟模型进行评价,从中分析各类项目的数据和表现,寻找模型中存在的不足,根据可优化方向进行修改,通过最终的效果反馈打造具有针对性的营销方案,将手造产品线纳入商场、服务区等专属商业运营平台,打造"互联网+手造"的电商销售模式,为

---

[1] 李丹、余运正、张丽军:《新媒体时代传统手工艺的数字化传播》,《出版广角》2019年第1期,第88—90页。

消费者提供便捷高效的手造销售服务。如菏泽牡丹区黄河窑陶瓷博物馆有限公司通过建立"非遗扶贫＋就业工坊",运用"非遗＋电商＋扶贫"模式,开拓产品交易运营渠道,积极助力乡村振兴。

三、经验与启示

(一)构建基于元宇宙技术的预测、优化和评估平台

"山东手造"重在通过创新,契合现代社会审美趋势,满足个性化、品质化、情感化消费需求,产品形态及应用场景具有不确定性,因此完善建模预测和实物模拟并将其作为市场决策的参考极为重要。同时,还需根据手工艺产业独特的文化属性与功能属性,构建包含用户层、建模层、应用层和数据资源层的全过程数字化平台。第一,数据资源库需包括市场层中阶段性消费数据、社会经济数据和城市多源数据等以及互联网层的穿戴设备数据、云端数据,还应将分行业、分领域品牌专项标准数据、公用品牌评价标准数据纳入其中。在此基础上可以构建基于元宇宙技术在手工艺产业研发前期对消费市场的数据挖掘、数据处理与数据管理的工作流程。第二,建模层在接收数据资源层数据资源基础上,通过身份建模、人工智能等具体技术手段,为应用层提供技术支撑,提高建模真实度。第三,在数据库构建的基础上,应用层可包括基于建模预测、网络运算等元宇宙技术的建模与模拟模块,并根据建模结果调整产品造型、营销方式等,从而提前制定市场应对预案,如图4所示。

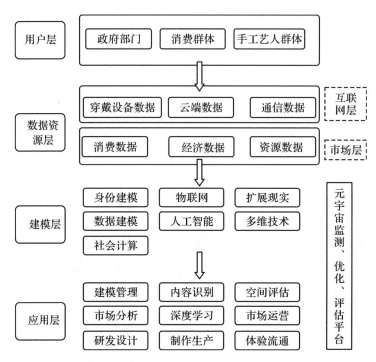

图4　基于元宇宙技术的预测、优化和评估平台(作者整理绘制)

（二）确定不同阶段的元宇宙技术应用重点

在构建"山东手造"品牌的过程中,在保持手工艺产业独特性基础上,通过元宇宙技术在各个阶段的辅助重点,并根据不同阶段的特点,提出具有针对性的技术手段和支持体系。第一,研发设计阶段:利用元宇宙虚实对象连接、建模与管理技术构建一种新型的虚拟社会,并在新的虚拟社会中重塑数字经济体系、社会关系等,有效降低成本的同时,提升产品质量,优化品牌内容。[1]第二,制作生产阶段:利用元宇宙网络及运算技术,通过物联网、人工智能等手段对手工艺产品上下游产业链条进行运算模拟,帮助管理者、制作

----

① 张娜:《后工业时代手工艺文化的审美重构及其实践路径》,《江苏社会科学》2020年
　　第5期,第159—168,239页。

者制定更多有针对性的举措,做好建链、延链、补链、强链、优链,构建"创意设计、生产制造、运营推广、交易销售"的全产业链,形成全链条协调发展态势。第三,体验流通阶段:可以基于元宇宙虚实空间交互与融合技术进一步模拟手工艺产品流通场景,根据模型模拟对空间收益进行评估分析。

(三)强化利益相关者协作关系

构建"山东手造"品牌,在以元宇宙技术为手段基础上,也需要在顶层设计、创新实践等方面,强化利益相关者的协作关系,构建"山东手造"共同体。第一,虽然元宇宙技术可以通过构建模拟社会进行数据分析和市场预测,提高决策精准度,但元宇宙技术目前尚属于新兴领域,并不能完全替代现实社会中各类专业知识,现实世界手工艺领域专业人士的评估预判依旧重要,需要二者有效结合,开展手工艺产业在市场运作与消费需求方面的调研。第二,对元宇宙技术的普及和对相关专业人员的培养还未形成完善的体系,特别是手工艺人的年纪较大,难以实现元宇宙技术的自如操作,因此需要培养一批在手工艺领域内熟练掌握元宇宙技术的专业人才,这些人才是元宇宙技术应用于手工艺产业的基础。[1]第三,跨学科、跨部门、跨领域之间的协同机制尚未建立,需共同打造"山东手造"数字化设计研发中心,为手造产业发展提供创意和数字支持,能够有效促进并保障元宇宙技术在手工艺产业中的实施和落地,释放"山东手造"新动能。

---

[1] 郭颖:《传统工艺美术在校园文化建设中的应用》,《环境工程》2021年第8期,第255页。

四、结语

元宇宙技术为"山东手造"乃至中华手造数字化发展提供了多源数据和技术支持,能够更全面、动态地展示中华民俗文化与传统技艺。通过虚实对象连接、建模与管理技术,网络及运算技术,虚实空间交互与融合技术等元宇宙技术,在研发设计、制作生产、体验流通三个阶段实现创新突破,可为"山东手造"在"两创"发展中提供一种创新性技术解决方案。通过构建融合多源数据、多维交互、人工智能手段的管理平台,完善数字化的预测、优化与评估体系,明确手工艺领域不同阶段关注的元宇宙关键技术,强化制作者之间的协作关系,精准定位消费人群,能够促进元宇宙技术在"山东手造"文化创新与技艺传承领域的深度应用和实施落地,铸造"山东手造"品牌,助力"文化强省"建设,推动黄河流域各省、区文化产业高质量发展。

博物馆数字化转型的公众认知研究[①]

于小涵　　陈柏福[②]

【摘要】博物馆的数字化转型是前沿技术以拓展文物传播与教育功能的方式对古老文明的回应,但仅从博物馆主体出发的数字化进程将不可避免地忽视公众的需求、偏好、期待等认知结构。本研究通过对杭州5个博物馆的走访和大规模公众样本调查开展定量研究与质性研究,结合认知科学特别是第二代认知科学的哲学理念,分析了公众在博物馆数字化转型中的多层次认知需求。

【关键词】博物馆数字化;公众认知;认知科学

引　言

博物馆是我国公共文化服务的重要组成部分,其文物资源是历史文化

---

① 基金项目:2021年度教育部哲学社会科学研究重大课题攻关项目(21JZD016);2021年度广东省高校思政课题(2021GXSZ009);暨南大学马克思主义学院:暨南大学踌牢中华民族共同体意识研究基地项目(IDNJL202010)。

② 作者简介:于小涵,女,暨南大学马克思主义学院教授,研究方向为文化产业管理、文化认知。陈柏福,男,广东金融学院经济贸易学院教授、广东金融学院文化经济研究中心主任,研究方向为文化产业管理、文化经济与贸易、产业经济与组织。

的主要遗存和存在方式,也是提升公众历史文化素养的渠道。"十四五"规划纲要指出,迎接数字时代,激活数据要素潜能;加强文物科技创新。博物馆文化资源的数字化保护与研发是前沿技术的先锋探索和规范化应用同步推进的产物,将成为博物馆文化传承创新的有效途径。

一、博物馆数字化发展简述

由于博物馆数字化研发的强应用性和实践性,国际上博物馆数字化研发的相关研究与应用大致同步进行。1992年,联合国教科文组织发起"世界记忆工程"(Memory of the World),通过技术手段保护具有世界、地区和国家意义的文献遗产;1995年,国际虚拟遗产会议集中展示了圣彼得巴西利卡教堂的虚拟现实案例,成为数字技术运用于文物资源保育和活化的新起点;1999年,欧盟"内容创作启动计划"框架性合作项目将文物资源数字化确定为基础性内容,其中数字虚拟卢浮宫计划实现了对卢浮宫博物馆展室的虚拟漫游和12万件馆藏文物的在线传播。

我国的博物馆数字化工作则实践先于理论。如"数字故宫"项目采用三维成像和虚拟现实技术记录故宫建筑和文物;"秦俑博物馆二号坑遗址三维数字建模"项目在开展考古发掘与文物保护工作的同时,引入三维数字建模技术,对考古遗址的相关信息进行同步采集和处理,并进而建立数字模型。近年来广受赞誉的《我在故宫修文物》《国家宝藏》等纪录片,也是博物馆数字化的一种延伸。这些数字博物馆和文物数字化的积极尝试,将三维建模、激光扫描、虚拟现实、数字信息采集、数据管理系统等前沿的计算技术和研究应用于博物馆文物资源的保育和活化,推动了博物馆文物资源的数字可视化展示,加强了馆藏文物的保护能力并提升了博物馆的历史文化教育及传播功能。

二、博物馆数字化的研究进展

研究层面上西方学界开始由传统的对收藏文物标本的看重转变为数字技术对博物馆功能的延展分析和对社会大众精神文化需求的关注，重视博物馆数字化的公众参与实践和社会功能研究，强调文化治理与社会治理(本尼特，2016)①。博物馆专业人士和人类学家对博物馆藏品的认识更多地考虑藏品如何呈现的问题(Magnani, 2017; Chng, 2018)②③，例如动态言语与视觉等信息类型和增强游客沉浸式场景的关系(He & Wu, 2018)④、访问者学习和参与互动技术的模型(Pallud, 2016)⑤，以及研发人员的信息架构(Kosmo-poulos & Styliaras, 2018)⑥。博物馆文化被视为一种联结城市与乡村的手段(Martha & Kotsaki, 2015)⑦，其资源可以支持新的教学活动从而创造新的教

① 英托尼·本尼特:《文化、治理与社会》，王杰、强东红等译，中国出版集团东方出版中心 2016 年版。

② Magnani M, Guttormb A, Magnan N, Three-dimensional, community-based heritage management of indigenous museum collections [J]. Social and Behavioral Sciences, 2013, 106:1351-1356.

③ E Ch'Ng, Cai S, Leow F T, et al. Adoption and use of emerging cultural technolo-gies in China's museums[J]. Journal of Cultural Heritage, 2019(37):170—180.

④ He Z, Wu L, Li X R. When art meets tech: The role of augmented reality in en-hancing museum experiences and purchase intentions[J]. Tourism Management, 2018, 68(10):127-139.

⑤ Pallud J. Impact of interactive technologies on stimulating learning experiences in a museum[J]. Information & Management, 2016, 54(4):465-478.

⑥ Kosmopoulos D, Styliaras G. A survey on developing personalized content services in museums[J]. Pervasive and Mobile Computing, 2018:54-77.

⑦ Martha L, Kotsaki A. The Museum Culture as a Means of Conjunction of the Urban and Rural Environment [J]. Procedia-Social and Behavioral Sciences, 2015, 175: 601-606.

学环境(Ferrara & Sapia, 2013)①。

　　我国学者的博物馆研究取得了丰富的成果(潘云鹤等,2003②;单霁翔,2010③;傅才武等,2010④;陈少峰⑤等,2022;范周等2023⑥),但在数字博物馆的理解和应用领域的研究总体看来尚未形成明确的研究问题、理论范式和方法论体系。故宫博物院作为博物馆数字化2.0时代和信息化理念实践的代表成为重点研究对象(裴燕,2015⑦;冯乃恩,2017⑧);相关研究包括博物馆数字化展示的应用研究(谢景卫等,2007)⑨,考古数字博物馆的建设(朱晓冬,2004)与藏品管理信息化研究(姚一青,2014)⑩,大数据时代对文化遗产数据挖掘的认识(鲍泓等,2015)⑪,新媒体背景下博物馆数字化技术的应用

① Ferrara V, Sapia S. How Technology Helps to Create New Learning Environments by Use Digital Museum Resource[J]. Procedia – Social and Behavioral Sciences, 2013, 106(1):1351–1356.

② 潘云鹤、鲁东明:《古代敦煌壁画的数字化保护与修复》,《系统仿真学报》2003年第3期,第310—314页。

③ 单霁翔:《关于新时期博物馆功能与职能的思考》,《中国博物馆》2010年第4期,第4—7页。

④ 傅才武、陈庚:《当代中国文化遗产的保护与开发模式》,《湖北大学学报》(哲学社会科学版)2010年第4期,第93—98页。

⑤ 陈少峰、李微、宋菲:《新一代信息技术条件下文化与科技融合及其产业形态研究》,《山东大学学报》(哲学社会科学版)2022年第5期,第50—59页。

⑥ 范周、孙巍:《国家文化数字化战略的发展脉络与路径探索》,《华中师范大学学报》(人文社会科学版)2023年第1期,第70—77页。

⑦ 裴燕:《数字故宫:博物馆数字化2.0时代的领先者》,《IT经理世界》2015年第23期,第24页。

⑧ 冯乃恩:《博物馆数字化建设理念与实践综述——以数字故宫社区为例》,《故宫博物院院刊》2017年第1期,第108—123,162页。

⑨ 谢景卫、曹学军:《数字化博物馆建设研究与探讨》,《科技咨询导报》2007年第12期,第161—162页。

⑩ 姚一青:《藏品管理信息化研究》,复旦大学硕士论文,2014年。

⑪ 鲍泓、刘宏哲:《大数据时代文化遗产数据挖掘的认识》,《北京联合大学学报》(自然科学版)2015年第3期,第1—4页。

与革新（鲁东明等，2007①；周明全等，2009②；杨国梁等，2014③；梁辰浩，2016④），数字博物馆"共享机制"存在政策支持力度偏低，科技支撑和衍生服务质量有待提升等问题（白国庆、许立勇，2017）⑤。但是，从公众认知和文化治理视角展开对数字化博物馆的思考是不够的，目前的博物馆设计仍主要以物的展示为中心，并未从促进观众意义建构的角度考虑（鲍贤清，2013）⑥。

随着我国博物馆数字化实践的发展，公众多元化、高品质的文化需求也在快速提升，这二者之间的碰撞表明，在博物馆数字化——公众参与——博物馆数字化与公众认知三者之间构成了一种递进的逻辑关系。不从公众层面和认知层面展开研究，不了解公众对博物馆以及博物馆数字化这一重大工程的偏好、需求、记忆、期待等认知结构，不了解不同层次人群的博物馆认知习惯以及与数字化博物馆发生的交互式学习，单纯从主体角度出发进行的数字化博物馆建设将是远远不够的。多样的博物馆数字化对于公众的文化认知具有积极的意义，可以为公众形成有效的文化认同。但是，当前我国从公众与公众认知视角展开的博物馆数字化研究无论是研究方法、研究理论还是实证材料都尚未形成研究体系。

---

① 鲁东明、刘刚、刁常宇：《文物保护与数字化技术》[C]//浙江省敦煌学研究会，浙江省博物馆．常书鸿先生诞辰一百周年纪念文集，浙江古籍出版社2004年版，第25页。

② 周明全，税午阳，王学松等．文物数字化关键技术及其在数字博物馆中的应用[C]//北京市科学技术协会，北京市文物局，北京市经济和信息化委员会．数字博物馆研究与实践（2009），中国传媒大学出版社2010年版，第6页。

③ 杨国梁、周明全、武仲科等：《数字博物馆文物三维模型基于谱分析的数字水印技术》，《系统仿真学报》2014年第9期，第2136—2141页。

④ 梁辰浩：《新媒体背景下博物馆数字化技术的应用与革新》，《当代电影》2016年第2期，第178—181页。

⑤ 白国庆、许立勇：《移动互联网背景下数字博物馆公共文化服务的"共享机制"》，《深圳大学学报》（人文社会科学版）2017年第4期，第37—42页。

⑥ 鲍贤清：《博物馆场景中的学习设计研究》，华东师范大学硕士论文，2013年。

三、研究视角：认知科学与认知系统

认知科学的发展将为博物馆数字化认知提供哲学层面的研究道路。在第二代认知科学看来，公众对数字化博物馆的认知活动不是由单个主体头脑内的认知过程所能完全涵盖的，认知任务的实现将不能再囿于个体的边界之内，而必须依赖更广泛的系统条件，这使得认知系统成为博物馆数字化认知研究基本而重要的维度。认知系统表明，认知是情境和具身的行为，认知者的世界并不是一个表征在其脑内部的、预先规定的外部域，而是一个由认知者自治的行动与环境耦合的模式生成的关系域，认知根植于一个包含物质、社会和文化的交互动力系统中。在这个意义上，公众对博物馆数字化的认知不仅仅是知识的单向传送，而是在一个包括情境、编码、呈现方式、环境、文化、交互作用的认知系统下完成的，并与认知者本人的知识结构深度相关。

认知系统的概念可以极大地扩充数字化博物馆的研究视野，加入了公众认知维度的博物馆数字化将既是规范性的，又是构成性的，它的规范体系将诉诸加入公众认知后的多元社会主体之间的互动与磋商。第一代认知科学尚将认知机制等同于表征过程，而在第二代认知科学看来，认知机制并不是一个按照次序循环的感知—思维—行动的表征处理，而是一种随着时间变化而持续共同进化的耦合作用。20世纪70年代后期提出的情境认知理论认为不能忽视认知的情境和文化的背景，认知是一种动态的互动的建构过程，个体与环境的相互作用才产生了知识。20世纪90年代开始，Lakoff

（1999）①、Varela（1991）②和威尔逊（Wilson，2002）③等人提出了具身认知，认知出自具有特殊的知觉和运动能力的身体，与身体的生理神经结构和活动图式共同形成一个包括了交织着记忆、情绪、语言和生命其他方面的机体，并与技术的、自然的和社会的来源以复杂的方式综合起来。Hutchins（1995）④所提出的分布式认知从认知人类学的研究视角出发，强调在完成一个具体认知任务时自然生活环境中的人类认知与文化结构的关联。认知图式理论则进一步描述已有知识将如何影响人们对新信息的加工处理过程。⑤人们头脑中的信息是以抽象的方式进行存储的，而非简单地堆积，这些结构化的以往知识使得人们能够决定哪些外部信息与特定的主题相关，决定什么是信息加工的重要中心以及如何看待所接收的原始材料。图式反映了人们的已有知识如何影响外部信息的收集、记忆和推理过程，即理论驱动的认知加工。

这些从认知系统层面出发的研究进路构成了第二代认知科学的主要观点，也成为当前对人类认知行为进行解读的哲学基础。这一逻辑意味着博物馆数字化的行动并不能仅从设计者的角度出发，而应该在重视公众认知结构的基础上通过某种环境化的交互方式，例如VR技术，达成新知识与原有知识结构的动态同步构型。因此需要先对博物馆文物数字化现状与公众认知效果差异展开关联研究，把握当前博物馆数字化建设过程中公众认知存在的问题。

---

① Lakoff G. Philosophy in the Flesh the Embodied Mind and its Challenge to Western Thought[J].1999，25（4）：631-634。

② F.瓦雷拉，E.汤普森，E.罗施，等：《具身心智：认知科学和人类经验》，李恒威等译，浙江大学出版社2010年版，第3页。

③ Wilson，M.（2002）. Six views of embodied cognition. Psychon. Bull. Rev. 9, 625-636.

④ Hutchins E . Cognition in The Wild[M]. MIT Press, 1996：7。

⑤ 皮亚杰：《儿童心理学》，吴福元译，商务印书馆1981年版，第5页。

四、博物馆数字化的实证调研

(一)质性研究

本文选取了杭州市五个文物型国家级博物馆(浙江省博物馆、中国丝绸博物馆、杭州博物馆、杭州南宋官窑博物馆、胡庆余堂中药博物馆)作为调研对象,其数字化发展的具体情况如下。

浙江省博物馆(孤山馆区)、南宋官窑博物馆和中国丝绸博物馆接受了本调研的访谈。博物馆的数字化建设是由信息部门主导、其他部门配合进行的。作为一个全员参与的系统,一般是由专业部门先提出需求,然后由信息部门负责系统统筹和技术保障。数字化应用在博物馆管理方面应用较少,主要是为了服务公众。而数字化设施在博物馆中主要起到辅助参观的作用,以文物为主,较为强调现场参观。博物馆在设置数字化设施时首先考虑文物展览需要。博物馆数字化建设目前也主要体现在新媒体方面,侧重内容建设,并非单纯的设施投入。不同的展馆会吸引特定的人群,其对数字化设施的偏好也会不同。政府对博物馆数字化建设有财政支持。

浙江省博物馆(孤山馆区)、中国丝绸博物馆和杭州博物馆的数字化建设程度较高。数字化设施的类型主要为展示类、触屏互动类、讲解器、导览等。VR等设备目前因成本高、技术不成熟、使用度不高等因素无法大规模投放。数字化设施的内容较为广泛,包括知识输出类、互动娱乐类和情景模拟类等。在新媒体方面博物馆也有一定资源投入,有掌上地图、微博、微信公众号和设计感较强的宣传网站。其中,中国丝绸博物馆数字化水平从技术层面和视觉效果来看效果最优,多方面展现了丝绸相关的历史信息。

南宋官窑博物馆的数字化建设程度一般。馆内的数字化设施以简单触摸屏、展示屏居多,但效果较为普通。有网站、微博和微信公众号,但粉丝数较少。胡庆余堂中药博物馆的数字化建设程度较低，馆内除了电子显示屏外基本无数字化设施，也没有公众号和微博，其网站归属于胡庆余堂网站。

总体来看，杭州市文物型国家级博物馆均有一定程度上的数字化意识，馆内大多有数字化设施，也有一套完整的数字化建设流程和机制。无论是数字化设施的种类还是技术层面，馆间差异仍然存在。拥有数量较多或质量较高的数字化设施的博物馆，同时拥有更大的人流量（当然，不排除"人流量大的博物馆对数字化建设更感兴趣"或"人流量大的博物馆拥有更多资金进行数字化建设"的可能）。数字化建设的需要首先是由博物馆内部人员提出，信息部门只是负责系统统筹和设备的建设，缺失了公众认知这一视角。

（二）公众认知调研

本调查采用问卷调查的方式对社会公众随机进行博物馆数字化模式认知的调查。共发放问卷620份，实际回收423份，回收率为68.2%，完全有效的有413份，有效率为97.6%。问卷共11题，涉及被调查者的个人基本信息以及博物馆数字化模式的便利性、吸引点、特点、体验态度、问题、完善方面以及先进或改进之处。

1.关于博物馆数字化模式的便利性

便利性构成了博物馆数字化模式的比较优势，其中具体的数字化服务给藏品的展览、藏馆的宣传带来了便利，使更多公众可以通过高科技感受藏品的魅力。在本次调查中，有26.70%的被调查者认为博物馆数字化能更全面地了解博物馆内的藏品，同时有近20%的被调查者认为其能提升游览质量和提前知晓博物馆的展出情况。可见公众对于博物馆数字化模式对观赏藏品方面带来的便利性较为认可，如图1所示。

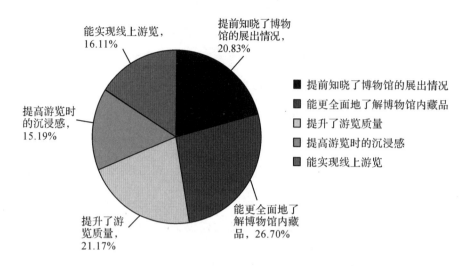

能实现线上游览，16.11%

提前知晓了博物馆的展出情况，20.83%

提高游览时的沉浸感，15.19%

提升了游览质量，21.17%

能更全面地了解博物馆内藏品，26.70%

■ 提前知晓了博物馆的展出情况
■ 能更全面地了解博物馆内藏品
□ 提升了游览质量
▨ 提高游览时的沉浸感
■ 能实现线上游览

图1　博物馆数字化模式的便利性

2.博物馆数字化模式最吸引公众的方面

在博物馆数字化模式吸引力的调查中,环幕影院和虚拟漫游所占比例较大,分别为22.48%和21.58%,可见公众对于博物馆数字化的3D及VR等技术带来的视觉冲击较为感兴趣,这种展示形式能增强公众的参与感和体验感。同时虚拟讲解员等交互展示模型占比18.73%,表明一定的交互形式和讲解模式也是必要的;占比17.05%的镜面互动和16.41%的投影沙盘也较为受欢迎。但是网上博物馆的模式占比只有3.62%,可见对于大多数公众来说,亲自来到博物馆进行参观的方式仍是一种主流,而这种情况出现的原因除了实体博物馆更具参观意义和体验感的本质因素外,还与游览博物馆作为一种社会交往方式相关联。如图2所示。

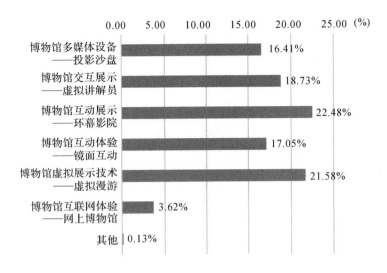

图2　博物馆数字化模式最吸引公众之处

3.博物馆数字化建设的最大特点

在公众看来,博物馆数字化建设的特点是广泛分布的。25.61%的被调查者认为在于科学性,能帮助公众更科学地理解藏品背后的意义;25.87%的被调查者则认为其带来的操作性特点便于公众体验;17.34%的被调查者认为是其带来的美观性,能提高公众的观感;19.66%的被调查者更赞成博物馆数字化的便捷性,因为在节奏越来越快的城市生活中,数字化能节省公众时间;还有10.87%的被调查者则认同博物馆数字化的实时性,认为知识的快速更新较为重要。如图3所示。

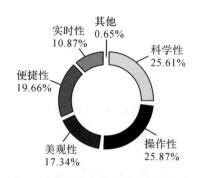

图3 博物馆数字化建设的最大特点

4.公众对博物馆数字化模式的体验态度

基于以上博物馆数字化的优点及特点,本研究对公众的博物馆数字化体验态度进行了调查,发现45%的被调查者表示较满意,17.20%的被调查者表示一般,29.80%的被调查者表示很满意;还有8%左右的被调查者表示不满意或不太满意。如图4所示。既然博物馆数字化具有相比传统博物馆的特色优势,为什么只有不到三分之一的被调查者表示很满意呢?公众对于博物馆数字化模式的顾虑和不认同点在哪里,需要进一步挖掘。

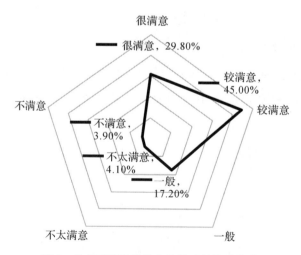

图4 公众对博物馆数字化模式的体验态度

5.博物馆数字化存在的问题

在公众看来,博物馆数字化仍存在不少问题。27.30%的被调查者认为数字化模式受到技术限制,在一定程度上使得体验感欠佳;24.37%的被调查者认为此模式带来的实际体验感较低,缺少活力,由此可见公众对于博物馆数字化的实际体验感认可度不高,此种限制体现在技术和交互性的设置不够完善;13.79%的被调查者认为数字化模式形式单调,内容粗浅,7.10%的被调查者认为此模式信息失真,可知部分公众对于数字化模式下的信息和内容抱怀疑态度,不能满足追求内容的认知需求;12.53%的被调查者认为此种模式影响自我思考和体验,9.47%的被调查者认为公众认知效果不佳,也就是说接近20%的被调查者怀疑博物馆数字化的体验感和认知感,认为这会影响到自我思考和想象;还有4.18%的被调查者认为这种模式影响文化的传播。如图5所示。在访谈中被调查者提出博物馆就是要切身体会才能记忆深刻,接受文化的洗礼。

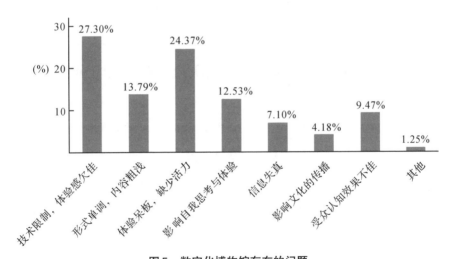

图5　数字化博物馆存在的问题

6.博物馆数字化待完善之处

基于以上调查,对于博物馆数字化待完善之处,被调查者的侧重点也不同。43.35%的被调查者认为要增加数字化博物馆与参观者的互动形式,才能让公众更有参与感和体验感;23.02%的被调查者认为博物馆的数字化展示形式有待提升,目前大多还停留在简单的图文描述或单一的录影解说阶段,展示形式不够多样和丰富;还有32.37%的被调查者认为要丰富数字化博物馆的内容,应将更多的板块信息、文物信息、历史信息等加入其中,让体验的公众真正有东西可看、可学、可吸收。如图6所示。

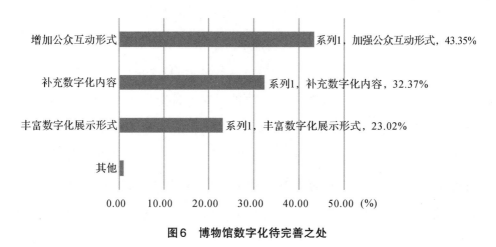

图6 博物馆数字化待完善之处

五、博物馆数字化进程中在公众认知层面存在的问题

博物馆数字化在藏品的游览和辅助公众体验方面具有明显的便利性。本调研表明,公众对于虚拟讲解员、虚拟漫游、环幕影院、镜面互动等博物馆互动展示和交互体验项目较为感兴趣;对于博物馆数字化的科学性、操作性、美观性、便捷性、实时性也较为认可。但总体来看,半数以上的调查对象对于目前的博物馆数字化不满意,其原因在于博物馆数字化进程中在技术、内容、形式、交互性、管理水平等多个要素上仍存在限制公众的体验感和参与度等认知需求的问题。博物馆数字化设施设置的影响因素来源于公众认知、自身类型、资金、技术等多方面。现阶段博物馆的数字化设施应用主要为投影式展示类、触屏式互动类、语音式互动三类。而最受受访者喜爱的数字化设施类型主要为VR、体感游戏类、触屏式互动类,但在博物馆中陈列较少,并存在图像和视频展示时不够清晰、界面设置不够精简便捷、部分功能

实用性不高,以及个别功能操作复杂等问题。

数字化设施对于提高公众文化认同的作用过低。本调研表明,当被调查者认为与博物馆数字化设施是直观和交互式时,他们将体验更高水平的认知参与。博物馆的数字化设施所提供的交互式体验等技术维度反过来会引发公众的情绪反应,比如感觉、沉浸感、好奇心、享受感和真实感转向,并带来积极的学习体验。大部分博物馆受访者认为数字化设施有利于增进公众对博物馆知识的理解。以各类数字化的设施为载体,开展文物的研究与展示,深层解读人类发展赖以生存的物质和文化基础。通过数字化手段,拓宽个体对自身认知的重要渠道。这不仅有助于个体对社会关系的认知,还有利于个体对自身所在的群体及不同群体之间的关系加深了解,增加认同。然而大部分数字化设施提供的内容较为简单,形式较为直接,数字化呈现过于低龄化,电子屏幕呈现的内容使人的认知停留在表面,公众得不到真人讲解时有针对性的引导和解释,缺乏深度的背景知识或者是浸入式体验。因此无法让公众拓宽知识的深度以及广度,对其文化理解、重塑的作用不大。因此,博物馆需要在设置上更多考虑用户需求以达到更好的效果。

各个年龄阶段的公众去博物馆参观的频率较低,而博物馆作为一个为公众提供知识、教育的资源,又是结合视听和互动的一个寓教于乐的重要场所,对于参观者来说,并不具备对公众足够的吸引力和新鲜感。尤其是在文化娱乐活动日益丰富的今天,博物馆或只是作为游客沿途顺便参观,打发时间的场所。而参观者以年轻群体居多,具有鲜明的对自我和社会的认知,也是最需要接受文化信息、获取文化资源的一代。需要博物馆根据其精神层面的需求和偏好进行数字化设施的对应建设和修正。虽然数字化设施只是博物馆中辅助了解文物的手段,然而高质量、高趣味性的数字化设施的缺失无疑会延续公众对于博物馆枯燥无聊的刻板印象,降低对博物馆的访问频率,不利于传统文化在大众尤其是年轻群体中的传播。

六、博物馆数字化进一步发展的对策与建议

博物馆通过知识的生产和传播过程重构了社会关系,而数字化将带来博物馆这一教育实践场域的系统性重塑,以及公众学习与思维方式的更新。在参观博物馆的过程中,个体已有的知识存量特别是认知结构将在注意、编码和提取三个层面影响认知活动。认知图式和认知系统决定着对于特定博物馆数字化展品的选择,人脑对博物馆的数字化设施所提供的知识进行了选择、整合和理解,通过现实的经验知识而形成了对事物概念的理解。从这一认知过程出发,针对已有的认知问题,本文认为博物馆数字化的进程可从如下方面进行优化。

(一)技术维度:提升信息技术水平,完善数字化建设

技术水平与技术形态会影响公众学习的心理过程。信息技术已经从普通工具成为一种更为普遍的管理方法。博物馆作为传统的文物展示场馆,需要结合技术和公众认知需求的发展趋势进行改革。重视文物数字化在信息采集和信息整合层面的底层数据构建,在展示技术上不断精细化、智能化,增加人机互动的功能,优化公众的操作体验。针对文物数字化可能存在画质低、视频不清、操作不便、展示形式单薄等问题做好数字化设施的管理和维护,如探索用三维技术生成青铜器和书画的影像采集数据、结合文物属性数据形成立体成像,从功能和界面的角度提高公众的体验感和学习效果。在各层级博物馆之间进行数据标准化建设和信息共享,实现高整合的国家数字博物馆体系。

(二)内容维度:及时更新数字化内容,提升文化内涵

博物馆的传播目标主要是增强公众对于文化的认同感和对民族的归属

感。在文物信息和背景资料的解读过程中,应该尽可能做到历史性和趣味性相结合,知识性与现代性相结合。常见的浏览式的参观容易使公众仅停留于对文物主题浅层次的了解,获得有限的知识信息。数字化设施不仅仅是一个简单的展示板,而是要通过内容让公众产生共鸣,弥补公众对于专业知识的空白,满足公众对于未知世界的期待。博物馆在数字化设施中应增加与公众的互动,细化操作区的标识,平衡图像与文字的比例,充分地表征文物中的显性信息和隐性信息。将文物蕴含的知识、历史和文化意义潜移默化地向公众传播。把握好传统展览与数字化形式之间的结构关系。

(三)公众维度:研究认知偏好,明确数字化设施针对性

认知参与是学习效果的预测因子之一,公众的体验沉浸、享受和好奇心会带来更高水平的博物馆学习。公众因为群体特征的不同,会产生认知模式的偏差,从而导致观赏行为的不同选择。博物馆需要更深地挖掘公众需求,分析公众认知过程中的长时记忆、视觉编码和言语编码的协同,如通过数据统计或者直接观察法了解公众在不同数字化设施前的观察意向、停留时间、参与方式等,研究数字化设施的传播效果。也可以从参观目的分析不同人群的需求,针对地理位置和展览内容设置各具特色的数字化设施或数字化项目。在与公众互动的过程中善于运用互联网思维,将文物与公众的现实生活结合在一起,利用短视频、公众号等新媒体方式形成传统文化良性的直接传播和间接传播,增加公众参观博物馆的趣味性。

七、结语

博物馆数字化不仅是前沿技术对古老文明的回应,还是多元主体对技术创新的公共参与。正如社会生物学的"基因—文化"协同进化的主张,文化特质与认知系统的整合将会使负责存储和传递文化能力的认知和神经结

构得到细化提炼,从而导致认知差异。博物馆数字化应建立在对公众认知充分了解的基础上,将认知的创新、科技的创新、体制的创新共同作用于博物馆数字化进程,并终将回归和上升于文化的创新。这一新的信息应用的生成,将实现博物馆学习空间、数字空间、场域空间的贯通融合,使跨时空、全场景的元宇宙社会形态从可能到现实。

(庄家婕、刘淑濛对本文亦有贡献。)

智能文创：城市竞争新赛道

蔡尚伟　董　渤①

【摘要】人工智能技术驱动文化产业从数字化、网络化向智能化快速迭代，实现以智能技术为内在变革动力的跃层升级，"智能文创"应运而生。本文基于文化产业的发展规律与趋势，提出"智能文创"的概念，指出智能文创是文创产业发展的前沿，是城市文化软实力的重要支撑，标志着城市的战略高度与发展前沿性，体现城市科技创新力、文化持续力与创造力、产业支撑度及综合实力，是城市竞争的新赛道。以调查报告的方式分析当前智能文创在全国的发展情况。研究发现，首先，从2017年开始，湖州、天津、成都等城市就明确举旗发展"智能文创"，将发展智能文创纳入城市规划中并进行系统布局。其次，在香港、北京、深圳等地出现了标志着国内智能文创科技前沿的技术原创和以头部创新企业为代表的产业基础。再次，成都、重庆、青岛等地在文创产业发展经验和产业基础之上抢先规划、布局，建圈强链智能文创产业，初步形成了智能文创在城市发展的要素聚集，具备了构建城市智能文创生态的先期条件。

---

① 作者简介：蔡尚伟，四川大学文化产业研究中心主任，教授，博士生导师，研究方向为文化产业。董渤，四川大学文学与新闻学院博士研究生，研究方向为传媒与文化产业。

【关键词】智能文创;城市竞争;举旗;科技原创;产业基础

文创产业在全世界范围内都是朝阳产业,代表了人类对精神文化生活的高品质追求。数字文创是整个文创产业的发展方向,智能文创则是数字文创的前沿①,因而可以说智能文创是整个文创发展前沿中的前沿,是城市文化软实力的重要支撑,标志着城市的战略高度与发展前沿性,体现城市的科技创新力、文化持续力与创造力、产业支撑度及综合实力,是城市竞争的新赛道。

在文化产业蓬勃发展的背景下,文化产业数字化已成为高质量发展文化产业、助力文化消费跃层升级、促进国内外文化市场双循环的重要国家战略。作为实践文化数字化战略的主体,城市数字文化产业的发展凝聚了城市规划、体制创新、技术累积、市场驱动、人力资源等多重要素,是城市竞争力的深层次体现。数字文化产业的发展在人工智能(Artificial Intelligence,AI)技术的驱动下,呈现"智能＋"的快速跃迁的发展模式,而当下生成式人工智能(Artificial Intelligence generated content,AIGC)技术加速了文创产业的智能化进程,实现了文创产品从机械化生产到内容智造的快速迭代。"智能文创"正是基于此背景下提出的数字文创产业新理念、新概念、新方向。

一、智能文创:数字文化的最前沿

(一)智能化:数字文化的发展趋势

数字文化产业走过了数字化、网络化的发展历程,来到智能化的历史节点。在人工智能等技术的驱动下,数字文化产业加入智能化革命的发展浪

---

① 王嘉:《智能文创——文创发展前沿中的前沿》,《成都日报》,2022-04-21。

潮,智能化成为其发展趋势。生成式人工智能、虚拟现实(VR)、增强现实(AR)、区块链(Block Chain)等技术推动数字文化的发展,使得数字文化具备了智能化、个性化、交互化、跨平台等特性,实现由人力向人工智能的转变,满足用户的直观性体验,实现数字文化资源的高效开发、管理、传播和利用、智能化发展。

(二)智能文创的内涵

智能文创是人工智能技术运用于文化产业发展的各方面和全过程,从创意、写作、拍摄、编辑、播音、主持、绘画、音乐,到内容推送、产品营销,甚至到文化产业的管理,到教育、研究等活动的各个环节,由此生成了众多"智能+文创"业态,总称为智能文创。从智能文创本身的价值来说,它是整个数字文化的最前沿。

(三)智能文创的外延

智能文创融合了人工智能技术先天具有的高度标准化、程序化的优点,以机器协作,辅助人的自然脑力,使自身可以完全按照人的意志,精准、高效地推进工作,能够有效避免人先天的体力、心智缺陷,推动产业高效发展。人工智能技术介入创意、创作、生产、传播、营销各个环节,产生了智能创意、智能写作、智能拍摄、智能编辑、智能播音、智能主持、智能推送等文创产业相应业态。这些环节能够产生更高质量、更多数量、更高效率的文创产品和服务,满足人类对文创更高的需求。[1]

智能文创不仅仅包含技术方面的内容,更重要的是它融合了艺术、文化、科技、商业等多种要素,具有很强的创意性和很高的审美价值。表现为艺术表现形式的创新,内容创意的挖掘,体验式的娱乐产业,产业链的完整

---

[1] 王嘉:《智能文创——文创发展前沿中的前沿》,《成都日报》,2022-04-21。

性(智能文创还可以促进文化创意产业的升级和转型,从创意到生产、从分销到销售、从消费到传播形成完整的产业链)。

二、智能文创是城市竞争的战略性赛道

当前城市竞争高度白热化,各大城市都在千方百计寻找自己的竞争力增长点。过去,城市可以靠单一的政治地位、经济优势等获取相应的地位,但现在城市竞争已经步入综合实力竞争、系统竞争的时代。而系统竞争已从实体城市的竞争发展为数字融合的城市竞争,从实体城市到数字城市,从数字孪生城市到沉浸式城市,一直到智能式城市、全息型智慧城市,城市的竞争呈现多维度、多向度的竞争态势。在这种架构之下,单一的经济硬实力、科技硬实力,都需要叠加城市文化软实力,尤其是在当下文化产业数字化发展战略的背景下,将"智能文创"作为发展城市文化产业的重要维度,从城市文化软实力的深层次竞争力来盘活整个城市的资源,系统性提升城市实力,使整个城市的竞争力更加强劲,具有战略意义。

三、智能文创标志城市战略高度与发展前沿性

智能文创标志城市的战略高度与发展的前沿性,体现一座城市的科技创新力、文化持续力与创造力,体现城市的产业支撑度和综合实力。如果城市的发展规划能够在智能文创领域率先占位,就能够把握数字文化产业集聚和未来城市发展的主动权。以代表智能科技原创的ChatGPT为例,Chat -GPT面市以来给城市的品牌和形象的提升带来强有力的推动力。ChatGPT的创造者OpenAI公司的诞生地是美国加利福尼亚州圣克拉拉市,也是硅谷

的重要组成城市之一,硅谷是全球最具科技创新力的城市。[1]可以说Chat-GPT引发了全世界新一轮的科技革命,同时也赋能硅谷作为科技创新城市的形象加权。包括与ChatGPT关联的一些城市,比如伦敦、多伦多、新加坡等,这些城市都是因人工智能的发展而享受到了某种程度上的城市发展的红利。中国的北京、深圳、杭州等地的头部创新企业都在争相开发类Chat-GPT模型和产品,而这些城市都是世界排名靠前的科技创新城市。所以智能文创的发展一方面是科技创新型城市的产业发展的必然趋势,另一方面,也是城市发展战略规划、标志城市发展前沿的重要抓手。

四、群雄并起,智能文创发展的城市格局

(一)举旗

自2017年国务院印发《新一代人工智能发展规划》[2]以来,有一些地区和城市开始关注人工智能和文化产业的结合,明确提出"智能文创"概念,并将之纳入城市发展规划中,出台了相关专项实施计划,做出了一些先行探索。

1.湖州

2017年12月4日,浙江省率先布局谋划发展智能文创产业,举起发展"智能文创"的旗帜,在《浙江省新一代人工智能发展规划》中明确提出了"智能文创"概念,并且大段落地展开、阐释智能文创的相关内容。明确指出"利用浙江游戏娱乐、影视动漫等文创产业的发展优势,鼓励省内互联网企业在文化娱乐和工业设计领域率先开展行业应用,加快三维立体化购物、游戏、

---

[1] 毕马威(Klynveld Main Goerdeler, KPMG Technology Industry Survey)2022年调查报告:科技创新城市榜。

[2] 国务院:《国务院关于印发新一代人工智能发展规划的通知》(国发〔2017〕35号),2017-07-08。

影视产品的混合现实发展,推动智能设计与产品创新设计的融合应用"。①

在此背景下,2018年1月,浙江省湖州市德清县发布了《新一代人工智能应用县发展规划》,明确地沿用了"智能文创"这个概念,在规划中展开人工智能和文化创意产业之间的结合,并梳理了很多相关的业态和空间功能区。文件宣示了湖州市德清县打造全国首个"新一代人工智能应用县"、争创国家人工智能创新应用试点示范县的顶层设计与产业布局。该文件明确指出"加快发展智能文创,鼓励完美世界等文创企业转型,推进人工智能技术与文化创意深度融合,推动智能文创产业园建设,搭建人工智能+文化创意产业发展平台"。

2.天津

天津市抢跑智能文创赛道,在2018年1月发布的《天津市智能文化创意产业专项行动计划》(以下简称《专项行动计划》)中明确指出"智能文化创意产业是文化科技创新的重要方面,是社会主义文化强国建设的重要支撑力量","到2025年,天津市智能文化创意产业发展实现重点突破,智能科技与文化创意产业深度融合,在文化产品和服务的生产、供给、消费等领域广泛应用,部分产品和服务在国内外处于领先水平,建立相对健全的智能文化创意产业体系,打造具有天津特色的智能文化创意品牌"。②这是迄今为止明确举旗发展智能文创层架最高的城市规划。同时,在《专项行动计划》中指出,"推动京津冀智能文化创意产业协同发展。加强京津冀智能文化创意产业交流合作,建设智能文化创意产业集聚区,发挥协同效应"。以天津作为促进京津冀智能文创协同发展的中心,在京津冀协同发展背景下拔高智能文创产业的发展层级,具有重要意义。

---

① 浙江省人民政府:《浙江省人民政府关于印发浙江省新一代人工智能发展规划的通知》(浙政发〔2017〕47号),2017-12-04。

② 天津市人民政府办公厅:《天津市智能文化创意产业专项行动计划》(津政办发〔2017〕112号),2018-01-12。

3. 成都

四川成都市发布的《关于印发成都市数字文化创意产业发展"十四五"规划》明确指出要加强智能文创技术研发，"聚焦智能文创、数字内容审核、数字咨询顾问等前沿领域技术研究，布局未来产业"，"加强工业互联网、物联网和车联网在智能文创装备生产各环节的应用"。[①]该规划由四川大学文化产业研究中心参与编制完成，是迄今为止，副省级、省会城市出台的首部城市数字文化产业领域专项顶层设计，是全国首部城市数字文化产业领域的专项规划，具有引领性。在规划中，把智能文创作为成都市以后发展数字文创的一个前沿的领域，把它作为一个未来产业来进行定位，和其他一些发展趋于成熟的文创科技，譬如虚拟现实、增强现实等进行并列，为智能文创的发展指出了明确的方向。

4. 佛山

广东佛山南海区发力数字文创赛道，打造"AI＋文创"产业高地。在有关职能部门指导下，由清华大学文化创意研究院和人工智能研究院联合当地的一些机构、书院共同举办了"全球AI文创大赛（GAAC）"。"AI＋文创"是聚焦AI技术与文化创意产业的融合，以人工智能科技与文化创意产业融合发展作为文化产业数字化战略实施的有效路径，与智能文创属于同位概念。这是在国内城市中，首次以全球范围布局"AI＋文创"的最高层级的智能文创科技、产业、文化交流活动与平台。广东抢先占位，将佛山作为国内第一个国际性AI文创大赛的永久举办地，对于提升城市智能科技的品牌形象、聚集智能文创产业要素具有借鉴意义。

这些城市和地区在城市发展规划和专项计划中明确举旗发展"智能文创"，明确其战略性定位与未来发展方向。除此之外，一些城市虽然对"智能

[①] 中共成都市委宣传部办公室：《成都市数字文化创意产业发展"十四五"规划》（成宣通〔2021〕108号），2021-11-26。

文创"没有明确的称谓,但使用"智能文创""AI文创""智能文化创意产业"或者"智能文化产业"等称谓都属于同位概念。在规划里都有体现将人工智能与文化产业相结合的思路,这是普遍现象与趋势。系统地对智能文创进行布局,事实上已成为各大城市在积极探索的重要内容。有些城市和区域在发展智能文创的规划和行动中还使用了一些从属性的概念,比如智能跨媒体系统、智慧文旅等,这些都属于智能文创的下一层级。

（二）系统规划、布局

1.天津

天津于2018年1月发布的《专项行动计划》是迄今为止发布"智能文创"发展规划的城市中层级最高、内容最全面、最系统的专项规划。《专项行动计划》按照规划的一般体例和应有的内容,展开得非常全面,具有实际操作上的背景。提出发展智能文创的基本原则是"科技支撑,融合创新,市场主导,协同发展"。从"建设一批智能文化创意产业平台,培育一批智能文化创意企业,推出一批智能文化创意产品,培育一批智能文化创意产业人才"四个维度规划发展目标。制定了十大重点任务,即加强智能科技应用、培育壮大智能文化创意产业市场主体、实施智能文化创意产业项目带动战略、推进智能文化创意产业园区和平台建设、加快媒体融合发展、实施"互联网＋"工程、实施"文化＋"工程、增加智能文化创意产品和服务供给、引导和扩大文化消费、推动京津冀智能文化创意产业协同发展。目标明确,任务突出,重视国家动漫产业发展优势,对于其他地区和城市发展、规划智能文创具有参考借鉴意义。

2.北京

北京在市级层面还没有发布涉及智能文创的规划,但在区级层面的相关规划中多次提到发展智能文创。比如《东城区"十四五"时期文化产业发展规划》,智能文创被视为东城区文化产业的重要组成部分之一,提出"打造智能文化产业集聚区，加强智能文化创意产品的研发和推广，促进文化与科技的深度融合，提高智能文化产业的创新能力和竞争力"等具体措施。门头沟区在"十四五"发展规划中提出，支持科技与文旅体验产业融合发展。通过人工智能、5G、VR、AR等新技术，推动文化体育与科技深度融合，实现文旅产业提质发展，重点建设中关村（京西）人工智能文化创意产业园，加快实现市级文化产业园认定。积极推动网络直播、数字文博、沉浸式体验等新兴文化业态和模式发展，拓展一批文化与科技融合新场景，围绕永定河文化综合体智能化发展需求，建设培育一批优质文化创意与科技创新相融合的亮点示范，并进行了挂牌和正式运营，后面开展了系列活动。

（三）智能文创的技术"原创"

科技原创是城市竞争力、硬实力的重要支撑，也是城市文化软实力的重要赋能手段。城市人工智能科技发展的重要抓手就是科技原创。人工智能技术作为前沿科技，其发展涉及城市前沿科技产业基础、前沿科技市场的成熟度、市场的接受程度。以ChatGPT为例，硅谷在推出ChatGPT之后，中国的城市、关联的人工智能产业集聚地纷纷摩拳擦掌推出自己的"类ChatGPT"产品与模型，譬如北京百度公司的"文心一言"、杭州阿里巴巴的"通义千问"、深圳的腾讯正在推出"混元助手"、上海复旦大学开发的MOSS等，都是在城市智能科技产业基础之上生发而来的新产品、新技术、新产业，也是城市发展智能科技、以智能科技赋能文化产业发展，将城市文化产业与智能科技融合发展从而重塑和升级的重要手段。

1.香港：元宇宙飞龙芯

元宇宙飞龙芯是文化传信与科大讯飞等公司研发的首款支持离线输入和输出的语言理解芯片，广泛应用于人机交互的类脑智能理解场景。在元宇宙世界，飞龙芯的类脑技术对活化文创文化起到关键的作用。通过飞龙芯对文化传信旗下动漫IP的活化，结合自己的社区，建立元宇宙，从而带动

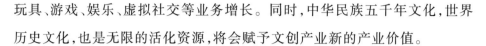

玩具、游戏、娱乐、虚拟社交等业务增长。同时,中华民族五千年文化,世界历史文化,也是无限的活化资源,将会赋予文创产业新的产业价值。

2.北京:京东方博物馆智慧展

BOE(京东方)依托自身在显示行业的技术优势,结合大数据、云计算、人工智能等技术,研发行业领先的智慧展陈解决方案,助力博物馆行业智慧化转型。方案包含数字化展陈、数字化管理、智慧服务三方面。展品的数字化管理主要包括智能信发系统、智能展陈系统的应用,展品数字化采集、环境监测。智慧服务主要包括海量的内容资源库、物联网平台服务、文创产品开发以及观众行为轨迹分析。应用案例包括数字故宫体验展,国家图书馆建馆110周年"中华传统文化典籍保护传承大展""《永乐大典》文献展"等。

3.广州:3D数字人虚实合影时光机

广州虚拟动力网络技术有限公司定制化打造文创虚拟数字人IP,充分结合文创的核心特点,将文创特征衍生为永久的数字化资产,让虚拟数字人IP可以不受时间以及空间的限制,出席文创系列活动,如虚拟发布会、虚实直播、文创宣发等场景,以虚拟数字人IP链接更多年轻用户群体,拉近与用户的距离,加大文创传播宣传力度。

(四)已有产业基础

当前各大城市的智能文创还处于初级发展阶段,产业基础还较为薄弱,但已有产业布局、产业联盟以及具有代表性的行业前沿企业。城市智能文创的产业基础主要以数字文化产业园区的方式呈现,在政府引导、政策利好等条件下实现了初步的产业设施集聚,比如中关村(京西)人工智能科技园·智能文创园、AIGC(生成式人工智能)创意产业基地等,但驱动智能文创产业自觉发展的主体还是掌握前沿智能文创科技的头部企业、创新企业。

1.深圳:腾讯

腾讯的智能文创主要集中在行业知识图谱、计算机视觉、语音识别、数据服务、AI创业孵化器、智能驾驶、智能可穿戴设备等方面。2020年腾讯金融科技的营业收入为212.22亿元。腾讯在新文创战略中提出的"数字文保解决方案"，利用新技术拓展和创新了文化遗产的保护与展示方式。例如，对敦煌艺术实施的"数字供养人"计划（包括保护、传承、再创造三部分），首先，用现代数字科技保护敦煌壁画，提高壁画修复、还原效率；其次，用现代艺术形态来演绎敦煌石窟中独特的造型元素，使之"重获新生"，比如，以敦煌壁画为原型设计了《王者荣耀》的"遇见飞天"皮肤；再次，通过音乐、舞蹈等现代形式对敦煌文化中最具代表性的元素进行再创造，扩大敦煌文化的当代影响力。

2. 杭州：阿里巴巴

阿里巴巴智能文创方面主要集中在语音交互、AI视频服务、AI视觉。阿里巴巴的AI设计师"鲁班"能自动完成图像分割、数据转换、学习设计和生成评估一系列海报设计工作，一天的成品有几千万张，其效率是人类难以企及的。阿里巴巴2019年实施的"天猫新文创"计划，与故宫博物院、苏州博物馆等多家文博机构积极开展合作，打造博物馆IP衍生产品，不仅永久保存了文物信息，还使传统文化的数字产品更具市场价值和更广泛的受众基础。

3. 合肥：科大讯飞

科大讯飞依托与中国科学技术大学联建的认知智能国家重点实验室，在Transformer深度神经网络算法方面积累了丰富经验，并广泛应用于语音识别、图文识别、机器翻译等任务并达到国际领先水平；在算力支撑方面，讯飞总部自建了业界一流的数据中心，为大模型训练平台建设奠定了很好的硬件基石。科大讯飞"1＋N认知智能大模型"是认知智能大模型，其中，"1"是通用认知智能大模型算法研发及高效训练底座平台，"N"则是应用于多个行业领域的专用大模型版本。同时，"N"个场景的示范性应用产品也将随之呈现。

（五）建圈强链

1.成都：建圈强链者之一

成都智能文创产业"建圈强链"规划具备深厚经验基础和强大要素支撑。2022年10月，《成都市文创产业建圈强链策略研究报告》的发布为智能文创"补链、强链、扩链"提供了方向引领和政策布局。以构建文创产业生态圈，创新产业链为核心，成都先后形成天府文创城、成都影视城、成都东郊记忆艺术区等产业功能区。《成都市数字文化创意产业发展"十四五"规划》在空间布局方面，着力构建"双核多极两带"的数字文创产业空间发展格局。以"双核"中的高新区智能文创产业布局为例，高新区依托成都智媒体城，建设智慧媒体融合中心、国际传媒中心、智媒产业协同中心、国际智媒产业融合示范区和文创消费新场景"三中心一区一场景"。其中，智慧媒体融合中心是智媒体城的核心组成部分，集中了智能媒体技术研发、人才培养、成果转化等资源，为智慧文创的技术支持和人才储备提供了强有力的支撑。国际传媒中心以国际视野和前沿的技术为导向，为智能文创的国际交流和合作提供了平台和机遇，促进了智能文创与国际市场的融合与拓展。智媒产业协同中心以产业协同为主题，聚焦于智能媒体产业的上下游环节，为智能文创的产业链建设提供了支持和引导。国际智媒产业融合示范区是智媒体城的核心功能区之一，以国际化、创新化、融合化为发展目标，为智能文创的跨界融合和产业转型提供了平台和实践。文创消费新场景是智媒体城的文化消费新兴业态，集文化、科技、娱乐等元素于一体，为智能文创的创意输出和文化消费提供了新的场景和机遇。

2.重庆：建圈强链者之二

2022年5月，重庆市两江新区召开加快建设产业功能区大力实施"链长制"工作推进会，文创会展产业将明确打造会展文化交流主客厅、时尚创意产业聚集区、体育产业双核心区、文创融合发展示范区等重点发展方向。重庆市充分利用"设计＋会展＋旅游"的模式，综合塑造建圈强链区域竞争力和创新力。由四川省和重庆市轮流主办的成渝文采会每年一届，以巴蜀文化为纽带，携手打造公共文旅产品服务品牌，汇聚更多优质产业和资源助力拓展公共文化服务的新场景、新形态。2023年川渝两地举办了35场重大群众文化活动，持续打造"成渝地·巴蜀情"公共文化品牌，"成渝德眉资""万达开云""内眉乐荣""川南渝西""资足常乐"等区域文化服务品牌活动，从基层发力、以大众参与的形式助推文旅融合模式下的智能文创产业真正落地。

3.青岛：建圈强链者之三

青岛市政府致力于推进智能影视产业的发展，在城市中心区建设了青岛国际数字制作中心，同时在市北和李沧等区域建设数字文化产业园、数字电视产业园等，提供全方位的服务和支持，为产业的数字化升级提供了保障。青岛市政府利用智能影视等新技术手段，建设"数字青岛"应用平台，通过数字化、智能化的方式提高地铁、公交、旅游、文化等多个领域的服务水平，改善市民和游客的文化体验。

（六）构建生态

要建设一个良好的城市智能文创生态，需要各方共同引领、经营和管理智能文创产业发展。同时，还需要加强各方在互联互通和信息共享等方面的协同合作，不断完善城市智能文创产业的发展生态。

1.杭州

在建圈强链的过程中，杭州一方面借助一系列会议、赛事提升城市综合能级，为文创产业发展注入了新动力；另一方面，杭州善于培植创意小镇，打造特色文创产业圈，并结合高端数字赛事、峰会等构筑片区式智能文创生态。2020年8月，杭州为了激发文创产业活力，布好文创的局、谋好产业的点以点带面，积极打造"闻堰影视文化创意产业园、新青年演艺产业园、中南（杭州）数字文创谷"三大特色文创产业基地，招引了优质产业入驻，其中，中南(杭州)数字文创谷将集 AI 表演动画基地、"动漫云"数字内容创作制作基地、网红直播产业基地、数字双创基地于一体。根据国家和各级地方政府关于人工智能、数字经济、文创产业的基本要求,中南(杭州)数字文创谷结合 ABC(人工智能、大数据、云计算)、区块链等前沿技术研发应用,依托旧工业厂房,打造首屈一指的集数字内容创作制作、数字动漫全产业链、文创数据中心、人工智能产业化应用、科技文化融合于一体的数字文创平台。

2. 佛山

佛山市南海区作为全球 AI 文创大赛的永久举办地,以大赛作为城市发展智能文创、推动人工智能科技与文化创意产业融合发展的手段,能够有效促进人工智能在文创、艺术领域的应用,推动文创行业产业链在佛山本土生根发芽,赋能传统优势产业转型升级。大赛落户佛山,为从事 AI 科技、文创产业的研发机构、商业团体、产业从业者搭建跨界融合的学习交流平台、创新展示平台、潜力项目孵化平台,构建以新发展理念为引领,以科技创新为驱动,以信息网络为基础的新型基础设施体系,加快佛山在 AI 文创领域的发展。近年来,佛山市南海区文旅产业获得长足发展,确立了东部"文化+创意",中部"文化+商业""文化+科技",西部"文化+旅游"的产业发展格局,大力推进环千灯湖、佛山西站、西樵山三大博物馆集群建设和南海文化中心、体育中心、艺术中心三大中心建设,并成功引进宋城·佛山千古情景区、梦里芳华理想村、虎牙全球研发总部、欢聚集团产业互联总部等一批龙头项目,积极推动"环湖新兴产业带""西部中心水脉文旅产业带"等重点工作,产业集聚发展态势初步形成。

3. 上海

上海文创产业将围绕"五个中心""五大新城"建设、强化"四大功能"、落实"三大任务、一个平台"等中心任务,把握后疫情时代文创产业发展的新趋势和新机遇。上海将推动大数据、物联网、云计算、人工智能、超高清等数字技术与文创产业有效衔接,引导文创企业加大对关键核心技术和软件的研发力度。同时，上海还将推进智能文化装备产业发展，培育一批专业性强、行业优势显著、产业带动效应明显的文创科技融合示范企业。2021年，上海交通大学申报了全国首个智能文创与管理专业硕士学位点。

4.西安

西安在发展智能文创方面的布局主要集中在智能文旅、智能艺术方面，智能文创赋能文旅深度融合提质增效。运用人工智能、云计算、区块链等新兴技术，助力西安丰富的传统文化资源在疫情常态化下提质升级，催生智能文创产业发展新面貌，打造数字型、多维度的智能文旅、智能文博等新业态。2022年，首届（西安）数字文化产业论坛作为主要论坛之一，旨在运用人工智能、云计算、区块链等新兴技术，助力传统文化产业在疫情常态化下提质升级，催生文化产业发展新面貌，打造数字型、多维度的文化旅游产业新业态。利用人工智能技术实现对传统文化产业的数字化、智能化升级，如智能化文物保护技术、人工智能博物馆解决方案、数字化文化遗产保护和传承等，开发更加智能的文化产品，丰富文化内容，提高文化产品的品质和可持续性。

五、结语

城市智能文创的发展在不同向度、不同侧重上有不同的表现，有些城市明确举旗，自上而下系统规划和发展建设智能文创产业，有些城市是从其他角度切入，并有一定的产业呈现。但总的来说，当前城市在数字文化产业、人工智能等方面的规划都是从宏观、顶层设计涵盖到智能文创方向或板块，客观上也为智能文创的发展构建了一个良好的生态环境，为智能文创的发展弥补了一些产业的短板。从长远来看，相关联的产业规划、产业布局都会促进智能文创的进一步发展。总的来说，中国的城市应该更加自觉、更加积极、更加主动地去拥抱智能文创的春天，用中国速度、中国力量做出智能文创的中国效果、中国奇迹。

文旅融合:文化创意产业的新空间和新路径

李　炎　李彦忻①

【摘要】文化作为国家软实力的重要体现,随着现代社会大众精神文化需求的提升,受到国家、地区、民族的高度重视,并以此作为推动产业结构转型升级的重要抓手促进国家经济发展。从文化治理到文化服务,从文化体验到文化消费,现代社会语境下的文化,通过文化创意生产,已从资源转化为资本,进而服务于国家、地区的经济建设。在文化的创新发展中,由于受到文化习惯的影响,注重传统忽略创新的文化形态常常存在。传统与现代、本土与国际的融合,作为文化现代化发展的必然趋势,必然要求其与经济市场对接。中国在全球化背景下提出文旅融合发展政策,打破了文化产业和旅游产业二者原有的产业边界,让文化产业能够依托旅游产业多年来逐步发展形成的成熟产业体系,完善业态服务,加强资源整合力量,创造了文化创意产业高质量发展的新空间和新路径。

【关键词】文旅融合;文化创意产业;高质量发展

---

① 作者简介:李炎,男,云南大学民族学与社会学学院、云南大学文化发展研究院教授,博士生导师,长期从事区域文化产业、艺术与民族文化的研究。李彦忻,女,云南大学民族学与社会学学院文化产业与区域社会发展方向在读博士。

引　言

　　自改革开放以来，文化创意产业作为中国国民经济发展以及世界范围内国际地位提升的重要推动力，从文化创意产业的中国特色发展道路和政策指导，到文化创意产业作为一门学科的理论建构，再到文化创意产业在全球化和信息时代背景下的政策体制机制建设，都取得了突破性的、具有跨时代意义的发展。从历时态来看，自党在十五届五中全会首次提出"文化创意产业"概念，将文化创意产业纳入国家顶层宏观发展规划，到党的十七大提出"推动社会主义文化大发展大繁荣"，将文化创意产业纳入国家战略性意识形态层面，并将文化创意产业视为国家软实力的重要体现，再到党的十九大提出"坚定文化自信，推动社会主义文化繁荣兴盛"，从国家层面将文化创意产业、文化创意事业再次提升到前所未有的高度，作为党和国家未来丰富人民精神文化生活，实现物质和精神共同发展的重要朝阳型产业，文化创意产业在改革开放四十多年的发展中整体呈现出总体规模扩大、增速明显、阶段性发展的特征。①

　　在取得丰硕成果的同时，随着21世纪全球化的日益扩大，以及近年来信息时代和数字化革命的到来，中国文化创意产业的发展也面临着新的挑战与机遇。挑战方面，信息时代背景下社会资源、经济要素、文化形态、人力资本的快速流动，以及长期以来西方发达国家在文化、艺术等意识形态领域对发展中国家和欠发达地区的全面植入和强势冲击，使得当下全球各地区、国家及民族之间丰富多元的文化形态逐渐趋向同质化。中国的文化创意产业在此时代语境下，一方面紧跟全球文化经济发展脚步，在文化科技创新和文

---

① 李文军、李巧明：《改革开放40年中国文化创意产业发展历程及其取向》，《改革》2018年第12期，第54—64页。

化现代化创意设计中,积极与国际市场对接并引用先进技术,在国际范围内形成了一定的影响力并获得了相对稳定的客源市场。但另一方面,针对中国不同地区、不同民族丰富多元的优秀传统文化资源,其文化资源在转化为文化资本,进而发展成为文化创意产业的过程中,在外来文化的冲击下,以及现代社会中大众审美意识发生巨大改变的双重压力下,也显示出明显的内生性发展动力不足和创新性发展能力较弱等问题。机遇方面,首先,中国在全球化背景下文旅融合发展政策的提出,打破了文化创意产业和旅游产业二者原有的产业边界,让文化创意产业能够依托旅游产业多年来逐步发展形成的较为成熟的产业体系、完善的业态服务和既有的各种资源,进一步提升并开拓文化创意产业的产品质量和服务市场,创建文化创意产业新业态体系,在为大众提供公共文化服务和系列产品生产服务之外,扩展文博服务业、艺术品交易业、文化演艺业等市场。其次,信息时代的来临、新媒体的快速发展,也使得中国文化创意产业,尤其是具有在地文化特色、至今仍未得到系统化产业开发的传统文化资源,在文旅融合发展政策下得到了线上传播和销售、在地传承与在外传扬共同发展的时代机遇。而创意型人才的引进、资本市场的关注和大众精神文化需求的提升,也为此类文化创意产业开拓市场、实现创造性转化和创新性发展提供了契机。故而,在文旅融合成为当今时代发展必然诉求,中国文旅融合体制机制建设日益完善之际,文化创意产业发展空间的扩大、文化创意产业新兴业态的培育发展、文化创意产业赋能国家乡村振兴战略和文化强国建设的路径措施,以及在经济资本导向的市场条件下,文化创意产业社会效益和文化效益的体现,都为文旅融合体制机制的建设营造了更为广阔的发展空间和更为多元的发展路径。

一、文旅融合的背景与时代诉求

2018 年 3 月 13 日，国务院机构改革方案提请十三届全国人大一次会议审议。根据该方案，改革后，国家旅游局与文化部合并，组建文化和旅游部，不再保留原文化部、国家旅游局。作为国务院组成部门，新成立的文化和旅游部主要职责是：贯彻落实党的宣传文化工作方针政策，研究拟订文化和旅游工作政策措施，统筹规划文化事业、文化创意产业、旅游业发展，深入实施文化惠民工程，组织实施文化资源普查、挖掘和保护工作，维护各类文化市场包括旅游市场秩序，加强对外文化交流，推动中华文化走出去等。推动文化产业与旅游产业融合发展，是党中央、国务院作出的重大决策部署，是推动两个产业转型升级提质增效的重要途径，尤其在"稳增长、调结构、促改革、惠民生"的背景下，进一步推动文化产业与旅游产业深度融合具有重要的意义。

文化、旅游是新时代人民美好生活和精神文化需求的重要内容，是人民群众获得感和幸福感的重要体现，是展示国家形象和国民素质的重要窗口。为此，《文化和旅游部关于实施旅游服务质量提升计划的指导意见》提出：以习近平新时代中国特色社会主义思想为指导，按照"创新、协调、绿色、开放、共享"的发展理念，着力解决影响广大游客旅游体验的重点问题和主要矛盾，推动旅游业高质量发展。①通过提升旅游区点、旅行社的服务水平，规范和优化旅游住宿、在线旅游经营服务，提高导游和领队业务能力，建立和完善旅游信用体系，不断增强旅游市场秩序治理能力，提升旅游服务质量，推动旅游业高质量发展。

---

① 文化和旅游部关于实施旅游服务质量提升计划的指导意见[EB/OL].http://www.gov.cn/gongbao/content/2019/content_5411617.htm。

文化和旅游的深度融合,是全方位、系统性、迭代化的融合发展,包括了文化和旅游在技术升级、服务运营、管理模式、产品设计、基础设施建设、业态体系培育等多方面的互嵌融合和重构升级。其融合是建立在承认文化产业和旅游产业二者的差异性基础之上的,二者差异具体体现为:文化产业旨在向大众提供与文化相关的产品和系列生产服务,中国国家统计局将文化产业定义为"为社会大众提供公共文化服务、公共文化产品及其生产活动的集合,包括直接以文化为核心内容为满足人民精神需求而创作的文化产品,以及为实现文化产品生产或文化服务而间接介入到生产、服务活动中的辅助性生产活动"。①而旅游产业则将目光聚焦于娱乐休闲的异地出行群体,并为其提供食、宿、行、娱、购等生产服务。随着全球化的日益发展,信息时代的来临,以及大众在物质生活需求得到满足后对精神文化需求的提升,文化产业和旅游产业两大业态在双向流动中,相关产业要素相互渗透、深度互嵌,突破了产业边界,呈现出共融、共生、共享的发展趋势,拓展了文化创意产业发展的空间与路径。

相对封闭的产业业态边界的突破,为文化创意产业的发展营造了一种全新的秩序。以经济发展为标准构建出一个同资本市场发展并行的文化经济秩序。经济、资本成为新秩序中的重要因素,消费端成为引领文化创意产业发展的重要力量,文旅融合成为文化创意产品服务的重要推动力量。文旅融合是旅游产品创新、文化遗产保护与传承、文旅资源共享一体化发展的重要手段。将文化与红色旅游、遗产旅游、乡村旅游、工业旅游相结合,可以极大地提升文化创意产品和服务的内涵,在满足分众化、个性化的文化消费市场的同时,彰显中国精神、中国价值、中国力量,维系国家和民族生生不息的精神命脉和人民的精神家园。大力挖掘并充分利用中华优秀传统文化资

---

① 中国国家统计局:《文化及相关产业分类》(2018)［DB/OL］.http://www.stats.gov.cn/tjsj/pcsj/jjpc/4jp/zk/html/zb0103.htm。

源，通过文化产业与旅游产业的深度融合，一大批优秀文化创意产品业态和服务涌现。此外，从文化产业和旅游产业融合发展的空间生产视角来看，文旅融合被视为一种以旅游业为链接，以文化产业为支撑的空间生产与再生产过程。其中，社会空间的生产是文化与旅游协同发展的基础，文化空间则是文化旅游资源传承与创新的依托，而创新性新生活美学场景的生产和营造，可以促进"文化资源"到"文化旅游体验"的转化。①

国务院办公厅印发的《关于进一步激发文化和旅游消费潜力的意见》（国办发〔2019〕41号）（以下简称"《意见》"）是文化和旅游部成立以来，国家出台的又一个综合性文旅产业发展促进文件。《意见》是在消费正成为拉动经济发展的重要力量、文化和旅游消费提质升级的大背景下发布的。②《意见》的出台，对于激发文化和旅游消费潜力，提升文化和旅游消费质量，丰富文化和旅游产品及服务供给，优化文化和旅游消费结构及消费环境，进一步增强文化和旅游产业对经济增长的带动作用，提升文化和旅游产业竞争力，增强人民获得感、幸福感，具有重要意义。至此，国家层面对文旅融合的认知已经从"文化为体，旅游为用"的"体用二分"阶段演化为"宜融则融，能融尽融，以文塑旅，以旅彰文"的"体用一致"新阶段，标志着文化和旅游产业将进入大发展时代。③

文化与旅游的融合，不仅是国家深化文化体制改革进程中"使市场在资源配置中起决定性作用和更好地发挥政府作用"，而且是发挥"看不见的手"和"看得见的手"两种力量，促进市场作用和政府作用有机统一、相互补充，共同促进推动文化和旅游产业持续健康发展的重大举措，也是社会、经济发

---

① 耿松涛、刘玥：《系统论视角下的文旅融合动态演进逻辑与发展路径探索》，《学习与探索》2023年第3期，第105—112页。

② 国务院办公厅关于进一步激发文化和旅游消费潜力的意见[EB/OL].http://www.gov.cn/zhengce/content/2019-08/23/content_5423809.htm。

③ 傅才武、申念衢：《新时代文化和旅游融合的内涵建构与模式创新——以甘肃河西走廊为中心的考察》，《福建论坛》（人文社会科学版）2019年第8期，第28—39页。

展到一定阶段,日常生活作为人类最直接、最具体的生存方式发生了质的变化,地方与全球、当下与历史、复制与定制、时间与空间充满了创造性的实践。充满变数、不确定性,以及快速迭变的大众文化消费,必然带来大众文化消费和旅游消费的多极化发展与文化产业和旅游产业的跨界融合,从而拓展文化创意产业的发展空间,致使新兴文化创意产业业态的出现。

二、文旅融合之于文化创意产业高质量发展

2018年3月,国务院机构改革方案中通过整合文化部、国家旅游局的职责,组建文化和旅游部。文旅融合发展概念在国家宏观战略层面的提出,为中国文化创意产业发展面临的传统文化发展空间受限、内生动力和可持续性不足、传统与现代对接不畅等问题,提供了全新的发展机遇和发展空间。文化和旅游的深度融合,使得传统文化的产业化发展和创新性转化,进一步开拓了文化创意产业的消费市场与资本介入空间,在旅游业如今成为全球众多具有丰富生态和文化资源地区第三产业的支柱产业之际,在文旅融合背景下,为基层文化创意产业潜力的释放、区域文化创意产业的互补性发展,以及文化走出去和文化强国战略的践行,塑造了新的发展路径和市场空间。

2021年7月1日,习近平总书记在天安门广场举行的"庆祝中国共产党成立100周年大会"上发表重要讲话时完整阐述了新征程中党对各项建设工作的总体要求。习近平总书记指出:"新的征程上,我们必须坚持党的基本理论、基本路线、基本方略,统筹推进'五位一体'总体布局、协调推进'四个全面'战略布局,全面深化改革开放,立足新发展阶段,完整、准确、全面贯彻新发展理念,构建新发展格局,推动高质量发展,推进科技自立自强,保障人民当家作主,坚持依法治国,坚持社会主义核心价值体系,坚持在发展中保障和改善民生,坚持人与自然和谐共生,协同推进人民富裕、国家强盛、中

国美丽。"①党的十九届五中全会通过了《中共中央关于制定国民经济和社会发展第十四个五年规划和二〇三五年远景目标的建议》，该建议明确提出要进一步推动文化和旅游的深度融合和创新发展，在全国范围内建设一批富有文化底蕴和文化特色的世界级旅游景区和度假区，打造一批文化特色鲜明的国家级旅游休闲城市和街区，并依托国家乡村振兴战略发展乡村文旅经济。②

目前，中国正处于快速崛起、社会转型、发展调整、百业振兴的关键时期，一个全局性的行动理念，会以比正常形势下更复杂百倍的影响速度与深度在社会经济建设中发挥作用。新发展理念"高质量发展"，汇聚了几代领导人和千百万实践者用心血和智慧换来的认知、判断和战略抉择，这一总纲性的方针理性、行动理性与政治理性，将会在今后"十四五"规划实施时间段内，甚至更长的时间段内都代表着党中央领导全国政治、经济、文化以及各种社会力量齐心协力、开拓发展局面的基本思路、基本立场、基本目标、基本诉求，因此它是各个领域事业的动力之源、规则之源与合力之源。无论是高质量发展或是新发展理念，事实上都不代表着一定之规或一时之计，它代表的是一种状态、一种精神、一种作为，它需要在不断地反省、改革和再认识中重新定义"高质量发展"，更新目标和凝心聚力再出发。文旅融合背景下文化创意产业路径以及文化强国战略的实施思路亦是如此。

文旅融合促进文化创意产业传统在地文化资源发展空间的扩大。除目前中国文化创意产业发展较为成熟的两个方向，文化科技创新和文化现代化创意设计已在国内乃至国际市场中与各种资源取得对接，形成一套与现代社会生活及大众审美意识吻合的语境系统外，以非物质文化遗产为首的

① 汪晓东、李翔、王洲：《关系中国发展全局的一场深刻变革——习近平总书记关于完整准确全面贯彻新发展理念重要论述综述》，《人民日报》，2021-12-08。

② 雒树刚：《推动文化和旅游融合发展》[EB/OL]. (2020-12-14)2022-03-01.http://www.wenming.cn/specials/195/fd/202012/t20201214_5883326.shtml.

中国大量传统文化资源、民族文化和区域文化形态,仍停留在对文化外显性载体的静态式保护传承,以及原生性记录传播的传统式发展语境和固有发展模式之中,其发展空间在文博服务业、文化创意产业、艺术品交易业等业态中仍较为受限,发展潜力未得到完全激发和释放。文旅融合发展政策的提出,为上述在地文化资源的创新发展提供了新的市场空间。从资源配置和整合角度来看,文化是旅游最好的资源,旅游是文化最大的市场。文化产业和旅游产业的融合,使得二者在资源共享以及配置环节得以最优化运作,在地文化资源在旅游市场的嵌入,丰富了旅游业业态体系,符合当今游客群体倾向于对精神文化,尤其是具有地方特色的异文化进行消费体验的心理需求。同时,旅游业近年来形成的分众化和个性化发展趋势,衍生出户外音乐节、研学旅游、非遗旅游、红色文化旅游、移动快闪集市等"旅游消费＋文化体验"的新兴业态体系,为文化创意产业产品市场的扩展、文化服务体系的完善,以及文化创意设计、文博服务业和文化演艺产业的可持续发展,带来了新的潜在市场和消费者群体。

在文化创意产业的演艺业态中,文旅产业的融合为众多亟须转型升级的传统演艺节目营造了新的发展创意空间。随着文旅科技创新和旅游者对目的地深度体验需求的双重驱动,旅游演艺作为一种文旅融合的舞台场景体验艺术,成为文旅融合大背景下旅游产业的新增长点。[1]2019年全国文化和旅游厅局长会议提出,推动传统技艺、表演艺术等门类非遗项目进入重点旅游景区、旅游度假区,推进红色旅游、旅游演艺、文化遗产旅游、主题公园、文化主题酒店等已有融合发展业态提质升级。2000年以来,旅游演艺项目遍地开花,节目内容、表演形式、场地规模、资金投入等不断刷新纪录,成为文化和旅游融合发展最典型的成功实践,在助推旅游发展、促进文化传播、

---

① 钟晟、代晴:《文旅融合背景下旅游演艺沉浸体验的演化趋势》,《文化软实力研究》2021年第5期,第64—74页。

宣传旅游目的地、刺激"月光经济"等方面发挥了重要作用。截至2010年,全国上规模(投资100万元以上)、具有一定知名度的旅游演艺节目已有200多个。这样的投资规模和项目数量足以表明,旅游演艺作为一个重要的文化旅游分支已经显示出巨大的市场潜力。2000—2012年是中国旅游演艺的扩张期,涌现了一批引人注目的大型精品旅游演艺项目,包括2001年的《杏坛圣梦》、2002年的《丽水金沙》、2003年的《云南映象》、2004年的《功夫传奇》等,2004年中国第一部大型山水实景演出《印象·刘三姐》正式公演,随后引发实景演艺热潮,2006年丽江推出《印象·丽江》、登封推出《禅宗少林·音乐大典》、2007年杭州推出《印象·西湖》……2013年、2014年中国旅游演艺市场出现波动,呈下滑趋势。2015—2016年,据不完全统计,全国各地投资200万元以上的旅游演艺项目达300余个。21世纪20年代以来,信息时代的快速发展,以及疫情之下脱域于时空的资本、市场、产业的快速流动,伴随闲适经济文化下产生了大量庭院式小型化、分众化的演艺剧场节目,而文化产业和旅游产业的深度融合发展,则为文化创意产业中演艺业态的发展,尤其是小型庭院式剧场的创新,提供了新的演艺素材和更为多元的消费群体,推动文化创意产业演艺业态从内容到形式的全方位迭代式发展。

文旅融合促进文化创意产业区域性互补协调发展。依托于中国辽阔疆域、多形态地貌地势,以及不同地区丰富的传统文化资源,中国文化消费市场、文化资源和文化创意产业发展的综合条件使得中国区域文化创意产业发展呈现出非均衡性和差异性互补的发展格局。①区域性的在地文化资源,在全球化时代外来文化,尤其是西方发达国家文化意识形态的强势进入和强大冲击下,其发展的内生动力和可持续性仍具有巨大的提升和发展空间。鲍曼将现代社会的流动性现象解释为流动的现代性,以此展现现代世界中

---

① 李炎、李彦忻:《中国文化创意产业发展的非均衡性与差异性互动》,《艺术百家》2023年第1期,第22—31页。

变化就是永恒、不确定性就是确定性的特点。换言之,现代是一个永远处于变化之中的状态,它自身避免完成,一直在永无休止地改进和更迭之中。从文旅融合角度来看,文化创意产业和旅游产业的深度融合与互嵌发展,除鲍曼提及的信息、时空、资本、人才的快速流动之外,进一步加快了国内及国际文化创意产业消费群体的流动速度。即,人作为消费者本体,其自身的跨区域、跨文化的代际短暂流动。这种大众性的、以休闲娱乐为主的大范围短暂性流动,依托休闲文化消费带来的闲适经济的发展,对文化创意产业在既有产业结构之上的重构与升级,全球文化创意产品、文化演艺节目同质化状况下地方性、民族性文化的传承与传播,各地区、国家、民族间的文化交流和交融,以及大众群体由文化自觉到文化他觉,再到文化互觉意识形态的形成,都起到了巨大的推动作用。

在旅游业快速发展的大背景下,乡村旅游这一新的旅游形态开始被越来越多人关注。2018年,全国休闲农业和乡村旅游接待达30亿人次,营业收入达8000亿元。目前,休闲农业和乡村旅游已从零星分布向集群分布转变,空间布局已从城市郊区和景区周边向更多适宜发展的区域拓展。截至2018年底,农业农村部已创建388个全国休闲农业和乡村旅游示范县(市),推介了710个中国美丽休闲乡村。据悉,这是美丽乡村休闲旅游行系列活动的首场推介,重点推介精品线路60条,景点181个,为广大城乡居民春季出游提供参考。从中国乡村旅游典型省份分布来看,呈现出多点分布、以拥有丰富在地文化资源和民族资源的边疆地区为主的特点。这些地区往往具有极为丰富的在地文化资源,包括生态旅游资源和人文旅游资源。但由于区域经济发展水平和地区公共设施、交通设施和服务体系不完善等因素,其文化资源在转化为文化资本,进而发展成为文化创意产业的方面仍处于起步阶段。大量集聚文化价值且通过创意设计可资成为集传统与现代、本土与国际于一体的文化创意产品和服务的资源,仍未得到合理的开发与利用。文化创意产业和旅游产业的深度融合发展,以旅游为推动力,为这些经济欠发达地区带来了巨大的客流量，同时吸引了大量创意设计人才的注意，通过内生资源与外部资本的联动，为在地文化资源进行资本转化提供了动力源泉。

三、文化创意产业在文旅融合发展下的路径

文化创意产业在文旅融合政策背景下的创新性发展，意味着从政府扶持、社会促进等上游端到设计服务、市场配套等一系列组织集群方式的产业链接与传导的形成。判断这一结构形成的标准，不在于规模级别的大小多寡，而在于系统集成关系的合理适用。事实上，在中国特定的国情及历史条件下，文化创意产业在文旅融合发展下正缓慢而坚实地经历一个产业化构成、链接、磨合与趋向常态成长的历史性阶段。这是一个历史性的学习、吸收、创新、进步的具体进程。这个产业化的结构并非自然天成，更不是直接来自境外经验，而是从点滴的摸索、反复的失败与多次的迭代中逐步完成的。

党的十九大报告中，将高质量发展解释为更高质量、更有效率、更加公平、更可持续的发展。[①]可以说，高质量发展的宗旨在于满足并协调人民日益增长的物质需求和精神需求，从而实现更美好生活的发展愿景。作为中国新发展理念的集中体现，高质量发展是创新成为第一动力、协调成为内生特点、绿色成为普遍形态、开放成为必由之路、共享成为根本目标的发展。[②]在历史性的党的十九大会议上，以习近平同志为核心的党中央向全党全国人民发出"迈向中国特色社会主义新时代"的强劲动员令，同时作出"中国社

---

① 中国共产党第十九次全国代表大会报告［EB/OL］.https://www.spp.gov.cn/tt/201710/t20171018_202773.shtml。

② 人民日报社论：《牢牢把握高质量发展这个根本要求》，《人民日报》2017年12月21日，第1版。

会主要矛盾已经转化为人民日益增长的美好生活需要和不平衡不充分的发展之间的矛盾"的重大政治判断。这一历史性的宣言将对全党全国人民今后的工作方针与奋斗目标产生重大影响。文化产业和旅游产业的融合发展与深度互嵌,就是在此语境下,针对人民日益增长的美好生活需要与不平衡不充分的发展之间的矛盾,在国家软实力建设以及由朝阳产业引领的产业结构转型升级过程中,从文化产业和旅游产业功能互补、资源共享、资本整合、服务共建、管理协同、平台共创入手,以文化为核心,以旅游为载体形成的文旅融合新型发展机制体制。而文化创意产业,在历经了四十年的发展历程后,也在文旅融合发展的政策背景下迎来了全新的转型发展和业态升级机会,依托文旅融合发展政策,文化创意产业在践行国家高质量发展的指导方针下,可以构建以下发展新空间和新路径。

打造文旅品牌,培育文化创意产业新业态。文旅业态在围绕"吃、住、行、游、购、娱、厕、商、养、学、闲、情、奇、文"十四大要素进行业态化创新的同时,文化创意产业要着力开发文化体验项目和服务,包括农产品包装创意设计、主题性创意集市、休闲度假游、非遗体验活动、新生活美学场景营造、红色文创产品设计、房车营地打造等新业态。建立文旅融合多方位全面的整合营销系统,借用传统营销和新媒体营销等多种方式,发挥提升品牌影响力和增加当地经济效益、社会效益的多重作用。在情感消费时代,自主品牌打造变得尤为重要。品牌代表着产品在消费者眼中的形象和承诺,所以文化创意产业在业态品牌上需要差异化规划和培育,打造二次消费的品牌矩阵,通过长期运营,塑造品牌影响力和知名度,吸引更多群体关注,扩大消费市场。此外,当品牌发展到一定阶段,可打破旅游场景下游客一次性购买的瓶颈,构建立体的线上线下销售渠道,增加游客的重复购买力。在文旅融合政策背景下,传统手工艺在开拓消费市场、扩大手工艺知名度和影响力的过程中,外来游客的审美需求和外部资本的介入,进一步推动了传统手工艺品的创造性转化与创新性发展,从而促进游客消费群体在离开旅游场景后,持续性对品牌性手工艺产品进行消费。

建构文旅目的地IP，创新创意文旅产品和服务。文旅融合发展语境下的文创产品，是以文化为灵魂，以旅游商品为载体进行的创意性设计，它作为旅游目的地的形象代表，通过展览展示、产品化及销售等一体化推进，可以增加旅游收入，同时更是目的地形象获得有力推广的重要渠道。文创产品不仅可以消费，可以形成景区引爆市场的载体，也可以增加游客的情感黏性，充当着维护客户关系的角色。同时文创商品是文旅融合发展地区在地文化的直接体现，属于可移动的风景，这就使文创商品成为旅游目的地体验的一个极好的补充和延伸。近年来，文化创意产品在大量集装箱市场、跳蚤市场、后备厢市场等流动性创意集市中，都获得了更大的发展空间和发展潜力。IP创新的本质是文化提升，中国文化IP和企业文化IP在旅游新时代都需要不断地创新提升。有组织、有计划、分步骤地构建目的地IP创新体系，形成目的地的IP建构的行动计划。现在是一个IP时代，好的IP具备替代性小、黏性更大、文化内容更丰富、商业模式更多元、变现能力更强的特质。从产业链纵向来看，在文化旅游产业上游的资源规划开发的基础上，下一步更需要着力于文化旅游产品和服务的运营，与不同部门领域配合衔接，全方位完善文化旅游产品。

创新跨界文化营销体系，构建文创产品多渠道销售平台。综艺营销是通过与娱乐媒体、短视频媒介、自媒体的跨界合作，借助娱乐、短视频等元素或形式，利用其较高的收视率，将目的地与客户建立感情联系，从而打造培育品牌效果的营销方式。文化媒体跨界营销在扩展文创产品销售渠道方面大有可为，利用综艺娱乐节目、短视频传播等的高流量，提升文创产品知名度；利用现有成熟IP带动区域目的地IP的植入与打造将为旅游目的地带来更高的IP延伸价值。在文旅融合的基础上，随着农文旅发展模式的提出，近年来大量农户借助各类App和直播平台，与网络博主形成合作，进行网络直播带货。文化创意产业在此过程中，可以充分发挥其产品包装设计和体验服务中的优势,对农产品外观进行品牌化包装升级,从而创新跨界文化营销体系。旅游目的地将成为在地文化的展示窗口,而丰富多元的在地文化将为旅游目的地植入可持续发展的灵魂。游客对传统的文化景区已经出现了审美疲劳,对新的事物充满着期待。突出特色和体验性的文化创意产品和文化体验服务是现代社会文旅融合背景下游客群体的"新宠"。通过"线上+线下",打造在地与跨域的多渠道文创产品销售模式,结合在地性文化主题,集商业、旅游、休闲于一体,满足消费客群新消费需求。极具个性化的主题型商业模式,如文创体验店、文创商城、创客生活空间、联合办公等项目都将成为开拓文创产品和服务市场的重要引擎。

强化科技与时尚消费的融合,打造演艺节庆新产品。近年来,文旅融合发展地区巧做文创产品,将传统文化与现代时尚科技结合。通过巧妙的创意和设计,让传统文化以高科技的表现形式展现在观众面前,形成了电影、动漫产品、主题演艺、影视出品等独立且互通的文化科技产品。同时将所得的文化产品应用到目的地的各个景区、城市流量聚集点乃至于所有人的生活中,从有形的产品形态最终演变成无形的文化氛围。以"旅游消费+文化体验"打造形成的文旅演艺节庆活动,因其显著的集聚效应,日益成为旅游目的地带动当地文旅融合发展的重要手段。热播的电视剧《去有风的地方》,以云南省大理州凤阳邑村为拍摄点,通过演艺新产品的推出,进一步激发了大理地区的文旅市场,为大理地区带来了更多的流量。据巴特勒旅游地生命周期理论分析,旅游目的地在达到稳定阶段后必将出现停滞或衰退趋势。[1]如何抑制住这种衰退趋势,通过文化创意产业的高质量发展,实现文旅融合下景区的复苏,并恢复空前繁荣是各方不断探讨的问题,文旅演艺节庆活动正是在这种趋势下诞生的一种由文化创意产业打造产品和服务的

---

[1] Butler, R., & Butler, R. (Ed.) (2006). *The Tourism Area Life Cycle Volume 2: Conceptual and Theoretical Issues*. (Aspects of tourism).

新方式;也是文化旅游大时代下,文化旅游获得盈利、文旅演艺节庆活动实现创造性转换和创新性发展的引爆点。

迎合旅居生活方式,构建新型文化创意服务体系。闲适经济文化作为现代社会的产物,是人类面对竞争日益激烈的生存状态,对人类生命意义和存在价值反思的结果,是人类追求更高的精神境界的行为方式。叠加在观光旅游和文化旅游之上的新型旅游方式,重视的是文化与人的存在价值的关系,注重在特定的空间和境遇中的精神之家的构筑,追求休闲过程中"人本"的存在意义和生命动力的发现。随着都市化的发展,现代社会大众对于田园风光、诗意栖居、慢生活的追求,使得那些久居城市的人为了寻找心中的乡愁,往往会在闲暇的时光旅居农家。在一些生态环境良好的贫困村落,结合新生活美学场景营造,通过文化创意设计实践,将闲置农居改造为精品民宿,让消费者体验缓慢的生活节奏,感悟别样的风土人情。由此,在文旅融合背景下,文化创意设计引领的文创产业,在呈现一个地区的在地文化,彰显民族风采,体现文化多元共生的过程中,通过创新手段,打造了符合当代人需求的文化创意产品和文化创意服务,让消费者在旅游目的地沉浸式体验异文化风情,推动闲适经济文化的发展。在这个过程中,需要加强文化创意创新,将文化旅游产品与当地人的文化需求结合起来。此外,作为一种综合性质的活动,文化旅游的消费者也对文化创意服务体系建构的各环节和服务质量有着更高的需求。文化旅游产业集食、住、娱、游、购、行于一体,在每一个环节都与当地特色文化对接,通过文化创意服务体系的改造升级,增强项目活动的文化属性和创意能力,打造可看、可玩、可参与的体验式文化项目,将无形文化景观化、具象化,为旅游者提供一次有价值的文化旅游经历。

关注年轻消费群体,创新打造城市夜文化经济。今天的"夜态"经济已经不再是单一的实景演出、灯光秀和城市街景,而是聚合了种种产品和服务的大生态。仅有"黄金4小时"的文旅夜经济,往往会成为一座城市的颜值和消费力担当。美国居民已有三分之一的时间、三分之一的收入、三分之一的土地面积用于休闲,而其中60%以上的休闲活动在夜间。60%的消费发生在夜间,晚上人流量、销售额往往是白天的1倍以上。国内,北京的王府井夜市曾出现超过100万人次的客流高峰,上海夜间商业销售额占白天的50%,重庆三分之二以上的餐饮营业额是在夜间实现的,广州服务业产值有55%来源于夜间经济。一个常住及流动人口达到300万的城市,假如每天有10%的人进行夜游消费,人均消费30元,每晚就有一个900万元的夜游市场,一年收入可达30亿元。从这些数据不难看出,在文旅融合发展的时代背景下,文化创意产业应该将目光聚焦于夜经济文化创意活动建设之中,打造更有吸引力的夜经济文化创意消费,培育更适合年轻人居住的休闲环境,在传统的静态化、日间市场化文创产品销售体系之外,提升文创产品在夜间能够形成的消费潜力。在城乡一体化发展的时代背景下,一个地区发展的动力来自消费,消费来自年轻人。点亮城乡间的灯光,做强夜经济的产业基础,打造迷人的夜景,留住年轻人,已经成为越来越多的城市更新以及乡村振兴的进化路径。

顺应全域化文化消费方式,创新创意多元文化消费场景。文化旅游消费的不仅是产品,而是一种主题化的生活方式。在中国社会主要矛盾已经转化为人民日益增长的美好生活需要和不平衡不充分的发展之间的矛盾的时代,消费升级释放的体验式购物需求、精神性文化服务需求,使得线下空间重新作为变现的入口并被大众瞩目,而变现的路径必须通过多元化的消费场景来实现。从文创商业的角度,需要人、物、空间保持文化认知的一致性,才能一步步构建主题化空间的强大势能。对于文旅融合发展地区来说,文化必然是消费的核心,每一个地区的品牌、产业、业态都将围绕自身文化来构建消费内容。在缺乏主题文化的时候,单个消费环节难以形成互动,缺乏整体旅游消费聚集的动能,所以文化的革新需要创意来激活,从而打造文创产品全域化消费方式,刺激文化创意产业的经济增长。随着旅游产业从

"游玩"向着更健康、更有深度的方向发展，旅游与文创产业融合已成为必然趋势。在打造文旅消费时要依托文创赋能，用全域化的思维构建景区内外联动的消费场景。如何在休闲旅游开发大格局中融入文化元素，凸显特有文化内涵，是一项重要课题。旅游产业与文化产业的融合发展和深度互嵌，既要丰富文化旅游线路及文创产品，在产品和服务开发中赋予鲜明的地域特色和文化内涵，同时还要依托景观特色，深入挖掘文化精髓，不断创造、运用艺术手段将文旅融合项目展示或表演给游客，以增强游览的娱乐性和参与性。

四、结语

文化旅游作为大众文化消费的主要表现方式，是新时代人民美好生活和精神文化需求的重要内容，是人民群众获得感和幸福感的重要体现，是展示国家形象和国民素质的重要窗口。随着全球化的日益发展，信息时代的来临以及大众在物质生活需求得到满足后对精神文化需求的提升，文化创意产业和旅游产业在流动的世界中产生交集，两种产业的相关要素之间相互渗透、深度互嵌，从而突破了二者原有的产业边界，在文化和生态资源挖掘、消费市场开拓、各类资本积累及聚合等过程中共建、共生、共享，已形成了文化创意产业和旅游产业融合发展的基本格局，拓展了文化创意产业的空间，培育了新型的文化旅游业态，提升了产业竞争力。后疫情时代的来临，社会大众对于在地性文化和民族文化保护传承、创新发展的自觉自省，将会激发文旅融合背景下文化创意产业发展的内生动力，内部资源与外部资本的联动，依托文旅融合发展下功能互补、资源共享、资本整合、服务共建、管理协同、平台共创，可以探索并开拓文化创意产业高质量发展的新空间与新路径。在未来5—10年内，随着文化产业和旅游产业在体制机制的进一步融合和相关政策红利的推动，在现代科技、互联网技术和统一竞合时代条件下区域及行业壁垒的打破,国家乡村振兴战略2.0时代以及城乡一体化建设的发展,以及Z世代逐渐发展成为文化产品和文化服务消费的主体力量,文化创意产业的空间将会更加广阔,文化创意产业发展的路径也将更加多元,业态和产品将会更加丰富,文化创意产业的现代服务体系将会更加成熟。

北京中轴线沉浸式体验现状及发展建议

郭 嘉 林 晨①

【摘要】近年来,北京中轴线申遗进入快车道,文化遗产保护工作有序推进,传承利用方面也涌现出许多与时俱进的中轴文化活动及产品。当前,沉浸式体验已成为北京中轴线传承文化项目中的新热点,沉浸式体验凭借其技术特性,能够较大限度地释放文化遗产活性,让中轴文化焕发新生。现阶段的北京中轴线沉浸式体验按照公众参与维度可以分为三类,分别是听中轴、看中轴和游中轴。但仍存在一些问题:技术开发及运用有待完善、文化内容有待进一步挖掘、公众参与度有待提高,未来可从这三个方面入手改善中轴线沉浸式体验。

【关键词】北京中轴线;沉浸式体验;文化传承

北京中轴线文化遗产是指北端为北京鼓楼、钟楼,南端为永定门,纵贯北京老城,全长7.8千米,由古代皇家建筑、城市管理设施和居中历史道路、现代公共建筑和公共空间共同构成的城市历史建筑群。2011年北京市提出

---

① 作者简介:郭嘉,首都师范大学文学院文化产业系主任、副教授;林晨,首都师范大学文学院文化产业系研究生。

中轴线申遗的目标,北京市以申遗为抓手,积极推进中轴线的保护与传承工作。2022年10月施行的《北京中轴线文化遗产保护条例》鼓励各主体运用传统与现代展示手段,向公众开办北京中轴线文化体验活动。北京中轴线再次进入公众的视野,给予了北京文化产业打造富有内涵的文化产品与活动的新契机。

"十四五"期间,民众精神文化层面的需求不断升级,更加注重文化消费过程中的互动体验感。沉浸式体验是一种利用多元技术,调动受众的全感官,让受众在有限空间内"身临其境"的交互体验。沉浸式体验凭借其对场景复原打造的优势,逐渐成为民众文化消费的新热点。虚拟现实、增强现实、5G+4K/8K超高清、无人机等技术的发展拓宽了沉浸式体验的应用范围。国家与政府高度重视文化产业数字化,不断出台相关政策文件,2021年4月,文化和旅游部发布了《"十四五"文化和旅游发展规划》,明确指出要发展沉浸式业态等数字文化产业新型业态。沉浸式体验的打造有利于北京中轴线的遗产价值发掘、阐释和传播活动。

一、北京中轴线的构成与价值

北京中轴线文化遗产大致可分为物质文化遗产与非物质文化遗产两大类。

中轴线上的物质文化遗产资源丰富,是中国传统文化活动的载体,代表着东方文明古都规划建设的最高成就。北京中轴线总体呈现出历史文化价值高、古今作用区别明显、建筑结构精美的特点。中轴线上现有19处遗产点,按功用可以大致分为古代祭祀、城楼空间、皇家御苑和政治文化。虽然部分建筑已经不再发挥古时的防御、报时等功能,但仍是老北京历史文化的重要载体,它们向世人展现着其建筑精致的工艺,人们可以从中窥见古代的城市布局、军事防御、礼仪制度。除了19处遗产点外,北京中轴线上还有着丰富的名人故居、宗教寺庙、博物馆文化宫和商业街区等。

中轴线上的非物质文化遗产种类丰富、数量繁多、各具特色,从种类来看包括传统音乐、传统戏剧、传统技艺、传统美术、传统舞蹈、传统体育、游艺与杂技、曲艺、民间文学、传统医药、官式古代建筑技艺、传统民俗等。物质文化遗产和非物质文化遗产相互依存,物质文化遗产是非物质文化遗产的表现载体,"天桥中幡"、天坛神乐署中和韶乐、大栅栏五斗斋高跷秧歌、北京四合院传统营造技艺等非遗生动反映了北京老城民众生活的民俗文化,凝结着北京居民对中轴线的记忆。

北京中轴线为中国文明和文化传统提供了独特的见证。北京中轴线的文化遗产包含着元明清及近现代750年都市演变的历史积淀,是复杂多样的社会阶层文化和生活的载体。从外城天桥、前门地区最普通老百姓的生活,到内城里达官贵人的生活,再到皇城、宫城中帝王的生活,各阶层生活都在北京中轴线上反映出来。中轴线是古人"向天择都""以中为尊"概念的具象物化表达,是延续至今的国家礼仪的见证和业已消逝的城市管理方式的有力证明,体现了《周礼·考工记》中"前朝后市、左祖右社"的都城规划营国思想,是古人有关自然界和宇宙的知识和实践。20世纪以后北京城市的建设仍然延续了这样的传统,天安门广场建筑群的建设进一步强调了南北对位、东西对称的格局形态。这一规划思想体现了中华民族精神文化的延续。

二、中轴文化与沉浸式体验结合的必要性

沉浸式体验利用3D全息投影技术、虚拟现实技术、增强现实技术、多通道投影、激光投影显示技术打造沉浸式情境。有别于传统的产品与活动,沉浸式体验可以打破观众与作品之间的心理隔阂,更适合阐释理想中的人与环境之间的关系。沉浸式体验的空间打造能够跳脱出物质世界的逻辑,让观众在体验的过程中短暂跨越虚拟与现实的边界,自由探索主观与客观之

间的联系。沉浸式体验的这种特性十分适合北京中轴线文化的表达。

北京中轴线的部分建筑、文物、非遗习俗等未能保存下来,沉浸式体验能够借助技术重现中轴线的旧时光彩,还能将中轴线的规划理念、哲学思想、城市管理方式具化为可感知的体验。数字技术还可以延展中轴文化的内涵,加深当代对北京中轴线的理解,提升北京中轴线的艺术魅力。

大部分公众对中轴线文化知之甚少,奇观化的互动画面视觉冲击力强,能快速吸引公众的注意力,进而搭建中轴文化与观众自身经历之间的连接点,帮助观众挖掘内心的想象,释放情感。

沉浸式体验让观众以第一视角参与中轴活动,增强现场感,不知不觉中拉近观众与中轴文化的距离。观众不是被动地观看活动,而是主动地在产品与活动中任意游走,人融于景。沉浸式体验让观众真听,真看,真感受,使观众更易于思考自身与中轴的联系,印象更深刻。

三、北京中轴线沉浸式体验现状

中轴线的传承工作正有序推进,目前已落地实施的中轴线文化产品与活动形式多样,可大致分为知识讲堂、文艺演出、影视戏剧、音乐、游戏、展览、赛事、数字形象八类,它们多角度、全方位地向大众展示中轴之美,传达了中轴线申遗和保护的理念。其中,沉浸式体验类产品与活动的传播效果最好。中轴线沉浸式体验将中轴文化与前沿技术相结合,使文化产品与活动更为新奇有趣,线上线下讨论度高。

(一)听中轴:以声音激活文化想象

侧重于展示中轴之声的文化活动调动了公众的听觉,激发公众对中轴场景的想象,在其他部分不过多提示,留白空间大,让公众自由地在脑海中构想出中轴形象。

北京天桥艺术中心制作出品的"行走的中轴线·平行时空的眺望"参与式城市漫游声音剧场对剧目形式进行大胆创新,打破了镜框式舞台的演出惯例,邀请观众戴上耳机,耳机内传出的声音经过3D全景声录音处理。观众从北京中轴线南端地标"里程星"出发,走过永定门,步行穿越中轴廊道,在"指引者"带领下探索中轴线。观众可以看到梁思成、林徽因夫妇扮演者测绘古建筑,还可以看到舞者下棋。观众通过耳机与梁思成、林徽因进行一场跨时空的对话,聆听学者与居民讲述的北京故事,一边听着耳机里的鸽哨驼铃声,一边在手绘的中轴线地图上勾画,仰头看天空上的风筝,低头看排列有序的青砖。观众在体验过程中享受三维立体环绕声带来的极致听觉体验,观看舞蹈表演,并利用现场提供的蝈蝈、鸟笼、万花筒等多种富有京味的道具,用不同的视角看中轴,用不同的工具摸中轴。观众的听觉、视觉、触觉三重感官被调动起来,在线下观察环境,亲自用脚步丈量中轴线上的历史。声音剧场尽可能地使用多样的道具,为观众提供不同的探索视角,观众在互动中用声音的碎片拼出心中的北京中轴线。

2022年8月,北京鼓楼重新开放,一楼开设展陈"时间的故事","四九城里听钟声"展项处的互动屏幕上有一张乾隆京城图,观众可以点击中轴线上的各处点位,用头戴式耳机听到百年前的街巷声,站在原地也能感受到不同位置的钟声音量的大小和音色区别,仿佛穿越时空,"都城内外十有余里,莫不耸听",百姓"作息以时"。随着技术的进步,钟表、手机的普及,现代生活中已没有敲钟报时的活动,但沉浸式展览运用技术模拟的老北京声音将观众与现实短暂隔绝开来,让观众沉浸在旧时的北京之中。

(二)看中轴:光影展示中轴历史变迁

沉浸式展览运用真实影像、动画、光影技术直观地将中轴古今景象同时展示在公众面前,让公众在画面的快速变化之中了解中轴百年沧桑巨变,以及不变之中的中轴文化内涵。

沉浸式展览在社交媒体上的讨论度比单一图文形式的展览高,反响热烈。传统展览存在观众在文字展板前停留的时间较短,在文物展区和沉浸式数字展区前停留时间多的现象。而沉浸式数字展览运用了 VR、AR 等技术,这些技术在日常生活场景中的应用少,观众对其感到新奇陌生,忍不住用手机记录下来并分享到社交平台。沉浸式数字展览满足了用户与亲友之间社交表演、情感互动的需求,契合年轻人在社交媒体上的表达方式。观众不需要高门槛的知识储备,即可欣赏并体验到与中轴线有关的展览,并能在谈论话题时展示记录下的视频。这类数字展览在社交媒体上冲击力强,画面结构生动、形象、有层次,受关注度高,容易突破圈层吸引更多观众,形成裂变式传播。

1.线下数字展:数字技术编织超现实体验

2021 年 2 月 14 日,首钢园 RE·睿国际创忆馆举办了"发现·北京中轴线"展览。展览分为三个部分,从物理存在及其变化、精神文化内涵、时间与人的关系来阐释中轴线,由北京规划院、北京测绘院在内的二十多家机构提供展品。"发现·北京中轴线"展览 80% 以上的内容是由数字呈现,它将文化与数字相交融,在众多中轴线展览中是运用数字技术最多的一个。展览主打沉浸交互展,运用数字技术,将中轴线文化元素转化为视觉艺术。

"折叠北京"展区汇集中轴线遗产点 47 张航拍图,这些电子地图交替出现,直观展示自新中国成立以来各个遗产点的城市规划变化,观众也可由图片感知不同时期北京居民的生活变化。图像时代,观众对不熟悉的文字信息接受度较低。影像资料可以循环播放,提供更多的信息量,从视觉上牢牢抓住观众眼球,一下子就能将观众带入展览主题氛围中。观众可以裸眼观看展厅正中央依次闪现的 3D 效果图。展览用钟鼓声调动观众听觉,全方位地营造中轴线场景,拓宽观众的体验维度,成为一场动态的视听盛宴。观众可以身临其境,由南至北感受北京中轴线之宏伟壮观,体验空间穿梭。观众在现实生活中不可能穿过中轴线建筑底部,但在数字展中可以沉浸式地投入展览打造的超现实场景。展厅每十分钟就上演一场沉浸式展演,观众漫步其中可以体验中轴线背后"天人合一"的宇宙观,光影技术相较于传统的平面图文,能够用技术塑造出立体星空,让观众体悟先哲对自然和宇宙内在秩序的思考。抽象的宇宙观经由数字技术具象化为展览物。在自助VR讲解区域,观众可以享受720°全沉浸视域,无须实地登上鼓楼二层,在展厅即可体验瞭望中轴线。数字展给予观众超出日常的体验,观众跳脱出熟悉的视角,寻觅精神层面的北京中轴线。

展览还提供了足够多的互动环节,观众还能在亭子使用耳机分享中轴线相关故事。中心舞台聆听每一位观众的声音,让观众获得助力中轴申遗的参与感。"发现·北京中轴线"展览不仅仅是用数字技术复现中轴线,更是以此引导观众挖掘自身与中轴线的联系与记忆,向内探求,寻根寻源,一丝一缕汇聚成新的中轴线。中轴线的保护传承过程是发现中轴线的过程,是民众参与的过程,数字技术让展览由静态变为动态,反馈区域随时可以加入观众的想法。于北京市民而言,展览呈现的陌生化的技术可以刺激回忆,从回忆中品味出新的思考发现。展览结束后设置了中轴线集章明信片等文创产品售卖区域,文创产品被带走后,可以将中轴线文化传播至更大范围。

北京鼓楼中心券洞定时上演沉浸光影秀《共鸣》,主办方巧妙借助券洞的构造,利用投影畸变矫正技术和空间定点声场,让快速变化的光线与宏伟的建筑空间相匹配,营造出梦幻的时空穿梭感,流光溢彩,日转星移。光影秀依次展现了一天内不同时间段日光的变化、一年内季节的变化,表现出时间的流动,引出钟楼的鼓与二十四节气的关联。光影秀结尾用简洁的时间轴展示了北京鼓楼几百年间经历的数次保护修缮,呼应了保护与传承的理念。光影秀得到了现场观众的肯定,游客们聚精会神地观看光影秀,互相分享自己所知的中轴知识,小孩子们跟着沉浸影片里的念白大声朗读了二十四节气。

2.线上数字展陈:随时随地获取中轴知识

中轴线线上数字展陈分为两类,一类是运用VR技术,在公众号、官网等渠道发布线下展览的实拍,例如首都博物馆在线上推出了"读城——探秘北京中轴线"VR实景观看方式,世界各地的用户足不出户就可点击浏览,哪怕用户错过了展览开放时间也可在线上沉浸体验;另一类则是运用互联网技术直接在网络平台打造一个独立的数字展陈,"云上中轴"小程序便是其中的代表。

北京市文物局和腾讯联合发起了"数字中轴"项目。2021年12月29日,"云上中轴"小程序正式上线,用户可以点击观赏中轴线数字展陈。腾讯运用文化遗产高清数字扫描、游戏引擎技术、物理仿真技术、云游戏技术等,联合AI知识图谱、腾讯地图、区块链、多媒体实验室等多方资源,将中轴线"搬"至线上。

"云上中轴"小程序分成发现、地图、典藏三个部分。发现部分设置了中轴地标、中轴变化、中轴文化、中轴影像、中轴动态五个板块。小程序图文并茂,层次清晰,用户还可以在城市管理、皇家宫苑、皇家祭祀、国事礼仪四个页面分类查看中轴建筑地图。线上展陈的内容还会根据中轴线保护与传承的最新进展及时更新,打破了线下展览的时空限制,用户可以随时随地按需探寻中轴线相关的知识。腾讯还借助"北京中轴线,申遗有我"H5创意互动作品进行宣传推广,用户点击每个遗产点可以生成申遗助力海报,海报上配有遗产点的照片和知识介绍。中轴线核心区以3D实景的方式呈现,用户可以点击屏幕改变重力大小和方向,以北京雨燕的视角俯瞰中轴线。

(三)游中轴:虚实交融复现中轴场景

中轴线沉浸式旅游采用线上线下相结合的方式,游客不仅能观看现实存在的景色,还能接触到虚拟真实中的文化故事。政府联合技术公司将文物及文物周围的整体环境进行数字采集,对已经消失的中轴线建筑或文化遗产采取数字技术手段复原，集合中轴文化数字资源制作成App，打造沉浸式的文化探访体验线。让市民和游客可以免费听、读、看、游中轴文化遗产，在全新的旅游体验中感受中轴文化魅力。虚实交融的沉浸游览体验有助于中轴线知识、故事、价值的传播推广。

北京西城区文化和旅游局联合北京河图，依托河图自身的技术，在钟鼓楼、什刹海、万宁桥（澄清上闸）、火德真君庙、地安门、万春亭等7处节点打造了"万象中轴"沉浸式AR体验。"万象中轴"项目重点观照了非遗文化，要想保留北京老城记忆，不仅要修缮中轴线上的古建筑，更要传承非物质文化遗产。鼓楼点位的"后市繁华"复原了旧时的商业氛围，游客用手机等电子设备扫描二维码后，可以跟着镇水神兽"水灵龙"同逛民国时期的商业街。游客可以用肉眼同时看到真实街道的人群和虚拟的古代市集行人，古代行人身着1:1还原呈现的古代服装。游客经过民国街市的摊位，如鞋铺、伞摊时，还能听到老北京吆喝声。待到万宁桥环境整治工程结束后，游客在万宁桥可以看到数字复原的澄清闸，体验什刹海漕运发达的盛况，观看AR导览和讲解，和刘秉忠的虚拟形象学习元大都皇城中轴选择与万宁桥的重要地位，跟随郭守敬探索大运河逆流而上的秘密。AR讲解借由历史人物的虚拟形象，讲述非遗故事，更加自然。大规模的AR场景应用让游客置身于百年之前的时空，在了解中轴文化时更有代入感。游客在不了解中轴文化的情况下游览，往往会走马观花，线上线下相结合的新奇体验增加了游玩中轴线的乐趣，游客对中轴文化产生兴趣后，更有可能主动地探索中轴文化，进行更多的文化消费。

四、北京中轴线沉浸式体验发展建议

北京中轴线沉浸式体验激发了公众参与中轴线申遗的热情，启发公众从多角度感受中轴的魅力。同时，中轴线沉浸式体验还存在一些问题，包括

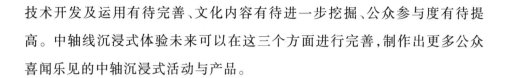

技术开发及运用有待完善、文化内容有待进一步挖掘、公众参与度有待提高。中轴线沉浸式体验未来可以在这三个方面进行完善,制作出更多公众喜闻乐见的中轴沉浸式活动与产品。

（一）技术开发及运用有待完善

中轴线沉浸式体验存在着技术开发不够完善的问题,包括 VR 效果模糊,沉浸感不强等。以鼓楼的自助体验 VR 为例,VR 机需要严丝合缝地穿戴在观众头上,观众无法佩戴眼镜,近视患者观看时,看到的画面是模糊的。且画面内容和实际登临鼓楼看到的无异,只是多了一些中轴线遗产点的名称介绍。公众在第一次接触此类项目时感到惊奇,深入探索后易觉得乏味无趣。同时,鼓楼的沉浸光影秀在制作过程中考虑到券洞的构造,画面投影未产生畸变,但是鼓楼外的日光会减淡投影亮度,画面稍显模糊,并不能达到佩戴 VR 机所能实现的沉浸观看效果,观众注意力容易被分散,新鲜与惊奇较多,沉浸感少。

数字技术给文化遗产传承利用提供了具有想象力的空间和创新点。应该进一步完善技术呈现效果,减少技术不足对观众沉浸式体验的干扰,展现中轴线古今融通的沉浸式互动空间场景。寻找更多与中轴文化适配度高的技术,将文化遗产与现代时尚进行创意融合,让科技与人文交相辉映。

（二）文化内容有待进一步挖掘

中轴线沉浸式体验依托不同技术,在多元载体上呈现中轴之美,但选材稍显单一。如首钢园 RE·睿国际创忆馆"发现·北京中轴线"展览的沉浸交互展与北京鼓楼"时间的故事"沉浸光影展《共鸣》的内容重合度高,都以星辰的动画来呈现"天人合一"思想,都让观众体验由南至北的中轴线穿梭。两个展览都设置了 VR 体验机,观众可以戴上机子虚拟登临鼓楼二楼俯瞰中轴线。大部分中轴沉浸式展览都按照历史发展顺序布展,内容以阐释中轴线内涵、呈现中轴线历史变迁和发展脉络为主,集中展示古都韵味与城市融合的新貌,向社会传播老城保护的新成果、新理念,展览间的主题相近,如"读城——探秘北京中轴线""发现·北京中轴线"等,宏大但不够细分,同质化严重。

技术是沉浸式体验的搭建基础,文化内容才是源头活水。沉浸式体验的制作应该从公众感兴趣的文化话题出发,寻求古今文化的联系,赋予中轴文化以新时代的价值和生命力。

（三）公众参与度有待提高

互动性是沉浸式体验的特点之一,但一部分中轴文化体验仍存在公众参与度有限的问题。以首都博物馆"读城——探秘北京中轴线"线上展览为例,其界面设计有待完善,展板上的文字量大,但游客无法点击每一块展览放大阅读,只能欣赏展厅的整体外观布置。这样的线上展览只是线下展览的延伸,主办方将展览扫描,以公式化的叙事顺序进行展示传播。数字展陈类似一个线上的展品仓库,而非一个灵活的互动平台。数字展陈并未根据游客在线上的实际观看场景进行重新编排,仍是以单向传播为主,与游客偏爱的休闲娱乐方式相去甚远,影响沉浸式体验效果,游客不能真正地实现"坐在家中逛展览"。腾讯发布的"跟着雨燕逛中轴绘'中'字"H5作品,以雨燕的视角带着用户观看几处遗产点历史上的风土样貌,尽管动画努力模拟空中俯瞰视角,但游客可操作的运动路径有限,沉浸感不强,绘制"中"字部分的互动,笔触感应不灵活,实际呈现效果和北京雨燕宣传片这一视频形式区别不大,还未实现良好的双向互动。线上沉浸式体验的界面设计应当更加人性化,以用户体验为中心。精准把握公众需求,才能让更多公众主动地参与中轴线沉浸式体验。

文旅产业高质量重启：问题意识、价值指归与推进路向

郭万超　孙　博[①]

【摘要】文旅产业在防疫政策调整后因"快速回血"而被各方寄予厚望，但文旅产业决不能"一哄而上""竭泽而渔"，要避免无序竞争、恶性竞争和管理失序下的"粗放式"复苏。要冷静面对后疫情时期消费需求、商业模式和产业生态的变革以及存在的主要问题，如复苏需要一定的周期、市场消费恢复尚不稳定等，需回归文旅产业的初心与社会价值，主动识变、应变、求变，把好方向、巩固基础、补齐短板、破解难题，探索文旅产业重启的高质量发展新路径。

【关键词】文旅产业；消费需求；商业模式；变革

当前，面对国际地缘政治冲突升级以及逆全球化倾向，畅通国内大市场，激活国内消费需求潜力成为深入推进新一轮经济高质量发展的重大战略举措。作为受疫情冲击最为明显的线下接触性消费服务，文旅产业在防疫政策调整后的"快速回血"被各方寄予厚望。随着大型演出、进出境游、会

---

① 作者简介：郭万超，北京市社会科学院传媒与舆情研究所所长、清华大学文化创意发展研究院特约研究员、博士后指导老师；孙博，北京市文化和旅游局四级调研员、国家行政学院博士。

展活动等一项项高含金量的业务重启，文旅产业决不能"一哄而上""竭泽而渔"，而是需要冷静面对后疫情时期消费需求、商业模式和产业生态的变革，勇敢突破"舒适圈"，主动识变、应变、求变，探索高质量发展新路径。文旅各行业主体都要坚定立场、稳住阵脚，正确面对消费热潮、需求回升和业务高峰，不能在业务回春的同时被"非法一日游""乱涨价""低价团""黄牛囤票"等乱象干扰。总之，文旅复苏需建立在优服务与高品质之上，不应是无序竞争、恶性竞争和管理失序下的"粗放式"复苏。

一、文旅产业复苏过程中存在的主要问题

（一）文旅各行业的共性问题

1.文旅产业复苏需要一定的周期

文旅市场有自身规律，三年的疫情导致文旅产业面临系统性重构，人才、市场、业态等各方面都较疫情前发生了变化，产业体系修复，产业链条重建不可能一蹴而就，面对新消费需求的供给侧调整需要时间。文旅产业作为传统产业、服务型产业，按照现代化产业发展要求实行数字化、信息化、智能化改造的潜在更新投入成本高，产业全要素生产率提升面临困境。同时，作为传统的劳动密集型产业，文旅产业在国民经济中被定位为剩余劳动力就业吸纳的重点行业与智能化、移动化、虚拟化服务的发展趋势存在两难抉择的矛盾。文旅产业也是高度依赖国民经济发展水平的行业，目前总体经济增长都处于"三期叠加"的恢复阵痛期，作为经济景气"晴雨表"的文旅产业也不能脱离经济大环境的运行规律。正如中央经济工作会议强调的，要鼓励的是有收入支撑的消费需求，而不是无理性约束的超限、超能、超前消费。

2.市场消费恢复尚不稳定

受总体经济增长态势和三年疫情对全球经济发展的影响，目前社会民

众的消费需求、消费习惯和消费倾向都发生了根本性的转变,超前消费被"量入为出"的理性消费所取代。面对不稳定性,居民更偏好于增强储蓄而不是消费,相关金融统计数据也显示,疫情期间,居民存款明显提升。特别是目前仍处于新冠病毒感染政策调整的转段适应期,疫情带来的居民收入下降,对于接触性消费方式的潜在恐惧心理以及疫情期间形成的线上消费习惯,使得文旅领域的线下消费恢复尚需时日。从2022年一季度北京市演出市场恢复的情况就可以看出,演出消费活力呈现逐步放缓的趋势,虽然演出场次接近万场,但是票房收入和观众人数尚未恢复至2019年同期水平。究其原因,一方面源于拉动演艺消费的大型演出项目恢复较晚,另一方面观众观演购票周期也不断延长,销售期由原1个月增加为3个月,购票决策时间增长,消费热情下降。疫情期间的业务暂停导致短期内恢复可应对消费需求增长的供给能力存在一定困难,比如:以北京为代表的超一线城市因为商旅需求恢复而引发的经济型酒店"一房难求"的现象。同时,不同市场主体在面对逐步恢复的流动性上也存在机遇与挑战并存的现象,如随着出京游人数增加,疫情期间热度较高的本地亲子酒店和民宿营收下滑,北京美丽乡村民宿1—2月营收较2019年同期显著下降,因此,行业主体在线上线下业务并行和不同消费端供给的自由切换能力尚需提升。在恢复初期,"尽快回血"与"转型升级"也面临两难抉择,刚刚恢复的商旅、演出、景区市场频现宰客、黄牛、诈骗等乱象就是这个问题的直接表现,"生存"还是"发展"成为企业必须面对的问题,活下去、能撑住、站起来是产业从"供需错配"向"供需匹配"必经的转型阵痛期。

3.重资本投入和重大项目带动式的产业发展模式难以为继

在某种程度上,文旅领域过去的高速增长依托于房地产重资本投入、自然景观的过度开发,以及低价薄利多销等低水平资本投入。而当下房地产行业的不景气不可避免地传至旅游地产,一些开发时间长、前期投入多、涉及旅游目的地政府先期投入引领的项目面临后继投入乏力的问题。节能减排、绿水青山、人文城市的和谐、环保、可持续发展观导致旅游业不能再依靠人造景观、竭泽而渔、生搬硬套的发展模式进行项目运行，"双碳"目标和绿色发展的要求也对旅游项目的建设运营提出了更高标准，前期投入的高企、回报周期的延长和现金流的不稳定性导致以追求利润为主要目标的社会资本的投资吸引力也在明显下降。旅游市场的规范运营、旅游标准化体系的逐步完善、质量强国建设的推行将进一步挤出行业"泡沫"，使得"风口期"以"赚快钱"为目的的资本加速退出。政府公共投资方面，相较于疫情期间对公共卫生基础设施建设的投资而言，文旅领域并不占优，甚至会在一定程度上压缩相应领域的公共基础设施的投入和支出，全新规划、平地生雷式的文旅新项目再难成为地方政府的投资首选。

4. 产业发展要素供给短缺，行业固有制约未能破题

尽管在疫情期间，文旅行业是政策扶持的重点领域，但是对于行业发展具有至关重要的资金、土地、人才问题都没能破解，导致后期恢复发展时举步维艰。从人才上看，文旅行业是服务性行业、人力资本密集型行业，进入门槛低，转行成本低，因此必然会出现低谷时期大量人才流失问题。而进入恢复期，却面临消费升级、细分领域劳动力供给萎缩"两大难题"。一方面是缺"能服务的人"。适龄的年轻人不愿意从事服务性行业，二代农民工更倾向于在城市谋求相对稳定、体面的职业，酒店业、景区、旅行社、文娱业都面临招工难的问题，特别是疫情让更多人选择就近就业，而不再集中于一、二线城市，大城市文旅行业的招人难更为突出。另一方面是缺"会服务的人"。消费者的要求越来越高，定制化、分众化、精准化的高端服务人才供不应求，一些有能力的业内人士已经转行进入直播、综艺、短视频等更有吸引力、就业更为灵活自由的行业或直接自己创业、建立品牌。一些出境社的海外渠道、合作商与服务商的业务都已经在暂停期流失到其他领域或其他国家，再度布局需要辛苦努力。文旅行业也缺乏合理的职业技能认定和行业人才评定制度，对新业态人才的管理、规范和职业保障都难以跟上发展需求，如何

提升人才就业安全感、稳定感、荣誉感,畅通行业人才上升渠道亟待破解。从融资上看,文旅行业小微企业众多,本就是融资的困难户,信贷融资缺乏可抵押物、知识产权融资面临估价定价难,现金流面临远期业务经营恢复难等问题,银行惜贷、抽贷、断贷司空见惯;文旅企业的重启成本也高于相应的制造业企业,先"砸钱",再"回收"的情况屡见不鲜,剧院、娱乐场所、景区、酒店固定资产的折旧、恢复运营和更新迭代都需要超过企业现有资金能力的投入,企业破产或者暂停运营的收益更可能超过继续运营所得收益,这一定程度上也阻碍了行业复苏。从土地上看,关于农村集体产权经营方式的探索,进入城市后的农民宅基地是否可以流转给下乡的社会资本运营,乡村民宿、景区周边公共服务设施和交通配套所需要的点状供地等问题都没能有根本的破解之道,都尚处于"一事一议""一地一策"的试点探索阶段。

(二)代表性行业面临的具体问题

1.旅行社

高利润率的业务尚未完全恢复,跨境游是旅行社的主要收益来源,在所有业务中占比超过85%。虽然目前已经恢复了60国和内地与港澳的出境团队游业务,但是相应国家和地区的航线恢复,热门旅游目的地国家的业务恢复以及出境签证手续办理等都制约了旅行社经营状态的快速恢复。在从事出境游业务的旅行社中,部分旅行社都是深耕一个或若干个国家,在目标国的跨境游业务尚未恢复的前提下,相应旅行社还是处于经营困境。即使恢复了相关业务,原有的境外渠道商、分销商、服务商资源都需要再度签订合作协议,一些国家因疫情影响,相应的资源已经不复存在,想到目标国开展业务也无计可施。旅行社暂退质保金在疫情期间大幅度缓解了经营主体的资金压力,但是到期的莫交所带来的大额资金占用也成为旅行社的"心病"。

2.景区

景区即使在疫情期间也保持着"能开则开"的状态,因此,在恢复业务经营后的大量消费反弹的效应就不那么明显。疫情期间消费者的旅游消费习惯出现了根本性的转变，"限量、错峰、预约"的要求让消费者更愿意选择在非高峰期、非传统营业期（比如：夜游）、非传统景区（比如：文商旅体综合体）进行消费，传统景区面临吸引力衰减问题。当前的旅游消费更着重于体验性、参与性和互动性，传统景区多依赖于"门票经济""老天爷""老祖宗"，二次消费、游客黏性、夜间消费等都跟不上来，导致景区出现"旺丁不旺财"的问题。特别是露营、户外运动、骑行等消费新模式的出现，使得景区的定义日渐模糊，传统景区面临"实体书店""网红打卡地""演艺新空间"等非传统意义旅游目的地的强有力竞争。

3. 住宿业

住宿业可以区分为标准住宿业和非标准住宿业，代表分别是酒店业和乡村民宿、露营地等新型业态。传统的星级酒店以标准化、规范化和稳定化的服务为主，利润来源主要为商务、长租、出租、会展和宴会，而目前线下展会尚未完全恢复，办公、商务等长租性服务也受到影响，商铺出租类也受到线下消费恢复缓慢的影响呈现"有铺难租"的问题，而宴会餐饮类也亟待转型，一方面，有"厉行节约、反对浪费"的有力约束，另一方面，外卖、团餐以及个性、高端和专业餐饮服务也大幅挤占酒店餐饮类的盈利空间。酒店也面临重资产经营的问题，一线城市高房价、高经营成本无法回避。核心区的住宿业面临疏解转型的压力，连锁型商务酒店面临客流不稳定、房租压力和人力不足等问题，短期脱困举步维艰。而非标化的乡村民宿则面临行业重新洗牌，从行业属性上的非标化运营与消费者对品质服务要求之间的矛盾需要进一步破解，乡村民宿的产权方、经营方和管理方之间的权责划分、利益分配等都需要进一步研究，乡村民宿经营面临的公共服务配套短板也需要尽快加以弥补，充电桩、5G网络、布草清洁、餐饮服务都是制约乡村民宿品质经营的"褪节儿"。而对于当下最火爆的露营业态而言，最难的就是规范安全经营，露营地空间的多样化导致了管理难题，如公园隶属于园林绿化,滨水空间可能属于水务和城市管理部门,森林公园属于规划和自然资源部门下属的林草部门,传统村落属于农业农村、规划和自然资源部门管理。露营消费的"自娱性"与服务管理的"专业性"形成了内在矛盾,一方面,消费者希望自由自在地露营,另一方面,安全救援、服务保障等又需要专业的管理介入,这些都是需要露营目的地和营地运营方、管理方甚至属地政府予以深入研究的。

4.娱乐业态

娱乐业态亟须提质升级、创新发展。互联网和移动互联网的迭代升级,让相对传统的KTV、网吧、游艺厅、歌舞厅面临客群消失的问题。不仅在疫情前就面临转型升级,疫情更给了相应行业以沉重打击,市场全面萎缩,主体大量流失。以网吧为例,2019年疫情前北京市网吧数量约为690家,而今已经只有不足400家,与2014年的1570家更是不可同日而语,2022年北京市网吧营业收入仅为9300万元,是2019年的9%。剧本杀、电竞酒店等疫情期间的行业创新面临监管压力,国家连续出台政策对相关行业加以清理整顿,目前的行业没有相应的进入标准,经营规范也不明确,打"擦边球"、违法经营、未成年人保护不力等都让行业健康可持续发展面临危机,需要进一步规范市场经营,优化产业生态。

二、文旅产业重启复苏需要回归初心

以2023年2月16日中共中央政治局常委会专门听取全国疫情防控形势汇报,习近平总书记对做好新阶段疫情防控工作提出明确要求为转折点,常态化防控新阶段为受到疫情冲击明显的线下文化消费和接触性文化服务转型迎来了发展机遇。而以ChatGPT为代表的人工智能生成内容更为文化产业发展带来了无限可能,可以说是在本质上拓宽了"创作者"的内涵与外延。人工智能能否视作内容创作者?虚拟人为人类提供的内容服务、情感陪伴和交流体验是否可以视作以人机交互、人类创作与人工智能创作并存的文化生成新模式？人工智能引发的变革不仅是对文化生产力的发展，还是对文化生成本源的"灵魂拷问"。

"文化"这个名词内涵丰富、外延很广。作为文旅从业者要重新思考何为"文化产业"和"旅游业"。人类所需要的是产业化、标准化、模式化、大众化的"文化"吗？我们这个时代究竟要为后代留下什么样的"文化印记"？人工智能的加入，不仅仅是在文化生产方式和技术上的跨越，更是对文化生成主体的再造。因此，我们要更为冷静地看待新时期的文旅产业发展，要"不忘初心""回归本源"。正如党的二十大所指出的，我们所要发展的是面向现代化、面向世界、面向未来的，民族的、科学的、大众的社会主义文化，是要激发全民族创新创造活力，增强实现中华民族伟大复兴的精神力量。因此，未来文化产业和旅游业的发展要在四个字上下足功夫。

一是"源"。文化产业要立足中国文化的"根"和"魂"，深入发掘中国文化底蕴特色，向中国传统文化资源要"创意"，向文脉的活态传承要"发展"。文化产业和旅游业要深入思考发展是为了什么的问题。究其根本，我们的发展是要满足人民日益增长的精神文化需求，是满足人民对美好生活的新期待，是让世界看到几千年从未断裂的中华文化传承，是看到中华传统文化在现代人类文明新形态塑造中的魅力和作用。弄清楚这一点，就要始终坚持"内容为王""以人为本""文化为魂"，就会坚定文脉传承、文化创新、文明交流的使命担当和业界责任，就能够端正心态，守正创新。特别是面对最新的人工智能生成内容技术，我们要更加有危机感、使命感和紧迫感，要守住人类精神文明的伊甸园，要把文化精髓完整、准确、全面保护、记录和传承下去，不能让技术的侵入导致文化传承的扭曲与断层。

二是"新"。"文化"是发展的、流动的、无形的，在某种程度上，文化是创新的引领，文化领域更是创新应用的前沿和阵地。因此，我们在发展文化产业和旅游业上不能故步自封，沉浸在"舒适区"内，要积极拥抱时代、拥抱世界。文化是要"活在当下"的,文化是要"能够体验"的,文化是要"点燃希望"的。如果文化自身都陷入了延续困境,都不能紧跟时代潮流,何谈成为人类前进的"精神之光"?因此,文化产业发展的核心就是要"创新",要类似于科技创新,是在基本理念、基本模式和基本要素上的全面更新,要敢于拥抱新科技,利用科技赋能文化产业发展,用信息化、智能化、数字化解决传统文化产业作为服务业效率低下的问题,提高文化产业全产业要素生产率,培育新业态、开发新模式。文化产业的"创新"是思路拓宽的创新,既包括内容价值的创新,也包括表现手法、呈现方式、商业模式的创新,更包含制度模式的创新,一切能够解放和发展文化生产力,提升全社会文化创新创造活力的方式都是"创新",要积极推动传统文化"上云用数赋智"。"创新"也不是全盘否定传统的"创新",相较于其他产业的"破坏式""颠覆式"创新,文化的创新多是要建立在已有文化资源的传承之上,因此,要始终坚守文化立场,"创新"不是走"歪门邪道",更不是"金钱至上",文化要始终以社会效益为先。

三是"融"。文化产业要充分发挥对相关产业的带动作用,以文化赋能高质量发展,以创新创意提高经济社会发展的质量效益,实现经济创新发展的质量变革、动力变革和效率变革,这一点是新时期文旅从业人员所要深入思考的。作为内容生产者、服务提供者,文化内容、旅游服务是否适用于一般的产业化规律?答案是否定的。在文化产业和旅游业发展的历程上,不应照搬照抄工业产业化经验,或盲目遵循西方现代化经验所造成的内容同质化、千城一面、破坏式保护。人类对于有内涵、有文化、有品质生活的追寻从未停止,"颜值即正义""诗意生活""仪式感"等网络用语的出现正是反映了文化对于当前经济社会发展的重要价值。正如习近平总书记指出的,文化的"四个重要性质"之中的推动高质量发展,文化是重要支点;满足人类日益增长的美好生活需要,文化是重要因素。因此,要将文化发展融入经济社会发展总体战略作为立足点,做活"文化经济",让文化赋能城市更新、赋能乡村振兴、赋能对外交往。我们要关注的不是将内容和创意本身发展成为一个工业化的产业，而是要用内容和创意赋能其他产业的发展，例如，文旅部等相关部门正在努力推动文化产业赋能乡村振兴，非遗与旅游融合发展，以及加快推动文化文物单位开发创意产品等。要始终尊重文艺创作的客观规律性，要耐得住寂寞，经得起考验，文化产业和旅游业都是与国计民生息息相关的产业，走不得半点歪路，着不得半点火气，短期主义、片面主义、功利主义绝不可取。

四是"稳"。文化产业和旅游业都具有意识形态和社会效益属性，始终要守好意识形态安全和文化安全底线，产业发展的导向、方向、动向决不能发生变化，必须紧紧围绕举旗帜、聚民心、育新人、兴文化、展形象的"十五字"箴言开展工作。要守好意识形态阵地安全，在文化内容生产、文化消费引导、文化对外贸易等方面，都要着力增强政治安全、文化安全、国家安全意识，强化斗争精神。在这一点上，"稳"不是意识形态或者价值观至上主义，正如习近平总书记在全球文明倡议中提出的，文明没有高低优劣之分，要用文明交流超越文明隔阂、文明互鉴超越文明冲突、文明共存超越文明优越，我们尊重世界文明的多样性，但我们民族文化的独立性、原真性和原创性也不容任何破坏和践踏。中华文脉的传承不能因为外来力量的干预和渗透而被歪曲和扭曲。同时，文化产业和旅游业也要有危机意识，要加强产业发展的韧性，尽量降低外来风险给行业发展带来的冲击。公共卫生事件、全球经济危机、地缘政治冲突是文化产业和旅游业发展主要的外生变量，作为从业者要深入思考如果弱化行业发展的脆弱性，要有面对不同冲击的应对之策，在逆势下保存实力，在危机中寻找新机。要认真审视疫情给需求端带来的消费习惯改变和生产端带来的生产方式、核心要素、供应链条、经营模式的颠覆性改变，要有一定的线上与线下业务转化能力，增强产业发展韧性。

三、文旅产业重启复苏的对策建议

文化产业和旅游业是高度市场化的行业,市场主体"小、散、弱、乱"特征明显,因此在产业发展过程中,单纯依靠市场力量发挥作用,必然会引发恶性竞争、违法经营、服务质量等一系列的问题,因此必须要发挥"有效市场"和"有为政府"的双重引导作用。在这个特殊时期,政府要起到"把方向""固基础""补短板"的作用,站稳立场、守住根脉、立好规矩。

一是把方向。正如党的二十大报告所指出的,繁荣发展文化事业和文化产业,要坚持把社会效益放在首位,社会效益与经济效益相统一,深化文化体制改革,完善文化经济政策,要实施国家文化数字化战略,实施重大文化产业项目带动。因此,政府部门要把准产业发展脉络,要用改革创新消除束缚文化生产力发展的体制机制桎梏,要用有效的经济政策,而非单纯的产业政策引导文化发展方向,不能单纯站在文化产业上看"文化产业",把文化产业等同于一般的工业化产业,要认真研究产业发展特有的规律,结合中国文化产业发展实际,拿出有针对性的精准滴灌政策。通过文化数字化建设、重大产业项目的建设向市场主体亮明立场,什么是鼓励发展的文化内容生产与创作、什么是允许开展的经营、什么是产业未来的方向? 在文化产业和旅游业的发展过程中,要着力加强资源的保护意识。文化资源和旅游资源很多是不可再生的,如重要的文物遗迹、自然风光、建筑民居等这些基于时间的积淀而形成的文化传承是不能倒流和复制的,我们要为自己留下"文化与自然重生"的余地与根基。在重要自然遗产与文化资源的数字化转化上下功夫,尽早将一些濒临失传或者面临危机的物质和非物质文化遗产通过数字化的手段予以保留。如国家正在推动的版本馆建设、故宫(北院)项目、首都博物馆东馆(大运河博物馆)等项目建设都有这方面的作用。

二是固基础。以文化生产为例,新时代的内容生产进入门槛已经大大降低，万众创新已经不再是梦想，人们有需要、有积极性也有能力对文化资源进行再生产、再创作，因此需要有大量的数字化文化资源作为生产要素通过平台企业的"众包""众创"来吸引更多的社会资本、社会资源和普通大众进入文化产业进行创作生产。而这些可以作为生产要素的文化资源的所有者、经营者和管理者的权责都需要进一步予以明确，特别在数字化的生产方式下，谁从事了创新性的生产创作，谁可以是创新成果的利益获得者，谁应该享受文化发展的外溢效应，都需要相应制度、规则和标准予以规范，这些是产业繁荣可持续发展的基础核心。而从我国文化产业和旅游业发展的实践经验来看，大量的文化和旅游业发展资源掌握在地方政府、事业单位和国有企业当中，这些资源如何盘活，如何释放乘数效应，如何形成发展合力都需要深入研究。如何把资源变为资本，把沉睡的资源变为发展的优势都需要深化改革来推动实现。同时，文化产业和旅游业的发展是享受型的需求，是要建立在基本需求得以满足的基础之上，文化产业和旅游业都是链条长、辐射广、带动性强的综合性产业，一方面需要大量的基础公共设施投入，另一方面也是城市空间、消费设施、村居生活升级改造的新兴支点，宜业宜居宜游的环境也是相应市场主体发展的基础支撑。

三是补短板。文化数字化建设和重大文化产业项目必须要补齐当前文化产业发展中所存在的短板弱项。如文化产业发展的共性关键技术平台需要一些行业内有实力的头部企业，通过开源共创带动产业链上下游的企业一同实现技术升级。再如关于文化产业不同行业的标准问题，农产品领域都在推进"三品一标"，而文化产品和文化服务的品牌化、知识产权保护、侵权维权等都需要着力推进，在文化企业"抱团出海"的过程中，对于海外市场的法律、商务、语言、文化等基础市场开发的专业服务平台也是文化产业参与国际竞争，适应海外投资和对外贸易所必需的。我们要在补短板项目的选择上紧紧抓住三个特征：（1）高科技，要拿出一批能够解决产业发展"卡脖子"技术的科技攻关项目，推动标杆技术创新、构建自主可控的技术体系。

比如:持续开展对文化产业发展具有重要作用的算法、区块链创新等技术攻关,可以推动实现共识机制、跨链协议、智能合约等技术在文化产业的应用,解决困扰产业多年的知识产权确权、溯源、融资等问题。(2)轻资产,重大文化产业和旅游业项目不代表需要土地、资金等传统要素投入,文化产业本身就是知识密集型产业的代表,要转变传统的有形产业园区、基地的投入方式,更多培育在行业中能发挥资源整合效应的平台企业,通过众包、众创等方式"聚天下英才为我所用",要通过重大文化产业项目吸引国内国际优质文化资源、文化人才集聚,形成产业规模效应和集成创新效应,"花小钱办大事"。(3)重环保,"双碳"是未来产业发展的重要方向,重大文化产业项目,特别是旅游业开发,要积极实现绿色发展,以无形的文化要素投入取代传统的高耗能、高污染发展模式,为区域经济转型发展带来创新动力。如对于搬迁腾退的"空心村",可以通过引入一个美术馆、图书馆的项目撬动区域经济的发展,要坚决贯彻践行"绿水青山就是金山银山"的发展理念,通过文化创意赋能乡村振兴,建设宜业宜居和美乡村。

四是解难题。要坚持问题导向,大兴调查研究之风,敢于动真碰硬,不是仅仅依靠"评优、授牌、奖励、扶持"的传统手段,而是通过释放制度创新的政策活力,优化营商环境,激活市场主体的积极性、主动性、创造性,真正解决一批难点、堵点、痛点,营造大众创业、万众创新的良好氛围。

以文化数字化为例,我们在5G、移动终端、网络文化、人工智能等方面都已经超前布局,在网络文学、游戏出海、服务消费等方面都摸索出了一定经验,具备世界级的行业竞争力和市场竞争优势,也积累了品牌认可度、美誉度和接受度,我们已经从跟跑者逐步成为领跑者,那么面对"无人区",最紧迫的就是要建立用户心智、核心技术、竞争规则的资源壁垒,要让"中国方案""中国标准""中国模式"成为引领文化产业发展潮流的先行者,因此,我们要加强对有关规则制度的研究制定,尽快确立自己的话语权。(1)要对数字文化资产的确权、流通、生产、消费等环节权利的界定与划分进行规范。

目前很多的数据资源、文化资源正是因为权属不清,开发权益无法确定导致大量资源沉淀无法转化为发展资本,这是产业发展之基础,必须尽快加以明确。(2)要进一步加强文化数字化的标准建设。数字文化领域亟须建立一套自己的行业标准体系,标准明确了,产业主体之间的数据资源才能共享,才能形成竞争力,没有标准,一个作品在不同的渠道和载体播放都需要转化格式,必然极大地降低了文化产品和服务的流通效率和价值变现。(3)要加大文化数据资产的侵权维权保护力度。文化产业一向是以无形知识产权为主,是侵权行为的重灾区,产权保护不力会极大影响行业主体的创新意愿和动力,因此要完善对于市场主体的维权保护行动,大力开展知识产权侵权专项整治行动,特别是要提高侵权行为的违法成本,让违法行为得到惩治,通过行业信用记录等方式对违法失信行为予以规制,让失信者"寸步难行"。(4)要立足文化产业自身的特点开展信用融资建设。文化产业是轻资产行业,没有稳定的现金流,在融资贷款上具有一定的风险性,中小微企业融资难一向是行业痛点。要通过政府担保、信用背书以及组团贷款等创新金融服务模式提高文化产业通过信用方式融资的效率。要畅通文化产业的资本市场融资渠道,发挥北交所的作用,支持一批"专精特新"文化企业上市融资。(5)要主动推进全球化,进一步提升文化领域对外开放水平,做到"应开尽开""守住底线"。要细分对外开放领域,对于我们已经拥有国际竞争优势的网络文学、游戏出口、短视频等领域,要支持头部企业大胆探索,通过海外投资布局巩固市场优势,建立国际行业规则制定的话语权。支持有技术和原创知识产权的文化企业通过授权、设立海外研发中心等方式进行文化内容、经营模式、渠道建设的"输出",让更多的海外文化企业将文化内容生产和服务的生产、消费、分发建立在"中国渠道""中国技术"的基础上。要用好数据对外传输安全审查、个人信息保护等机制守住文化内容安全底线,让我们的文化基因不能被海外应用程序恣意篡改,进一步增强文化自信,激发国民的文化自强。

挖掘城市文化资源推动长三角城市群创意产业发展
——以沪、宁、杭等城市为例

秦　璇①

【摘要】随着我国社会经济的快速发展,文化的发展空前繁荣,但是很多地区的城市文化创意却呈现出千篇一律的特点,无法体现出不同城市区域的文化特色。为解决这一城市普遍存在的问题,对城市文化资源的合理开发和有效利用,实现由量变到质变的资源不断积累,将成为城市文化创意产业发展的推手。长三角城市群中沪、宁、杭等城市文化资源的融合,不仅能够为当地文化创意产业的发展形成良好文化IP,还能够为文化创意产业发展提供充足的资金和技术支持。

【关键词】文化资源;长三角城市集群;文化IP;文化创意产业

首先,本研究总结长江三角洲城市群文化资源的主要优势,分别以沪、宁、杭等城市作为研究案例,分析各个城市文化资源的各自特色;其次,针对长三角城市的文化资源特点进行剖析,总结城市文化遗产的资源禀赋优势,并指出长三角城市创意产业发展过程中所存在的不足;再次,提出针对性的

---

① 作者简介:秦璇,博士,湖南邵阳人,浙江传媒学院国际文化传播学院副教授,硕士研究生导师;浙江传媒学院英国研究中心副主任;浙江传媒学院浙江省社会治理与传播创新研究院兼职研究员。

解决方案,为长三角城市文化创意产业的发展提供一定参考。当前,文化创意产业作为我国的新兴产业,能够为国家的发展提供新的经济增长点,是国家综合国力的具体体现,也是提升国际影响力的重要指标。为此,发展文化创意产业对于加大传统文化的传承力度,增强人们对传统文化资源的保护和发掘能力起到了至关重要的推进作用。一方面,我国是拥有五千年历史的文明古国,在历史发展的进程中,大量的中华优秀传统文化历经时间的淘洗而不断沉淀,成为当前发展文化创意产业取之不尽、用之不竭的宝贵文化资源;另一方面,新时期城市文化创意产业还存在着诸多不足,尤其是对于传统文化资源的挖掘力度不够,无法深入地针对文化创意产品进行再设计、改进和提升,导致城市文化创意能力的优势逐步丧失,无法将文化资源优势转化为经济优势。本研究针对长三角城市文化创意产业发展存在的问题与不足进行深入分析,挖掘长三角城市群文化遗产的保护现状,以及开发和利用程度,寻找解决问题的关键点,提高长三角城市文化创意发展的质量与水平。长三角城市群传统文化底蕴丰富,人文气息浓郁,随着城市间彼此的沟通和交流不断频繁,集聚态势日益凸显,相信完善从文化资源到文化资本的开发路径,会大幅加快长三角城市群创意产业的发展进度。

一、长三角城市文化资源融合与发展中的沪、宁、杭

长三角区域内的城市文化资源非常丰富,具有较大的可开发优势。一方面,长三角的城市文化起源历史悠久,厚重的历史孕育出了绚烂多彩的城市文化特质;另一方面,长三角的文化发展经历了不断的变迁与融合,其内涵和外延都得到了极大的丰富。因此,选取长三角城市群具有代表性的城市文化进行分析,能使长三角城市文化资源之间的共性与个性更加明晰,有利于提升文化资源的利用率和转化率,推进长三角区域城市文化产业的发展。

人们通常所说的吴越文化,又被称为江浙文化,作为华夏文明重要的文化构成,是长三角城市文化的源头,对江浙地区产生了深远的影响。吴越文化最早形成于周代,起初吴越文化非常重视坚韧的品格,具有浓厚的尚武精神,这种品格粗犷中蕴含着优雅。而后随着土族文化与吴越文化的不断融合,吴越文化开始具有了一定的书生气质,进而一跃成为中国经典文化的主要代表。吴越文化作为长江三角洲区域文明的源头,在中华文明早期阶段就已经逐渐形成,并且在随后的历史发展中不断与其他文化相融合,最终形成了我们今天所看到的吴越文化的形态。[①]在最初由于春秋后期越国灭掉楚国,所以楚人不断向东发展,逐渐建立了泗水郡、九江郡等几乎今天苏浙皖地辖的全部区域。随着各种文化之间的相互碰撞,使得当时的吴越文化呈现出相互交融、相互渗透的特点。到了隋唐时期,人们对长江三角洲区域的开发逐渐扩大了范围,从而加快了江淮地区与吴越地区的融合速度,也促进了该区域的进一步发展,进而使得全国的经济重心逐渐转移到了长三角区域。到了宋元之后,长三角区域间的连接更加紧密,甚至发展成为全国经济文化的中心。在这一时期,安徽地区的大量物资源源不断地供应着长三角区域人们的生产生活,同时徽商也将安徽的文化带到了长三角区域,增强了安徽文化与长三角区域文化的相互融合。在明朝建立之后,随着区域行政权力的放宽,安徽与江苏被统一管理,并称为江南,从而致使两地之间的政治、经济、文化等各个方面联系更为紧密,逐渐融为一体。长三角文化融合的过程,使长三角城市文化的发展逐渐形成自身的特色,为整个区域文化可以不断融合、相互促进、共同发展带来了良好的契机。[②]然而,长江三角洲区域内,各个城市之间也有着各自不同的文化氛围,具有鲜明的城市文化圈的特色,为今后长三角城市文化群的建立奠定了历史基础,也为这一区域内

---

① 唐容:《吴越人家:吴越文化特色与形态》,现代出版社2014年版,第1—13页。

② 谷英姿、金开诚:《吴越文化》,吉林文史出版社2010年版,第1—2页。

的文化多样性发展储备了丰厚的条件。

如今的沪、宁、杭城市文化圈有着深厚的文化底蕴。上海的城市文化具有非常浓厚的中西方文化交融的特点,也是我国面向世界的重要宣传窗口之一。一方面,上海滩的各种建筑群,既有传统民俗的特点,又有西方建筑文化的遗迹,所以海派文化是上海最重要的代表,并且一直以来都是长江三角洲地区的潮流文化引导者。上海作为我国早期开放的沿海城市,受到西方文化的影响也最为深刻,所以在上海的城市文化中,更具有多元化和开放性的特点,使整个城市的发展具有浓郁的现代气息。另一方面,上海市对于周边城市的文化影响也十分凸显,进一步带动了周边城市的文化发展。俗话说"上有天堂,下有苏杭",是对杭州最美的赞誉。在杭州这座城市中,随处可见的就是山容水貌,具有非常浓郁的江南气息。随着杭州旅游产业的快速发展,一大批与南宋文化、运河文化、吴越文化相关的丰富的文化资源被不断开发。例如,大运河文化旅游产业带,伴随着人们对于重要的文物进行定期修复,大运河的风貌得以重现,并且逐渐形成了著名的国际风景旅游区。杭州的文创产业具有非常丰富的现实条件,一方面是因为杭州民营企业非常发达,另一方面则是杭州的文化产业发展也较为完善。南京则是全国著名的历史文化名城,但是与上海和杭州相比,南京的文化产业发展速度却相对缓慢。南京的城市文化厚重,具有非常强烈的历史厚重感,南京在不断发展的过程中,既有全世界保存最完好的古城墙,又有洒满烈士鲜血的雨花台。由此可见,南京的文物保护工作非常关键,南京本身就属于历史文化名城,南京的六朝文化、明文化、民国文化、革命文化已然让南京形成了以文兴旅、文商交融的特色旅游文化发展模式。南京市除了这些主流的都城文化之外,还有秦淮文化及市井风情等,都为南京的城市文化增添了些许的浪漫气息。

二、充分利用长三角城市文化资源优势

长三角城市文化的不断演变与融合,形成了长三角城市区域大量独具特色的文化资源,既包括著名的苏州古典园林和西湖景观等珍贵的物质文化遗产,又包括黄杨木雕、桃花坞木版年画、白蛇传说及昆曲等非物质文化遗产。针对长江三角洲城市的文化资源特色优势进行分析,是充分利用这些文化资源的先决条件,才能进一步提高长三角城市文化创意产业的发展水平。

(一)物质文化资源

苏州的古典园林和杭州西湖文化景观,可谓是长三角城市文化中江南水乡风貌的典型代表。丰富的物质文化遗产,为这个区域的文化资源开发带来了无尽的文化魅力。"江南园林甲天下,苏州园林甲江南",苏州古典园林在中国历史文化上地位显赫。春秋时期,苏州就已经出现了古典园林式的建筑形式,此后经过历朝历代的发展与演化,苏州园林逐渐成为南方建筑形态的典型代表。到清末时期,苏州古典园林景致已达170多处,其中保存完整的有60多处。苏州园林具有独特的历史地位和观赏价值,深深地将中国传统的思想文化内涵与古典艺术融为一体。在其不断发展的过程中,苏州园林已经成为我国园林文化的杰出代表。苏州古典园林以高超的写意手法,既展现出了东方文化的经典、雅致、隽永,又展现出了中国古代建筑的高超水平。①分析苏州古典园林的建筑特色,可以为我国现代建筑设计提供一定的参考,同时这些宝贵的古典园林物质文化遗产,也能够作为物质文化资

---

① 苏州园林和绿化管理局:《世界遗产丛书:苏州古典园林》,世界图书出版公司2008年版,第4—17页。

源被大量挖掘,如用于发展文创产业、旅游业、展览业等。

早在 2011 年,杭州西湖就被正式列入世界遗产名录之中。杭州西湖文化景观是一处杰出的文化典范,它深刻地展现了我国传统景观美学的思想,对世界园林设计产生了非常深远的影响。杭州西湖文化景观历史悠久,景观元素别致,具有悠久的发展历史和深厚的历史文化底蕴,被称为东方文化名湖当之无愧。杭州西湖以其独特的魅力吸引了大批慕名而来的文人雅士,为西湖文化赋予了雅俗相融、自然和谐的文化风韵。杭州西湖文化富有丰富的物质文化资源,需要合理地对其进行开发利用,使之成为杭州西湖文化活态性保护与发展的重点。

(二)非物质文化资源

长三角城市文化底蕴深厚,多项非物质文化遗产都被列入国家级保护名录。昆曲被称为是我国的百戏之祖、百戏之师,许多剧种都基于昆曲发展而来,因此,昆曲的戏曲文化可被视为长三角城市文化的典型代表。昆曲剧目丰富,它集合了文学、音乐、舞蹈、美术等艺术形式。同时六百年传承的昆曲剧目将自然景观、人文景观等充分融合,昆曲实景版的演出展现出当地的人文地理风貌,形成了独特的旅游资源,促进了区域文化产业的快速发展。2001 年,联合国教科文组织就把我国的昆曲列入了第一批"人类口述和非物质遗产代表作"名录当中;2006 年昆曲被列入第一批国家级非物质文化遗产名录。

2007 年以徐宝庆为代表的海派黄杨木雕,被正式列入上海市非物质文化遗产保护名录,并于 2008 年被收进国家级非物质文化遗产保护名录。海派黄杨木雕是中西方雕刻艺术融为一体的典型代表,它将西方的"形似"与东方的"神似"巧妙融合,逐渐形成了独特的雕刻语言。海派黄杨木雕的题材包罗万象,既有宗教题材又有民间题材,甚至有与人生有关的题材。①海派黄杨木雕最主要的就是写实风格,木雕作品以刀法凝练秀丽著称,具有非常浓厚的艺术气息和艺术美感,赢得了海内外的诸多殊荣。随着本地文化与西方文化的融合,黄杨木雕在雕刻技法上使传统文化焕发出全新的光彩。黄杨木雕作为一项重要的非物质文化遗产,充分地展现出长三角城市特有的文化内涵,也极大地丰富了长三角城市文化资源的内容,成为一种活态的非物质文化传承形式。

苏州的桃花坞木版年画起源于宋代的雕版印刷工艺,到了明清时期逐渐成为一个民间的艺术流派,在 2006 年被列入国家级非物质文化遗产名录。桃花坞木版年画与杨柳青木版年画并称为"南桃北柳",在我国有极大的影响。桃花坞木版年画来源于民俗,也是民俗的一种具体表现形式。桃花坞木板年画无论是制作行销或者是供人们欣赏时,都展现出了浓郁的民俗文化气息。

有着两千多年悠久历史的杭州,不仅有娟秀的西湖文化景观,还有家喻户晓、耳熟能详的神话故事《白蛇传》,讲述了一个凄美的爱情故事。开发杭州的文化资源,尤其是旅游文化资源,能够有效提升其文化产业的发展水平。将神话故事与影视戏剧相结合,诞生了许多优秀的经典剧目,比如浙江省昆剧团就有经典的传统昆剧剧目《雷峰塔》。除此之外,还有经典不衰的电视剧《新白娘子传奇》,更是风靡了半个世纪。由此可见,白蛇传说具有非常深厚的文化资源开发价值。

三、长三角城市文化创意产业发展存在不足

长三角的文化资源极其丰富,优势也非常明显,但仍存在诸多问题,最

---

① 陈哲君:《非物质文化遗产:海派黄杨木雕技艺的保护与发展》,《美与时代(上)》2015 年第 2 期,第 41—43 页。

为凸显的是城市文化资源与城市文化产业之间的文化转化力较弱,从而导致许多城市文化资源没有被充分利用。同时,长三角城市文化产业缺乏发展动力,进而造成文化资源优势无法有效发挥,主要体现在以下三个方面[①]:

第一,长三角沪、宁、杭城市文化资源向文化产业转化能力较弱。随着文化产业的快速发展,相关部门对文化资源的开发意识薄弱等现象日益突出,造成文化资源无法有效转化为文化产业。因此,今后在对城市文化资源进行开发利用时,必须要扩大对于诸如桃花坞木版年画此类非物质文化遗产的深入挖掘,对产品形式和产品质量等进行全面的创新和提升,使对传统文化资源的开发利用更加符合现代人的审美标准,让文化资源更好地推动文化创意产业的发展。

第二,长三角城市文化创意的原创能力相对薄弱。有效促进长三角城市文化创意产业的发展,最为重要的环节就是对相关产业进行整合,而不是仅仅局限于某一个城市。首先,地方政府势必要出台支持城市创意文化产业发展的相关政策,只有通过政策引导和资金支持,才能够保证更多的有识之士投到城市文化产业的创意发展之中。其次,要避免模仿他人,或者用"一揽子"的手段来解决创意发展的一系列问题。文化产业发展的问题,也不能够简单地将创意文化产业分为动漫、设计、影视、IP等。再次,必须要加强对于城市创意产业之间的整合与创新,结合当地的历史文化储备、人才状况,以及特色经济发展情况,以提高文化产业的原创力。然而,从目前来看,长三角城市群中积极发展文化创意产业的城市,仅仅上海、杭州、南京、苏州、常州、无锡、宁波等城市就有二十多家动漫基地,这样就导致跟风式的问题非常严重。从而导致整个区域内部缺乏特色产业,也没有互补产业,所以

---

① 康保苓、陈友军:《城市文化创意产业竞争力评价指标体系的构建及应用研究——以上海、杭州、南京为例》,《湖北理工学院学报》(人文社会科学版)2014年第1期,第37—41,46页。

致使创意产业发展受到局限。[①]政府采取扶持措施,往往都是通过支持项目申报、减免税收等方式,并没有从根本上提高长三角城市文化的原创能力。

第三,长三角城市文化的创新发展能力较弱。在长三角地区,由于各个城市的综合竞争力存在较大差异,所以必须要针对长三角地区城市文化的创新发展能力进行评估与分析。上海作为国际闻名的大都市,是我国的经济金融和贸易中心,也是最大的工商业城市,在长三角区域扮演着重要的龙头角色,无论是人力资源需求还是资源配置都处于领先地位,这样也就促使上海市的文化竞争力跃居全国前列。[②]但是,上海市缺乏文化创新的投入,造成本土的文化资源无法发挥出应有的作用。如何提升长三角城市文化创新发展能力,是人们值得思考的问题。

四、长三角城市文化创意产业的发展对策

(一)长三角城市物质文化资源的利用和产业转化

在针对长三角城市物质文化资源进行利用与产业转化时,务必要充分挖掘长三角城市的文化资源,以进一步提高长三角城市规划的整体成效为目标。诸如苏州古典园林这样的物质文化资源,成为长三角城市文化的一张闪亮名片。此外,还要积极开发杭州西湖文化景观等物质文化遗产,以此来发展长三角城市旅游文化产业。首先,在开发中就要体现出的是自然之美,人与自然的和谐相处,能够让人感受到世间万物融为一体的美好感受。其次,要加大对于杭州西湖文化的宣传力度,杭州西湖作为名人湖有着巨大

---

① 陈前虎:《多中心城市区域空间协调发展研究——以长三角为例》,浙江大学出版社 2010 年版,第 97—112 页。

② 周国强:《长三角城市群文化创意产业发展格局及效应研究》,宁波大学博士学位论文,2017 年。

的文化资源开发价值。人们将这些人文故事与杭州西湖的美景进行完美结合,能够使游人更好地感受到杭州西湖的人文景观魅力。[①]例如,亲临杭州孔庙,能够深刻地感受孔孟之道所蕴含的中华传统文化的精髓,探索儒家的传统文化。此外,还可以针对杭州西湖的情感文化等诸多文化资源进行深入的研究和有益的弘扬,例如忠孝文化、茶禅文化等。

(二)长三角城市非物质文化资源的利用和产业转化

人们应当对长三角城市非物质文化资源进行利用与产业转化,合理并有效挖掘长三角城市的文化资源,提升产业转化率。桃花坞木版年画非物质文化资源的利用和产业转化是一项成功的案例,现代的桃花坞木版年画更倾向于一种艺术性的装饰。因此,首先人们在对桃花坞木版年画的设计中,必须要保留桃花坞木版年画的艺术设计新奇的特性。其次在设计中要留有令人回味的思想空间,使桃花坞木版年画的设计具有简洁的艺术画面,能够吸引消费者的目光,强化视觉表现的功能,最主要的核心在于能够令人产生沉思与回味,达到简约却不简单的效果。当前消费者重视的是情感体验,只有充分满足了消费者的审美情感需求,才能够强化桃花坞木版年画的宣传功能,对非物质文化资源的开发产生积极的效应。只有让桃花坞木版年画的整个画面唯美生动,才能够使人们乐于去欣赏,以提高对桃花坞木版年画的宣传效果。与此同时,还应当加强对于长三角城市例如海派黄杨木雕、昆曲以及白蛇传说等多种非物质文化资源的深入挖掘,形成产业化的发展格局,进一步推动长三角的城市文化创意水平不断提高,积极提升人们对于长三角城市文化的保护意识。因此,我们要提高对于非物质文化资源的产业转化率,只有形成产业集聚效应,才能够使整个非物质文化遗产的传承

---

① 汪曼、林华治:《城市旅游形象感知:基于西湖景区评论的可视化分析》,《浙江树人大学学报》(人文社会科学版)2018年第11期,第53—59页。

与发展水平不断提升。

(三)长三角城市形成强有力的文化创意产业集群

文化创意产业集群就是将区域内独立又具有关联的企业和机构,通过专业化分工与协作的方式,组成统一的组织。在文化创意产业的发展过程中,逐渐地整合文化创意产业链所有的上游、中游和下游企业,使之发展有序,结构合理。由于目前长三角城市区域内部文化创意产业园的建设还存在许多的不足,没有能够充分发挥区域联动效应与合作效应,从而导致整个区域内部之间的信息互通互联效果不理想。当前,尽管长三角城市群的各个地方政府,对文化创意产业园的建设意愿非常高,但是经常出现主题不明确、内容不完善的情况,导致文化创意产业园的集群合作效益没有充分得以实现。①不得不承认,长三角城市群内的诸多文化创意产业园区企业存在"集而不群"的现象,也就是说尽管大部分的文化创意企业集聚在了一起,但是由于彼此之间缺乏产业联动性,甚至存在激烈的竞争,导致彼此之间的合作效果不理想。

提高长三角城市群文化创意产业集聚合作的效益,势必要逐步加强政府的政策引导、完善分层管理体系、强化示范园区的龙头作用,积极鼓励本地区具有文化创意特色的企业入驻,而不应该吸引重复建设,或者特色不突出的文化创意企业,以避免资源重组造成的浪费。由此,应加强区域之间的整合,形成全面的文化创意产业链体系。例如,在对杭州西湖景观区域进行旅游创意开发时,必须要加强西湖景观与周边区域产业链的协调发展,才能更好地带动文化旅游产业、设计行业、餐饮休闲、教育培训行业等的发展。

---

① 史征:《长三角城市群文化创意产业集聚合作发展的有效路径研究:以沪、宁、杭三地文化创意产业园区为视角》,《兰州学刊》2011 年第 2 期,第 76—80 页。

（四）长三角城市文化创意产业发展模式

积极推动长三角城市文化创意产业发展的进程，完善对长三角城市文化资源的合理利用，能够形成特色鲜明的文化创意产业发展模式。通过对传统文化资源和特色产业进行深入挖掘、合理开发，才能够探索出一条与区域文化特色实际相符合的发展之路。发展长三角城市区域文化创意产业，要充分地发挥政府的主导优势，对文化资源的开发资金扶持配套到位，并为文化创意产业的发展创造良好的市场环境，努力探索出一条适合长三角城市文化创意产业发展的模式，以提高整个长三角城市区域内的创意产业发展水平。

以长三角城市文化创意产业的"杭州模式"为例，近些年来，杭州文化创意产业的发展取得了显著的成效。通过加强政府主导、促进产业集聚、整合文化金融、实现人才驱动等手段，提高了整个杭州市文化创意产业发展的质量与水平，也促进了整个创意产业的升级与创新，全面推动了长三角城市区域文化创意产业的快速提升。我国2017年发布的《中国城市文化竞争力研究报告》显示，杭州市在35个城市中排名第三，最主要的原因就是杭州有着浓郁的文化氛围。[①]所以杭州市作为我国社会经济发展最具活力的区域之一，随着人均整体消费需求的不断升级，不仅产业空间发展巨大，而且还有着充足的民间资本。"杭州模式"正是通过挖掘深厚的文化资源，有效提升了城市文创产业的发展空间，快速实现了长三角城市文化创意产业的整体价值。

---

① 范周：《中国城市文化竞争力研究报告》，知识产权出版社2017年版，第19—55页。

五、结论

本文通过分析长三角城市文化资源整合的利弊，对城市文化资源的开发进行深入探寻，以沪、宁、杭等城市作为研究案例，较为清晰地解析了提高长三角城市群文化资源的有效利用率，进而推动城市文化创意产业发展的解决路径。然而，通过研究发现，当前人们对长三角城市群文化资源的挖掘力度还不够，仍需要加大力度开发城市文化资源。通过对苏州古典园林文化、杭州西湖文化、海派黄杨木雕文化、桃花坞木版年画等文化遗产的案例研究，分析得出其目前存在的主要问题就是对城市文化资源的转化利用不到位、原创能力相对薄弱、城市文化创新发展的水平不足等。为此，必须要加强物质文化资源和非物质文化资源的转化和利用，积极打造具有竞争优势的城市文化创意产业集群，促进长三角城市文化产业的创新发展。通过对"杭州模式"的分析，我们总结其中的成功经验，能够有效加大长三角区域的文化资源整合力度，形成一定的规模效益，让城市文化创意实现可持续发展。

产业发展视角下VR直播应用分析

余　霖　石景源①

【摘要】当前直播产业已在各行各业迅速发展,随着元宇宙的兴起,5G技术的成熟,"VR＋直播"悄然布局,并在各个行业得到广泛应用。但新技术的出现,往往会存在发展的不足和局限。对于VR行业来说,更要牢牢抓住这一技术发展的先机,积极与各个领域合作融合,打破发展局限,打造精品直播内容,步入快速发展行列。

【关键词】虚拟现实直播;行业应用;发展趋势

VR直播,是将VR技术与传统的网络平台直播相结合所诞生的一种全新的传播形态。广义上来说,VR直播是以VR技术为基础,实现音视频流媒体的实时传输与播放并且辅以交互的直播技术。②通过VR技术,用户可以获得更加逼真、立体、丰富的视觉体验,它具备三大特点:实时、沉浸、交互。随着其在体育比赛、电视综艺、新闻报道和教育培训等的广泛应用,VR技术

---

① 作者简介:余霖,厦门理工学院影视与传播学院副教授,硕士生导师;石景源,厦门理工学院2021级艺术学(广播电视领域)硕士研究生。

② 刘江浩:《元宇宙赋能下用户对VR直播的使用体验研究》,《东南传播》2023年第1期,第34—37页。

已经在实际应用中取得了显著的成果,并且越来越受到消费者的青睐。

VR技术的进步在于它能够提供高清的8K/16K和360°的全景画面。VR直播的流程分为前端采集、传输处理、终端播放三个部分。前端采集即使用全景相机拍摄,在相机内部完成实时拼接、编码、推流。在传输处理部分借助网络或云平台对视频流进行存储、封装、转码、分发,将直播内容全网分发给媒体,从而获取流量曝光强化宣传效果。用户可以在多种终端观看,例如手机、电脑、大屏、VR眼镜等。

根据赛迪顾问的统计数据,预计到2025年,全球VR直播市场规模将从11.61亿美元增长至41.13亿美元,其中复合年均增长率(Compound Annual Growth Rate,CAGR)将达到37.19%。2022年6月8日PICO推出了一款全新的才艺直播节目,以满足用户的观看需求。10月,PICO的才艺直播陆续出现在安卓和iOS端的抖音。巨量算数显示,关键词"VR直播"自2022年9月15日开始,在抖音的搜索指数水平明显提升,一举突破了9月和10月的2.9万平均值,单日峰值最高达到6.1万。这些数据说明,VR直播具有较强的发展后劲和潜力,但VR直播作为一个相对新鲜的事物,其各方面发展还不太完善。在生产内容方面,例如在抖音平台搜索VR直播,大部分直播账号为才艺主播,并没有将其与短视频平台的优质内容进行更好的结合。当前主流的VR终端产品如PICO、Quest等品牌价格相对高昂,难以打入各年龄段市场。

2015年10月28日,NBA首次为赛事直播观众提供了VR直播服务。2022年北京冬奥会期间,央视频和PICO联手推出了8K和VR直播观赛模式,观众不仅可以使用VR设备观看,而且也可以通过网页和App访问VR全景视频,只需要轻轻一点,就能够实现360°的视觉体验。除了赛事直播之外,演唱会也成为VR直播的主战场。PICO于2022年4月9日,首次推出王晰"图景"个人巡回音乐会,它以8K、3D、VR等技术,给观众带来了一场前所未有的视觉盛宴,让观众感受到科技带来的艺术魅力;同年5月17日,PICO

推出了郑钧"We Are"VR私人唱聊会,这场演出打破了以往的习惯,给大家带来全新的视觉体验;6月6日,"3D大片重燃计划"正式宣告,它将与世界各地的顶级电影公司建立联盟,共同打造超过百部3D经典电影的版权,涵盖漫威系列、《变形金刚》、《银翼杀手》等知名电影,让观众有机会欣赏到令人惊叹的视听盛宴;A-SOUL平台迎来了一支全新的A-SOUL虚拟偶像女团,她们于6月17日晚8点,进行了一场全新的VR夜谈,引发全网的关注与热议。汪峰在PICO平台举办了一场VR乐享会,这次活动在7月2日取得了巨大的成功,微博上相关话题的曝光量达到了1.9亿。

近年来,快手等短视频平台不断探索和创新,以满足用户对多维优质视频的需求,并且实现了4K清晰度和全屏播放的功能。数据显示,从2021年1月到2021年8月,快手平台累计上传了490部百万级别的视频,其中有超过342部达到百万级别的作品。快手上的VR作品数量也激增至28404个,每周新增作品数量更是超过1000个,这些作品以其出色的交互性,深受创作者和用户的青睐和喜爱。快手目前拥有超过1万名专业的全景视频创作者,其周活跃消费用户已经突破5000万,而且还催生出了一批百万粉丝的大V,如祁思阳、insta360、看到科技、草率菌、终极全景VR等。除了人民VR、新华社、中国国家地理等权威媒体机构,快手积极参与到全景视频创作中,共同打造出一个全新的、具有深度和广度的全景视频内容生态。

一、公共事件VR慢直播

"VR慢直播"从内容来源来说可以分为两类:一类源于监控直播的媒体合作,例如由中国网络电视台(CNTV)与四川成都大熊猫繁育基地合作设立的"熊猫频道"。以中国国宝大熊猫为核心,熊猫频道提供了24小时不间断的互动式直播、精彩视频、精美照片等丰富多彩的内容。另一类是媒体针对某个专题策划的"VR慢直播",新冠疫情中的武汉"火神山""雷神山"的"云监工"就是专题类慢直播。"VR 慢直播"的镜头特点十分突出,一般呈现为一个较大场景的固定镜头,中间极少有切换,会长时间维持单一的画面,或设置多个角度固定机位,供观众自行切换选择。

央视频客户端自 2020 年 1 月 28 日起,对武汉"火神山""雷神山"医院的建设进行云直播,此次云直播并非一场简单的网络直播,其打造疫情背景下全民抗"疫"的独特集体记忆,是一场有关全体中国网民的互动仪式。超高人次观看量和超高的"云监工"人数,为直播行业带来了一次重大变革。[①]目前,业界和学界对于"慢直播"还没有明确定义。有研究认为,"VR 慢直播"是一种以直播时间长、节奏慢、无剪辑、镜头固定、内容单一为主要特点,完整而连续地拍摄人、事、物的活动状态及周围环境的视频直播形态。"VR 慢直播"的视频内容通常没有人为干预,自然发展,画面解说主要依靠屏幕下方的文字说明,不需要主播。目前,"VR 慢直播"的内容大致分为三类:风景类、动物类和事件类。[②]

在 VR 慢直播中,新闻生产者即大众传播媒介往往不再是传统意义上的新闻内容的生产者,而更多的是为受众搭建的一个"媒介"或"平台"——他们在公共事件或其他新闻现场架设多个不同角度的全景固定机位,供观众进行选择和观看,将新闻现场无编辑、无修改地进行实时直播,还原最真实的现场内容。

在"VR 慢直播"中,用户成为"信息生产者"。

首先,过去的媒体通常会选择重要的公共事件进行"编码",并让受众根据"编码"内容进行解读。但是,在"VR 慢直播"中,"编码""解码"的过程完全由用户来完成,他们拥有了主导意义构建的权利,他们可以决定什么时候

---

① 穆静:《VR 慢直播在公共事件传播中的应用与风险》,《声屏世界》2021 年第 20 期,第 93—95 页。

② 杨继红、姜华:《VR 慢直播的媒体价值和社会价值——央视频〈两神山建医院〉慢直播的实践和启示》,《传媒》2021 年第 24 期,第 12—14 页。

观看,从哪个角度观看。随着科技的发展,公共事件的呈现不再受时间和角度的限制,用户可以随时随地进入直播,并且可以根据自己的喜好选择最佳机位。其次,用户掌握传播主动权。一方面,用户可以从VR慢直播中以自己的观察视角截取自己认为重要的片段,在各种自媒体平台、短视频平台等进行"整合性生产"和"扩散性生产"。[①]另一方面,用户也可以"入镜",进行"原创性生产"。在中国传媒大学"反对餐饮浪费"主题的"VR慢直播"中,慢直播摄像头对准餐厅收餐处,不时有学生到摄像头前做一把"主持人",呼吁大家"光盘行动"。

"VR慢直播"以真实的直播内容、自然的直播形式、温暖的直播过程、观众生产内容为特点。新闻媒体不再进行直抒胸臆的评述与观点表达,观众在直播过程中可以对直播的素材进行观点的自由输出。随着5G、4K、VR、AI技术的日趋成熟,"慢直播"将在代入感、伴随感、功能性等方面不断增强。媒体应充分认识"VR慢直播"的发展前景,在媒体融合发展进程中把握机遇,发挥"VR慢直播"的优势,不断创新直播内容和直播方式,促进VR技术在新闻生产中的应用。

二、文旅产业"VR直播"

随着新冠疫情的结束,后疫情时代的到来,我国文旅产业将迎来迅速回温和发展。据报道,2023年我国"五一"出游人数超过2亿人。文旅产业发展过程需要更加重视科技和创意的力量,以往靠简单地复制国外的模式或购买国外内容、形式已无法适应国内文旅产业的消费需求。现在消费者越来越重视创意和科技的力量,因为科技和创意里面既包括想象力,也包括设计能力,或者说审美的能力。VR直播在文化旅游行业中的应用,不仅拥有

---

① 卢臻:《5G+VR开创直播新模式视频传媒产业变革加速》,《通信信息报》2021年12月
    22日,第6版。

传播迅速、信息准确、形态生动、受众广泛、成本低廉、沉浸感极佳的优势,还可以利用VR技术从不同的角度展示出丰富的景区或文化旅游内容,让游客获得更加逼真的体验,进一步激发他们的兴趣,同时也可以借助VR虚拟主播的人气,增强景区或文化旅游的宣传效果,激发更多的社会关注。借助VR技术,中国电信天翼云为嵩山少林寺景区提供了"8K＋沉浸式"高清、低延迟VR直播体验,将中华传统文化与先进科技完美结合,让游客体验到前所未有的文旅体验。

在内容方面,VR直播除了可以更加生动形象地宣传旅游资源,更重要的是,受众借助VR眼镜等终端,可以预先体验当地风景和特色,这就提高了对文旅产业的内容生产要求。VR直播内容要与传统的短视频和带货直播体现出差异性,既要体现出"沉浸式"的内容传播特点,又要平衡好商业性和文化传播属性的关系。其次,需要在直播策划方面做好以下选择:一是确定具有文化特色的直播主题,把当地旅游景点、传统文化和VR的沉浸感体验三者融合,让直播内容具有更强的感染力。二是根据文旅产品的特点选择适合的直播平台,例如可以在抖音、快手、淘宝等平台直播,这些平台的直播可以方便实现文旅产品变现。三是使用多样化的新媒体平台,并在这些平台创建商家的官方账号,发布碎片化、多样化、易分享的内容信息,以此来传播、宣传"文旅＋直播"的活动,使得消费者可以在多种渠道之间切换并进行信息分享。四是VR直播实境体验的特点,更容易与受众之间建立信任关系,促进观众积极互动,增强旅游消费的欲望。除了核心文旅资源的展示,还可以充分调动各种资源,丰富直播内容与产品提供,既使消费者获得更为多样化的体验,又能将流量变现,为文旅产业从业者带来销售增长。

三、电商VR直播带货

直播电商市场是近年来迅速崛起的一种新型电商模式。在这个模式中,主播通过直播的形式向观众展示商品,并进行销售和推广。这种模式的优点在于可以为消费者提供更加真实、生动的购物体验,可以显著提高销售成功率。当前,电子商务直播已成为电子商务领域的一股新兴力量。

在过去几年中,我国的直播电商市场交易规模已经从2021年的2.3万亿元增长到了2022年的3.5万亿元。这是互联网行业中发展最快的行业之一,并且呈现出去头部化、去中心化和多元化的趋势。直播电商市场规模巨大,成为电商行业的重要组成部分。这一庞大的市场规模,不仅吸引了大量的投资者和创业者,也吸引了众多消费者。2022年我国电商直播用户规模达4.73亿户,消费者人均年消费额为7399.58元。随着消费市场的回暖和发展,直播电子商务已经成为中国消费者生活中必不可少的一个选择,其影响力正在迅速拓展。从之前的美妆、服饰到现在的生鲜、家电、文旅产品等各类商品都可以通过直播电商平台进行销售。随着5G网络的不断普及,视频的表现形式正在从单纯的平面转变为更加丰富多彩的立体沉浸式体验,这种转变为用户带来了更加便捷的购物方式,同时VR直播将极大地提升消费者线上购物的视听体验。

电商VR直播借力5G网络实现极速网络传输,使消费者不仅可以在720°超高清全景直播画面中任意选取观看视角,享受身临其境的体验感,还可在VR直播中直接进行在线购物交易。早在2020年,温州移动、温州广电传媒集团与上海蛙色VR深度合作,推出了"移动5G融媒体＋应用实验室",在国内首次实现了"5G＋VR"全景直播带货交易,并在交易中植入了区块链技术。仅一小时的直播,在线观看人数高达29.5万,成交额15.87万元。这种新鲜又逼真的视觉体验,让消费者足不出户,就能畅游全球大小商场。帮助消费者更快、更直观地进行支付交易。促进电商直播行业不断丰富创新销售模式,带来新的用户消费增长。

四、VR直播教育应用

2020年至2022年,在新冠疫情影响下,教育行业受到了前所未有的冲击,加上"双减"政策的出台,校外培训等教育行业机构大规模关停。在新技术不断发展的今天,教育行业也需要紧跟技术潮流,在教育教学方式和媒介上不断尝试。线上直播教育方式和技术已得到相对成熟的发展,打破了课堂的空间地域限制。VR直播教育的出现,将彻底改变传统教学模式,它让学习者在虚拟环境中体验到真实的课堂氛围,不仅能够让学习者更直观地理解教学内容,增强学习的趣味性和互动性,还能够让教学活动变得更加便捷,克服空间的限制,大幅提升教学效率。该系统将对学习效率的提升、教学方式的变革和教学效果的提高产生积极作用。

VR直播技术应用于教育教学将会是线上教育发展的一次飞跃。通过将VR技术与传统的课堂教学相结合,研究者开发了一种基于远程教学的系统,它打破了传统的教学模式,实现了教师根据学生的个性特点进行个性化教学。每一位学生都可以在虚拟环境中,感受沉浸式教学,教学系统让学习的知识可视化、立体化、体验化。

VR提供的沉浸式场景能让线上教育场景更加丰富生动。传统的教育方式中,因为空间、设备、师资等各种教学资源的限制,教师无法对教学的内容进行直观的演示和解说,学生只能通过图片、视频的辅助来理解教学的内容,而在VR场景内,学生可以720°无死角观察所有演示内容,并依据自我的疑难点或兴趣点对某个内容进行深入的探究式观察与学习。知识的理解更加直观和轻松,学生的学习兴趣和学习效果也将大幅提升。

VR在线直播课堂发展现状仍存在不足和局限,当前多数家长对VR教育接受程度较低,使用VR设备意愿不强。较多家长考虑到这类新技术是否符合学生的应试学习环境。同时,VR的沉浸性、开放性和虚拟性等特性,导致部分家长对VR直播教育长时间虚拟生存可能产生的心理问题持审慎态度。进行VR直播教育,同样存在教育资源和内容稀缺的局限。教育最重要的就是内容与质量,好的内容才容易被学生、老师和家长接受。VR教育正处于初级阶段,内容和场景开发者数量有限,内容丰富性不足,缺乏成熟的内容,使得它在吸引用户方面存在一定的困难。使得学生仅仅借助了这一技术,而没有将这一技术的优势充分发挥,这使得VR直播教育在国内还未得到广泛的认可与应用,离大面积普及还有很长的路要走。

VR教育的发展离不开VR硬件的支持,因此,硬件的完善和成熟对于VR技术的发展至关重要。只有硬件的充分完善,才能使VR技术真正落地,从而推动VR教育的发展。虽然国内VR硬件技术取得了长足的进步,但大多数产品的分辨率和刷新率仍然不能满足用户的需求,这给用户带来了不便,尤其是学生,长时间佩戴可能会出现眩晕的感觉,而这些问题仍未得到有效的解决。目前,VR硬件种类繁多,技术水平也各异,但是由于它们的性质和功能的差异,很难实现完全的兼容性。尽管一些品牌以低价著称,但大多数VR设备的价格仍然较高,这对于义务教育中的大规模使用来说,仍然是一个巨大的挑战。

当前从事VR产业的相关企业虽多,但大部分企业仍聚焦于热门的游戏和影视等领域,这也降低了VR直播教育在国内的发展速度和普及率。

五、VR直播发展趋势

事实上,VR直播技术已有多年发展经验,2017年,中央电视台的春晚首次尝试使用VR直播技术,然而,当时的网络传输能力有限,使其无法借助高速网络传输应用到各个行业和领域。如今,随着5G网络的普及,VR直播的时代正式拉开新的序幕。5G技术的出现,使得虚拟现实技术的应用更加普及,它的大带宽、高传输、低延迟等优势,使得虚拟现实技术可以更加便捷地进行 VR 直播,借助 VR 摄像头,只需要一根网线,便可以轻松地完成虚拟现实的直播。5G 网络的加持,让画面数据能够快速实时地传输。通过配备多角度的 VR 机位,将 4K 信号输出上传至云端,用户可以在客户端中自由切换视角,从多个角度进行直播,让用户体验到真实的现场沉浸感,同时也能够更加舒适地体验真实的空间感。

据统计,VR 直播在 2019 年的市场规模为 9.4 亿元,而在 2020 年,这一数字进一步攀升至 11.2 亿元。由于疫情的影响,VR 直播的需求大幅增加,为推动其发展做出了积极贡献。VR 技术的独特之处在于它可以让用户沉浸其中,同时也存在着某些局限性。当前,VR 直播已经不再仅仅局限于娱乐领域,而是扩展到了日常生活和游戏领域。但 VR 直播的技术难度较高,主播和观众都必须购买 VR 设备才能进行,从而拖累了其发展的步伐。未来 VR 直播仍有许多难题需要突破,有学者预测 VR 直播在各行业内普及至少还需 3 年时间。

VR 直播技术在各领域都得到了广泛的应用,包括体育比赛、表演、宣传活动、文化旅游和商业营销。但 VR 直播的内容、数量和质量还远远满足不了用户的使用需求和预期体验。相关 VR 直播技术和内容研发企业要以 VR 直播的独特优势为抓手,开发各消费群体所能接受的内容和场景,满足不同行业和场景的应用需求。例如,2021 年淄博移动充分利用"5G＋VR"技术,通过"爱心助农,直播卖货"VR 直播平台,为当地农民提供更加便捷的网络销售樱桃的服务,当天带货销售额便达到了 2 万余元。清华大学庆祝建校 110 周年时通过 VR 直播将校园景象搬上了网络舞台,利用先进的智能机械车载 VR 系统,实现移动式游园直播,从而打破传统直播场景的局限,让观众体验到前所未有的乐趣。根据统计,当天直播间的观看人数达到了 452.1 万人次,而点赞数则达到了 85.5 万人次。

现阶段,VR 直播已经在娱乐、游戏、体育、教育、医疗等领域得到了广泛应用,未来应该朝以下方向发展。首先,完善 VR 直播技术,VR 直播技术仍还存在较多不足,如所需设备成本高、传输速度慢等。为了提升 VR 直播的体验,技术方面需要进一步改进与完善。其次,打造更多元化的 VR 直播场景,未来 VR 直播将通过多样化的场景设计,提升用户的使用体验,如主播与观众的互动、多维度的全景视觉展示和虚拟场景与真实人物的结合,都将成为未来 VR 直播必须发展的方向。再次,在探索 VR 直播的商业模式的过程中,可以将普通的带货直播与 VR 直播相结合,增加消费者的消费体验。最后,加强 VR 直播与智能硬件设备的结合,如与头戴式显示器、手柄等硬件设备的结合,进而提升用户的沉浸体验感。总之,VR 直播应该朝着不断丰富直播内容、提升技术体验、拓展场景、寻找新的商业化模式和加强硬件设备等方向发展。只有不断地适应发展趋势、满足用户需求,才能不断地保持竞争力。

中国传统文化题材影视作品IP体系
打造的价值研究

刘 强 郭子润①

【摘要】文化是一个民族血脉和灵魂的象征,继承中华文化并将其发扬光大,建设中华民族共同的精神家园,是全体中华儿女的夙愿。党的十九大报告强调,中华民族伟大复兴,离不开高度的文化自信和文化的繁荣兴盛。通过研究,将"中国传统文化"与影视"形神合一",达到表里合一境界,打造新概念、新范畴、新表述。

【关键词】传统文化;影视作品;研究路径;研究价值

一、影视IP形象深受观众喜爱

"超级英雄"IP是热门话题之一,由漫威和DC所塑造的超人、蝙蝠侠、神奇女侠、蜘蛛侠、金刚狼等美国的超级英雄IP,以及EVA、哥斯拉、奥特曼、假面骑士、超级战队等日本超级英雄IP为国人所熟知,而我国传统文化中有猴王、哪吒、葫芦兄弟、姜子牙、梅长苏、花木兰、盘古、女娲等。当动漫、电影

---

① 作者简介:刘强,齐鲁工业大学文化产业研究院副教授;郭子润,山东金声玉润影视有限公司董事长。

等文艺作品在海外传播时,其中的超级英雄IP不仅成为相关国家文化产业经济的重要组成部分,更成为传播价值理念的重要载体,在文化、经济等领域具有相当的影响力。在多种多样的文化IP中,英雄人物IP是最为全球消费者认可的,最能够跨越国家、民族和文化鸿沟的IP。

近几年,随着文化产业泛娱乐的兴起,IP热不断升温,为国内影视剧、电影市场开辟出一条新路——影视IP产业的全面发展。目前,中国传统文化题材的影视作品整体数量庞大,其中不乏精品,如《大圣归来》《琅琊榜》《熊出没》《庆余年》《三生三世十里桃花》《哪吒之魔童降世》等。但主要问题也比较明显,如题材比较单一,在我们漫长的历史文化长河中仍有许多有趣的、有价值的主题内容没有被开发出来;在对中国特有的哲学思辨和集体人格的更深层次的表现方面,影视作品显得乏善可陈;从产业发展的角度来看,影视产业链条短、后续开发成功影视作品能力弱、品牌塑造不足、辐射力不足、对其他相关产业的整合力度不够等,都是影视产业发展的短板。

影视文化是当前最具时代特征的文化形态,传播力强、内容覆盖广泛,中国传统文化作为我国国家形象和文化自信的重要载体,应当成为影视文化的题材内容,视听手段应成为弘扬我国优秀传统文化的重要手段,而较强的产业能力和品牌推广能力,则对我国优秀传统文化的传承与发展、在国际领域的影响力塑造意义重大。同时,当前在国际环境错综复杂、多元文化纷繁复杂的背景下,我国优秀传统文化是中国文化名片,其精深广博的思想内涵也是应对复杂社会、经济、文化现象的智慧源泉,其通过影视手段、产业品牌的辐射能力更为广泛地传播,有利于人类社会的共同进步。最后,加强中国传统文化与影视的联姻,同时强化产业化手段,打造IP体系,丰富产品形态,有利于优秀文化产品的供给,这在当前物质产品供给过剩、优秀精神产品匮乏、需求旺盛的大背景下,对中国文化市场供给的提质与繁荣具有十分重要的意义。

二、国内外传统文化影视 IP 研究的现状及发展趋势

党的二十大报告中提出，推进文化自信自强，铸就社会主义文化新辉煌，而这种自信自强很大程度上来自中国古往今来的特色文化。建设社会主义现代化文化强国的重要内容就是树立文化自信，增强中国文化软实力，而影视正是满足这一需求的"视觉"与"听觉"相辅相成的艺术形式，是文化的重要表现形式。

如果以"中国传统文化"及"影视"作为关键词在中国知网进行检索，有近 60 条与此相关的文献。这一方面说明学界对中国特色文化影视的研究已经有了一定的关注，另一方面又可以看出这一领域研究的薄弱，这在一定程度上留下了许多研究的生长点。综观这些研究成果可以发现，首先一部分研究集中于中国传统特色文化在当代影视中的应用与融合，张亚南以《霸王别姬》为例，认为传统文化国粹京剧与影视艺术互为表里，"在深度融合的过程之中共同纵、横、显、隐于光影之中，为这部影片建构起了一种自然的超时空自如转换的历史大背景"[①]，肖玲、张廷晓、王赞在《中国传统体育文化在国际影视作品中的诠释——以〈功夫熊猫〉为例》中则认为"依托于中国传统体育文化而创造的《功夫熊猫》中具有鲜明中国特色的服饰、道具，忠义礼智信等文化意识都凸显了中国传统文化元素"[②]，而对农耕文明、宗法制度及图腾崇拜的写照，都隐含了中国传统文化的"国际化"阐释。不仅如此，中国传统文化在国产影视中运用则更为明显，产生的成果也最多，林园在《论中国传统民族文化在国产影视动画中的体现》从题材、叙事模式、审美情趣等角

[①] 张亚南：《从〈霸王别姬〉看中国传统文化与影视艺术的深度融合启示》，《电影评介》2017 第 17 期，第 18—20 页。

[②] 肖玲、张廷晓、王赞：《中国传统体育文化在国际影视作品中的诠释——以〈功夫熊猫〉为例》，《中国学校体育（高等教育）》2016 年第 9 期，第 16—20 页。

度阐述传统中国传统民族文化在国产影视动画中的具体表现。

"多种媒体文本不仅要发挥自身特质，而且要彼此互动、相互呼应，通过凸显媒体间性来共同建构、细化、拓展同一故事世界。詹金斯认为在跨媒体叙事的理想形态中，每一媒体都尽其所能——以此一个故事可能通过电影引入，又通过电视、小说和漫画得到拓展；这个故事世界还可能通过玩游戏得到探索或者通过逛游乐园得到亲身体验"[①]。安吉利·菲利普斯也对詹金斯的观点表示认同，"用多媒体方式来阐述一个故事，每种方式都有其独特贡献"，而在国内已经有一部分人注意到了中国传统文化题材在不同媒体之间的转换。近年来，将中国网络小说改编成电视剧的例子很多。彼得·布鲁里指出，与其他来源相比，小说是最接近于一个能够提前提供清晰的整体结构和故事基调的剧本，因此受到电影公司青睐。冯建勇在《从〈琅琊榜〉看中国影视艺术对传统文化之弘扬》一文中分析了由网络文学小说《琅琊榜》改编的大型古装传奇电视剧《琅琊榜》，任梦池、张建军的《中国传统文化在当代影视作品中的应用和融合》则提到了同样由小说改编成影视文学作品的《霸王别姬》《归来》及《平凡的世界》等影视剧，于登舟的《基于中国传统文化背景下的影视动漫产业存在的问题与思考》表明"我国影视动漫文化市场上已经出现了一部分作品尝试引入中国传统文化"，而《大鱼海棠》正是《逍遥游》《山海经》《搜神记》等优秀古代作品与中国最古老的传统文化相结合所创作的影视动漫产品，这些文章表明了中国传统文化的 IP 化从小说渗透到影视，已经形成了一套完整的体系。

然而，学者不仅认识到中国传统文化题材 IP 打造的巨大的发展潜力，他们同样也看到了打造 IP 过程中所面临的问题，姬越蓉在《中国传统文学出版IP 研究》中指出，传统文化"丰富的题材内容、深厚的文化积淀、稳定的社会

---

① 李盼君：《论融合文化中好莱坞电影的跨媒体叙事——詹金斯电影艺术传播思想探析》，《中南大学学报（社会科学版）2016 年第 3 期，第 183—189 页。

基础以及巨大的改变潜力等优势,都使传统文学出版作品成为泛娱乐领域中富有潜力的优质IP资源",但同时作者又认为内容改编难度大、开发制作成本高、市场前景不明朗也成为中国传统文化题材IP打造的阻碍;谭吉武在《影视动画创作在新时代的文化担当——论中国传统园林文化对影视动画创作的启示》中表示,中国当代文化面临着作品精神价值和人文内涵的深入表达的缺乏,出现了与传统文化思想断裂的危机,而同时作者也通过对《花木兰》《大圣归来》的分析,看到了中国传统园林文化打造影视动画作品的积极作用。

在众多研究成果中,也有一部分分析了中国传统文化影视IP打造的意义和方法,在《影视文化传播与新时代文化自信培育探究》中,王丹表示:"在影视作品制作过程中,首先应立足于我国传统文化,始终坚持以文化为灵魂,根植于文化的传承,立足中国元素,推动中华优秀传统文化发展。"①通过影视作品的传播,引导人民群众树立爱国情怀和文化使命感。徐克彬认为中国动画应重视民间文学的资源开发,同时表明"当代中国的动画作品之所以缺乏吸引力,在于没有对传统文化进行创意的开发"。②本土动画的振兴必须跳出仅仅引用传统文化的窠臼,大胆地推陈出新,明确当今在日美影视产业的冲击下,原创对于传统文化题材动画的重要性。

根据以上论述可知,虽然许多学者观察视角不同、切入点不一,但个案分析较多,或在相关研究中涉及中国传统文化与影视IP转换的问题。本研究力图在当前研究的基础上,侧重中国传统文化当代转换、品牌化打造、体系化重构,以及如何通过产业链条延伸、产业融合发展、系列产品设计等系统方法实现影视行业质量与效率的提升,切实提升中国传统文化题材优秀

---

① 王丹:《影视文化传播与新时代文化自信培育探究》,《品牌研究》2018年第6期,第148—149页。

② 徐克彬:《全球化语境下的国产动画文化身份认同与构建——兼论动画的文化教育策略》,西南大学博士论文,2015年。

影视转换的品牌价值。

三、优秀传统文化影视IP研究目的及意义

全面地研究"中国传统文化题材影视IP体系打造"问题将是一个系统研究,重点定位于中国传统文化题材电视剧,角度重点在于影视IP体系打造,窄入口,重深度,以期在中国传统文化影视化转换、现代化转换中以现代传媒手段在"提高国家文化软实力,讲好中国故事"方面丰富理论成果。

研究偏重行业应用研究,研究成果直接服务于行业实践。研究重点偏重应用研究,旨在通过研究问题提出具体、可行,有一定实践价值的研究成果,服务于影视产业市场主体、影视产业相关管理协调部门以及相关配套服务部门,同时为有意与影视产业融合发展的相关产业部门提出合作构想与方向。

四、优秀传统文化影视IP的转化途径与模式研究

一是中国传统文化影视创意转化与内容研发。主要包括对中国传统文化资源进行分类、梳理,结合影视创作规律,提出中国传统文化的影视精品创作规律,梳理构建中华优秀传统文化影视题材建议名录(艺术、哲学、文学、科技、神话、非遗等),并通过具体案例分析,对中国哲学、美学思想在影视作品中的注入提出具体建议,如对中国传统哲学思想如何与当前热拍的科技影视、科幻影视相结合等。

二是中国传统文化影视IP体系的转化途径与模式研究。主要内容包括系列影视产品研发、相关产品研发、产业融合模式等,特别是在当前科技背景下,通过科技手段进行产业融合、传播融合、体验融合、消费融合的方法与盈利模式分析。

三是中国传统文化影视相关产品设计与跨文化传播。在前两部分研究基础上，通过国际比较分析，在国际文化传播视域下，研究我国影视产品及相关产品的设计与国际传播问题。

四是开发打造的长效机制的研究。中国传统文化与影视创作、产业发展的深度融合是一个庞大、循序渐进的系统工程，在政策机制、人才培养、投融资、审美教育等方面共同发力，才能形成中国传统文化与影视创作、多元文化消费深层次融合的温润土壤，保证我国影视行业精品繁现、文化特色鲜明、审美哲思动人、产业效率升级、品牌价值提升的良性发展局面。

对中国传统文化影视转化而言，文学研究、文化研究、哲学研究是基础，中国传统文化除人物、故事、文化元素等符号性内容外，中国古典哲学、文化学、人类学研究成果也是重要的转化内容，要将"中国传统文化"影视转化"形神合一"，达到"文质彬彬"的表里合一境界，"打造融通中外的新概念新范畴新表述"需要大量人文研究的注入。将当前人文研究成果与影视转化进行有效对接，运用影视手段深入挖掘和发扬我国传统文化内在意蕴，并通过IP体系打造来扩大我国传统文化形象和影视品牌传播力、产业效率和国际文化市场影响力，需要在机制、政策、措施上有所做为，推动人文研究、影视创作与产业开发形成合力。本研究将重点研究"合力"形成、长效发展的政策、措施，旨在切实为我国传统文化影视转化与IP体系打造做出贡献。

五、优秀传统文化影视IP研究的思路、方法和观点

（一）研究思路

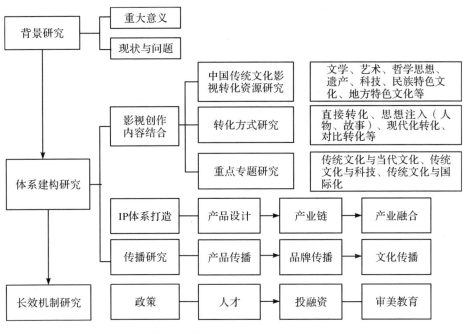

图1 传统文化影视IP研究思路

（二）研究方法

在研究方法上，本项目选取多种研究方法：(1)跨学科研究。基于本课题关于IP问题的学科综合性，决定了必须运用跨学科研究方法。在研究过程中，将充分运用文学、文化人类学、经济学、传播学、管理学等诸多学科的理论、方法和成果从整体上对本课题进行综合、全面的研究。(2)访谈法。通过国内外影视产业、影视娱乐产业、影视旅游产业重点项目策划人、运营人的访谈，国内影视产业专家学者的访谈，影视产业管理部门的访谈，深入了

解当前影视产业IP研发与打造遇到的问题与实践状况,博采众长,在跨学科理论研究的基础上,理论联系实践,进行互动研究。(3)比较研究法。通过纵向、横向比较国内外以及国内不同个体IP之间打造现状,尽可能全面、完整地分析传统文化题材打造影视IP的现状,对当前传统文化题材影视IP遭遇的瓶颈问题进行解析和探索,建构适合中国当前文化背景的影视IP打造的未来发展方向。(4)案例分析法。在文献的整理过程中,笔者发现很多文献是针对某一IP进行研究的,尤其是类似《琅琊榜》《功夫熊猫》等几个IP已成为研究的热门。通过对经典案例的分析研究,以点带面,对中国传统文化题材影视IP打造将有更全面的把握。

(三)研究的重点难点

1.对中国传统文化资源的归类及转化方式研究

中国传统文化博大精深,将丰富多样的文化资源按照影视转化与产业发展要求进行归类总结是一项细致且庞杂的工作,在此基础上研究如何让中国传统文化与当代政治、经济、社会与价值观念相适应,并进行传承发扬是本项目的重点,同时也是难点之一。

2.对中国传统文化影视IP体系的研究

该问题涉及中国传统文化向影视文化产品的转化、影视产业链的打造、影视产业与相关产业的融合、影视品牌的设计与相关产品开发、中国特色文化品牌的传播等一系列的问题,以传统文化创新开发为基础,以产业研究为途径,以产业发展和文化传播为目标,体系性与实践性较强,有一定的研究难度,也是本研究的核心与重点内容。

3.长效机制研究

长效机制是保证中国传统文化资源影视IP体系打造的重要保证,涉及政策、人才培养、审美教育、产业环境等方面的内容。

（四）研究的重要观点

一是更为广阔地选取中国传统文化资源，"形神兼备"地进行影视转化，是传承发扬我国优秀传统文化，树立文化自信，更为广泛地传播中华文化精神的重要手段。

二是通过中国传统文化影视IP体系打造，实现产业融合，是放大影视IP价值，推广中华特色文化的有效手段。以中国传统文化资源的影视转化为内容支撑，通过"在地产品""在场产品""在线产品"的共同开发，推动影视、出版、娱乐、旅游、相关产品设计与制作、教育、科技等相关产业的融合发展，使文化创新与当前国内外文化消费需求相契合，以品牌战略深挖品牌价值，一方面提升产业效率，另一方面提升产业创新能力，对促进文化创新品牌宣传和中国特色文化的良性发展更是大有裨益。

三是建立"政策、人才、投融资、影视美育"良性循环、立体化的发展环境，为中国传统文化影视IP产业的发展提供政策支持、人才动力、资金保障和良好的社会氛围，是中国传统文化影视转化的必要条件，也是中国传统文化影视转化的必要条件。

（五）创新程度及其应用价值

一是将影视创作本体研究、影视产业研究、影视文化传播研究相结合，重点把握相互之间的关联与条件支撑，突出"内容创意是核心，发展理念是引领，产业融合是手段，长效机制是保障"的研究思路。

二是将理论研究、应用研究、政策研究相结合。理论研究与探讨是解决实际问题的基础，应用研究是科学研究的目的，而政策研究是产业发展研究的重要组成部分，本项目针对一个问题将理论研究与应用研究、政策研究密切结合，将更有利于理论创新与行业发展。

IP故事创作的题材来源，可以是神话传说，可以是历史故事，可以是文学作品,也可以是民俗文化。《山海经之再见怪兽》汲取了上古奇书《山海经》的灵感,故事发生的地理位置昆仑二岛,其中出现的龙首青发披风的白泽、鹤头独臂的毕方、人面三首的苦山神、赤皮貌美的九尾狐等角色形象,也都是有据可依。《山海经之再见怪兽》从古代文化典籍和民间传说中也衍生出了《大鱼海棠》中的民俗礼仪、生活起居、人物命名等,反映了中国文化的博大精深。影视作品要植根于传统文化的沃土,汲取其中的养分,发掘和提炼具有中国特色的题材和文化元素,让美与善在传统文化中成为影视作品的"底色",才能打造出优秀的传统文化IP。我们还需要从国内外经济、政治、社会、文化、科技等不同角度进行深入分析,总结当前我国传统文化影视IP打造的产业现状,重点对标美国迪士尼,系统分析文化资源利用、影视创意策划、后续产业研发、IP产品组团设计、产业融合等方面的成功经验。

"打造优秀的传统文化IP,既是传承中华优秀传统文化的需要,也是提升国家文化软实力的需要。根植传统,立足当下,面向世界,讲述具有深厚文化底蕴和崭新精神气质的中国故事,当是传统文化IP的共同追求。"①从传统文化本身来看,其丰富的内涵往往沉淀了数百年甚至数千年。因此,要真正践行优秀传统文化的创造性转化和创新性发展,传播中华优秀传统文化,还要精心打造优秀影视IP形象,讲好中国故事,传播中国声音。

---

① 徐克彬:《全球化语境下的国产动画文化身份认同与构建——兼论动画的文化教育策略》,西南大学博士论文,2015年。

岛屿经济体视域下澳门文旅产业发展的路径探析

陈晓君①

【摘要】本文基于产业集聚和比较优势理论对世界著名岛屿经济体文化旅游产业发展现状进行了分析,归纳出岛屿经济体文化旅游产业发展需要立足自身资源和独特优势,推进文化与旅游深度融合,形成具有鲜明本土文化特色的产业集群。为此,根据澳门"一国两制"独特优势和多元文化特色,以及背靠祖国的市场条件,认为澳门发展文化旅游产业存在较为显著的比较优势,提出澳门文化旅游产业发展应该具备集聚发展壮大、创新变革提质、形成特色品牌"三步走"的思路,探索推动澳门文化旅游产业实现螺旋式上升的发展路径。

【关键词】岛屿经济;比较优势;产业集聚;澳门文旅产业;"一国两制"

一、问题的提出

岛屿经济(也被称为"海岛经济")是指一个独立的海岛或一群海岛,开发利用其岛屿、岛滩及环岛海域的陆地资源和海洋资源,以其资源禀赋和文

---

① 作者简介:陈晓君(澳门),东莞理工学院文传学院副教授。

化习俗等独特优势发展经济,并具有一定行政、经济组织的地(海)域单元,包括海岛陆域及其周围海域经济。一般而言,岛屿经济虽然综合了海洋及陆地经济的特点,但大多都具备独特的地理位置、文化特色、自然资源或本地特产等资源禀赋,形成了各具特色的文化现象。近年来,世界各地在抓好岛屿自然资源开发之余,更加注重其文化内涵挖掘与阐释,把旅游业和文化产业结合起来,促进产业升级和多元化发展,发展了具有岛屿经济特色的现代文化旅游产业。在我国生产力得到极大提升,市场经济快速发展,消费型社会加快形成的新发展阶段,加快文化旅游产业发展具有独特价值和重大意义。有学者提出,"文化产业是社会生产力发展的必然产物,是随着中国特色社会主义市场经济的逐步完善和现代生产方式的不断进步而发展起来的新兴产业"。①我们认为,特色文化旅游资源是岛屿经济发展的独特优势资源。将文化因素注入岛屿经济发展规划之中,能够使部分资源匮乏的"个体岛屿"在发展战略上因内容更加丰富和具有可操作性而显得更加"饱满"。因此,加快文化旅游产业发展是岛屿经济必须高度重视的着力点和突破口,是我国特色社会主义市场经济发展的重要组成部分。

澳门地处中国南海之滨,是紧邻祖国内地的一个海岛,有着400多年中西方文化交融交汇的历史,是"一国两制"下的特殊经济区域,也是中国唯一允许发展博彩业的地区。回归后,澳门经济实现跨越发展,居民生活持续改善,社会保持稳定和谐,多元文化交相辉映,已成为"一国两制"成功实践的范例。但是,澳门经济社会发展也存在经济结构单一、土地资源有限、人才资源紧缺、竞争能力相对薄弱等结构性、深层次矛盾和问题,特别是2020年新冠疫情暴发以来,澳门经济社会遭受严重冲击,公共财政收入急速下跌,居民就业和生活压力明显增加,澳门社会各界广泛形成了加快经济适度多元发展的共识。面向未来,澳门必须充分把握新时代国家深化改革开放,推

---

① 范晓慧:《世界海岛文化产业发展研究》,《现代经济信息》2018年第12期。

进粤港澳大湾区建设和共建"一带一路"等重大历史机遇,立足澳门实际情况,搭乘国家发展快车,按照澳门特别行政区政府提出的"加大力度发展以中医药研发制造为切入点的大健康、现代金融、高新技术、会展商贸和文化体育等产业"的多元发展战略,回归"以博彩旅游业为龙头、以服务业为主体,其他行业协调发展"的初心,规范博彩业经营管理,促进博彩业有序健康发展,推动澳门文化旅游产业提质升级。在此过程中,准确把握岛屿经济体经济发展特点,充分发挥澳门多元文化特色优势,大力发展现代文化旅游产业,加快打造"以中华文化为主流、多元文化共存的交流合作基地",是顺应时代发展的迫切需要。

本文旨在通过对几个世界著名的岛屿经济体文化旅游产业的发展特征及路径进行比较分析,总结出岛屿经济体文化旅游产业集聚发展的特点和途径,以及如何进一步培育文化旅游产业发展优势,结合澳门岛屿经济特点和自身独特优势,提出澳门文化旅游产业发展应该具备集聚发展壮大、创新变革提质、形成特色品牌"三步走"的思路,探索推动澳门文化旅游产业实现螺旋式上升的发展路径。

二、著名岛屿经济体文化旅游产业的几个成功案例对澳门产业发展的启发

一般来说,岛屿经济体分为两大类:一类是复合型岛屿经济体,包括大型和小型两种,前者如英格兰、日本等,这些经济体经济发展、产业模式呈现多样化,产业结构完善,资源相对齐全;后者如新加坡、中国香港和泰国等,它们的产业结构以一种或几种为主,以此带领其他产业共同发展,经济模式上具有地方独特性;另一类则是单一经济模式微型岛屿经济体,如韩国济州岛、日本冲绳、马尔代夫、冰岛和中国澳门等。这些岛屿经济模式通常比较单一,基本上以某一种主导产业为财政的主要收入来源。各种形态的岛屿经济体根据自身条件,发展符合本地区人文环境的特色经济,是其经济发展

的魅力所在。

　　岛屿经济发展的特点、类型和定位,决定了其经济发展的规模和质量。澳门以博彩业为主导产业,陆地面积仅30余平方公里,人口不足70万,是较为典型的单一经济模式微型岛屿经济体。由此可见,参考世界上典型的微型岛屿经济体文化旅游产业发展的成功经验,对澳门文化旅游产业发展具有重大借鉴意义。

　　(一)以本土文化为支撑的日本文化旅游产业发展模式

　　第二次世界大战结束后,日本政府高度重视文化建设和旅游业发展,通过发展文化旅游产业有意识地向外界输出日本本土文化。1963年,日本制定《观光基本法》,并于总理府成立"观光政策审议会",以法律、行政手段引领旅游业的发展,这为迄今日本成为世界第二大观光体打下了良好基础。同时,将科技产业和动漫产业与文化旅游产业有机融合,推动了日本文化旅游产业的发展,展现文化与经济之间的密切关联,日本文化旅游产业的发展便成了一个不存在排斥期的新兴产业。2003年日本小泉内阁再次提出"观光立国"的国家发展战略,计划用5—10年让日本的入境游客提高到1000万人次[①],借此摆脱日本长期经济低迷的困境。基于此,日本政府制定了以下旅游战略。

　　首先,以文化产品为载体重新规划旅游线路。日本政府一改以往的"游览日本"计划,提出针对中国游客的"东进阪出",即从东京入境、从大阪出境返回中国。其中,日本政府主推"九州岛地区",打造出一系列具有当地特色的文化产品,如福冈拉面、别府温泉、熊本的阿苏山和鹿儿岛的樱岛等。[②]其

① 王欣、杨文华、胡莹等主编:《世界旅游目的地营销案例》,经济管理出版社2015年版,第141页。

② 王欣、杨文华、胡莹等主编:《世界旅游目的地营销案例》,经济管理出版社2015年版,第143页。

次,以价值理念提升旅游业文化品质,即把以往的"观光旅游"更新为"探索日本精神"。这一新表述的作用在于对旅游进行文化赋义和增值,引导人们更好地体会日本文化价值观。如日本人在商品的生产上,突出强调"工匠精神",倡导高品质精神追求和质量追求。这种精神成为日本旅游业的主要推介点,其目的在于使人们对日本的产品质量、专业技能和民族精神产生多重信任,从而在资源匮乏的环境下树立其日本品牌和文化精神的竞争力。再次,以免税政策刺激人流物流快速提升。为提升文化旅游产业附加值,扩大人流量,带动零售业发展,日本政府对大量商品实施免税政策以刺激消费,除了原来的电器、装饰品、衣服、鞋、包等商品外,还对食品饮料、化妆品、药品等进行免税优惠。借助旅游业发展带来的大量人流,刺激消费,促进货物流动。迄今为止,日本国内挂有免税标志的商家已超过4000家。①可见,日本的旅游业已由传统的观光旅游转型为具有一定品质内涵的文化旅游,拉动了消费,带动了经济发展。

日本对冲绳岛的推广与重建,同样体现出日本对文化价值的重建。冲绳位于九州岛和中国台湾之间,长期作为美军军事基地,以发展工业和贸易为主。但自从1972年美军把冲绳的主权交还给日本后,日本就对冲绳实施了一系列改造措施。日本政府淡化其原本的政治色彩,合理地利用自然优势和历史文化资源,把冲绳定位为乡村休闲旅游之地,打造度假天堂风格。在土地资源、工业和农业发展受限的困局下,冲绳的经济支柱产业实现了从加工出口贸易到文化旅游的转变。时至今日,外界赋予了冲绳岛"东方夏威夷"的美誉。冲绳岛从一个无人愿意光临,且时常曝出负面新闻的是非之地,成功转型为世界级生态旅游景点。日本政府的主要做法,具体而言,一是建立冲绳自由贸易区。日本于1988年和1999年分别设立了那霸自由贸

---

① 王欣、杨文华、胡莹等主编:《世界旅游目的营销案例》,经济管理出版社2015年版,第143页。

易区和中城湾新港自由贸易区,两者统称冲绳自由贸易区,这是日本唯一的自由贸易区。二是制订国际都市形成基本计划。日本政府于 1996 年 11 月制订了该计划,分为短期(1997—2001)、中期(2001—2010)和长期(2010—2015)三个阶段,旨在完善各项基础设施,提高冲绳的国际交流地位,从而达到一个国际城市所具备的都市形成能力。[①]三是制订 21 世纪冲绳产业振兴战略行动计划。该计划旨在振兴和盘活岛内具有打入国内外市场潜力的产业,开发新产业以振兴冲绳经济。该订划以建立自主型经济,对日本经济和社会发展有所贡献,成为以亚太区交流中心为原则,以推动区域间平衡发展为理念,将加工贸易型产业、观光旅游业、信息产业、健康食品和生物科技产业确立为重点,形成具有冲绳品牌的产业集群,最终使冲绳经济凝聚出自我可持续发展的能力。[②]

总的来看,日本政府善于利用本土文化资源来制造和产生经济成果。以文化习俗培育、更新人们对冲绳的观感,不仅能够使日本本土文化得到传承,而且能够帮助文化继承者拓展思路,取得经济收益。从策略上看,日本政府主要有以下措施。一是规划先行,明确发展方向。无论是旅游路线的规划,还是冲绳的城市建设规划,都突出目标导向,强调有目的地推进产业发展。二是文化植入,丰富品质内涵。把独具特色的“日本文化”植入观光旅游之旅,赋予休闲旅游活动以文化意义,变成“探索日本精神”文化休闲活动,提高了旅游品质与体验。三是寻找载体,扩大传播效果。通过建立自贸区、设立众多免税店等措施,优化营商环境,提升消费体验,进而形成消费品牌,促进了当地文化与旅游深度融合。经过这种良性循环,日本当地的传统文化被重新“唤醒”并赋予新时代新的意义,让传统文化再次焕发活力和光彩。可以说,冲绳的成功转型,得益于当地独特传统文化的积淀和保存,得

---

① 吴士存编:《世界著名岛屿经济体选论》,世界知识出版社 2006 年版,第 117 页。
② 吴士存编:《世界著名岛屿经济体选论》,世界知识出版社 2006 年版,第 117 页。

益于新的文化旅游产业发展有效地将传统文化资源转化为文化旅游经济产品,实现了传统文化资源再生产再利用。

（二）以高端旅游为定位的马尔代夫旅游产业发展模型[①]

马尔代夫从1972年第一座度假村落成以后,从最初的每年300人次游客,发展至如今每年超过100万人次游客,旅游产业已成为马尔代夫三大支柱产业之一。马尔代夫旅游资源独具特色但土地资源有限,发展空间受到限制,难以靠"量"取胜。因此,马尔代夫提出具有前瞻性、可持续性的发展政策,将发展定位锚定在高端旅游上,成功实现了走高质量发展之路。这主要体现在三个方面。

一是注重体现文化差异特质的"一岛一村"开发模式。马尔代夫通过咨询公司分析后,因地制宜地制定出灵活的、各具特色且可持续发展的"一岛一村"的开发模式,既保证了各个岛屿发展风格各具特色,又保障了岛屿总体生态环境不遭受破坏。而最具备核心价值的是,"一岛一村"的设想既体现了文化差异特质,展现了多元文化符号,又成为旅游产业集群发展的成功典范。每个岛屿的度假村均风格各异、自成体系,为游客提供多种选择、不同体验,吸引众多高端游客在此"流连忘返",形成了马尔代夫文化旅游产业"强磁场"般的吸附能力。可以说,马尔代夫是一个成功的文化旅游产业集群范本。

二是注重文化保护的高端游客市场定位。马尔代夫由1200多个小岛屿组成,但至今才开发了110个度假村,包括150家旅馆和民宿在内,占马尔代夫旅游资源总量的10%。这表面上看是旅游市场不饱和的体现,但实际上有着更深层次的原因。一方面,马尔代夫政府采取了严格的旅游资源开发管控措施,注意文化资源和自然资源保护,竭力防止旅游资源过度开发。这

---

① 吴士存编：《世界著名岛屿经济体选论》,世界知识出版社2006年版,第120—130页。

是受自然资源约束,为实现可持续发展的现实选择,是马尔代尔采取高端游客市场定位的政策背景。另一方面,旅游资源开发总量较小和马尔代夫劳动力不足也有关系。马尔代夫总人口42万左右,从事旅游业的人口8万左右。然而,据马尔代夫旅游局数据显示,每个度假村平均每年接待游客约7万人次,酒店入住率接近80%。如果进一步提升旅游收入,吸引更多游客,就需要增设旅游消费项目,提供更多酒店等基础设施,增加人力资源供给,这对马尔代夫有限的自然资源和有限的劳动人口来说压力过大,产业发展的边际效益下降。为此,马尔代夫积极寻求解决方案,在现有的环境资源承载力和人力资源可利用率最大化的情况下,将游客消费层次定位为高端游客,促进文化旅游业提质增效,实现高质量发展。这就促使马尔代尔在优化产业的过程中,注重开发本地特色文化旅游产业,增加具有本地特色的高端娱乐项目,强化生态旅游意识,树立高端旅游品牌形象。

三是人力资源的可持续发展配置及培养。马尔代夫为了旅游业发展有效地衔接本地劳动人口市场,在制定规划时,针对居民制订了家庭项目计划,并投资培训国内原有技术人员,使本国居民在主要政府经济部门岗位上的从业人员增加,并且在岛上设立清真寺解决从业人员宗教信仰的精神需求。

总之,马尔代夫从一个资源匮乏、以渔业为主要经济收入的欠发达群岛,一跃成为世界顶级度假天堂,通过迎接来自世界各地的游客,吸纳各种文化,从而提升、更新自身的民族文化内涵。马尔代夫的成功案例再次说明,岛屿经济需着重突破自身资源禀赋局限,有效挖掘本地文化旅游产业特色资源,从本地实际出发,发展独具特色、有竞争力的现代文化旅游产业,培育文化旅游品牌,提升岛屿经济竞争力。这也是有效传播当地文化,促进区域文化交流和经济发展的重要举措。

(三)以现代技术为载体的韩国文化旅游产业发展模型

文化旅游产业是韩国国民支柱产业之一,在国民经济发展中占有重要位置。长期以来,韩国通过影视、文化创意产业等推动现代文化旅游产业发展壮大,并以此为基础延伸相关产业链,有效形成产业集群。1998年亚洲金融风暴韩国经济遭到重创,时任韩国总统金大中认为韩国属于资源紧缺型经济体,而文化旅游产业是一种成本和资源消耗较低的经济发展方式,因而将"文化立国"定为21世纪韩国国民经济发展的重点。为了配合"文化立国",韩国政府出台一系列政策,包括1998年的《国民政府的新文化政策》《21世纪文化产业的设想》,1999年的《文化产业振兴基本法》,以及2000年的《内容产业振兴法》等。这些政策被用以辅助和规范文化创意产业的发展。通过政策规范、扶持市场发展,韩国文化旅游产业实现了发展。

首先,韩国注重为旅游产业注入地域特色文化符号,促使旅游与文化深度融合。韩国以旅游产业为基础,在传统旅游的基础上开拓创新,将地域特色文化元素注入旅游产业。譬如韩国电视剧《大长今》等系列宫廷剧,引起人们对韩国民俗婚庆消费的兴趣,于是旅游业及时推出"婚庆游""节庆游"。又如韩国的"泡菜"作为韩国的传统食物,相关"美食游"为韩国饮食业的发展做出了巨大贡献。此外,韩剧中精心打扮的男女主角,也为韩国医学美容界带来了"医疗美容游"。[①]从这些成果,我们可以看出,韩国在旅游产业的发展上,极大地发挥了地域特色文化对旅游产业的支撑作用和联动效应。

其次,韩国注重对影视作品注入创新性文化符号,促进文化旅游产业升级迭代。韩国以特色创新文化极大地促进了电影电视剧行业的发展,创造了风靡亚洲且至今仍充满吸引力的"韩流"文化。人们往往根据大众文化及

---

① 王欣、杨文华、胡莹等主编:《世界旅游目的地营销案例》,经济管理出版社2015年版,第211页。

消费朝向进行影视创作,从剧情、拍摄场地、饮食文化和时尚文化上打造韩国风格,通过明星效应引领时尚潮流,极大地提升了韩国文化旅游产业的竞争力和影响力。韩国文化旅游产业特别是影视业的重大影响力在现实中表现为,韩国电视剧中明星的服装、饮食风格乃至价值观,都是亚洲20世纪80、90年代甚至21世纪初出生的人追捧和效仿的对象。更重要的是,韩国文化创意产业的蓬勃发展,成功地把韩国从1998年以前加工进出口贸易转为文化创意产业销售及出口大国。韩国通过文化旅游产业的输出,不仅获得了经济收益,更扩大了国家的国际影响力。相比其余三个区域在经历金融风暴后的一蹶不振,韩国依然活跃在世界经济强国的舞台。在某种程度上,这应归功于韩国"文化立国"国策的制定,以及由此带来的文化旅游产业大发展。

再次,政府积极作为对韩国文化旅游产业的发展起到了巨大的推动作用。1999—2000年,金大中政府意识到培育文化内容产业是激发经济活力,促进社会发展的具有国家性和时代性的"重大课题",故而不断推出政策以推动文化旅游产业发展。如韩国文化观光部在2000年成立了文化产业振兴院,并于2000—2005年,累计投入了2000多亿韩元,用来培养文化旅游产业的专业人才,尤其是影视广播和动漫方向的人才。此后,新政策正式诞生,内容包括"三大核心推进战略"和"五大核心项目"。①其中,"三大战略"分别为:第一,"支持开发高质量文化内容",这意味着要培育出高质量的文化创意产业人才;第二,"最大限度地扩大文化内容产业之间的协同效应",即促进相关产业的融合令产业效益最大化,促进文化旅游产业链的形成;第三,"集中培养战略内容产业领域",即在培养和建立文化旅游产业链的基础上,发展"产业集群",在产业"集群"下创造出一片广阔的产业领域。

---

① 陈桂玲、牛继舜、白静:《日韩文化创意产业国际化发展经验解读及启示》,经济日报出版社2018年版,第160页。

概言之,韩国自20世纪90年代确立"文化立国"战略以来,注重文化内容,明确文化旅游产业发展的内涵,其内涵包括诸如传统文化、民间文化、生活方式、思维方式以及价值观念等诸多因素。从《内容韩国蓝图21》到《C韩国战略2010》,再到《内容产业振兴基本计划》,韩国政府坚持把文化内容作为重点工作来推进。其中,金大中政府重点支持开发了高品质文化内容,最大限度地扩大了文化内容产业之间的协同效应,集中培养了战略内容产业领域,引导韩国文化旅游产业走上了快速发展壮大之路。从其实际效果来看,韩国政府积极作为,充分运用政府"有形的手"和市场"无形的手",以地域特色文化为武器,以影视作品和文化旅游活动为载体,有效支撑了文化旅游产业高质量发展。

综上几个典型案例,我们得出文化产业的发展到了一定程度一旦形成产业链(垂直产业链+横向产业链),就容易给该地区带来该产业的产业链集聚,即文化产业的产业集群。

(四)澳门可借鉴几个发展模型形成的产业集群优势

产业集群是一种空间聚集现象,是指在特定的产业领域互相联系的公司和关联的机构在地理上的集聚,形成一种以区域内企业为主体的、成员间保持长期合作稳定关系的网络系统,是一种"有组织的市场"。产业集群对技术创新有独特促进作用,"在创新集群中存在产学研近距离紧密的技术合作和隐含经验类知识交流的网络,不同技术的交叉和不同产业的融合,甚至产生激进性创新,进而产生新兴产业"。[1]产业集群作为当今世界各国各区域发展方向的战略手段,是引领当地产业发展的风向标,即包含政府针对该地区未来发展方向政策的制定及实施,在"区域研究及公共政策中,'集群'揭示了相关企业在一些地方集结成群,从而获得竞争优势的现象和机

---

① 王缉慈:《创新集群三十年探索之旅》,科学出版社2016年版,第131页。

制"。①产业集群的社会效应和经济效应,产业集群的垂直及横向产业链的发展,以及产业集群的"扩散型"特征,可以带动其他行业的发展,政府可以从中吸纳和优化更适合该区域发展的方向,制定更适合该地区发展的策略,塑造该区域的经济模式,经济模式的行为结果会影响该地区的文化发展方向,而该地区的原有文化也会影响经济发展,从而产生文化经济。

文化具备包容性、开放性,以及具有强大的社会功能。从某种意义上说,文化产业是"一切产业的增值要素"。文化产业以文化和艺术的创造力为核心,具有极强的"杠杆效应",可以撬动整个国民经济②,而创意的"杠杆效应"更加强大,可以把平淡无奇的产品,通过创意人才的重新策划及包装,赋予其新的时代文化内涵,最大化地产生经济价值。进入21世纪,文化产业备受各国重视,尤其是发达国家高度重视文化旅游和文化创意产业的发展,致力于打造独具特色的文化旅游产业集群,形成一个由相关联产业纵向及横向发展组成的群体性产业链。相对单一文化旅游产业来说,产业集群具有多种衍生优势。这对澳门的文化产业发展具有重要启示。主要体现在以下五个方面。

一是规模优势。马尔代夫虽然是"一岛一村"的不同风格和概念,可是从其整个旅游产业链来说,正因为每个小岛的风格不同,组成了马尔代夫风格各异的优质旅游资源,这正是在马尔代夫政府规划引导下,形成了文化旅游产业集群的规模效应。日本的文化旅游产业发展,通过在每个区域明确独具特色的产业体系,如东京以电子科技动漫为主,建立了动漫产业等相关产业集群;不同地区协同发展,进而形成了日本动漫产业规模优势。韩国的"影视拍摄"旅游地集群、中国横店影视城等,都集聚了该产业上下游产业链,形成了规模化发展,带动区域经济发展和城市建设。

---

① 王缉慈:《创新集群三十年探索之旅》,科学出版社 2016 年版,第 198 页。
② 王缉慈:《创新集群三十年探索之旅》,科学出版社 2016 年版,第 134 页。

二是竞争优势。竞争优势的主要价值来自管理优势和成本优势,高效管理和成本节约形成良性互动。在文化旅游产业形成集群后,文化与旅游、传统与现代、科技与创意等要素能够更好地实现资源整合。日本动漫产业形成规模后,动漫产品在集散地集中生产,相对于零落分散全国各地来说,更有利于政策的制定、执行及管理。对于政府来说,资源和人力物力投入可以相对集中,有利于节约行政投入;对于企业来说,产业链之间物资和人员流动方便快捷,能够降低生产成本;对客户来说可以节约时间,或以较低价格购买产业,能够降低消费成本。

三是人才优势。产业集群的形成,使相关从事此产业的人员可以集中在相对固定的区域,无论是政府开展劳动技能培训,还是企业人才培养及选拔专业管理团队,人力资源相对集中都为产业发展提供了极其重要的基础性条件,这也有利于从业人员开展技术交流和相互学习提高。

四是信息优势。产业集群的形成,使原本各自为政的企业与企业之间增加了信息交流互通的机会,企业与企业之间以经济交流为基础,进行包括文化、技术、制度、政治各方面的交流,可以更好地达到资源和信息互补。产业集群还促进了政府、企业与市场更紧密的联系,使政府与企业之间的互动交流更加便捷,市场信息的流动更加快捷。

五是品牌优势。产业集群的形成,使相关文化旅游产品在全球范围内获得广泛关注,在消费群体中的知名度和美誉度大幅提升,消费体验也能获得受众的广泛好评。集群发展极大地促进文化旅游产品提高影响力和吸引力,从而大幅降低其营销成本,形成品牌效应。

三、澳门发展文化旅游产业相比其他岛屿经济体的"比较优势"

通过对马尔代夫、日本、韩国等岛屿经济体文化旅游产业发展的考察,综合全球其他岛屿经济体的不同案例,我们发现岛屿经济具有以下共性特点：一是开放型经济特色明显，经济发展对外依存度高；二是文化旅游产业发展定位准确，产业发展对外吸引力强；三是文化与旅游融合发展，以本土文化为切入点，发展动漫、影视、创意产品等不同载体，形成各具特色的文化旅游产品品牌；四是在地域自然资源或文化资源方面具有独特优势，或利用政策优势创造独特竞争优势；五是文化旅游产业与本地经济优势互补，形成了产业发展集群。相对上述典型岛屿经济体文化旅游产业的发展，澳门无论在文化旅游发展，还是在博彩旅游发展上，都以其特殊的区域特征而更具显著优势。

（一）澳门发展文化旅游产业的重要意义

首先，澳门开放型经济特色明显，多元化发展是实现经济可持续发展的必然选择。澳门坚持以博彩业为龙头，积极发展酒店、会展、大健康、休闲观光等文化旅游产业，着力建设世界休闲旅游中心和区域商贸服务平台，以此实现澳门经济适度多元化发展的目标。其中，"多元"包括三种含义：一是"经济多元化"发展，目的是走出博彩业一业独大的单一经济发展模式；二是"文化多元"，即澳门的中西方多种文化相结合、相交汇的地方文化背景；三是"社会结构的多元化"，即由于经济文化多元产生"社会组成因素"的结构多元化。归根结底，澳门的多元化发展战略，其核心引擎乃是社会文化多元化发展所推动的社会经济多元化发展。简单来说，经济多元化发展是在不离开传统行业发展的基础上，进行符合时代发展需求的创新型经济发展，而不是依赖博彩业一枝独秀。目前吸引大部分游客前来旅游观光的并非博彩，而是澳门独具风味的文化景观。但是，澳门整体社会形态仍需要得到国际社会的进一步认知，使旅客对澳门全方位客观地了解，而不再仅仅局限于传统意义上的"赌"这个标签。因此，在产业适度多元发展大背景下，加快文化旅游产业的发展成为澳门势在必行的经济改革措施。

其次，推进澳门经济适度多元，必须致力于实现文化旅游产业高质量发展。人力资源短缺是澳门产业发展的重要瓶颈之一,澳门本地劳动力不足、从业人员素质不高等问题制约澳门产业多元发展。加快推进文化旅游产业发展,能够有效弥补岛屿经济发展过程中的文化缺陷,丰富和提升文化旅游产业发展内容,是促进产业多元发展、实现提质增效的重要手段。文化旅游资源创新包括认知创新和实践创新两种。其中,认知创新包括形成机制创新、资源特色创新、美学特征创新、资源分类创新、资源评价创新和资源利用方向创新等。旅游没有文化内涵的支撑,等同于走马观花,对游客来说既缺乏对当地风俗文化的理解,又降低吸引力,导致回头率不会太高。文化旅游没有内容产业的支撑,也是一句空话,等同于纸上谈兵。当旅游业增加了文化内容和产品以后,旅游便进入一种实践创新,成为一种体验式消费。人们实践性地了解当地文化,便从普通旅游升级到一种"主体走进景观,在动态中审美"的文化接受心理。这将使得旅客对旅游地产生重新认知,通过扩大旅游者的心理容量来扩充其旅游审美容量。在这种情况下,当旅游点游客偏多,游人如过江之鲫,便没有了从容的心情,没有欣赏美的心情,审美也就无从谈起。从旅游者的角度,当景区人数过多,有碍观赏,说明旅游资源使用过度,原本对景观的好奇心和兴趣会减弱,难以让游客心理产生美感,此时的旅游者心理容量或感知容量已经超标了。从商业角度看,这将大大减弱旅客再次回头的吸引力,并且会把糟糕的体验告诉身边朋友,形成连锁效应。因此,优化旅客资源,优化旅游产品和旅游项目,是澳门旅游业发展亟待解决的问题。文化与旅游及创意产业的结合,对旅游业产生精品深化与文化移植的作用,这对推广城市旅游品牌具有正面积极的效应。此外,文化创意产品的实时增加,构成"城市IP"形象,在这里"资源特色"与"美学特征"属于专业文化范畴,澳门发展文化创意产业与旅游业相结合,正好弥补这个缺陷。

此外,从社会文化心理角度来看,发展文化创意产业对澳门具有两重含义:一是运用文化的精神特征,对当下澳门人及社会群体进行社会价值观的重塑及提升;二是将对社会文化价值观的培养提升,迁移到产业发展中的重要个体——人的个体价值观意识上,并进一步渗透到各产业管理中,使该产业发展的精神面貌得到调整。这将使处于社会变革和转型期的人们,对各种社会变更状况有所理解和适应,促进社会稳定和谐。所以,推动文化旅游产业的发展对澳门而言是必要而迫切的。

(二)澳门发展文化旅游产业的优越条件

首先,中西方文化交融,为澳门文化旅游产业发展创造了独具特色的资源优势。澳门具有独特的地理位置、历史传承和社会文化资源,从文化角度看,中西方文化交流共融,构建了澳门多元文化和谐共存的特色鲜明。适应新时代发展需求,澳门将自身定位为世界旅游休闲中心城市和中国与葡语国家的交流平台,相比其他岛屿经济体具有独特的人文资源禀赋优势。澳门长期处于中西经济文化交流之中,文化密度高、历史厚度明显,这是文化创意产业发展不可多得的文化资源优势。但是相对经济成果而言,澳门文化旅游产业发展缓慢甚至是落后,这种与文化资源优势所形成的"落差"产生了一种强大的"不饱和优势",为澳门文化旅游产业发展蕴蓄了巨大的发展空间。此外,澳门人均收入居世界前列,具有消费文化创意产品和支撑文化旅游产业发展的经济条件。

其次,特殊政策支持,为澳门文化旅游产业发展营造了不可复制的优势条件。作为中国"一国两制"政策下的特别行政区,澳门拥有"一国两制"制度优势,具有"自由港"的竞争优势,同时是中国唯一开放"赌牌"的地区,可以说是在特殊的制度下给予了特殊的政策支持,特殊政策又创造了特殊优势,这是其他岛屿经济体难以企及和不可复制的。"大河有水小河满",博彩业是个供给创造需求的特殊产业,在内地经济高速发展和利益驱动下实现了博彩业飞跃发展,也带动了文化旅游业飞速发展;博彩业的快速发展为澳门带来了资金流、人流,也带动了消费,促进了货物流动。"当一个外地人到本地开的赌场中赌博时,他既是赌客,也是游客;当一国或一地把赌场建在其邻居的边境上、以其邻居的居民为目标市场时,它既是在发展博彩业,也是在发展旅游业"。①

再次,背靠祖国内地,为澳门文化旅游产业发展提供了广阔市场的强大支撑。内地庞大的人口以及同根同源的文化,为澳门产业发展特别是文化旅游产业发展提供了广阔市场,这是其他岛屿经济体无法拥有的比较优势。澳门回归祖国后,特别是2003年"自由行"政策实施以来,内地已成为澳门最大的游客市场,内地旅客在澳门入境旅客中的占比不断上升,其他国家和地区入境旅客比例则呈下降趋势。2010年以来,澳门博彩业的游客内地化趋势更加明显。澳门统计暨普查局资料显示,1999年内地旅客占澳门入境旅客总数的21.1%,到2018年,内地访澳旅客达2526万人次,占澳门入境旅客的比例上升至70.6%,而香港访澳旅客比例略有下降,为17.7%。近两年受疫情因素影响,赴澳门旅游的游客数量出现"断崖式"下跌,但内地赴澳门游客仍居主导地位。发展区别于其他岛屿经济体、具有澳门特色的文化旅游和文化创意产业,对澳门而言市场广阔、前景光明,也是实现澳门经济适度多元发展的重要途径。

四、"螺旋式上升"的"三步走"发展模式是澳门文化旅游产业未来发展的必然举措

基于上述分析,澳门文化旅游产业发展具有岛屿经济的一般性特点,又具有其他岛屿经济体不可比拟、无法复制的比较优势和资源禀赋。置身于中华民族伟大复兴时代背景之中,背靠雄厚的内地资源支撑,澳门文化旅游产业有条件、有能力也必须要走与传统岛屿经济体截然不同的道路。基于

---

① 王五一:《博彩业对旅游业的促进作用及其局限》,《国际经贸探索》2013年第2期,第68—69页。

前文分析,澳门独有的资源禀赋和独特优势条件,决定了其独特的文化旅游产业发展路径。因此,本文结合文化旅游产业实际状况和国际发展形势,研究澳门文化旅游产业未来发展的途径,按照"螺旋形上升"的概念和模型,提出澳门文化旅游产业发展"三步走"的思路:第一步是推动文化旅游产业集聚发展,实现文化旅游产业发展壮大;第二步是推动文化旅游产业创新变革,实现由以"量"(游客量)取胜的文化旅游产业向高品质、高附加值的文化创意产业升级,实现文化创意产业高质量发展,提升文化旅游产业效能;第三步是培养具有澳门特色的文化创意产品品牌,充分发挥澳门沟通中国与世界的桥梁作用,更好展示澳门独特的历史文化和社会风貌,讲好"中国故事"、"一国两制"成功实践的"澳门故事",为中华民族伟大复兴贡献澳门智慧和力量。

从澳门当前文化旅游业发展情况看,疫情前澳门年游客量近4000万,平均每天10多万游客进出澳门,对于一个只有65万人口、30多平方千米陆地的城市而言,游客量已接近饱和,可以说,文化旅游产业集聚的第一步目标已基本达成。接下来的重要工作,就是发挥政府、企业和学研机构的作用,制定自身独特的城市文化"营销策略",让城市产业链有效服务于文化创意产业,推动澳门文化旅游向具有本地特色和品牌的文化创意产业发展,建设"世界旅游休闲中心城市",逐步实现第二步、第三步的发展目标,有效推动产业适度多元,促进澳门经济社会持续健康发展。据此,要遵循岛屿经济体发展特点,充分发挥政府"有形的手"和市场"无形的手"的作用,发挥学研机构智库作用,构建"政府+产业+学研机构"三者相互结合、相互促进的同步发展模式,构成政府、企业和学研机构三者之间的互动互补关系,实现澳门文化旅游产业与文化创意产业的升级迭代和"螺旋式"上升。澳门第二个五年发展规划提出,"加强对澳门文化创意产业知识产权的保护和创新,加强与内地尤其是粤港澳大湾区城市的文化交流合作,推动澳门成为多元、特色、活力的文化创意城市",这个目标定位是符合当前发展阶段和澳门实际情况的。

首先,要厘清文化和产业之间的关系,促进文化与产业深度融合。如果发展文化旅游产业只是基于单纯地为增加产业类别服务,则会降低文化内涵中可转换的文化资本价值;反之,发展产业经济单纯地为文化内涵服务,而产业经济难于与文化内涵融合形成文化资本,则会降低产业经济的活力。社会文化的发展和产业经济的壮大必须同步进行,文化要和旅游业、创意产品等深度结合,并在文化旅游产业和文化创意产业发展壮大的同时,及时提升文化价值理念和进行资源优化,以更好地发挥文化在产业发展上的影响力。促进文化与产业深度融合,实现两者之间的相互促进、相互提升,需要权力机构——即政府及有关主管部门发挥关键作用,制定有关产业发展政策,明确产业发展方向,为澳门文化旅游产业发展"螺旋式上升"奠定基础。

其次,把握"不饱和"趋向"饱和"的途径,丰富和提升文化旅游产业发展内容。由于澳门岛屿经济建设尚未将文化旅游产业作为支柱产业,文化旅游和文化创意产业各方面发展的硬件和软件条件依然不足,文化旅游产业的内容不够丰富,重点不够突出,特色不够鲜明,导致澳门文化旅游产业发展相对滞后而处于产业发展的"不饱和状态"。从辩证角度看,这对澳门文化旅游产业发展有利有弊。弊端为"不饱和状态"是直接导致澳门文化旅游产业发展成果不突出的客观原因,有利之处是恰恰因为这种发展过程中的"不饱和"现状,给澳门文化旅游产业发展造就了填补空缺的时间、空间和机会。事实上,澳门博彩业"一业独大",造成"严重抑制了劳动者自身经济价值的提高和劳动力资本的投资和积累"。[1]因此,澳门文化旅游产业的发展规划要准确把握"不饱和"趋向"饱和"的现实途径,针对文化旅游产业和文化创意产业发展中面临的客观问题,特别是下大力气解决产业人才不足的问题,进一步提升、丰富文化旅游产业、文化创意产业的理念,推进文化旅游

---

[1] 刘冠军、任洲鸿:《劳动力资本论》第二版,中国经济出版社2018年版,第156页。

产业内容丰富、提质增效，推动澳门文化旅游产业走向高质量发展。

再次，以文化旅游产业引领关联产业"螺旋式上升"，培育澳门本地特色品牌。在文化旅游产业的"不饱和优势"理论中，随着产业规模化发展，一些具有竞争力的产品将逐步形成自身品牌。当文化旅游产业发展形成一定规模时，政府由引领发展的主导角色，逐步退为以文化企业为主导打造自己的文化品牌，让澳门的文化产品走向国际国内市场，通过市场竞争机制来鉴定澳门文化旅游产业和文化创意产业的竞争力，从而进一步对澳门文化产品进行转型升级。在政府、产业、研究机构等共同努力下，结合实际发展状况对现有文化旅游产业进行结构性整合，积极助推产品品牌建设，使文化旅游产业及文化产品日益丰富，本地特色品牌更加鲜明突出，文化旅游产业逐步走向"饱和"——产业完全市场化、规模化、高端化。

当文化旅游产业实现"螺旋式上升"，由"不饱和"趋向"饱和"进而逐步发展完善时，澳门文化旅游产业和文化创意产业市场体制也逐步形成，文化旅游产业发展路径渐趋完备。"在生产关系本身范围内，落到同直接生产者相对立的、生产关系的一定当事人身上的那些特殊社会职能的基础"①，政府由引导文化旅游产业发展的主角，逐渐隐退为由自由市场及企业主导的配角，政府相关机构根据企业回馈和学研机构回馈，制定、更新相关政策、规则，协调与产业发展相关部门的关系，回归政府本身的管理阶层职能即可。澳门文化旅游产业的未来发展由企业、文化创意人才和社会资金主导，社会利益结构也会随之发生变迁，其社会整合功能也逐步完成。同时，因应经济市场因素与文化旅游产业的高度融合，决定了文化旅游产业的发展促使澳门向经济适度"多元化发展"的总体方向靠拢，文化产品转换成为文化经济，得到社会公民的认同，使得区域发展方向和公民之间的社会关系达成一定程度上的发展共识。而这种社会发展共识可以促使澳门制度结构的不断更

---

① 马克思、恩格斯：《马克思恩格斯全集》第25卷（下），人民出版社1980年版，第994页。

新及发展,从而带动澳门整体社会人文环境及经济发展的"螺旋式上升",这既符合当下国际国内政治文化经济环境,也符合当下世界人文精神发展的总趋势。

五、结语

岛屿经济体是一个具有独特性的经济体系。从岛屿所处的地理位置和资源禀赋上考虑,既有各自独特优势条件,也有其客观局限和欠缺,具有世界上岛屿经济的一般性特征。由于岛屿自身资源有限,想发展就必须与外界交流合作,并且作为海洋经济的终端和平台,通过各种文化及经济模式的海洋经济交流活动,使其本身在特定的海洋区域的功能定位发生调整。所以,岛屿经济有天然的自然资源优势和人文资源优势形成的"比较优势",对世界经济的交流与发展,具有举足轻重的地位。

长期以来,澳门经济适度多元发展成效受到市场规模较小、产业用地不足、人才资源缺乏、城市基建落后、法律制度滞后、企业竞争力不强等问题的制约。在岛屿经济和比较优势理论构架下,澳门背靠祖国内地,在中央特殊政策支持下,完全有机会凭借自己的地域特色、多元文化背景、资金和科研能力,加快发展文化旅游产业和文化创意产业,建设世界旅游休闲中心。当前,国家改革开放已进入新时代,具有澳门特色的"一国两制"实践也进入了新时代,澳门要进一步明确自身城市发展定位,充分发挥"一国两制"制度优势和文化旅游产业独特作用,结合粤港澳大湾区和横琴粤澳深度合作区等历史机遇,发展具有岛屿经济特质的文化旅游产业,积极培育重点产业以促进经济适度多元发展。特区政府、产业、研究机构等要共同发力,在文化旅游产业已初步形成产业集群和规模效应的基础上,着力推进文化旅游产业提质增效,培育文化创意产品品牌,延长文化旅游产业发展链条,提升文化旅游产业发展附加值。推动"文化+旅游"融合发展,加快发展集合娱乐购物、会议展览、创意美食、节庆盛事、文体赛事、文化遗产、健康养生等丰富元素的综合旅游产业,加强澳门宜居健康城市形象的宣传,进一步丰富世界旅游休闲中心的内涵。推动数字创意在会展、电子商务、医疗卫生、教育服务、旅游休闲等领域应用,建设国际文化创意基地,深化与内地文化创意合作,实现具有澳门特色的文化旅游产业"螺旋式上升"发展,形成澳门文化旅游产业集聚发展新模式,打造世界文化旅游产业发展新高地。

从《诗经》看当代"艺术乡建"的底层逻辑

廖勇传思①

【摘要】《诗经》展现了周朝时期诗乐文明的兴盛和诗乐艺术对乡党基层社会治理的建设性渗透。采诗官、乡饮酒礼,以及其他各种各样的诗乐活动,可谓周朝社会健全完善的公共文化服务体系,它们共同承担着诗乐教育的社会功能,塑造着周朝时期社会大众普遍的诗乐精神与风雅传统。穿越两三千年的漫漫时光,从根本的底层逻辑上看,《诗经》和《诗经》所透露出来的周朝诗乐文化建设体系,以及由此而来对社会治理、对社会兴旺繁荣的积极推动,给当代"艺术乡建"无疑提供了极重要的启示:艺术乡建在乡风文明建设与产业发展两个维度上助推着乡村振兴;艺术乡建的主体应该是乡村里土生土长的广大群众;艺术乡建的主渠道则是乡村里的公共文化建设;艺术乡建中艺术家的使命是沉浸式融入而不是简单的"介入"。历史是前人的生活,虽说各时代有所不同,但从理论到实践,历史都永远照耀着后人。

【关键词】《诗经》;诗乐文明;艺术乡建;底层逻辑

---

① 作者简介:廖勇传思,四川音乐学院。

伴随着新时代我国乡村振兴大潮的崛起,"艺术乡建"正在成为艺术界连接区域经济乃至整个社会发展的一个重要"触点"。艺术来源于生活,是社会的产物。当社会生活本身在时代变迁中发生变革时,艺术自然应该直面这种变革,并在变革的社会中寻找自己新的定位,进而发挥其新效能、释放其新价值。毫无疑问,"艺术乡建"这一议题在今天的提出,无论是在理论上还是实践层面,都表明了艺术界的自觉与担当,因而值得高度肯定。只不过,当我们进一步深入思考"艺术乡建"的核心价值与实施路径,或者说从其底层与本质出发,去寻求究竟该怎样更好地开展相应工作时,一个关于当代"艺术乡建"的底层逻辑是我们必须要首先弄明白的。回眸历史,研读经典,《诗经》以及《诗经》中那个诗乐文明相当发达的社会,也许能给我们以很好的启示。

一、《诗经》及其展现的周朝诗乐文明

作为我国最早的一部诗歌总集,《诗经》之《风》《雅》《颂》各篇,真实而生动地反映了自西周到春秋时期社会各个层面的精彩生活。其中,由各地土风歌谣组成、合计达160篇的"十五国风",更是其时社会基层广大群众喜怒哀乐、爱恨情仇、纯真质朴的历史画卷。任何时候,只要你随手一翻,清新盎然的周朝生活气息与民俗风情画便扑面而来。如《周南·关雎》《秦风·蒹葭》等对爱情的吟唱,《豳风·七月》《唐风·鸨羽》等对凄苦岁月中辛酸生活的呐喊,《王风·君子于役》《魏风·伐檀》《魏风·硕鼠》等对兵役、徭役、不劳而食之类社会不公现象的愤怒和抗议,《秦风·无衣》《鄘风·载驰》等对保家卫国团结御侮慷慨豪情的赞誉,《周南·芣苢》《魏风·十亩之间》等对劳动的热爱以及劳动时欢快之情的洋溢,莫不跃然纸上。实际上,不仅仅《风》,《雅》和《颂》也都是社会生活的镜像。

专家们的研究早已表明,《诗经》里的那些诗,都是配有古乐、用来唱的

歌词,是周朝时发达的诗乐文化在社会每一个角落开出的芬芳艺术花朵。它们的清香,不但是民风淳朴和社会治理卓有成效的写照,而且在相当程度上体现着那时社会大众普遍的诗乐综合素养。孔子对此评价甚高,他从三千多首流传的诗中精选出三百余首汇编成位列"六经"之首、至汉代始称的《诗经》,并用"思无邪"三个字概括其主要特点。正因为纯正无邪,读之能够净化人的心灵,所以,孔子说"不学诗,无以言"①,进而提出"温柔敦厚,诗教也"②这一观察各地风土人情和社会治理成效的著名论断,"诗教"也由此成为儒家实施社会礼义德行教化的重要支柱。

二、乡饮酒礼与《诗经》之诗乐表演

我们知道,《诗经》里的大部分诗歌,特别是国风之诗,是由政府设置的采诗官摇着"铎"从民间采集来、再经乐官进行整理而形成的。虽然这种采诗制设立的本意可能是朝廷为了解民情风俗和治政得失,但它同时显然也说明了一个事实:《诗经》中的诗乐艺术首先来自社会基层、来自民间,政府作为社会管理者所做的工作只是将这些散发着乡土气息的诗乐艺术进行收集、整理、提炼,并在更广大的范围内使之流传,实施社会教化。

采诗官年年都能从民间采集到大量诗乐,足见周朝时期的田园该是多么富有诗意、普通大众该是多么富有本真的艺术率性与创意!如果再进一步考察周朝时众多诗乐是怎么创作出来的,就不得不谈到那时的乡党制和乡饮酒礼。《周礼》记载:"五家为比,五比为闾,四闾为族,五族为党,五党为州,五州为乡。"③五百家为党,一万二千五百家构成乡,每乡每党都设有乡学

---

① 《春秋》孔子著,杨伯峻、杨逢彬注释,《论语·季氏篇第十六》,岳麓书社2018年版,第211页。

② 崔高维校点:《礼记·经解第二十六》,辽宁教育出版社2000年版,第171页。

③ 《周礼·大司徒》,辽宁教育出版社2000年版,第23页。

"庠"。当乡学培养的学生毕业时,要举行盛大的毕业典礼——乡饮酒礼。这是一个从毕业生中选拔推荐优秀人才的庄重仪式,乡党民众也借此机会开展聚会活动。乡饮酒礼的组织者、主持者,是乡长、乡大夫,也就是今天意义上的乡党基层政府官员。据《礼记·乡饮酒义》,唱歌、奏乐、歌乐合曲,是乡饮酒礼上必备的重要内容板块,先是歌三首,接着是吹笙三首,然后是堂上鼓瑟一歌、堂下吹笙一曲交替进行各三首,最后是堂上的歌、瑟与堂下的笙、磬一齐合奏,又各三首,歌乐总计十八首,方才演奏完毕。如此隆重盛典,那么在乡饮酒礼上演唱、演奏的都是一些什么样的诗乐呢?国学专家、台湾师范大学林素英教授曾考证《诗经》中在乡饮酒礼上出现过的诗包括:《鹿鸣》《四牡》《皇皇者华》《南陔》《白华》《华黍》《鱼丽》《由庚》《南有嘉鱼》《崇丘》《南山有台》《由仪》《关雎》《葛覃》《卷耳》《鹊巢》《采蘩》《采苹》等。[1]由于各乡党实际情况的不同,在乡饮酒礼表演环节呈现的诗乐,理应千差万别,多姿多彩。

《礼记·射义》言:"乡饮酒之礼者,所以明长幼之序也"。[2]这种周朝时乡党基层社会固定的、常态化的活动,本身承担着礼乐教化极重要的社会治理功能。在乡饮酒礼中举行的诗乐表演,显然也极具礼仪性质。而除乡饮酒礼外,在诗乐教育十分普及的社会背景下,周朝地方性的诗乐活动还有很多,如婚嫁礼、成人冠礼、种植与收割农作物的稼穑礼等,均会安排诗乐表演。可以想见,在《诗经》的时代,来自广大社会基层的诗乐创作与表演,该是多么活跃与丰富。乡饮酒礼和各种各样的诗乐活动,共同承担着诗乐教育的社会功能,塑造着周朝时期社会大众普遍的诗乐精神与风雅传统,彰显着诗乐文明社会的巨大魅力。这大概也是周王室每年派出采诗官前往民间采风的缘由之一吧。

---

① 林素英:《论乡饮酒礼中诗乐与礼相融之意义》,《井冈山大学学报》(社会科学版)2011年第2期,第110—121页。

② 崔高维校点:《礼记·射义第四十六》,辽宁教育出版社2000年版,第232页。

三、《诗经》之于当代"艺术乡建"的启示

2017 年 10 月,党的十九大报告提出了全面实施乡村振兴战略的二十字方针:"产业兴旺、生态宜居、乡风文明、治理有效、生活富裕。"对此,以创造美为不懈追求的艺术,在乡村振兴战略实施的广阔天地里无疑大有作为。以史为鉴,《诗经》和《诗经》所展示的周朝诗乐文化的发达,以及由此而来对社会治理、对社会兴旺繁荣的积极推动,给当代艺术乡建提供了以下几个方面的启示。

第一,艺术乡建可以从乡风文明建设与产业发展两个维度强力助推乡村振兴。各类艺术项目落地乡村,或者将艺术元素作为变量融入乡村的各个产业,能够促进以创意农业、乡村休闲度假旅游业、乡村文创产业等为代表的乡村产业整体升级发展。同时,艺术能够塑造契合田园风光、充满诗情画意的乡村生态宜居生活美学新场景,能够通过艺术观赏、艺术审美教育提高乡民村民艺术美的鉴赏能力进而带动乡风文明建设,这些都将从乡村经济发展、乡村环境改善、乡村精神风貌更新等多个层面,有力助推乡村振兴。诗乐文化的发达,诗乐活动的频繁举行,诗乐教育的普及,是周朝社会兴盛的体现,同时也是社会兴盛的基础。如今,新时代的乡村振兴旌旗招展,产业发展是核心,根本基石是文化,它们从物质层面到精神层面诠释着乡村振兴战略实施的关键。当艺术融入乡村发展,或者说当乡村的各种资源、乡村的各种产业沿着"艺术+"的模式发展的时候,乡村富饶美丽的田野、乡村充满泥土馨香的产业、乡村质朴善良的人们,在艺术创意和艺术美的熏陶下,便有了不一样的气质和神韵,它们对于城乡二元经济结构下乡村经济附加值和乡村整体价值的提升,实在是不言而喻。

第二,艺术乡建的主体应该是乡村里土生土长的广大群众。在《诗经》里,我们看到大量的诗乐作品都是没有署名的,从创作到表演,其实都是乡

党基层的普通人士所为,他们或许是学校里的师生,或许是在田间地头耕作的乡民,即便有部分乡贤,他们也是生活于乡土扎根在大地。正因为如此,《诗经》的每一首诗,都像白描一样,将鲜活的周人生活场景穿越两三千年的时光隧道活灵活现地展示在我们眼前。

一段时间以来,随着北京通州宋庄艺术家聚落的成功,以及山西"许村计划"、安徽"碧山共同体"、广东"青田计划"、贵州"茅贡计划"等的相继推出,以"艺术介入"为核心理念的艺术乡建观和艺术乡建模式,风靡全国。

"介入"一词,较早时候由法国作家J.P.萨特提出,他于1945年在《现代》杂志创刊号的社论里针对此前社会中"为艺术而艺术"的现象,提出了干预现实生活的"介入文学"理论。1947年,他又在《什么是文学》这本书中对此做了进一步的阐发。20世纪70年代,德国社会学家、法兰克福大学教授西奥多·阿多诺坚信艺术具有社会性与自律性的双重属性,认为艺术要想发挥批判社会的作用,就必须具有自律性,他开辟了艺术介入理论的新视角。2002年,德国《先锋派理论》一书的作者彼得·比格尔进一步提出了让艺术介入生活、改造生活的观点,认为"通过历史上的先锋派运动,艺术中的政治介入地位得到了根本性的改变"。2005年,法国国际策展人卡特琳·格鲁在《艺术介入空间:都会里的艺术创作》一书中,论述了当代艺术家如何构思展示在时间和公共空间中的作品,怎样在我们的日常生活中创造出情感与精神的新感受,他倡导一种借助公共空间的介入型艺术。2013年,美国长岛大学教授、国际美学协会前主席阿诺德·贝林特在其出版的代表作《艺术与介入》中提出了"审美介入"的概念,主张在环境美学、建筑美学、生活美学和美的艺术中,以及在人们对美的欣赏经验中都具有适用性和启发性。这样,作为"一种新的美学精神""一种强烈的欣赏性的投入",在他的主张下,"介入"而不是"旁观"的审美态度,逐渐成为当代美学与艺术发展进程中的一种主导性潮流。

"艺术介入"理论的出现,促进了相应实践活动的开展,将其运用于乡村建设,成为20世纪50年代以来一个不可忽视的全球性文化现象,涌现出了意大利阿库梅贾村、波兰萨利派村、芬兰菲斯卡村、日本越后妻有地区、韩国甘川洞村等优秀案例,在我国也产生了山西渠岩,安徽左靖、欧宁等一批艺术家将艺术创作、艺术作品介入乡村建设的成功实践者,"介入型"艺术乡建持续推进,从外来主体导引的参与式乡村公益行动到乡村艺术区的营造,从艺术介入乡村风貌改造到乡村民俗风情的艺术展示等,艺术"介入"乡建的方式多种多样。

艺术家主动介入乡村建设,既体现了他们强烈的社会责任感与担当精神,也反映出在现代艺术和后现代艺术发展时期艺术家们慧眼创新的创作、表演取向。固然,部分艺术家的成功探索带来了"介入"式艺术乡建个案的精彩,但是,缺乏根基的"介入"暴露出来的问题也显而易见,乡土群众的参与感不强,积极性不高,不少项目在经历了最初的新鲜与热闹之后迅速趋冷,无论在经济上还是精神上最后给乡村留下的烙印形同灰迹。浙江省文化产业创新发展研究院研究员王丽云在对浙江的艺术乡建项目进行调研后就曾指出,在艺术介入乡村方面,乡村主体的主动参与性有待进一步提升。中国艺术研究院艺术人类学研究所原所长,东南大学艺术学院特聘首席教授方李莉认为,中国艺术乡建的理论和实践都还在建构与完善之中,中国当代艺术家们在进行艺术乡建时,更多的是从西方当代艺术中的"艺术介入社会、艺术要成为改造社会的工具"这一理念入手,她建议应该关注中国民间社会及其审美回归的潮流,她从东方审美哲学的角度,提醒能否从艺术乡建入手,"重建中国的乡村价值,并以艺术的形式激活这些乡村价值",寻找到一种更能与自然和谐、与人和谐、与社会和谐的可持续发展道路。[①]教育部人文社科基金青年项目"二十世纪下半叶山水画的范式突破及其审美价值研究"与广州市社科规划共建课题"新时代中国艺术乡建的价值导向与实现

---

① 方李莉:《艺术乡建的东方哲学基础》,《艺术市场》2021年第11期,第64—67页。

路径研究"阶段性成果揭示:在艺术乡建的推动过程中,实践者面临着一些阻碍乡建深入推进的难题,其中位列第一的就是乡民主体性的相对缺位。城市主体和元素不断涌入乡村的强势姿态忽视了在地本土乡民的情感诉求和文化属性。所以,这一成果的研究者们提出:新时代艺术乡建的实现路径,应先促进农民主体意识的养成,增强农民的文化自信。

援引西方而来的当代中国艺术乡建中存在的问题和我国学者的积极探索,使我们在回望《诗经》和《诗经》中所展现的周朝时期那个诗乐文化欣欣向荣的昌明社会时,更加深刻地感到:艺术乡建的主体不是外来的艺术家,而是世世代代生于斯、长于斯的乡民,包括那些为追求更好生活而候鸟般游离迁徙于乡村与各大中小城市的"打工人";无论是曾经的"日出而作、日落而息"的生产与生活方式,还是今天互联网时代被现代科技、现代交通、现代通信、现代城市生活等大幅冲击或者说"洗礼"下已经改变的半城半乡的、新的袅袅炊烟田园牧歌生活,它们才是艺术乡建要直面的主题内容。

第三,艺术乡建的主渠道是乡村里的公共文化建设。《诗经》里的诗乐是怎么来的?如前所述,有两个关键点必须把握:其一是乡饮酒礼和其他各种各样诗乐活动的常态化开展。作为社会基层组织的乡党政府,对这些诗乐活动的顺利举办承担着发动、主导和具体组织实施的职责,乡党全体成员不仅要积极参加,而且是事实上的创作者、表演者。换一句话说,他们是各种诗乐活动的主角;其二是作为周王室派出的采诗官和对采回的诗作进行整理加工、谱曲配乐的乐正乐工等,他们代表朝廷对当时的诗乐文化进行深度提炼和规范化管理、建设。这两个方面有机相连,从内容生产到舞台呈现展示乃至以诗乐文化使社会大众"知尊长养老"、立"孝悌"之行、进而推动乡党社会的和谐治理并最终达到"国可安"之目的。作为社会基层的乡党政府组织及其乡长乡大夫等官员,作为朝廷派出的采诗官、乐正乐工等,甚至不排除各乡党拥有一支自己的诗乐表演团队,它们共同构成了周朝时期完整而严密的公共文化建设与服务体系。正是这一套体系的成功运作,保证了周朝时期诗乐文化建设的高效开展,且带来了广袤乡野大地诗乐文明的兴旺发达。

在当代,完善公共文化服务体系,提升公共文化服务水平,"更好保障人民文化权益",是从中共十九大报告《中华人民共和国国民经济和社会发展第十四个五年规划和二〇三五年远景目标纲要》反复强调的国家建设与社会发展要务。历经多年的努力,覆盖我国城市和乡村的公共文化服务标准化、均等化、法制化建设已经取得阶段性重大成就。"优化城乡文化资源配置,推进城乡公共文化服务体系一体建设。创新实施文化惠民工程,提升基层综合性文化服务中心功能,广泛开展群众性文化活动"[1],在提高质量、满足人民群众美好生活需要上下功夫,成为新时代我国公共文化建设面临的主要任务。具体的实施路径,早在2017年颁行的《中华人民共和国公共文化服务保障法》就已经明确,其中的第二十七条、第三十条两次提到了"艺术普及"。由此可知,当代艺术乡建的主渠道,与《诗经》所展现的周朝时期诗乐文化的建设一样,应该是乡村里的公共文化建设。

艺术乡建如何与乡村公共文化建设相融?一要充分依靠乡村基层组织,使它们能像周朝的乡党组织开展诗乐活动一样,主动承担起艺术乡建摸底调研、发动组织、有序推进、正确引导等各方面的职责;二要依靠乡村广大群众,激发那些生产生活在乡村的居民(包括原住民、新居民)、游离迁徙于城乡的"候鸟族",以及喜爱乡村的所有人,激发他们参与乡村文化艺术创作、展示表演的积极性和创造性,形成艺术乡建万众参与的共建共享局面;三要注重对乡村文化资源的挖掘、对乡村文脉的保护与传承,要以艺术创意的手法,运用各种艺术表达形式,去展现美丽乡村和乡村文化艺术的独特魅力,以此创造新的审美价值、经济价值与社会价值。

---

[1]《中华人民共和国国民经济和社会发展第十四个五年规划和二〇三五年远景目标纲要》第三十五章第二节。

2018 年 5 月，中共中央政治局会议审议通过的《乡村振兴战略规划（2018—2022 年）》强调，乡村是中华文明的基本载体。实施乡村振兴战略，要"深入挖掘农耕文化蕴含的优秀思想观念、人文精神、道德规范"，结合新时代社会发展与人民对美好生活的需求，在保护传承的基础上实现"创造性转化、创新性发展"。艺术既具有创意又富有美感，依托乡村里的公共文化服务体系开展艺术乡建，是贯彻执行中共中央文件精神的必然选择，也是契合乡村实际、使艺术乡建更能持续深入地开展并取得更大成效的根本保障。在全国范围内艺术乡建工作开展得有声有色的浙江，于 2021 年 5 月由浙江省委宣传部、省乡村振兴局、省文联共同推出了《关于开展"艺术乡建"助力共同富裕的指导意见》，明确提出要通过文联等公共文化机构，深入挖掘乡村历史文化、民间艺术、生态等资源，与地方政府协同共建117 个"书法村"、35 个"国乐乡村"、2 个"中国摄影艺术乡村"、72 个"传统戏剧特色村"，用艺术打造乡村品牌，彰显乡村地域特色。为完成艺术乡建的宏大任务、实现艺术乡建的既定目标，浙江省还专门推出了"文艺村长"驻村制度。由政府委派文艺界人士挂职到乡村担任文艺村主任，协同乡村开展艺术乡建各项工作。颇具改革创新精神的浙江人，通过这一套先进的艺术乡建公共文化组织管理服务体系，将以前的纯粹下乡"送文化"迭代成了长期深入乡村的"种文化"，从主渠道构建上极大地保证了艺术乡建的广泛、深入、持久性开展。

第四，艺术乡建中艺术家的使命是沉浸式融入而不是简单的"介入"。所谓艺术家，是指在艺术领域掌握了专业知识与技能、能够按照"美的规律"创造艺术作品的人。社会生活是艺术创作的源泉。艺术家要想创作出优秀的作品，必须秉持强烈的社会责任感和博大的家国情怀乃至人类情怀，沉浸观察变幻万千的世界，沉浸洞悉社会与时代的发展，沉浸感受社会芸芸众生的生活，否则就不会有艺术直觉，不会有艺术创意。就像英国著名艺术史家 E.H. 贡布里希所说的那样，艺术家是具有正直性格的人，他们"时刻准备放弃所有省事的效果，放弃所有表面上的成功，去经历诚实的工作中的辛劳和痛苦"。①

《诗经》里那些让我们无比感动的诗乐作品,虽然我们迄今不知具体由何人所作,但从乡饮酒礼等各类诗乐活动举办时乡党人生动的聚会场景中,从采诗官风尘仆仆的采风征途上,我们完全能感受到诗乐的创作者和表演者们对生活的热爱与沉浸、对平凡而诚实工作中"辛劳和痛苦"的体验。同样,在今天的浙江,那些被委任派驻的"文艺村长",他们要协助所驻乡村挖掘、展示、弘扬乡村文化,要帮助组建乡村特色文艺团队、培养文艺骨干,要用文艺的方式去宣传乡村新风尚、推广乡村特色农副产品等。

不管是《诗经》时代的乡党诗乐社会,还是当今浙江和全国方兴未艾的艺术乡建,我们看到,艺术家们应该做的确乎不啻"介入",而必须是"沉浸",是沉浸式融入。"介入"是站在外来异乡人的角度,尽管也在参与,但参与程度缺乏明确的界定,有可能是蜻蜓点水跑马观花,还有更为严重的可能是外来的艺术家高高在上自以为是,不能完全站在本乡人的角度去思考他们的实际需求,容易忽视乡村居民的艺术感受与接受能力,"从而造成艺术介入无法融入乡建,艺术家与村民之间的艺术鸿沟扩大,招致村民的抵触"②;"沉浸"则是长期扎根,深入体验乡村生活,与乡村的山山水水、与乡村的百姓等完全融为一体,如此方能深刻地认知乡村的本真,把握乡村群众的实际需求。浙江省湖州市作家协会副主席、长兴县作家协会主席田家村在受聘为长兴县小沉渎村的"文艺村长"后,沉浸式地调研了村中的石桥、石堤、古树、古庙、老街等,他深有感触地说,以前主要为村民送欢乐,是乡村振兴的歌唱者、鼓掌者、旁观者。而今天,我们"沉下来了,成为乡村建设的规划者、指导者、直接参与者,将优秀历史文化解码落地",他称这是艺术乡建

---

① (英)E.H.贡布里希:《艺术的故事》,杨成凯、范景中译,广西美术出版社2011年版,第596页。

② 江凌:《艺术介入乡村建设、促进地方创生的理论进路与实践省思》,《湖南师范大学社会科学学报》2021年第5期,第46—58页。

的"主动作为"。①

沉浸式融入艺术乡建的艺术家,心态不是浮躁的,身子是弯下腰了的,审美视角是从泥土里长出来的。他们会从万物茂盛、五谷丰登的角度,去发现四季变换的美丽;他们会从土地的肥沃与贫瘠、山林的呼啸与寂静中,去感受生命的坚韧;他们会从简单、纯朴的乡村生活中,去领悟人性的至真至善至美。绘出"采菊东篱下,悠然见南山"的东晋陶渊明,写下"锄禾日当午,汗滴禾下土"的唐朝李绅,画出《父亲》的当代著名油画家罗中立,他们与《诗经》里"采采卷耳,不盈顷筐"②的佚名作者一样,都是对乡野的土地充满了无尽的热爱。因为他们知道,正是脚下的这片土地,养育了世世代代的乡下人和城里人;正是这片我们赖以生存的土地,滋养了人类的文明与大爱。所以,艺术家之于当代中国的艺术乡建,应义无反顾地沉浸式融入其中。

艺术家沉浸式融入艺术乡建,这是一种艺术自觉。这种自觉,至少应该在三个方面展现艺术家的担当:一是用艺术家丰厚的知识,去帮助梳理乡村几百年甚至几千年来沉淀的自然与人文资源,发现其中的富矿和珍宝;二是用艺术家审美的眼光,去发现和描绘乡村的美丽,以艺术的方式去展现乡村的价值和增长潜力;三是用艺术家的情怀,去渲染乡村百姓的淳朴善良、勤劳踏实等优秀的品格,去帮助他们提炼生产生活中犹存的、让我们这个民族生生不息的精神气质,推动乡风文明建设。需要强调的是,艺术家在这三个方面都不应该是单干,而应是携手土生土长的乡村居民、依托乡村公共文化建设这一主渠道。艺术家是艺术乡建的沉浸式参与者,甚至可以是艺术乡建的引领者,但绝非艺术乡建的主体。在阎海军主编的《崖边2:艺术里的村庄》这本书中,我们已看到了很多沉浸于艺术乡建的艺术家——那个从欧洲归来的程美信,投身于福建屏南县厦地村从事老房屋的修缮工作,他以艺术修缮的方式唤起人们根在乡村的"家园意识";那个应贵州朋友邀约,从北

① 2022年7月14日,人民网人民科技官方账号《艺术乡建,以"美"相见》转自《浙江日报》。
② 《诗经·周南·卷耳》,四川人民出版社2019年版,第3页。

京一头扎进贫困洪江村的上苑艺术家联合会理事长李向明,以他痴迷的"补丁美学"观,在废墟上发起了洪江国际艺术村的建设,吸引了更多艺术家的沉浸进驻;那个自幼喜爱绘画立志要做画家、后来投身商海又从商海回归的邹长斌,在云南以自己的企业作为支撑,用艺术的方式改造了多个村庄,充分激活乡村的内生活力,"让艺术浸染人心,协力于乡村的可持续发展"。①眼下,还有更多的艺术家正在走进乡村,沉浸于轰轰烈烈的艺术乡建浪潮。

费孝通先生曾讲:"从基层上看去,中国社会是乡土性的。"②社会学上著名的场域理论,将地理空间与人的活动相结合,形成了社区空间的认识。美国芝加哥大学社会学系教授R.帕克在1936年发表的《人类生态学》一文中,概括了社区的三个特点:"一是按区域组织起来的人口;二是这些人口不同程度地与他们生存的土地有密切关系;三是生活在其中的每个人处于一种相互依赖的互动关系。"③

乡村,从本质上讲就是一个社区概念。在我国已进入全面建成小康社会、阔步走向中华民族伟大复兴的新时代时,乡村的发展、乡村的进步,依然任重道远。让乡村产业更强,让乡村环境更美,让乡风文明度更高,都需要艺术。因此,艺术乡建必然伴随乡村振兴的铿锵脚步而越来越成为时代强音。在中国五千多年灿烂优秀传统文化的语境里,从"艺"这个字产生的那一天起,它就与生俱来地离不开乡土,因为在乡土里种植、在乡土里创新,才是"艺"的本义,从公元前几百年甚至公元前上千年《诗经》时代周朝社会令人称羡的诗乐文明,到公元后二十一世纪神州大地让14亿华夏儿女心潮澎湃的文化自信和文化复兴,艺术乡建的底层逻辑,实在具有跨越时空的异曲同工之妙,那就是乡村的空间、乡村的组织、乡村的居民、乡村的生活、乡村的文化,永远置身于向善向美艺术乡建舞台的中央。

---

① 阎海军主编:《崖边2:艺术里的村庄》,广西师范大学出版社2021年版。
② 费孝通:《乡土中国》,上海人民出版社2019年版,第1页。
③ 转引自张兴杰、叶涯剑主编:《社区管理》,科学出版社2020年版,第1—2页。

强化人才支撑，推动人才培养模式创新发展的若干思考

秦　晴[①]

【摘要】文化创意产业高速发展的今天，从思维方式到呈现形式，文化创意产业在不断发展、突破、颠覆，对新时代文化创意人才提出了新的需求高度。对于"在场"实践的文化创意人才，更是应该采取在岗学习、终身学习的模式，不断汲取新的理论知识与加强产业实践。新时代新方位下，文化创意产业人才培养模式发生了新的变化。发现人才，为人才培养储备力量，强化人才支撑，创新人才培养模式，培养出一批高素质的文化创意人才，方能给文化产业高质量发展提供根本保障。本文对新时代文化创意人才培养模式进行了总结和思考。新时代人才培养应突破传统观念，充分挖掘人才潜力，沉浸式教与学融合创新，拓展人才发展空间，以适应新时代的发展。

【关键词】文化创意；人才培养；创新

2018年3月全国"两会"期间，习近平总书记参加广东代表团审议时指

---

① 作者简介：秦晴，博士，深圳大学国际交流学院副书记，深圳大学文化产业研究院兼职研究员。

出：发展是第一要务，人才是第一资源，创新是第一动力。这一讲话深刻揭示了发展、人才、创新三者之间的关系，内涵丰富、意义深远。2017年4月，广东省委宣传部决定将广东省文化产业与新媒体后备人才培养基地（现为广东省文化产业与新媒体青年人才培养基地，以下简称"基地"）设在深圳大学，并于当年4月21日举行了隆重的授牌仪式，时任广东省委常委、宣传部部长慎海雄，时任省委宣传部副部长、省社科院党组书记蒋斌等出席并为基地授牌。该基地针对如何培养应用型文化产业与新媒体人才进行了大胆尝试、创新实践，突破了现有的人才培养模式，为新时代青年人才培养提供了一个创新样本和前瞻模式。截至目前，该基地分两期培养了近百名文化产业与新媒体青年人才。作为文化创意人才的实践者，作者参加了该基地的全程建设，总结出相关人才培养经验如下：

一、理论学习：邀请名师授课，注重三位一体

文化创意人才培养离不开前沿、系统的理论学习。文化创意人才培养应在培训前期进行合理策划课程体系，师资涵盖国内外顶尖学者、行业翘楚、政府部门管理者，全方位从理论和实践相结合的角度，政、产、学、研一体化。以广东省文化产业与新媒体青年人才培养班为例，主办方精心策划培训课程，邀请加拿大渥太华大学、北京大学、清华大学、浙江大学等国内外名师授课，以及腾讯副总裁、联合国教科文组织文化管理委员会主席等行业翘楚和政府负责人，把脉产业与实践前沿。"跨界融合背景下文化产业的业态创新""数字经济时代的趋势和展望""创意者经济：互联网＋文创的创新模式""互联网发展的'下半场'：转型关键与操作路线""新媒体·新技术·新业态与文化产业"等专题讲座，这些最新、最前沿的理论知识和产业实践动态，为学员们提供了难得的知识和思想盛宴，深受学员的一致好评。除了带来内容丰富的理论学习之外，主办方还在课后安排师生互动沙龙，让学员与老

师围绕理论和实践进行深入交流和探讨,建构出具有活力的教学相长机制,取得了良好的学习效果。鉴于行业学习的重要性,基地在第三期培训中新增"企业问道"课程模块,结合参访邀请行业翘楚传经送宝,沉浸式学习取经。

二、移动游学:坚定文化自信,拓宽跨界视野

文化创意人才培养既要"读万卷书",又要"行万里路",做到知行合一,而移动游学就是一种很好的教学方式。以广东省文化产业与新媒体青年人才培养班为例,主办方还精心策划和组织了灵活的跨地域学习方式——移动游学。除了在深圳本土参观考察外,基地班学员分批先后前往北京、杭州、上海、成都、青岛等地进行了跨地游学,学习全国文化产业发达地区与新媒体前沿的先进经验。学员们游学的足迹遍布知名文化及新媒体企业、园区、展会等,包括腾讯集团、阿里巴巴集团、今日头条、澎湃新闻、上海自贸区、喜马拉雅、梨视频、行吟信息科技(上海)有限公司(小红书)、四川观察、故宫文创、36氪、思南公馆、首届长三角文化产业博览会、第十二届和第十三届中国(深圳)国际文化产业博览交易会主会场、华侨城创意文化园、环球数码等。

移动课堂可以使受训学员近距离感受产业发展蓬勃现状,进一步思考与洞见行业发展动向与趋势,从而进一步坚定文化自信,拓宽跨界视野。而移动游学这种形式,本身也是对人才培养模式的一次创新和实践。

三、实战演习:凝聚团队合作,在实战中成长

文化创意人才的培养应注重"实战演习",凝聚团队合作,注重成果输出,在实战中将理论与实践相结合,提升自身综合素质与能力。"实战演习"

主要依托团队素质拓展、课题研究、项目策划、项目运作等形式展开。

在培养周期里，广东省文化产业与新媒体青年人才培训班主办方根据自由组合、优势互补等原则组建了七个团队，通过精心安排素质拓展、协助建立班委等活动，有效增强团队凝聚力和向心力。每一期基地首期学员开学之初就会进行素质拓展活动，不仅给学员们提供一个展示自己的舞台，还锻炼了班集体的团队意识和合作意识，增进了团队之间的感情，丰富了课余文化生活，提升全体学员的学习热情和学习效率。

广东省文化产业与新媒体青年人才培训班在培养周期内，每个团队还要完成一个研究课题，为此主办方为每个团队安排1至2名专业领域的专家担任指导老师。团队内部先是通过讨论确定研究主题，这些选题都紧贴当前行业发展，具有很强的现实指导意义。选题确定后，每个团队随后开展深入的专题调研、数据收集，撰写调研报告，并先后经过中期考核、专家通讯评审、成果预汇报等多个环节，最终每个团队形成1篇2万字以上的高水平研究报告，有的团队还设计出数据库、App、指数模型、网页等。通过专家外审和成果预汇报的，才能进入最终的结业汇报。这一环节通过层层把关、严格要求，让学员经历了锻炼和敲打，在实战中学习、在实战中成长。首期和第二期培训班分别于2018年和2019年进行结业汇报，十三个团队的代表通过视频、PPT展示等方式汇报了各组的研究成果，与会专家评委对研究成果进行点评，现场气氛紧张而热烈。最终，所有团队的研究成果全部通过考评，获得了与会专家的一致肯定。

目前三期培训班已经形成近百万字研究成果，内容丰富，涵盖主题多元，既有切合时政发展的粤港澳大湾区专题，具有较强的针对性，又涵盖了人才问题、传统媒体融合转型等专题，为全省文化产业与新媒体发展提供建设性的意见与参考。广东省文化产业与新媒体青年人才培养基地首期培训班形成的研究主题分别为《基于"粤港澳大湾区"资讯数据库的关注度分析研究》《基于公共文化服务的戏迷云播平台研究》《新媒体视听传播在文化产业的实践设想》《媒体融合背景下的台网合作深观察》《融媒时代地市报业政务发布的思考》《深化影院供给侧改革,开创电影+新纪元》《新旧融合且看今朝——通过党的十九大会议报道看媒体融合的进程、发展与成果》《VR技术在广播电视领域的应用》等。广东省文化产业与新媒体青年人才培养基地第二期培训班形成的研究主题分别为《粤港澳大湾区演艺文化大数据系统设计》《粤港澳大湾区文化创新指数模型设计》《粤港澳大湾区电影产业核心竞争力及发展战略研究》《移动互联背景下传统媒体人才流失问题及对策研究》《广东省国有文化企业管理人员素质能力模型研究》《传统媒体融合转型发展案例分析及研究》。

四、科学管理:创新培养模式,优化培训效果

文化创意人才的培养应注重创新培养模式,优化培训效果,动态管理,提升人才培养效能。创新人才培养模式,应首先从制定科学管理制度做起,做到培训前合理规划,培训中实施有效的过程管理,培训后总结经验、不断改进,以达到最优的培训效果,打造良好的人才培养氛围。

以广东省文化产业与新媒体青年人才培养基地为例,在每期培训班开班以前,主办方对学员的需求进行全面的摸底问卷调查,经过数次讨论后,制订相关教学计划和管理规定,设置严格的考勤机制和淘汰机制等,有效地规范了学员管理,保证了学习的效果。据统计,首期班和第二期培训班结业率分别为94%和97%。在培训过程中,主办方严格把控每个培养环节,并在培训项目实际运行中针对参训学员构成、需求等实际情况进行相应的调整,使教学计划能满足学员的需求。每次培训结束后,主办方针对教师授课、参访效果等进行问卷调查和学员回访。此外,还召开基地管理人员工作会议,总结经验,分析问题,提高水平。

五、硕果累累：能力全面提升，紧跟时代潮流

文化创意人才的培养，既要联系实际合理规划课程，提供相关理论政策和行业的新思想、新科技、新经验，又应该紧紧围绕当前时事政治和最新精神展开，全面深化党的二十大精神等学习。并进一步贯彻到实际工作中，唱响全党、全国人民践行习近平新时代中国特色社会主义思想的时代主旋律，牢牢掌握意识形态工作领导权。

在经过一年系统地学习培训，广东省文化产业与新媒体青年人才培训班全体学员在思想观念和政治意识上得到了全面而深刻的提升。在思想观念上，增强了工作的责任感和紧迫感，在当今愈加复杂的媒体传播格局及传播方式深刻变化下，走出"舒适区"，以时不我待的状态投身到工作中。全体学员不断地学习和积累，用积极进取的工作精神和饱满的工作态度去迎接新任务、新挑战。

一年的培训学习后，将理论运用到实际工作有效促进了学员工作能力的提升。培训班课程针对目前宣传文化单位实际需求展开，提供了学员想了解的新媒体和文化产业相关理论政策及行业的最新前沿动态和趋势。一年下来，学员纷纷表示收获良多。"培训让我们对当今互联网发展有了更深入的了解，比如腾讯如何围绕IP构建'泛娱乐'内容生态，今日头条如何基于大数据算法进行分发，澎湃新闻的运营模式，四川观察如何根据后台大数据制定运营策略等，让我打开了视野，获得了更多思考，极具现实意义。"一位学员说。多数学员表示，为期一年的培训贴近实践和实战，培训课程切中了当前遇到的问题和困惑，比如新媒体在媒体融合当下怎样发展，文化产业与科技怎么创新融合，对实际工作具有重要的指导意义。还有学员表示，培训内容精彩，具有很强的针对性和指导性，是一次认识上的提升之旅、眼界上的开阔之旅，思想上的丰富之旅，也是一次自我归零和重新出发。一年的

学习让全体学员学会了一些好的方法，有了一些新的思路，在未来工作中学以致用、活学活用，不断解决工作实践中的难点、疑点，不断提升自己的综合能力和业务素质。学员一致认为，一年的系统培训让他们创新思维方法，紧跟传播发展潮流，抓住新媒体特点，积极应用新技术，树立产品意识和精品意识，并用开放的心态、连接的思维、合作的意识，思考当下工作及转型任务，将所学所思运用在实际工作中。

据悉，首期培训班有20%的学员在培训期间或培训后职位得到了晋升，第二期培训班有10%的学员在培训期间或培训后职位得到了晋升，第三期培训班学员有50%在培训期间职位得到晋升。

六、结成联盟：深化合作交流，共促行业发展

文化创意人才培养模式的创新还在于持续深化合作交流，共促行业发展。习近平总书记在党的二十大报告中提出，推进教育数字化，建设全民终身学习的学习型社会、学习型大国。终身学习理念是指让学习贯穿于人的一生，在能更好适应经济社会全面发展的基础上不断学习。

以广东省文化产业与新媒体青年人才培养基地为例，第二期培训班还首创了"学员讲堂"，分别邀请了5位同学进行专题分享，给学员提供一个互相学习和交流的平台。经过一年的培训学习，各期培训班学员形成共识，希望保持联系和终身学习。为此，首期班委倡议发起"广东省文化产业与新媒体发展联盟"，旨在让"广东省文化产业与新媒体青年人才黄埔一期"精神薪火相传，定期组织进行文化产业与新媒体讲座沙龙、学术论坛、游学等学习交流活动，通过这个平台，大家增长学识、交流思想、结下友谊，持续为广东文化产业和新媒体行业发展做出更多的贡献。2022年9月，广东省文化产业与新媒体青年人才培养基地举办创意工作坊与交流座谈会，三期学员一起开展了创意工作坊活动，分享交流媒体融合、文化产业发展经验做法，碰

撞出思想火花。学员代表们围绕"新时代新媒体人的社会责任与担当""数字经济时代的文化创意"两大主题展开主题演讲，活动取得了良好效果。为此，我们可以看出，"培训后"的学习交流让学习贯穿于学员的一生，持续交流与合作将为文化创意行业带来良好的促进作用。

在文化创意产业高速发展的今天，从思维方式到呈现形式，文化创意产业在不断发展、突破、颠覆，这对新时代文化创意人才提出了新的需求。广聚天下"第一资源"——人才，是21世纪社会发展的关键所在。人才是创新的根基，是创新的核心要素，人才强，才能带动产业和经济的发展，从而推动国家繁荣昌盛。未来对创意人才的需求将越来越大，发现人才，为人才培养储备力量，强化人才支撑，创新人才培养模式，培养出一批高素质的文化创意人才，方能给文化产业高质量发展提供根本保障。

"元宇宙"的影像逻辑：由事实到价值的可能性

侯杰耀①

【摘要】本文仅关注"元宇宙"的一个不可或缺的重要因素——影像,通过探讨"元宇宙"的影像逻辑,理解"元宇宙"的现实意涵,最终论证在"元宇宙"中建构一种有关价值的新现实的可能性。

【关键词】元宇宙;影像;虚拟现实

"元宇宙"是什么？这个问题是今天我们谈论、发展"元宇宙"所面临的首要问题,研究者、实践者从各个角度给出了多样的定义,本文在此不致力于穷举各种各样的"元宇宙"定义,也不试图给"元宇宙"下一个全面而系统的定义,本文仅关注"元宇宙"的一个不可或缺的重要因素——影像。无论人们对"元宇宙"的理解角度有多大的差异,但任何人都会承认,影像是"元宇宙"的必要构成内容,"元宇宙"必须以影像为主导的方式而非文字、声音等其他方式呈现虚拟现实。因此,本文将通过探讨"元宇宙"的影像逻辑,理解"元宇宙"的现实含义,最终论证在"元宇宙"中建构一种有关价值的新现实的可能性。

---

① 作者简介:侯杰耀,北京大学哲学博士,北京电影学院电影学系讲师,研究方向为应用伦理学、电影哲学、政治哲学。

一、"元宇宙"的影像之"新"

今天"元宇宙"的发展热潮是在现代科学，特别是计算机科学的基础上形成的，但在影像方面，"元宇宙"的影像建构继承了旧影像的底层逻辑。"在20世纪，静态摄影和电影影像逐渐主导了现代视觉文化。计算机时代的视觉文化在外观是电影式的，在材料上是数字的，在逻辑上是与计算机有关的（即软件驱动）。"[①]电影、电视剧等运动影像已深刻塑造了现代人的视觉文化，"元宇宙"的影像画面仍然是电影的视觉延续，视听语言会大量借鉴移动摇镜、一镜到底、跟随镜头等电影运镜技巧和物体遮挡转场、相似场景转场、旋转跳跃转场等电影转场技巧。甚至"元宇宙"所看重的互动性已经存在于电影之中，影像中的人物与观看者之间的互动已见于参与型纪录片（Participatory Documentary）：导演参与了事件的发生过程，影片并不掩盖导演与被拍摄对象的互动，例如2004年的纪录片《华氏911》。马诺维奇的判断在今天仍然成立："我们是否可以预期，未来的电影式图像会被截然不同的图像所取代，那些图像的外观会更符合它们内部的计算机逻辑呢？在我看来，答案是否定的。电影式图像的文化传播非常有效，因为它们共享自然感知中的许多特质，很容易被大脑处理。这些图像与'实物'的相似性，使得设计师可以激发观众的情绪，有效呈现出现实中并不存在的对象和场景。"[②]"元宇宙"所建构的虚拟现实同样基于"实物"，因此，20世纪电影所塑造的视觉文化在"元宇宙"时代仍将发挥基础性作用。

但是，这不意味着"元宇宙"的影像完全是电影的模仿，虽然运动影像的视听语言不能标志"元宇宙"的影像之"新"，但是"元宇宙"的影像仍然具有

---

① 列夫·马诺维奇：《新媒体的语言》，车琳译，贵州人民出版社2020年版，第182页。

② 列夫·马诺维奇：《新媒体的语言》，车琳译，贵州人民出版社2020年版，第182页。

"新"的特征——运动影像的数字化变革：电影摄影与数字计算两种逻辑相融合形成了数字影像，这使得运动影像具有了可被编程的数值化特征（例如拍摄所使用的数码摄像机或手机）与可被分解为互不干扰的独立单位的模块化特征（例如影像后期制作所用视频剪辑软件中的图层、轨道）。①

数值化与模块化使数字化的运动影像具有了一套后工业社会的新制作逻辑——个体差异化定制而非大规模标准化生产：便携的小型数码摄影机和高效的视频编辑软件赋予了个人或小团队影像制作的自主权，电视台、电影公司等传统媒体拥有方对视频信息的制作垄断被打破了。更关键的是，影像制作的个体化特征与它所依赖的互联网传播渠道的个体化特征——影像在互联网个体间传播——高度契合，制作技术与传播渠道共同使影像呈现为一个更加民主化、平等化的影像景观：今天大量立足个体观察与主体感受的影像作品（例如 Vlog）为无数网民个体建构了"沟通"（communication）的社会交互图景。此图景延伸了在现代互联网的鼻祖"阿帕网"（ARPANET）中已经诞生的电邮（E-mail）通信所奠定的互联网通信（internet communica-tion）目标：个体能摆脱物理距离或传统人际的限制，仅基于共同兴趣自由沟通。②"沟通"成为"元宇宙"的影像在互联网通信时代的标志性效果，"元宇宙"需要利用数字影像进行互联网"沟通"。

由此可见，"元宇宙"的影像之"新"根系于数字时代的两种逻辑——数字化的远程通信与数字化的运动影像——通过计算机这一硬件载体结合在一起，运动影像的数字化表现为影像制作的数值化、模块化，远程通信的数字化表现为互联网采用数据包（datagram）传输而非传统电报、电话通信采用的电信控制系统，例如 TCP／IP 协议（传输控制/联网协议）是目前互联网最基本的通信协议，运动影像的数字信息以数据包的形式按照 TCP／IP 协议

---

① 列夫·马诺维奇：《新媒体的语言》，车琳译，贵州人民出版社 2021 年版，第 28—31 页。
② Janet Abbate, *Inventing the Internet*, Cambridge: MIT Press, 2000, p. 110.

被规定、传输、解析、校验。"元宇宙"的影像绝非两种逻辑结合所形成的唯一媒介，网络电影或剧集、网络视频通话都属于此。但相较而言，"元宇宙"的影像是融合上述两种逻辑的"中道"结果。具体讲，网络电影或剧集主要遵循了运动影像的逻辑——电影和电视剧的经典放映，只不过采纳了互联网通信技术所搭建的新放映平台；网络视频通话主要遵循了远程通信的逻辑——电报和电话的通信需求，只不过将运动影像纳入了即时通信的应用范畴。"元宇宙"影像的"中道"特征体现在：一方面"元宇宙"的影像不一定是以信息时效性为主的即时通信，Vlog以"准电影"的形象链接了非在场、非即时的时空；另一方面"元宇宙"的运动影像打破了电影、电视剧继承自戏剧传统的"第四堵墙"，"元宇宙"中的人以"准通信"的形象在屏幕前与其他人沟通。如果说"媒介是这样一种东西，可以通过它或利用它以特殊方式来干或说某种特定的事"[1]，那么笔者认为"元宇宙"影像的"中道"特征意味着它标志了一种显现事件的特殊方式——"远程通信＋运动影像"的数字化使一种兼具"准电影"和"准通信"两种特征的显现事件的新秩序被建构起来。这一新秩序的确立根系于影像的实在性或现实性（reality）。"元宇宙"的流行充分说明"元宇宙"通过影像所呈现的虚拟现实已经成了被人们普遍接纳的现实。那么，我们须继续追问，"元宇宙"的影像如何构成了一种现实？马诺维奇已经指出，如果电影式图像仍然主导了我们的视觉文化，那么电影的现实主义则会继续影响着我们如何把影像接纳为现实。[2]

二、影像与现实之间的历史性

现实主义始终是电影的重要理念，电影的现实主义理论奠定了影像与

---

① 斯坦利·卡维尔：《看见的世界——关于电影本体论的思考》，齐宇、利芸译，中国电影出版社2020年版，第37页。

② 列夫·马诺维奇：《新媒体的语言》，车琳译，贵州人民出版社2021年版，第182页。

现实之间的基本关系,而这也是与"元宇宙"紧密相关的影像建构逻辑。马诺维奇主要从"实物"的相似性角度解释了影像建构的逻辑,这事实上也非常符合人们的日常经验,影像的现实性在于"实物"的相似。但是,如果我们追溯电影的现实主义理论,会发现,虽然影像的现实性似乎直接与"实物"的空间造型相关,例如空间透视、造型的逼真等,但奠定影像与现实之间关系却离不开时间维度。在日常认知中,人们会承认影像可以把过去的时间留存下来,这一点被巴赞阐述为影像的伪现实主义性质:影像满足了人类的一种心理需求——"木乃伊情结"(mummy complex),电影通过把逝去的对象留存下来而抵抗了时间的流逝,"现实"在此意义上指在时间流逝中"被防腐的"对象。①因此,影像与现实之间的关系包含了时间性,当人们在日常观影中意图通过电影认识现实时,已经默认了逝去的现实可以在当下电影中重现,在此意义上,有电影学者认为电影的存在性质是"痕迹与延迟"。②基于保存与再现的逻辑,影像与现实之间的时间性关系可以在历史学话语中被进一步表述为影像的"历史性"(historicity)。在历史学中,历史性指历史书写(historiography)与其所传达的历史事实(history)之间的关系,③当历史性这一概念用来描述电影的存在属性时,其具体内涵指:在认识论层面,电影作为一种历史书写来表现历史事实,而电影的不同美学特征决定了历史书写方式的不同。因此,电影的艺术创作离不开电影的历史性。而当人们观赏电影时,其审美体验也基于电影的历史性。只要我们接受电影具有历史性,也就承认了电影能在一定程度上表现现实,所以说,电影的历史性是基于巴

---

① Andre Bazin, *What Is Cinema?* Hugh Gray (tran.) Berkeley: University of California Press, 1967, Vol. 1, p. 9.

② 达德利·安德鲁:《电影是什么!》,高瑾译,北京大学出版社 2019 年版,第 47 页。

③ Philip Rosen, *Change Mummified: Cinema, Historicity, Theory*, Minneapolis: University of Minnesota Press, 2001, p. 6.

赞现实主义美学的再阐发。①

　　基于上述讨论，我们把历史性进一步聚焦在电影之上。电影的历史性也就是关注电影以何种方式表现了历史事实，这种表现方式影响了电影的叙事结构、美学风格、主旨立意等各种电影审美要素。那么本文继续追问：电影以何种方式去表现历史？我们须注意到，首先存在着众多历史题材电影，毫无疑问，历史题材电影的确是电影对历史性的直接呈现。但须注意到，一部电影所选取的历史题材不等同于这部电影的历史性，正如前文已经谈到的，历史是一种已经逝去的现实，历史性本质上是关于影像如何书写已经逝去的现实，即影像与现实之间的时间性关系。那么从影像的角度看，历史题材电影不是历史纪录片，换句话说，忠实记录并还原历史并非这些历史题材电影的美学目标，反而我们可以在这些电影中发现大量故事重构，各种巧合情节与曲折的故事线索都充分说明：历史题材电影的历史性不是要在历史书写中向电影观众还原历史事实，而是要在历史书写中吸引电影观众去思考历史事实的含义。在这些历史题材电影里，支撑历史故事的内核事实上是众多非时间性的永恒的价值——爱情、友谊、民主、自由、正义、同胞之情等，这些价值根植于人性之中，正是这些跨越了不同历史事件、不同历史语境的价值赋予了电影感染力。正如韩国电影《辩护人》，影片的故事改编自韩国的一段真实历史，主人公角色也有现实原型，但影片作为一部剧情片，其历史性体现在以法律、人权、正义等众多现代价值为导向所完成的对历史事实的再书写，历史故事只不过是呈现这些重要价值的绝佳途径，相类似的，电影《南山的部长们》也借助历史事件呈现了韩国社会对政治权力的思考。因此，电影可以凭借一系列非时间性价值把影像与现实衔接在一起，历史性本质上是影像与现实之间的一种建构性关系，电影的建构结果不是

---

① Philip Rosen, *Change Mummified: Cinema, Historicity, Theory*, Minneapolis: University of Minnesota Press, 2001, p. 9.

还原某个历史事实,而是要重新发现历史事实的价值——建构出人类对正义、自由、情感、权力等非时间性价值的理解。正因为历史性是影像与现实之间的建构性关系,当我们关心"元宇宙"的影像如何构成了一种现实,答案并不是一个纯粹自然科学问题,而且还涉及了人的历史性以及延伸至历史性的价值问题。

尽管造型对我们接纳一段影像非常重要,但现实的认知从来不完全是造型问题,今天我们已经在各种影视作品中接纳了很多充满了奇幻、虚构、先锋、意识流等要素的影像,这些影像的现实性并不能从造型上找到绝对的依据。所以说,马诺维奇以"实物"的相似性作为影像现实的唯一根据是有局限性的,他忽视了时间问题,而仅把现实置于一个没有时间的静态模型中来理解。人们之所以会习惯性地完全以"实物"的相似性来理解"元宇宙",恰恰是因为"实物"相似性是当前"元宇宙"技术开发的主导逻辑,这种技术思维决定了我们更加关心虚拟现实的"造型",而忽视了虚拟现实的历史性。那么,本文的讨论就提供了一条理解"元宇宙"的非技术思路,这不是一种一厢情愿的个人情怀,这条非技术思路拥有非常坚实的现实根据和认知基础,即我们在电影当中发现的影像与现实之间的历史性关系。针对"元宇宙"的影像建构,我们在"实物"的相似性之外,还需要关心:在影像与现实之间的建构的历史性关系之中,影像如何通过一种建构方式把握了处于时间流逝之中的"现实"? 更简单地讲,人们可以通过影像认识到的"现实"究竟是什么?

三、影像"现实"的建构含义

一旦电影的历史性不再局限于历史题材电影的狭窄范畴而主要关于影像对现实的建构方式,那么许多具有一定现实主义色彩的电影都可被纳入历史性问题域中进行讨论,这包括了《与神同行》《釜山行》《汉江怪物》等兼具奇幻与现实的电影，也包括了《活着》《致命感冒》《隧道》《铁线虫入侵》《海云台》《潘多拉》等灾难类型电影。这些电影常被形容为魔幻现实主义、奇幻现实主义等，然而这些名词概念并没有回答奇幻何以能与现实在影像中并存，以及二者共同在电影中承担了怎样的审美角色，这些概念仅仅以文学修辞的方式回应了这样一种朴素的观影体验：人们从这些充满奇幻场景的影片中仍然能够领略到一种现实感。那么，这个对于"元宇宙"至关重要的概念——"现实感"——是什么呢？

有学者会基于感觉现实主义（perceptual realism）的立场认为人们从这些电影中获得的现实感是一种时空真实感。[1]不可否认，时空真实感的确存在于电影中，《与神同行》中的地狱景象、《釜山行》中的僵尸、《汉江怪物》中的怪物都让观众感受到了真实；但是，真实感不是这些电影给观众带来的全部审美体验，甚至不是最重要的审美体验：不同于《侏罗纪公园》这样的纯粹奇观式电影，除了虚拟景观所塑造的时空真实感，《与神同行》《釜山行》《汉江怪物》等电影给人们带来的最强烈、最鲜明的现实感是《与神同行》中的善恶人生、《釜山行》中的人性抉择、《汉江怪物》中的家庭救赎，电影故事及其所承载的人类价值使观众即便知道这些影像是虚假的，但仍然能从中获取现实力量。甘宁指出了现实主义并非直接关于物质性现实："在电影中，我们处理的是现实主义而非'现实'（reality）……电影的影像具有现实印象（an impression of reality），而不是他的物质性（materiality）。"[2]所以笔者认为，《与神同行》《釜山行》《汉江怪物》等兼具奇幻与现实的电影向观众所传达的现实感不能简单理解为时空真实感，而是基于人们对自己生活的价值感知，人们因为能够从这些电影中看到自己的生活处境、思考自己的人生命运、理解

---

[1] Stephen Prince, "True Lies: Perceptual Realism, Digital Images, and Film Theory", *Film Quarterly*, 1996, Vol. 49, No. 3. p. 32.

[2] Tom Gunning, "Moving Away from the Index: Cinema and the Impression of Reality," *A Journal of Feminist Cultural Studies*, Vol. 18, No. 1, 2007, p. 44

自己的价值选择,所以才会从影片中感受到现实感。如此,笔者事实上从非物质性的角度重新阐释了电影审美中的现实感之含义,而提出了一种以现实生活价值为核心内容的现实感。这一非物质性的现实感指向了影像的历史性,现实感基于人们通过影像所认识到的现实,但正如前文所论述的,电影事实上凭借一系列非时间性价值把影像与现实衔接在一起,因此观众不断通过影像认识现实的过程也是一个不断获取非时间性价值的过程,随着观众对非时间性价值的认知不断加深,观众与现实之间的联系也日益紧密,现实感就产生于人们观影时的非时间性价值认知。所以说,基于建构主义的历史性,奇幻与现实共存于电影之中,二者在影像层面共同承担了向观众诠释影像之历史性的审美功能。分析至此,"现实"在电影中拥有了一种与物质性的时空真实感相区别的新含义:"现实"也可以是非时间性价值。《与神同行》《釜山行》《汉江怪物》等兼具奇幻与现实的电影是呈现上述"现实"之新含义的绝佳实例。近年来十分流行的僵尸题材就将此"现实"之新含义发挥极致,僵尸灾难元素与各种现实社会问题融合在一起,带来了一系列有关非时间性价值的现实审美效果:在人与僵尸的极限生存斗争之中,权力、爱恨、善恶、生死等主题被影片赋予了更强的理智冲击力与反思紧迫性。

我们一旦意识到"现实"之新含义,再去看另一些基于现实原型或真实事件改编的电影——大多是悬疑犯罪片,如《杀人回忆》《那家伙的声音》《青蛙少年失踪事件》《熔炉》《母亲》《金福南杀人事件始末》《素媛》《不哭,妈妈》等——的话,就会发现这些犯罪电影的现实主义美学价值不在于真实呈现了历史事件或人物原型,而在于引发了人性反思,前者是一种物质性的时空真实感,而后者是基于电影之历史性的非时间性价值。历史真实事件在电影美学层面发挥的主要作用是为影片提供了"复仇""救赎""邪恶"等犯罪主题与扣人心弦的叙事要素,当人们一旦开始观看电影,历史事实就被影像所掩盖,人们看到的是影像——历史书写方式,而非历史事实。所以笔者认为,从历史性的角度看,影像可以建构一种新现实:这种新现实是与真实案件或人物原型——历史事实相区别的一种影像现实，即人为建构出来的、有关某个非时间性价值的理智现实。观众看到的画面不是历史事实，而是导演利用影像建构出来的新现实，新现实的存在并非要让观众确信任何物质性实存，而是要调动观众的理智活动，让观众思考人性之善恶、人世之黑白，所以这是一种有关某个非时间性价值的理智现实。

从新现实的视角看，在电影的历史性所建构的"影像—现实"的关系链条中，兼具奇幻与现实的电影、基于真实事件改编的电影这两种电影类型恰处于两端，前者极致地发挥了影像的新造现实能力，而后者则利用了历史事实，但这两端都仅仅是电影创作的起点，它们既没有单纯追求以假乱真的时空真实感，也没有囿于还原历史事实的真相，而是在影像与现实的时间性关系——历史性中，建构了一种非时间性的、非物质性的新现实。我们会发现，这两端恰恰也是"元宇宙"影像建构的两端："元宇宙"既需要新造现实的能力，也需要模仿现实的能力，而这两种能力均需要历史性的底层逻辑。此新现实存在于"元宇宙"的影像层面，但又指向了精神现实——价值观念。观众对"元宇宙"的认知过程就是对此新现实的理智认知过程，或者更具体地讲，"元宇宙"的现实主义效果就是让观众沉浸于影像世界之中，并且让观众对影像世界承载的价值观念进行理智反思，理智反思活动会让观众带入自己的真实生活经验，如此，一种理智层面的现实感可以被"元宇宙"的影像产生，这是真正意义上的"元宇宙"：人的生活既具有物质的一面，也具有精神的一面，如果我们仅从"实物"相似的角度理解、建构"元宇宙"，那么我们只可能得到一个仅能提供物质生活的"元宇宙"，而本文的讨论在根本上触及了如何在虚拟影像中建构"元宇宙"的精神生活的问题。

四、"元宇宙"生成价值的一种影像建构路径

笔者认为，上述所论的现实主义现象在"元宇宙"生产与认知两个层面

构成了互动效果:在生产上,"元宇宙"作者利用奇幻迷人的虚拟景观让观众沉浸在新现实中,也利用曲折悬疑的叙事情节让观众专注于新现实,这些景观的、叙事的艺术手法最终都服务于新现实的建构;在认知上,相较于纯粹的感官刺激,用户对"元宇宙"的期待也包含了与新现实相关的一面,即要求"元宇宙"能够传递理智反思性。作者与用户围绕新现实的互动共同支撑了"元宇宙"的现实主义。

我们不难发现,"元宇宙"在今天的商业性开发本身描述了新现实的如下存在性质:以非时间性价值为主要内容的理智现实不是某种私人产物,而是一种社会事实。"社会事实(social fact)表示任何涉及集体意向性的事实。"①概括地讲,新现实具有社会性,"元宇宙"根本无法靠一两个人的理智反思而建构出新现实,新现实必须依赖众多个体的集体理智反思。新现实的社会性根植于"元宇宙"的影像历史性之中,因为历史是对人类集体的时间把握,个体无法构成历史,前文所谈的互联网的"沟通"就是"元宇宙"的社会性的具体表现。至此,我们已经接受了一个社会性的现实感语境,前文所论证的新现实即存在于"元宇宙"的社会性之中:"元宇宙"生产者意图通过影像与大众一起建构针对各种社会价值的新理智现实。当然,尽管"元宇宙"的商业性根源于新现实的社会性,但商业性不等同于社会性,由社会性而衍生出的商业性基于如下逻辑:"元宇宙"生产者意识到现代文化生产与消费模式是实现"元宇宙"的社会性的最有效方式,"元宇宙"本身就具有吸引社会成员的力量,因此大众参与建构新现实的"元宇宙"就被置于现代工业生产与消费体系中了。所以说,商业性本质上是"元宇宙"的社会性的一种呈现方式。在此意义上,"元宇宙"的现实主义追求离不开商业化:足够多的用户才能使"元宇宙"建构起新现实。

---

① 约翰·R.塞尔:《社会实在的建构》,李步楼译,上海人民出版社2008年版,第21—24页。

　　不可否认，空间是"元宇宙"绕不开的关键词。但前文的讨论已经充分论证，空间并不足以建构"元宇宙"的影像现实主义，时间或者说历史性是"元宇宙"的现实主义之关键。更具体讲，空间仅仅是一种影像符号，它服务于影片所要建构的新现实——有关社会正义的理智现实；"元宇宙"所建构的理智现实没有任何真理基础——虚拟现实无法直接定义社会正义之本质，虚拟现实仅能通过影像碎片与故事片段建构一个社会正义的问题域，以供观众在"元宇宙"中思考各种价值观念。因此，人们在认识"元宇宙"时，进行了如下认知活动：观众把看到的各种各样的与某一价值有关的影像片段在理智层面拼接在一起，完成了一幅有关某一价值的影像图谱，这一图谱就是"元宇宙"意图建构的有关某一价值的新现实。这一认知过程就如同尼采所做的道德谱系学研究①一般，尼采的谱系学工作被福柯进一步发展为针对各种价值观念的谱系学方法。可以说，"元宇宙"的现实主义特征就是让人们以谱系学方法认识影像所建构的新现实。

　　福柯的谱系学方法本身有关历史性，但福柯强调谱系学作为一种历史观反对寻求事物的历史起源②，这意味着谱系学抛弃了本质主义的历史观。面对各种各样的事实，谱系学承认它们的偶然性与差异性，并且不试图用同一的、必然的本质论阐释消解偶然性与差异性；相反，谱系学要求在众多差异性事实中标识出偶然的、零散的事实碎片，并且就这些散布在各处的碎片，建构出它们的"家族血统树"。③对于影像的历史性而言，人们在影像与现实之间进行的建构工作就是一种谱系学工作，针对非时间性价值所建构的新现实就是通过谱系学方法建构出来的"家族血统树"：价值观念在不同

---

① 尼采：《论道德的谱系》，周弘译，生活·读书·新知三联书店 2017 年版，第 4 页。

② Michel Foucault, "Nietzsche, Genealogy, History", in *The Foucault Reader*, Paul Rabinow (ed.) New York: Pantheon Books, 1984, p. 77.

③ Michel Foucault, "Nietzsche, Genealogy, History", in *The Foucault Reader*, Paul Rabinow (ed.) New York: Pantheon Books, 1984, p. 81, p. 83, p. 86.

的影像片段中出现，人们在认识影像的过程中收集了影像片段，并随着故事线拼接影像片段，最终建构出有关某一价值的谱系，理智反思得以进行的前提是此价值谱系被建构出来。按照谱系学的逻辑再看"元宇宙"的价值问题，"元宇宙"的标志影像要素——空间——事实上是价值观念出现的偶然的、零散的影像碎片。随着"元宇宙"的虚拟现实的展开，经由"元宇宙"作者与用户的共同理智建构，这些影像碎片渐渐显现出某一价值的谱系——新现实，以空间为标志的影像碎片最终具有谱系学意义上的历史性，所以说，历史性才是"元宇宙"呈现价值观念、建构精神生活所需要的最重要的现实主义要素。

我们发现，"元宇宙"的影像现实主义建立在影像所建构的新现实基础之上，这一新现实是一种非本质主义的社会事实：新现实的社会性使商业性成为"元宇宙"的必要内容，而它的非本质主义属性则指向了一种针对"元宇宙"的新历史性，即谱系学逻辑的历史性。在谱系学逻辑的历史性中，各种价值观念在"元宇宙"的影像碎片中不断闪现，散布在影像碎片中的价值观念又在人们的认知中不断被建构成一个个价值谱系，价值反思就在这一个个价值谱系中不断展开，这正是"元宇宙"生成价值的一种影像建构路径。

新一代信息技术条件下高校教学空间
虚拟化及管理研究①

李　微　宋　菲②

【摘要】近年来,新一代信息技术加速融入教育行业,高校教学空间呈现虚拟化特点,成为一个由技术、心理和社会合而为一的组合体。虚拟化对教学的正面价值值得肯定,但在具体教学活动中,也出现了各种各样的冲突和矛盾。为此,加强对教学空间的管理,以学生为中心制订管理策略,均衡数据与人文理论在空间的投射,平衡监管和开放措施,构建专用平台提升师生交互质量成为必需。

【关键词】新一代信息技术;教学空间;虚拟化;管理

近年来,新一代信息技术开始深度融入教学过程,教学空间虚拟化成为一种趋势。"十年树木,百年树人",教育作为国之大计,针对教育与科技融合

---

① 基金项目:本文为2022年河北省首批省级研究生教育教学改革研究项目"空间与信息维度下的研究生教学场景研究"(项目编号:YJG2023110)的阶段性成果;2022年河北省首批省级研究生教育教学改革研究项目"交叉融合 学科联动 新闻与传播专业硕士'艺文工管'学科融合式培养研究"(项目编号:YJG2023111)的阶段性成果。

② 作者简介:李微,博士,河北传媒学院信息技术与文化管理学院副教授,硕士生导师。宋菲,同济大学人文学院博士生,河北传媒学院信息技术与文化管理学院副教授,硕士生导师。

创新的模式,特别是对虚拟化发展方向的探索,很值得总结提炼,为高校教育变革提供参考。

一、教学空间的发展综述

空间是一个历史性话题,不同时期人们基于时代的生存需要以及认知局限,提出了不同的空间认知。亚里士多德将空间理解为物体存在的位置或场所,并认为没有物体的空间是根本不可思议的;笛卡尔和牛顿将空间看作是一个纯粹的几何框架,物质只是作为内容填充于其中;康德则认为空间是主体加于材料世界的"先天感知形式",以使感觉拥有条理和意义;而按照海德格尔的现象学存在论分析,空间则是向人敞开的世界,是随着人的活动不断与世界"照面"的关系;卡斯特尔则明确指出,空间是支持社会关系的物质形式。综上,近代空间观是基于力学理论发现的,牛顿经典力学的绝对背景时空概念、爱因斯坦相对论的四维时空概念中的空间,都被看成独立于实体的外在形式或抽象观念,具有普遍必然性。从历史角度看,人们已逐渐不再将空间视为事物的绝对存在,而理解为事物间的相对关系。

空间的复杂性也影响着人们对教学空间的认识。教学活动是在一定时空中发生的,不同的教学时空观影响着人们对教学空间的理解及其教学行动。[1]有的把教学空间归为教学资源[2];有的把教学空间看作有形的和无形的教学环境[3];有的把教学空间物化为网络教学平台[4];也有人把教学空间看

---

[1] 张涛、李如密:《重新发现教学中的空间——论教学空间的性质及价值意蕴》,《山西大学学报》(哲学社会科学版)2019年第4期,第87—94页。

[2] 彭宏辉:《开发利用民族资源,拓展语文教学空间》,《语文建设》2011年第1期,第115—158页。

[3] 李秉德:《对于教学论的回顾与前瞻》,《华东师范大学学报》(教育科学版)1989年第3期,第55—59页。

[4] 汤银娟等:《基于教学空间背景下〈组织学与胚胎学〉课程教学改革的研究与实践》,《湖南科技学院学报》2017年第6期,第51—52页。

作人际交互的意识聚落①。概括来看，"空间经验是人类普遍都具有的，它表明了人们对现实世界中多种多样的具体空间关系的意识"。②根据关系、实体和属性三种空间观的认识，可以确认教学空间具有多种存在维度和多种表征方式。随着新一代信息技术对教学空间的作用，教学空间的构成要素技术特性越来越明显，而构成要素开始互渗，关联边界逐渐模糊。教学空间虚拟化是教学空间在时间轴上的延续和创新，在空间轴上的丰富与拓展。当下，教学空间是对教学活动与技术融合内在机制和实施路径的概括，也是对教学活动与技术融合的生态模式和建设管理的反映，教学空间的管理效果将深刻影响高校学生知识学习的广度和深度。

二、高校教学空间结构的技术性分析

认清教学空间的内涵有助于深入探讨新一代信息条件下高校教学空间的结构。从技术与教学的关系角度来看，高校教学空间包含三个层面：网络支撑的技术空间、界面感知的心理空间、符号互动的教学空间。

（一）高校教学空间是由网络支撑的技术空间

在高校教学空间中，网络作为教育媒介的基本功能是为师生的交流互动提供通信服务，这种通信服务体现了终端之间的信息传递关系。网络包括地址、协议与服务三个关键要素，分别在高校教学空间中发挥作用，使"时间分离、空间分离、师生分离、教管分离"的网络教学成为可能。

首先，网络地址支持不同地理位置的用户终端互联互通。互联网由众多不同结构和规模的子网络互联而成，每个用户终端通过互联网协议，由 IP

---

① 王晓柳等：《建立集体性教学模式的尝试》，《南京师大学报》（社会科学版）1989年第1期，第2—9页。
② 田慧生：《.教学环境论》，江西教育出版社1996年版，第23页。

分组携带各用户终端的IP地址,通过交换机和路由器等网络设备实现路径交换和逐条转发。互联网中用户终端的位置是动态变化的,当位置发生变化时,会产生新的服务请求,需要重新发配IP地址,不过在特定时刻IP地址总是对应地理空间的某个确定位置上的用户终端。不同地理空间位置上的人则依托用户终端,在高校教学空间网络中扮演着不同功能节点的角色。

其次,协议支持人与人在时空分离情况下进行复杂交互。目前互联网通用的协议为TCP/IP,它的参考模型包括具体物理网络、网际层、传输层和应用层等四个层次,各层通过对应层级的协议实现相应功能。其中,具体物理网络将数据变换成信号的方式在物理空间中传输,网际层实现不同物理网络之间的跨接;传输层实现不同节点与各类应用之间的转接,同时实现数据的安全有效传输;应用层负责提供同一应用程序在网络之间的交互,为用户提供各种不同的应用服务。各层协议是各层功能所制定的规则性约束,可以保证物理分布和疏离的人机系统能够彼此互联互通,形成一种跨越地理空间而又紧密关联的互动关系,使人与人在时空分离情况下能够进行复杂的交互活动。

再次,服务支持教育内容的数字化和互动式教学展开。目前网络中比较成熟的应用服务主要包括浏览共享、通信聊天(E-mail、QQ、Ding Talk)、新闻公告(今日头条、腾讯新闻、BBS)、社会软件(Wiki、Blog、WeChat)、媒体服务(多媒体、虚拟现实)等。其中,网络通信服务支持网间信息传输与共享,支持远程用户之间的协同作业,能够实现时空分离情况下交互教学;媒体服务借助新一代信息技术,将现实空间要素和场景抽象为不再依托原有物理载体的虚拟要素和场景,比如将物理实体要素抽象为符号、将要素的属性和动作抽象为代码、将要素的不同特征抽象为可以度量的属性差异等。这些抽象的虚拟要素和场景以比特流的形式在网络中流动、存储和重构,最后在用户终端渲染生成与现实空间原型一致的感知形象。通过虚拟化手段,将教学内容由线性结构排列变为多种组合与检索方式的网状联结,知识载体由纯文字变为文字、图像、声音等融合的多媒体,可克服时空束缚、跨越时空界限,以灵动的方式为分散于不同地理位置的学生提供丰富多样的视频呈现或沉浸式体验。

(二)高校教学空间是通过界面感知的心理空间

空间不是一种独立的既存之物,而是人与世界"照面"时逐渐展现的场所。对高校教学空间而言,这个"照面"便是人机交互界面。"界面"意味着自我与他者的相遇之处,包含着人与物的接触与关联。良好的界面能改善人与物之间的关系,将对人的认知理解和关爱体贴注入本无生命情感的物,使物变得富有人性。

在高等教学空间中,界面,尤其人性化界面,扮演着重要角色。人机交互界面通常是指用户可见的部分。用户通过人机交互界面与系统实现按键交互、触屏交互、语音交互、手势交互、生物识别等多模态融合感知交流。[①]目前,最流行的人机界面包括 Windows 操作系统、Android 操作系统以及虚拟仿真实验室的软件界面等。人性化界面拥有丰富的感性内容,让学生开动多维感官,甚至想象力,乃至行动实现共同参与,最终获得复合加工后的心理体验,通过营造心理空间获得心理效果上的现实。

首先,多媒体与虚拟现实技术对于心理空间形成发挥着关键作用。借助多媒体与虚拟现实技术,媒体化和虚拟化的教学资源是一个有声有色的表象世界,要比传统书籍具有更多感觉通道。例如,虚拟现实技术能够实现对知识资源非实体化的拟真,使人的空间感知与现实空间毫无二致。在这样的心理空间中,多媒体所蕴含的教学信息将直接和学生发生联系,成为面对面的沉浸式交流和体验对象,其中的"他性"特征将逐渐实现"你性",甚至

---

① 李玉昆等:《展望未来智能汽车人机交互:多模态融合感知技术成为趋势》,《汽车与配件》2022年第11期,第56—58页。

"我性"的转换。

其次,对于心理空间的展现,超链接(Hyperlink)扮演着不可或缺的角色。超链接中的链接对象和路径对于空间感的建立有着指标性的意义。教学网络中的每一个"节点"类似于地理空间中的"地点",网络空间中要素的"链接"类似于地理空间上的"道路"。教学网络中各节点通过链接的方式结成一个复杂的网络结构,学生可以与教学网络中实现交互,捕捉其结构以及嵌入其中的知识内容。在超链接所引导的空间展现中,学生不断"寻视"的意愿是一个关键因素。当某个链接受到学生关注而被鼠标指向并点击后,另一个包含教学内容的空间豁然展开,学生的兴趣将引导空间内容逐次展现。

最后,界面感知的心理空间让人突破了认知的时空限制。早在20世纪中叶,麦克卢汉曾宣称:"在电子时代,我们以全人类为自己的肌肤",而"随着知觉表象的投射界面由大脑皮层转移到电脑屏幕,使整个网络成为我们身体的电子化延伸"。[1]随着网络对感官信息的贮存与传递,学生自然身体所处的空间已不再是知觉的界限,他们将突破时空限制,真正成为"观古今于须臾,抚四海于一瞬"的一代人。

(三)高校教学空间是实现空间符号互动的社会空间

对于空间,海德格尔将其理解为"在……之中"的关系,并认为"世界向来已经总是我和他人共同分有的世界"。[2]因此应将空间理解为我与他人"共在"的世界,而共在的本质便是社会关系。当代社会学家卡斯特尔也指出:空间是被社会关系所建构和运作的,本身就是社会的产物。在人与人的关系上,高校教学空间具有社会特性,是一个虚实结合的社会空间。

---

① 德克霍夫:《文化肌肤》,汪冰译,河北大学出版社1998年版,第111页。

② 海德格尔:《存在与时间》,陈嘉映、王庆节译,生活·读书·新知三联书店1999年版,第152页。

首先,高校教学空间被理解为社会空间,不仅在于现实教学就是在社会中发生的,还在于网络教学已建构了新的虚拟化教学场景,丰富了教学空间的社会性内容。随着计算机仿真技术、虚拟技术的发展,以及在现代远程教育中的运用,虚拟课堂、虚拟实验、虚拟活动等虚拟世界的教学形式越来越多。学习过程中学生犹如身临其境,依靠键盘或鼠标操纵或沉浸式设备就可参与所有学习活动。尽管各种感官在虚拟化学习活动中所受的获得感与真实场景有较大差别,但它毕竟替代了真实的活动,使学生在一定程度上得到相应的实践体验。按照社会学一般定义,虚拟化的网络教学空间已成为一种新型社会空间,具有了新的样式。当学生在电脑屏幕前流连忘返时,行动的主角已不是物理空间中坐在椅子上的自然身体,而是社会空间中的自我。

其次,社会空间作为学生交互的形式是通过符号构建的。对于人与符号的关系,卡西尔认为:"人不再生活在一个单纯的物理宇宙之中,而是生活在一个符号宇宙之中。从某种意义上说,人是在不断地与自身打交道,而不是在应对事物本身。"[①]网络化的教学空间既是教学符号的集散之地,也是符号所凝聚的种种教学关系及教学信息交流互动的场所,它充分发挥了人群的符号特征,构筑了完整的符号体系与广阔的符号世界。

再次,学生通过符号在"互动"的虚拟社会空间中发展。符号往往被媒介组合起来以满足教学需要,不同时期的媒体影响着教学互动的形式。口语时代以身体符号面对面传递信息,互动采取直接交互方式。文字、书籍和大众传媒则部分克服了时空局限,使师生对话采取异步交互方法;网络作为新媒介的基础,使师生间及学生间的实时异地互动成为可能。网络空间中学生的身体在以符号为中介的交流互动中可完全缺席,而代之以纯符号的身份标识。这减少了传统教学中的某些牵绊,使交流互动更为纯粹、平等,

---

① 恩斯特·卡西尔:《人论》,甘阳译,上海译文出版社1985年版,第42页。

所形成的社会关系也是非中心化、非强制性的。学生之间可以产生某些在传统教学中不太可能产生的社会关系,有利于其按照更理想的方式重塑自我。

综上所述,新一代信息技术条件下的高校教学空间既是网络环境中的虚拟,又是现实的存在,它既是由网络支撑的流动着数字化教学内容的技术空间,也是通过界面感知进行着学习者意向性体验的心理空间,同时也是时刻发生着学生社会性交往的符号互动的社会空间。

三、高校教学与技术虚拟化融合过程中的问题分析

技术对教学的正面价值整体上值得肯定,但在高校教学空间具体的教学活动中,技术融入教学的过程还是出现了各种各样的冲突和矛盾。以"技术"作为整个教学空间观测的窗口,可以更立体地回答一个核心问题:"技术应该如何融入教育,才能让教育变得更好?"

(一)技术空间中存在信息孤岛、技术边界和能力迭代的问题

在技术空间中,教育信息化平台建设是一个伴随技术发展而不断深入的过程,因此信息孤岛在不同层次上还普遍存在,教育主管部门和高校之间、高校与高校之间以及高校内部的平台和系统之间还远未打通。这一现象通过比较分析发现,高校要比中小学更为明显,主要原因是技术先行学校需要对先建平台进行标准化处理,而后建学校则没有这个问题。同时,无论教育信息化平台如何先进,也需要确定技术边界,根据教学内容确定技术的融入度。从教育的本质而言,教育的对象和"产品"是人,需要人的言传身教,因此在整个网络教学空间中,需要师生为主、技术为用,实际上多数教师也是期望技术的替代性仅限于重复性强的教学环节。另外,教师对技术的驾驭能力,存在着能力迭代问题。尽管教师具备一定的信息化教学能力,但

技术本身的快速迭代使得教师主观上很有压力，认为只有通过不断培训才能实现对技术的紧紧跟随，才能实现自身的能力迭代。

（二）认识空间中存在教学效果差距、应用落差和数据采集认知不一的问题

在认知空间中，主要反映了技术与师生认知的矛盾问题，主要表现在三个方面。一是对教学空间虚拟化程度的认知问题。近年来教学空间虚拟化程度其实已有明显提升，如2020年清华大学发布的产业互联网指数显示，教育在7个主要行业中排名第4。但调研显示多数师生仍然认为，教学空间虚拟化进程明显落后于其他行业，这可能反映了教育行业相对封闭，对新技术应用的深度和体验不足。二是对教学数据的采集和利用的认知问题。大部分师生对教学数据的采集和利用持赞成态度，不过也有不少人认为尽管有严格的数据安全措施，教学数据的安全仍然存在隐忧，教师对数据在虚拟空间中的轰动效应非常不适，学生对自身数据在决策中成为分子有所不满，主要原因可能是对数据在虚拟空间中服务流程不了解，社会认知以及决策透明度也会影响师生的判断。三是对线上教学效果的认知问题。大部分师生认为在线教学的效果比传统课堂要差，网络化、虚拟化技术门槛不是问题，原因主要在于师生交互效果以及学生注意力等受到了技术局限的影响。

（三）社会空间中存在工作负担加重和资源浪费的问题

在社会空间中，问题主要出现在虚拟化与师生的关系以及虚拟化与建设效益的关系上。一是虚拟化提高了教学和管理效率，但也增加了教师工作量。过半的师生认为教学空间虚拟化提高了课堂效率和管理效率，但也有一半儿的师生认为教学空间虚拟化增加了工作量和学习量，原因不仅在于教师的素材准备、课程录制以及学生作业的电子化和格式化等时耗性教学准备和作业处理过程，还在于增加的各类在线家校沟通、信息收集统计和上报等行政管理工作。二是教学空间虚拟化投建中的资源浪费现象比较明

显。不少人认为目前建设中存在自建专用资源与通用平台资源的比较性失步问题,专用资源的重复建设、建而少用问题凸显,造成了虚拟化资源的浪费,而通用虚拟化平台资源全国都用,负载严重,教学功能部分失能现象频发。

综上所述,这些矛盾的存在,本质上反映了技术与教育的"快"与"慢"、"通"与"专"的纠葛。在新一代信息技术不断发展成熟并持续迭代创新的趋势下,教育体制机制和思维观念与技术的相互融合只会越来越深入,需要大胆改革,制定合适的教学空间虚拟化路径和管理策略方法。

四、高校虚拟化教学空间管理策略和方法

网络教学在特定的环境下成了一种保底的教学形式。高校教学空间的管理有赖于技术空间、心理空间与社会空间的全面发展,其中,技术空间是基础,心理空间是关键,而社会空间是核心。技术空间确保了跨时空、跨地域、实时或非实时的交互式教学落地,是网络教学的根本。心理空间塑造了教学中学生的情感,社会空间促进了学生的交流。因此,针对高校教学与技术融合中的问题,促进教学空间在虚拟化方向上的全面发展,是教学空间管理的主要任务。

(一)坚持以学生为中心制定管理策略

技术与教育的融合,教学空间的虚拟化,首先要体现在目标的一致性上。[1]技术本身并没有价值判断,因此在发展融入的过程中需要遵循行业的本质规律。习近平总书记在党的二十大报告中提出"坚持以人民为中心发展教育,加快建设高质量教育体系,发展素质教育,促进教育公平"。"以人民

---

① 吴朋阳:《未来教育的技术空间研究报告》,腾讯研究院智慧产业研究中心,第55页。

为中心"，"高质量"与"公平"的教育体系是我国"十四五"规划的重要发展目标之一，这是教育技术发展的核心追求。

从人与技术的关系看，人是主体，技术是客体。应用技术应以发挥人的主体性为前提条件，并以人的发展为最终目标。虚拟化教学空间中若只见"物"、不见"人"，忽视人的主体性发挥，将导致人的主体性迷失在技术中，就会造成"对技术的盲从，对人的全面发展的漠视与偏离，造成社会进步中人与技术的本末倒置现象"。①网络教育发展过程中出现的问题不单纯是技术本身的问题，还是高校教学空间与技术关系的问题。"只有能够激发学生进行自我教育的教育，才是真正的教育"，"没有自我教育就没有真正的教育"。②只有把学生的主体性同技术的"关系"进行反思、审视、思辨，以发挥学生主体性为中心，不为技术决定论所迷惑，并据此采用适当的技术才能推动高校教学空间发展。"适当的技术是指一种对于解决问题来说是最简单的、最好的工具或手段。适当的技术必须与当地的用户、文化和经济情况相联系。"③这需要放在高校具体的背景中深刻把握和理解，比对优选出适于应用的教育与技术的虚拟化融合平台，才能不以"先进"为标准，而以"适用"论英雄，让学生处于学习中心，充分调动学生的主动性、创造性。

（二）在理论上要实现数据与人文的均衡

教学空间虚拟化进程中技术与教育融合的矛盾某种程度上反映了新技术与旧体系之间的冲突，直接的表现是教学实践中遇到的各种问题，往上追溯则可能是教育政策机制导致的问题，抑或是政策机制后面的教育理论所

---

① 欧阳友权：《在高科技文明中培育人文精神》，《社会科学》1999年第1期，第48—52页。

② 常咏梅，任徽：《运用现代教育技术发挥学生主体性》，《西北成人教育学报》2004年第2期，第59—60页。

③ 张仙、黎加厚：《论人的主体性与教育技术》，《开放教育研究》2005年第2期，第18—22页。

引发的。尤瓦尔·诺亚·赫拉利对数据和人文主义进行了辨析和划分,[①]这种划分在教育领域同样适用,可代表教育理论的两个极端。教学空间对人的限制性,集中反映在数据中心论和人文本体论两个方面。数据中心论通过对教育结果、过程乃至对象的数据化分解和细化,实现了对教育的解构,并通过数据重构对一个教育实例进行描述和评价。人文主体论则强调个体的独特性,追求自我实现,通过拒止数据标准的约束,来实现人的个性化发展。高校教学空间管理需要选择一种中立、融合的价值立场,避免理论极端导致在教学空间作用发挥上的教学异化。在保障人的主导性前提下,在创新教学模式,突破人的认知局限上充分发挥虚拟化教学空间的作用。

(三)在实践中要着力提升师生交互的质量

无论是教育理论还是教育政策,只有落实到各类教育主体实践活动的变革上,才会产生实质性效果。新一代信息技术条件下,学生获取信息的途径逐渐泛化,教师的知识优势越来越不明显,旧有的知识灌输方式已经行不通,而放任学生自动适配学习内容,却又必然会使其被知识客体反动异化。学生是充满发展潜力,不断自我扬弃、自我创造的一个群体。在"时间分离、空间分离、师生分离、教管分离"的虚拟化教学空间条件下,学生不仅需要与教师进行虚拟交互,更需要自我交互。因此,应根据教学空间中师生交互过程及学生的学习特征设计专用的虚拟化教学平台,具有符合教育特点的人性化界面、丰富多元的知识内容,以专门解决信息孤岛、迭代升级、教学效果、数据防护、应用落差和资源浪费等问题,而不是现在所选用的通用型的、分布式的知识与教学无法建立有效关联的"大杂烩"。只有这样,才能让学生在教师的引导下,独立对学习内容进行选择、处理和加工,形成对新知识

---

① 尤瓦尔·诺亚·赫拉利:《未来简史:从智人到智神》,林俊宏译中信出版社2017年版,第225—226页。

的建构，以有效提高虚拟化教学空间中的学习效率和质量

五、结语

高校虚拟化教学空间的管理应以综合素质提升和个性化培养为目标，建立高效的人机协同教学体系和方法。社会空间的数字化符号必须拥有文化内涵，既要考虑如何应用技术，又要关注学生自身的心性完善；既要建设数字资源，又要营造精神家园，从而全面发展高校虚拟化教学空间，充分实现虚拟化教学空间价值，激发学生主体对新生活方式和更高精神境界的渴望和追求，最终通过高校虚拟化教学空间使广大学生感受到情感的震撼，获得意志的砥砺，成为富有人性魅力的人，成为理性与非理性协调发展的人，成为科技世界传递情感关怀的使者。

元宇宙时代石家庄非物质文化遗产继承
和推广探究——以藁城屯头宫灯为例

张艮山　陈　枫　冯利华①

【摘要】石家庄是一个名副其实的非遗大市,入选省级非遗项目名录140项,入选国家级非遗项目名录12项,数字技术和元宇宙技术的快速发展为石家庄非物质文化遗产的继承传播与发展开辟了新的道路,使非物质文化遗产以更加立体化和多元化的形式展现出来,使其充满着蓬勃的生命力。在新媒体时代背景下,探究如何将数字技术和元宇宙技术应用于非物质文化遗产的保护与传承,且最大程度地发挥出数字技术和元宇宙技术自身的优势,让非物质文化遗产进行高效地弘扬与传播,是现今非物质文化遗产发展中所关注的重点问题,也是石家庄非物质文化遗产发展中亟待解决的课题。本文在对元宇宙时代下非遗文化传播应用形式进行分析与总结的基础上,针对石家庄市非物质文化遗产元宇宙技术应用设计进行了理论与实践的探讨,结合藁城屯头宫灯案例,探索在元宇宙技术背景下如何使非遗文化更多元化传播,如何进一步推动藁城屯头宫灯非遗文化推广发展。

---

① 作者简介:张艮山,男,河北藁城人,石家庄学院数字媒体技术专业副教授,研究方向为非物质文化遗产数字化展示。陈枫,女,河北保定人,石家庄学院数字媒体技术专业教师,研究方向为数字创意与展现、新媒体与网络传播。冯利华,女,河北辛集人,石家庄学院数字媒体技术专业教师,研究方向为数字创意与展现。

【关键词】元宇宙；数字技术；虚拟现实技术；非遗文化传播；数字化继承；非遗保护

非遗是中华优秀传统文化的重要组成部分。保护好、传承好、弘扬好非遗，对于延续历史文脉、坚定文化自信、推动文明交流互鉴、建设社会主义文化强国具有重要意义。

以习近平新时代中国特色社会主义思想为指导，全面贯彻党的十九大和十九届二中、三中、四中、五中全会精神，落实习近平总书记关于非遗保护重要指示精神，坚持以社会主义核心价值观为引领，坚持创造性转化、创新性发展，坚守中华文化立场、传承中国文化基因，贯彻"保护为主、抢救第一、合理利用、传承发展"的工作方针，深入实施非物质文化遗产传承发展工程，切实提升非遗保护传承工作水平，不断增强中华优秀传统文化的生命力和影响力，构建各民族共有的精神家园，凝聚实现中华民族伟大复兴的强大精神力量。[①]

近年来崛起的社交媒体平台，尤其是社交短视频 App 如抖音、快手等为非物质文化遗产传播提供了广阔的平台。2019年4月，抖音正式推出"非遗合伙人"计划，致力于促进非物质文化遗产的传播。例如，被央视表扬的"侗家七姐妹"通过在短视频平台上传播演唱侗族歌谣的视频而迅速走红，促进了侗家文化的传播，带动了当地旅游经济的发展，更加强了侗族人民的文化自信。

非物质文化遗产是指以口头或动作方式相传，具有民族历史积淀和广泛、突出代表性的民间文化遗产，被誉为历史文化的"活化石""民族记忆的背影"。2021年6月9日，文化和旅游部发布《"十四五"非物质文化遗产保

---

① 中共中央办公厅、国务院办公厅印发《"十四五"文化发展规划》，https://mgmw.cn/baijia/2022-08/17/35958576.html，2022-08-17。

护规划》，并提出了"十四五"时期的发展目标。提出要进一步加强非遗系统性保护，健全非遗保护传承体系，提高非遗保护传承水平，加大非遗传播普及力度，推动非遗保护事业取得更大进步。

本文结合藁城屯头宫灯非遗数字传播现状进行了一定的探讨，对于不断规范和完善地方政府网络数字化多元化传播有着一定的借鉴意义。

一、元宇宙技术的快速发展

自2021年下半年至今，"元宇宙"热度日增。元宇宙概念在科幻小说《雪崩》中首次被提出，而其理念兴起源于人们对高度沉浸感的异度空间，以及超现实能力的幻想与不断探索。虽然元宇宙理论提出时间较早，但一直没有迎来爆发，因为行业需要等待技术的成熟。而随着互联网、新型互联网以及区块链的推出，元宇宙有了一定的社交场景基础，元宇宙虚拟世界有了雏形，其技术的不断沉淀，为元宇宙的厚积薄发创造了条件。

2022年中央广播电视总台春节联欢晚会中，众多前沿创新科技首次亮相，与节目内容融为一体、相得益彰。整台晚会融合了 XR、AR、全息扫描和8K、裸眼3D呈现等新技术，突破时空限制，为节目的创意呈现提供了无限可能，给观众带来更加真切的感受，尽显科技与艺术的融合之美。在冬奥主题节目中，采用AI多模态动捕系统，北京冬奥会和冬残奥会吉祥物"冰墩墩""雪容融"携手在场馆上空翩翩起舞……在武术节目中，演员突破现有表演空间，与孪生数字角色的自然交互，现场实景与虚拟场景的转化十分丝滑，观众沉醉在唯美的时空漫游中。同时，央视春晚还首现元宇宙沉浸式光影秀，由大丰实业全力打造的全息光影场景舞台，为观众呈现沉浸式裸眼3D震撼的视觉效果。

元宇宙通常可理解为经由穿戴式装备或其他人机交互设施，使用户通过数字身份互联，在其中实现社交、工作、娱乐、消费等活动，并实现与现实社会交互、映射和影响的虚拟社区，是指整合多种新技术产生的下一代互联网应用和社会形态。广播电视与元宇宙的结合前景和应用场景，给媒体深度融合进程带来很大的影响，广电领域对元宇宙的关注以及同元宇宙的结合，是相对沉稳而值得期待的。来自元宇宙领域强烈的创新浪潮，必将为广电媒体融合的创新赋予巨大动能。

二、石家庄非遗——藁城屯头宫灯在数字化转型方面的尝试

第三届京津冀非物质文化遗产联展暨第十届河北省民俗文化节活动在廊坊落下帷幕，本届展会共计217项非遗项目参展，其中，京津两地各25项，河北省167项，活动共吸引12万人次参观，现场成交及合同订货3100万元。本届展会主题是"非遗保护——传承发展的生动实践"。本届展会大胆创新活动形式，采用了融入现代展陈技术创新办展形式，在非遗数字科技体验区，非遗文化融入iPad、动画片等，以及展出的藁城宫灯VR体验、游戏体验、"宫灯制作DIY"教学互动等数字化非遗体验赚足眼球。参观者在大屏幕面前点读武强年画知识，玩起年画猜灯谜游戏，学习剪纸技术，观看《年画中的传奇》动画连续剧……在这里，非遗文化变得时髦起来。展会期间，精彩纷呈的演出，别出心裁的创意展示，吸引了大批群众前来。体验和参与是非物质文化遗产传承传播的最有效方式，可现场互动、可零距离触摸、可实地观摩的体验，提高了展会的吸引力和影响力。①

2005年，国务院办公厅出台的《关于加强我国非物质文化遗产保护工作的意见》指出："要全面了解和掌握各地各民族非物质文化遗产资源的种类、数量、分布状况、生存环境、保护现状及存在问题。要运用文字、录音、录像、

---

① 张晓娟：《石家庄有这么多非遗你了解吗？》，http://sjzrb.sjzdaily.com.cn/sjzrbpaper/pc/content/202106/11/content_46184.html，2021-06-11。

数字化多媒体等各种方式，对非物质文化遗产进行真实、系统和全面地记录，建立档案和数据库。"

藁城宫灯博物馆，是国内唯一以宫灯文化为主题的博物馆，占地6000多平方米。宫灯博物馆将藁城宫灯作为一项文化产业与旅游观光融为一体，形成了一个集科研、生产、销售、外贸、展览于一体的宫灯产业生产集团，同时依托"藁城宫灯博物馆"形成"宫灯文化游"，成为河北省、石家庄市旅游部门主推的工业旅游项目。游客可以参观宫灯生产车间，亲手制作宫灯，感受宫灯文化。非物质文化遗产展览旨在传承、弘扬中华优秀传统文化，增强人民群众的非遗保护意识，真正实现"人民的非遗人民共享"。展览馆集参观、体验、传承于一体，配套建设数字化非遗展示平台，为广大参观者呈现动静结合的非遗空间，全方位展示宫灯非遗资源的丰富性与多样性。

由此我们可以看到，对石家庄非遗项目来说，市场上的非遗旅游产品很少能够为游客带来身临其境、参与其中的沉浸感，无法提供真正"生活化"的非遗体验，因此也无法对游客形成巨大的旅游吸引力。同质化严重，体验类型单一。目前，许多非物质文化遗产旅游商品，大多只是粗放地开发生产。企业规模化、批量化地生产，导致非遗旅游商品内容重复，缺乏特色，质量一般。节庆活动开发模式，常常只注重节日形式，对深层次的文化内涵缺少挖掘。在一些仪式类遗产的开发过程中，添加了大量的商业元素，使得仪式本身的精神内涵受到侵犯，还会招致不良社会影响。要保护传承，需要更大的影响力。文化部门除了要把握非遗回归现代生活的理念，大范围、多频次举办多种形式的非遗活动，秉承传统的"原样"保护传承之外，还要借助文化创意产业、数字化技术、活态式体验之力，把非遗文化送达人们的指尖，融入百姓的生活。①

---

① 康瑞珍：《京津冀指尖上的非遗融入现代生活——第三届京津冀非物质文化遗产联展暨第十届河北省民俗文化节圆满落幕》，http://yzdsb2017.hebnews.cn/html/2017-06/13/content_179386.htm，2017-6-13。

三、元宇宙环境下的屯头宫灯主题设定和内容要素建构设想

2007年藁城宫灯被列入河北省第一批非物质文化遗产名录,代表性传承人是张风军。藁城宫灯是藁城市地方特产之一,始于东汉、盛于隋唐,因进贡宫廷故名"宫灯"。藁城宫灯具有浓厚的地方特色,以主架及外敷红绸布做成一定的造型为表现形式。

立足东汉光武帝刘秀定都,为了庆贺统一天下之功业,在宫廷里张灯结彩这一史实背景,紧紧围绕"每逢佳节,宝灯高挂"这一线索进行艺术化改编,可设计出以"历代宫廷宫灯高挂"为主题,以宫灯史文化、宫灯制作工艺、宫廷花灯为底色,环环相扣、层层推进的"宫灯高挂"的故事主线。

1.主线

东汉年间,作为皇后的藁城人郭圣通入宫,入宫后将家乡(藁城东南部一带)的手艺人组织起来,建立各种灯笼手工作坊,所制产品专供宫内及军营所用,其中灯笼作坊就在屯头村。郭皇后入驻洛阳后,这些作坊就成了宫中用品生产基地,屯头灯笼作坊生产的灯笼称作宫灯,一花引来百花开,千百年来,参与宫灯制作的艺人越来越多,规模越来越大,形成了以屯头为中心,辐射周边5个乡镇57个村的制作与销售区域,其产品外界统称"藁城宫灯"。藁城宫灯已远销俄罗斯、日本、韩国、朝鲜及东南亚,挂到纽约唐人街、巴黎香榭的舍大街……藁城宫灯曾获中国乡村文化旅游节暨全国民间文艺山花奖(民间彩灯大赛)银奖、第七届中国(芜湖)国际旅游商品博览会金奖、首届河北省文创和旅游商品创意设计大赛最具商业价值奖等。目前,藁城宫灯在屯头和城区建有两座宫灯博物馆。

在元宇宙环境中,用户可以进行时空穿越,穿着汉服,进入东汉年间的宫殿。在这里,用户可以看到郭娘娘在讲解家乡宫灯,可以和她交流,点燃宫灯,悬挂宫灯于宫殿,可以和朋友们结伴去郭娘娘的家乡参观宫灯,拜师

学艺,自己动手制作一款心仪的宫灯。随着时间轴的推进,用户可到现代屯头村观看各种获奖的宫灯和各个村镇的宫灯作坊和企业,可以与老板交流、砍价、购物下单,了解到成千上万种的宫灯等。在主线设计中,通往元宇宙的路径不是沉浸式,而是叠加式的,同时元宇宙的地理是AI生成的,用户可以与其互动。例如元宇宙具有庞大的地理空间和时空穿越供用户选择、探索,这是以数字孪生的方式生成与现实世界完全一致的地图,元宇宙与藁城屯头村的重合可产生大量虚实融合场景。[①]

2.副线

除了清晰的主线,还可以拓展融入历朝皇帝相关的各种历史事件、民间传说等副线情节。如东汉时光武帝刘秀定都,为了庆祝一统大业,便在皇宫中张灯结彩、大设宴席。清代乾隆皇帝南巡,见到李师傅制作的藁城宫灯万分欣喜、赞不绝口。于是便派人挑选了几盏藁城宫灯,悬挂于宫廷。16岁入行的藁城宫灯传承人、藁城宫灯协会会长白会平将自己制作的大红灯笼挂上天安门。

3.宫灯制作互动体验

传统宫灯制作工艺极其复杂,共有56道工序,包括挖竹篾、洗竹竿、钻座眼儿等,样样靠手工作业。藁城宫灯已经成为石家庄旅游产品的代表。其已依托藁城宫灯博物馆,在旅游方面形成了"宫灯文化游"线路,游客可以参观宫灯生产车间,亲手扎制宫灯,感受宫灯,体验宫灯的制作方法。在非遗展示中应用科学技术可以弥补一些非遗项目无法在实体空间展示或者实际演示具有一定风险性的缺陷。3D、VR、AR等人工智能技术的应用可以帮助展示非遗的制作过程,以更加活态的形式展示给观众,更好地实现展示馆的参观体验效果,更完整和立体地展现出非遗形态和文化内涵。3D仿真通

---

① 张仕秋:《湘西苗绣数字化保护研究——以花垣县苗绣为例》.湖南师范大学硕士论文,2022年。

过模拟实践过程可以让非遗实现高精度的建模,展示宫灯制作步骤等等,可以和动作捕捉技术结合重新设计虚拟角色,将人物与场景结合之后就可以创造出一个有着人机交互场景特性的虚拟场景。比如对钻座眼儿的演示可以通过利用数据生成3D动画技术让宫灯制作技艺虚拟再现。通过3D仿真媒介的展示学习,可以降低操作展示的投入成本,也会减少场地以及操作工具方面的开销。通过技术建立情景演示可以让用户全程看到宫灯的制作和诞生过程,仔细了解、观摩创作过程中的各个步骤,同时让观众通过3D模拟中的图文介绍和影片演示等了解非遗技艺的操作要点以及产生的历史背景,全方位理解技艺和作品蕴藏的文化价值。

将元宇宙技术介入展示,让用户"沉浸＋叠加式"地多角度参观展品,用户则可以控制非遗展示品的展示角度,可以完成前进后退、向左向右、旋转多视角、缩小放大视角等操作。如藁城宫灯的线上3D展览,观众可高精度、高准确度地浏览参观一团和气灯、哈哈二仙灯、三阳开泰灯、四季平安灯、五子夺魁灯、六国凤祥灯、七才子路灯、八仙过海灯、九子登科灯、十面埋伏灯等各种灯。元宇宙技术融入三维、四维的展示方式,既能够满足用户的基础参观需求,又可突破展陈时间与空间的限制,让用户与展览之间产生交互,这对于非遗数字继承、推广和运营来说也是相对简单的事情。[①]

4.元宇宙多维时空的搭建

屯头宫灯在元宇宙环境中,穿越虚拟时空隧道,既构成了超大的乡镇文旅社区空间,又连接了相互分割的若干个独立的虚拟空间,例如,每一家宫灯老作坊、宫灯大型企业、宫灯销售超市、宫灯博物馆。在这里,货币、属性、古代环境、现代环境、购买交易事件、学做宫灯事件、穿越东汉事件等信息相互映射,实现了信息跳转和虚拟时空的穿梭。屯头宫灯在购买、社交、展览、互动等领域均有广泛应用场景。

---

① 陈曦:《非遗展示馆的体验(技艺类)服务设计研究》,中国艺术研究院硕士论文,2020年。

总之,相较于传统非遗展示形式,多元化传播技术应用将进一步增强非遗数字化应用的交互性,使展示形式不局限于视觉和听觉感受,同时激发其他感官的刺激,完善了用户体验。除了其动态性和趣味性,元宇宙技术还可以建立高还原度虚拟展示场景,观众可以近距离与非遗文化产生互动,更快捷高效地认识和了解藁城屯头宫灯非物质文化遗产。①

① 王儒西:《2020—2021 年元宇宙发展研究报告》,https://mp.weixin.qq.com/s/CA73cn -bBFeD60ABGzd2wIg。

工业遗产旅游中沉浸体验与游客忠诚的关系
——基于文化认同的中介作用

宋　宪　张立波①

【摘要】随着旅游体验需求的不断提高和旅游消费形式的多元化以及文旅融合的政策支持,工业遗产旅游以其独特的魅力吸引着来自各界的关注,成为拉动旅游文化产业消费和创新旅游文化体验模式的重要载体。文章立足于沉浸体验这一时下最前沿的体验,构建了沉浸体验、文化认同和游客忠诚之间的结构方程模型,以青岛啤酒博物馆为案例地进行研究,探讨三者之间的关系并为工业遗产旅游的发展提供可行性建议。

【关键词】工业遗产旅游;沉浸体验;文化认同;游客忠诚;青岛啤酒博物馆

引言

文化与旅游深度融合是贯彻习近平总书记关于文化与旅游工作重要论述的重大实践,2021年5月印发的《推进工业文化发展实施方案(2021—2025)》提出以工业旅游示范基地为抓手,促进沉浸式工业文化项目的发展,

---

① 作者简介:宋宪,山东轻工职业学院教师;张立波,中国海洋大学管理学院教授。

从而达到形成较为优质的工业旅游目的地为目标,扩展了旅游发展的新领域,也使得工业遗产旅游日益受到人们重视;随着北京冬奥会的成功举办,工业遗产旅游的热度不断攀升,成为新的旅游热点,工业遗产文化也迅速吸引了人们的眼光。

我国工业旅游起步比较晚,最初于20世纪90年代末才有少数实力比较强或者具备自身特色的企业出于营销的目的而推出参观项目,促进了工业旅游在我国的发展。而工业遗产旅游作为工业旅游的重要组成部分,发展过程也和工业旅游的发展过程密不可分。直到2017年工信部公布了第一批国家认可的工业遗产名单,同时国家旅游局推出了10个工业遗产旅游基地,工业遗产旅游的研究才日益丰富起来。但是直到如今我国的工业遗产旅游发展仍然处于初级阶段,工业遗产旅游的发展模式仍是借鉴国外成功案例,发展过程仍存在如市场认知不足、游客体验感不足以及基础设施服务不达标等问题。基于此,本文以工业遗产旅游为研究对象,以青岛啤酒博物馆为案例地,通过建立概念模型,运用结构方程模型探讨沉浸体验、文化认同和游客忠诚之间的关系,为后续工业遗产旅游景区项目开展提供依据。

一、相关概念的理论梳理

(一)工业遗产旅游

工业遗产旅游起源于英国,是从工业化到逆工业化的历史进程中出现的一种从工业考古、工业遗产的保护而发展起来的新型旅游形式。工业遗产旅游被看作是一种区域重组的策略,直到1996年,Edwards等才首次提出工业遗产旅游的概念:认为工业遗产旅游是在早期工业过程中产生的人工遗址、建筑和景观上发展的旅游活动和产业①。2007年Vargas-Sánchez提出工业遗产旅游就是参观曾经的工业中心,以扩展游客的文化体验,了解其他民族过去和现在的经济活动②。国内对于工业遗产旅游的概念研究是基于国外研究基础上发展而来的,首先将工业遗产旅游概念引入中国的是李蕾蕾(2003),她认为工业遗产旅游就是在废弃的工业旧址上,通过保护和再利用原有的工业机器、生产设备等改造成一种能够吸引现代人了解工业文化和文明,同时具有独特的观光、休闲和旅游功能的新生活方式。③我们可以发现,最开始对于工业遗产旅游的研究就和文化内容密切相关。

(二)沉浸体验

沉浸体验(flow experience)的概念是由美国的心理学家Csikszentmihalyi于1975年首次提出的。在旅游研究领域,flow experience经常被翻译成"畅爽体验""心流体验"或是"沉浸体验"。"沉浸体验"在心理学、信息系统学中应用,特别是网络环境的研究方面学者们经常采用"沉浸体验"的含义。如李爱梅等(2015)将沉浸体验引入积极情绪研究之中④;张嵩等(2013)基于沉浸理论和信任承诺理论,从行为忠诚和情感忠诚两个维度构建了社会化网络服务用户理想忠诚模型⑤。可见在旅游过程中打造游客的沉浸体验既可

① Edwards J A, iCJC Llurdés. Mines and quarries.[J]. Annals of Tourism Research, 1996, 23(2):341-363.

② Vargas-Sánchez A. Industrial heritage and tourism:A review of the literature[M]// Waterton E, Watson S. The Palgrave Handbook of Contemporary Heritage Research. London:Palgrave Macmillan UK, 2015:219-233.

③ 李蕾蕾:《逆工业化与工业遗产旅游开发:德国鲁尔区的实践过程与开发模式》,《世界地理研究》2002年第3期,第9页。

④ 李爱梅、李晓萍、高结怡:《追求积极情绪可能导致消极后果及其机制探讨》,《心理科学进展》2015年第6期,第979—989页。

⑤ 张嵩、丁怡琼、郑大庆:《社会化网络服务用户理想忠诚研究——基于沉浸理论和信任承诺理论》,《情报杂志》2013年第8期,第7页。

以作为旅游活动过程中游客的评判标准,同时也可以作为目的地凝聚游客忠诚度的前提。

关于沉浸体验的维度国内外研究中都认为沉浸体验同特定具有挑战性的旅游项目相关,有五维度(Engeser,2012)、三维度(Bakker,2008)、二维度(Rheinberg,Vollmeyer & Engeser,2003)的区分,同时也有研究者提出单维结构,认为沉浸体验是集中精力完全专心于某项活动的积极体验。而对于文化类旅游产品如何产生沉浸体验的维度测量研究相对较少,Lee B.C(2019)以"在游览景福宫的时候,我没有意识到时间在流逝""在参观景福宫时,我有一种全神贯注的感觉"和"在游览过程中,除了景福宫,我什么都想不起来"三个题目来测量游客在文化遗产地的沉浸体验。[①]所以根据上文对于沉浸体验的维度梳理,笔者最终选取:专注力、感知控制和愉悦感三个维度作为本文的研究维度。

(三)文化认同

关于文化认同的概念最早可追溯到1990年,Clark提出文化认同是指某一特定文化中的人们对一系列将该文化与其他文化区分开来的重要元素的认可和认同程度,反映了个人在识别文化和认识各种与该文化有关元素的态度。[②]我国学者郑晓云(1992)提出文化认同主要是指个体对文化的认可与倾向性共识,表现为对文化的归属意识,即人们在认知、情感、意识形态和言谈举止方面对某一或某类文化价值和价值观的肯定与共享态势。[③]由于文化认同强调特定的文化,因此文化认同的结构不同于一般的国家认同结

---

① Lee B.C.The Effect of Gamification on Psychological and Behavioral Outcomes:Implica-tions for Cruise Tourism Destinations[J].Sustainability,2019,11(11):1—15.

② Clark T. International Marketing and National Character: A Review and Proposal for Integrative Theory[J]. Journal of Marketing, 1990, 54(4): 66—79.

③ 郑晓云:《文化认同论》,中国社会科学出版社1992年版,第131—165页。

构,文化认同更强调与历史发展和文化遗产有关的联系。[1]所以从本质上讲,文化认同更是一种基于共同历史和文化遗产,将人们联系在一起的集体认同形式。[2]由此可以发现,文化可以作为旅游行为得以产生的内在驱动力,对于某种文化的认同在一定程度上就会成为吸引旅游者前往的重要动力;同时在旅游过程中形成的文化认同又会促使游客形成对于该旅游目的地的认同,继而形成对于该目的地的忠诚度。工业遗产本身拥有浓厚的文化积淀,工业遗产旅游发展也必然会带来当地文化与外来文化的交流与碰撞,引发双方新的文化思考和文化认同,进而影响当地社区的旅游发展方向,因而研究这一背景下游客对于目的地工业遗产文化的认同问题是十分有必要的。

文化认同的维度测量无论是在国内还是国外都已经有了较为成熟的研究,如郑雪等认为文化认同是个体自身与某一文化中多数成员的认知、态度和行为相一致的程度;[3]吴静从认知、情感和态度三个维度分析人们对于信阳茶文化认同的程度。[4]基于工业遗产的文化特性本文选取认知、情感和行为三个维度作为测量方向。

(四)游客忠诚

"游客忠诚"这一概念最初是由营销学中的顾客忠诚概念转化而来的。"游客忠诚"的研究于20世纪90年代后期开始,是基于顾客忠诚的基础上发展起来的,最初研究的范围是在休闲旅游方面,研究对象涉及高尔夫、旅馆

① Smith A D. National identity. London: Penguin Books.1991.

② He J, Wang C L. Cultural identity and consumer ethnocentrism impacts on preference and purchase of domestic versus import brands: An empirical study in ChinaJ. Journal of Business Research,2015,68(6):1225-1233.

③ 郑雪、王磊:《中国留学生的文化认同、社会取向与主观幸福感》,《心理发展与教育》2005年第1期,第7页。

④ 吴静:《文化地理学视角下的信阳茶文化认同研究》,延边大学硕士论文,2022年。

等购买频率比较高或者动作类旅游产品。[1]但是通过文献检索发现,国外对于游客忠诚的概念并没有确切的表述。国内关于游客忠诚的定义研究最初是邹益民(2004)提出的,他认为游客忠诚不仅包括游客的重复购买行为,更重要的是其代表了一种高品质的心理倾向,是游客心理与行为的内在有机融合。[2]目前学术界对于游客忠诚定义的研究,普遍都承认游客忠诚应包含态度忠诚与行为忠诚两个方面,认为游客忠诚是游客对于某一目的地有偏爱,未来有机会就会对该目的地的旅游产品产生重复购买的行为,其中"偏爱"就是游客的态度忠诚,而"重复购买"则是游客的行为忠诚。[3]基于上述梳理,本文认为游客忠诚是指游客对于某一旅游目的地产生偏好倾向,并愿意重复多次来访或者对该目的地予以好评并主动推荐给他人的行为。

二、研究设计

(一)研究假设

1.游客沉浸体验与文化认同的关系

余召臣基于互动仪式链的视角,提出遗产旅游的互动仪式有助于创新旅游体验,激发遗产旅游者的情感依恋,塑造文化认同。[4]可见,遗产旅游与文化认同是存在密切联系的,且需要通过激发游客的情感能量来实现两者之间的关联。傅才武认为旅游者个体通过"沉浸"体验,借助旅游装置就可

① Oppermann.Predicting destination choice-a discussion of destination loyalty[J].Journal ofVacation Marketing,1999,5(1):51-65.

② 邹益民、黄晶晶:《自然旅游景区关于游客忠诚度培养的深层探讨》,《技术经济与管理研究》2004年第5期,第2页。

③ 邵炜钦:《旅游目的地游客忠诚机制模式构建》,《旅游科学》2005年第3期,第5页。

④ 余召臣:《遗产旅游与文化认同的模型建构与实践策略——基于互动仪式链的视角》,《西南民族大学学报》(人文社会科学版)2022年第3期,第9页。

以深度地参与到文旅融合的过程中,而旅游者个体的文旅消费行为也有促进文化认同的作用。[①]所以我们可以认为在工业遗产旅游中,旅游者个体的沉浸体验可以激发游客的情感能量,促进旅游者的文旅消费行为并产生文化认同的作用。基于以上的分析本文提出如下假设。

假设一:工业遗产旅游中游客的沉浸体验正向影响文化认同。

2.游客沉浸体验与游客忠诚的关系

国内外关于旅游活动中的沉浸体验研究,更多聚焦于具有挑战性的旅游项目所产生的沉浸体验。随着研究的不断深入,学者们对于沉浸体验与游客忠诚之间的关系研究也开始涉及旅游学的更多领域。王跃伟等学者聚焦于旅游网站的发展,证明了心流体验对网络品牌行为忠诚具有明显的正向影响,而网络品牌的态度忠诚又在两者中起到了中介作用。[②]对于游客忠诚的理解,不仅仅代表游客的购买行为,也反映了游客深层次的心理倾向,游客的沉浸体验作为旅游过程中感受到的一种心理倾向,会影响游客后续的重游意向和推荐行为,即影响游客对于目的地的忠诚。基于以上的分析本文提出如下假设。

假设二:工业遗产旅游中游客的沉浸体验正向影响游客忠诚。

3.文化认同与游客忠诚的关系

管理学的研究表明,顾客认同使得其更容易尝试企业的新产品或者服务,并且乐于对企业进行口碑宣传。同样作为旅游场景下,我们认为游客对旅游地的认同也会产生类似的忠诚性。Di Tian等学者以浙江省的非物质文化遗产青瓷为研究对象,调研了青瓷镇景区文化认同与游客感知、满意度和忠诚度之间的关系,得出文化认同正向影响游客感知、忠诚度和满意度,并

---

① 傅才武:《论文化和旅游融合的内在逻辑》,《武汉大学学报》(哲学社会科学版)2020年第2期,第12页。

② 王跃伟、陈航、黄杰等:《旅游虚拟品牌社群影响网络品牌行为忠诚的作用机理研究——基于心流体验的分析视角》,《旅游科学》2016年第2期,第14页。

为景区的真实性建设提供相应建议。[1]而工业遗产旅游作为遗产旅游的一部分,以工业遗产文化作为依托,在旅游过程中我们也可以认为产生的文化认同影响游客忠诚。基于此,本文提出如下假设。

假设三:工业遗产旅游中游客的文化认同正向影响游客忠诚。

4.沉浸体验、文化认同与游客忠诚的关系

关于沉浸体验与游客忠诚之间的关系,有学者认为沉浸体验可以直接影响游客忠诚,而也有学者认为沉浸体验会通过游览过程中产生的积极情绪影响游客的忠诚度。[2]对于红色旅游的研究中,有学者也将文化认同作为中介,探讨了游客涉入度与红色旅游忠诚度之间的关系,并证明了文化认同的中介作用。[3]虽然目前研究较少涉及沉浸体验、文化认同和忠诚度三者的关系,但是根据情绪唤醒理论,沉浸体验会激发和唤醒个人的情感能量来让游客在遗产旅游中感受到"崇高的"文化认同感,而文化认同感会进一步正面影响到游客忠诚。基于此我们可以提出如下假设。

假设四:工业遗产旅游中文化认同在游客的沉浸体验和游客忠诚之间起中介作用。

根据以上假设构建如图1所示的模型图。

---

[1] Tian D, Wang Q, Law R, et al. Influence of Cultural Identity on Tourists' Authenticity Perception, Tourist Satisfaction, and Traveler Loyalty[J]. Sustainability, 2020, 12.

[2] 黄育花:《主题公园夜间旅游沉浸体验、积极情绪和行为意向关系研究——以芜湖方特主题公园为例》,安徽大学硕士论文,2021年。

[3] 丘小燕、李强红、邹永广:《新生代游客涉入度与文化认同对红色旅游忠诚度的影响研究》,《旅游导刊》2022年第1期,第22页。

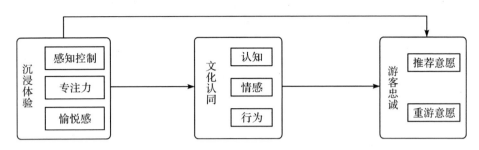

图1　沉浸体验与游客忠诚关系的研究模型

（二）案例的概述

2022年冬奥会的成功举办不仅让冰雪旅游在2022年开年火了一把，也唤醒了我国工业遗产旅游的风潮。青岛作为我国重要的滨海旅游城市，更是啤酒飘香的名城。青岛市利用原啤酒厂旧址建设而成的青岛啤酒博物馆成为中国唯一一座以啤酒文化著称的工业遗产旅游景点，也吸引着全国和世界各地的游客。

首先青岛啤酒博物馆的建筑保存完好。1903年8月15日，由英德商人合资创建的日耳曼啤酒公司青岛股份公司成立，这也是青岛啤酒的前身，而当时建造的两幢红色德式建筑分别用于综合办公和酿造生产。现如今当时两幢红色的德式建筑成为青岛啤酒博物馆的主要游览场馆。除了主体建筑的完整保留外，青岛啤酒博物馆展厅内也保留了20世纪的装修风格，保存了最初生产啤酒时用到的糖化炉和发电机，通过布景还原了麦芽糖的酿造过程，游客行走于此可以感受到场景所具有的历史感和文化的厚重感；与此同时场馆外部也保留了当时的水井、古树等环境元素，在空间维度上也保证了当时历史建筑的真实性，让游客穿越时空维度，沉浸于当时的场景，更好领略青岛啤酒文化的魅力。①

---

① 王润生、张琪：《工业遗产建筑保护中的真实性原则研究——以青岛啤酒博物馆为例》，《城市建筑》2021年第20期，第4页。

除了建筑保护上的真实性外,青岛啤酒博物馆结合全新媒介手段,利用全息投影等技术,唤醒历史人文,找寻传统文化和当代社会生活的契合点,让游客能够更好地融入游览过程。再次,青岛啤酒博物馆创造性地打造了《觉醒的酿造师》这一剧本,让玩家穿越回解放前夕的青岛,沉浸式感受民国时期的啤酒工厂,使得玩家能够更好地沉浸在传播仪式中,调动玩家情绪感受,真正实现从观赏到体验的飞跃。[①]同时青岛啤酒博物馆还打造自己的文创产品,游客游览中不仅可以品尝新鲜正宗的青岛啤酒,还可购买极具特色的纪念品,这也为青岛啤酒博物馆的沉浸体验提供了衍生产品,这更有助于加深游客的体验感,使得个体在仪式的交流中唤醒群体情感和共通意识。

基于此我们认为青岛啤酒博物馆不仅在场景建设保存真实,在场馆内的项目设计中也拥有大量沉浸体验项目元素,是我国工业遗产旅游景区中进行沉浸体验研究的典型代表,可以作为本论文的案例地进行研究。

(三)问卷设计

本研究问卷主要由两部分组成:第一,旅游者个人基本信息调查;第二,量表题项设计,分别对沉浸体验、文化认同和游客忠诚进行测量。对于第二部分的问卷是对沉浸体验、文化认同和游客忠诚的维度分别选取 3 个题项作为测量语句,采取 Likert 五计量表进行测量(1—5 分分别为非常不同意,不同意,一般,同意,非常同意)。

1.沉浸体验量表

该部分借鉴了在学术界被广泛运用的由 Susan A. Jackson&Herbert W. Marsh(1996)开发的"The Flow State Scale"(简称 FSS)。首先,将原英文量表翻译为中文并在专业教授的指导下形成初始量表;然后将该量表发给前往

---

① 卫鑫迪、唐顺英:《青岛啤酒文化旅游竞争力开发研究》,《青岛职业技术学院学报》2021 年第 2 期,第 14—17 页。

青岛啤酒博物馆游览过的游客及旅游管理专业的学生试填,对有歧义或表达不清晰的语句进行修正,最终形成青岛啤酒博物馆游客沉浸体验测量量表3个维度共9个题项。

2.文化认同量表

本研究沿用Roberts等经修订提出的由承诺和探索构成的双因子结构认同量表为多数学者所认同的MEIM2.0版本12项指标,综合考虑各指标对应于Phinney开发的MEIM1.0的确认该量表3个维度9个题项。

3.游客忠诚量表

该部分借鉴了Hutchinson等(2009)游客忠诚测量问项,通过文献研究法选取了重游意愿和推荐意愿两个维度,结合工业遗产旅游的参观特点,对原始量表进行细化修正,最终形成青岛啤酒博物馆游客忠诚测量量表共6个题项。

(四)数据收集

2022年9月19日前往青岛啤酒博物馆出口进行问卷的随机发放。问卷填写前先询问游客是否已经参观完青岛啤酒博物馆,得到肯定回答后再进行问卷填写,否则取消调研。问卷的填写采取电子问卷和线下纸质问卷填写相结合的方式,问卷填写前会向游客解释需要调研的内容并记录游客填写过程中反馈的情况。此次调研共发放问卷350份,剔除明显前后矛盾、填写不完整或答案雷同的无效问卷50份,问卷有效率为86%。

其中有效样本中男性所占比例为44%,女性所占比例为56%,说明青岛啤酒博物馆的游客以女性游客为主;年龄分布中以25—30岁为主,占比35%,18—40岁的游客是青岛啤酒博物馆的主要年龄分布群体,占总数的88%,说明青岛啤酒博物馆的游客以青年和中青年为主;在文化程度方面,本科学历占比最高,为53%,其次是大专人群;为21%,说明受访群众的文化程度比较高;在游客构成方面,我们发现前往青岛啤酒博物馆游览的游客以

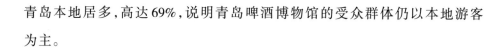

青岛本地居多,高达69%,说明青岛啤酒博物馆的受众群体仍以本地游客为主。

三、实证研究

(一)模型测量

在检验结构方程模型之前先进行探索性因子分析,利用SPSS26.0对测量问卷的信效度进行检验,信度检验采用克隆巴赫系数检验,其中沉浸体验、文化认同和游客忠诚的检验结果分别为0.79、0.781和0.881,结果均大于0.7,证明该问卷具有较好的信度。

之后利用AMOS进行验证性因子分析,首先该模型的卡方自由度比=1.312(<5),RMSEA=0.032(<0.08),且CFI、TLI和IFI的值分别为0.979、0.974和0.979(均>0.9),故模型适配度良好;之后使用聚合效度和区分效度检验量表效度,其中沉浸体验、文化认同和游客忠诚各维度的标准化因子载荷(CR)和AVE值均大于0.5的临界值,如表1所示,且各变量自身AVE平方根均大于该变量与其他变量之间的相关系数值,如表2所示,说明各分量表具有良好的聚合效度且区分效度良好。

表1 聚合效度检验结果

维度	题项	因子载荷	AVE	CR	维度	题项	因子载荷	AVE	CR
感知价值	A3	0.852	0.702	0.876	认如认同	C3	0.772	0.616	0.828
	A2	0.788				C2	0.741		
	A1	0.871				C1	0.839		
专注力	A6	0.792	0.602	0.819	情感认同	C6	0.705	0.583	0.807
	A5	0.751				C5	0.811		
	A4	0.784				C4	0.77		

续　表

维度	题项	因子载荷	AVE	CR	维度	题项	因子载荷	AVE	CR
愉悦感	A9	0.784	0.588	0.810	行为认同	C9	0.803	0.626	0.833
	A8	0.744				C8	0.831		
	A7	0.771				C7	0.739		
重游意愿	D3	0.808	0.595	0.815	推荐意愿	D6	0.729	0.578	0.801
	D2	0.756				D5	0.761		
	D1	0.748				D4	0.779		

表2　区分效度检验结果

	F1	F2	F3	F4	F5	F6	F7	F8
感知价值	0.7129							
专注力	0.655***	0.7161						
愉悦感	0.698***	0.564***	0.7019					
认知认同	0.412***	0.47***	0.518***	0.7506				
情感认同	0.576***	0.564***	0.476***	0.561***	0.8038			
行为认同	0.561***	0.543***	0.42***	0.667***	0.56***	0.7817		
重游意愿	0.463***	0.364***	0.402***	0.592***	0.43***	0.58***	0.7109	
推荐意愿	0.505***	0.352***	0.505***	0.556***	0.562***	0.543***	0.607***	0.7455

附注：" * "表示在0.05水平上显著，" ** "表示在0.01水平上显著，" *** "表示在0.001水平上显著，下同。

(二)假设检验

运用 AMOS 25.0对模型进行分析，将沉浸体验的三个维度感知控制、专注力和愉悦感作为前变量，文化认同的三个维度认知、情感和行为作为中介变量，游客忠诚的两个维度重游意愿和推荐意愿作为因变量。其中结构方程模型的各项拟合指数均达到标准（CMIN/DF=1.31<5，RMSEA=0.032<0.08，NFI=0.917，IFI=0.979，CFI=0.979）。

如表3所示，为假设一、二、三的假设检验结果。其中游客沉浸体验中的感知控制、专注力和愉悦感维度对文化认同的认知、情感和行为维度的正向影响显著,假设一成立;游客沉浸体验中感知控制、专注力和愉悦感维度对游客忠诚的重游和推荐意愿有显著正向影响,假设二成立;文化认同中认知、情感和行为维度对游客忠诚的重游与推荐意愿有显著正向影响,假设三成立。

表3 假设检验结果

路径	非标准化系数	标准化系数	S.E.	C.R.	P
感知控制→情感文化认同	0.154	0.175	0.061	2.52	0.012
感知控制→行为文化认同	0.226	0.209	0.072	3.113	0.002
专注力→情感文化认同	0.186	0.209	0.062	3.009	0.003
专注力→行为文化认同	0.375	0.344	0.075	4.974	*
愉悦感→情感文化认同	0.34	0.369	0.069	4.927	***
愉悦感→行为文化认同	0.263	0.233	0.077	3.402	***
感知控制→认知文化认同	0.317	0.315	0.07	4.536	***
专注力→认知文化认同	0.26	0.256	0.07	3.735	***
愉悦感→认知文化认同	0.191	0.181	0.072	2.637	0.008
感知控制→重游意愿	0.174	0.171	0.067	2.595	0.009
感知控制→推荐意愿	0.155	0.15	0.067	2.302	0.021
专注力→重游意愿	0.235	0.229	0.072	3.245	0.001
专注力→推荐意愿	0.197	0.188	0.073	2.711	0.007
愉悦感→推荐意愿	0.23	0.212	0.077	3.004	0.003
愉悦感→重游意愿	0.172	0.162	0.075	2.288	0.022
认知文化认同→重游意愿	0.201	0.199	0.069	2.91	0.004
认知文化认同→推荐意愿	0.177	0.172	0.069	2.551	0.011
情感文化认同→重游意愿	0.201	0.174	0.081	2.478	0.013
行为文化认同→推荐意愿	0.184	0.191	0.066	2.772	0.006
情感文化认同→推荐意愿	0.264	0.224	0.083	3.189	0.001
行为文化认同→重游意愿	0.159	0.169	0.065	2.43	0.015

(三)中介作用分析

使用Bias-corrected Percentile Bootstrap方法对文化认同的中介效应进行检验,样本选择量为5000,置信水平为95%。如表4所示,文化认同各维度同沉浸体验各维度与游客忠诚各维度所组成路径中置信区间均不包含0,表明文化认同在沉浸体验与游客忠诚之间存在中介作用。

表4 标准化的Bootstrap中介效应检验

路径	效应值	SE	Blas-corrected 95%CI			Percenntile 95%CI		
			Lower	Upper	R	Lower	Upper	P
感知控制→认知→重游意愿	0.063	0.026	0.026	0.113	0.003	0.023	0.108	0.004
感知控制→情感→重游意愿	0.03	0.019	0.007	0.07	0.022	0.003	0.063	0.046
感知控制→行为→重游意愿	0.035	0.02	0.009	0.077	0.016	0.007	0.072	0.025
感知控制→认知→推荐意愿	0.054	0.025	0.02	0.103	0.007	0.018	0.1	0.01
感知控制→情感→推荐意愿	0.039	0.021	0.012	0.084	0.008	0.01	0.075	0.017
感知控制→行为→推荐意愿	0.04	0.021	0.013	0.083	0.007	0.011	0.077	0.011
专注力→认知→重游意愿	0.051	0.022	0.021	0.095	0.002	0.019	0.09	0.004
专注力→情感→重游意愿	0.036	0.023	0.009	0.085	0.021	0.006	0.077	0.037
专注力→行为→重游意愿	0.058	0.027	0.021	0.11	0.013	0.016	0.104	0.022
专注力→认知→推荐意愿	0.044	0.022	0.015	0.089	0.006	0.013	0.085	0.01
专注力→情感→推荐意愿	0.047	0.022	0.019	0.096	0.003	0.015	0.088	0.006
专注力→行为→推荐意愿	0.066	0.03	0.026	0.127	0.005	0.023	0.121	0.008
愉悦感→认知→重游意愿	0.036	0.019	0.013	0.079	0.004	0.009	0.071	0.01
愉悦感→情感→重游意愿	0.064	0.032	0.02	0.126	0.019	0.015	0.118	0.033
愉悦感→行为→重游意愿	0.039	0.023	0.011	0.087	0.015	0.009	0.08	0.025
愉悦感→认知→推荐意愿	0.031	0.017	0.01	0.07	0.007	0.007	0.063	0.016
愉悦感→情感→推荐意愿	0.083	0.034	0.038	0.15	0.002	0.034	0.144	0.003
愉悦感→行为→推荐意愿	0.045	0.021	0.017	0.089	0.007	0.014	0.084	0.011

五、研究结论与对策建议

(一)研究结论

本文以青岛啤酒博物馆为案例,从实证研究的角度探讨了工业遗产旅游过程中沉浸体验与游客忠诚的关系,以及文化认同的中介作用,主要结论如下。第一,游客在工业遗产旅游过程中产生的沉浸体验有利于游客对于目的地产生忠诚情感。第二,游客在工业遗产旅游过程中感受到文化认同会促使游客对于该目的地形成忠诚情感。第三,游客的沉浸体验有助于增强游客对于该地区的文化认同。第四,文化认同在游客的沉浸体验和游客忠诚中起中介作用。

（二）对策建议

本文以工业遗产旅游为研究对象,探讨了游客在工业遗产旅游过程中产生的沉浸体验、文化认同与游客忠诚之间的关系,基于此结论对工业遗产旅游的发展提出如下三点建议。

1.重视工业遗产旅游资源的开发,打造沉浸体验的环境

（1）要重视工业遗产的保护性开发和再利用。工业遗产的核心是重现历史工业发展状况,所以在开发过程要在对工业遗产进行完整保护的前提下进行优化改造,在保证对于历史文化的全面展示基础上同现代发展相结合,打造适合被大众接受的工业遗产旅游。同时还要重视人才队伍的建设,对于工业遗产的保护以及同旅游相结合涉及诸多领域,涉及的专业知识难度大,人才的专业性要求高,所以还应充分吸纳优秀人才,通过学习借鉴优秀的开发案例,实现工业遗产同旅游开发的融合发展。

（2）科技赋能打造游客的沉浸式文旅新体验。工业遗产旅游是依托工业遗产文化发展而来的,只有明确自身特色,形成独具特色的IP,才能挖掘到文化背后的资源以形成特色的旅游项目,进而延长旅游产业链,实现文化旅游的高质量发展。同时要让科技赋能打造沉浸氛围。工业遗产旅游的开发可以基于自身的IP打造时下火热的短视频、微电影进行宣传,运用VR、AR、人工智能、裸眼3D技术等,结合时下年轻人喜欢的剧本杀活动为游客打造特色旅游。再配合打造拥有创意的文创产品,创造出传统工业文化和现代时尚相结合的兼顾实用价值和审美特点的文创产品,增加工业遗产的影响力。

2.完善工业遗产旅游的配套服务系统

(1)重视政府职能,实现因地制宜和可持续开发模式。首先工业遗产同其他旅游资源的不同在于工业活动最初就对环境造成了破坏,所以对工业遗产的开发一定要重视环保问题。政府部门应尽可能完善对于工业遗产的保护性法规和政策,建立针对工业遗产保护和再利用的相关制度,更好地实现工业遗产文化的开发与再利用的同时尽可能减少甚至杜绝对环境的二次伤害。

(2)重视工业遗产旅游配套服务系统的完善。在进行旅游景区建设的过程中要重视对于基础设施的搭建,很多工业遗产位于老城区会面临设施老化、可用地面积较少等情况,对于此类问题也要提前做好优化,避免产生后续改造困难的情况。再者要提升文化娱乐配置设施。现如今例如多媒体屏幕、互动式设备等科学技术的应用可以让游客产生良好的沉浸体验,所以景区应重视对此种设施设备的投入与维护,保证游客在游览过程中的体验感,为景区积累良好的口碑。最后由于工业遗产旅游都是基于之前的工厂改造而来的,有很多废弃的机械设施,游客在参观过程中出于好奇心想要近距离接触很容易发生意外风险,所以景区一定要做好安保措施,防止意外发生。

3.重视工业遗产旅游的市场化运营

(1)扩大工业遗产旅游的市场。一方面相应的管理部门应积极与政府、企业合作,加大工业遗产旅游的宣传力度,扩大其在公众中的影响力,开拓工业遗产旅游的潜在市场。另一方面积极增加收益渠道,依托厂区低密度、大空间的特点和改造后良好的环境,承办各种活动,使市场运营多元化。

(2)推出精品旅游线路。当前,大部分工业遗产资源已经实现改造升级,但其中部分显现出吸引力不足的现象,因此应该对工业景点或旅游路线进行整体化的包装和设计,积极推出精品旅游路线,促进该地区工业遗产旅游良好地发展。

（3）搭建信息化的网络平台。有关地区可以通过建立工业遗产旅游的官方网站,推出相应 App、微信公众号、官方微博等,对游客推送相关信息,方便游客出行和及时获取信息。增加网站支付功能,方便购买门票;增加旅游路线规划指导功能,方便游客以自驾游等方式出行。还要加强旅游信息的公共管理,完善相关人员的培训工作,建立科学合理的培训体系,使得从业人员能够熟练运用互联网技术,将旅游信息进行快速的整合和传递,提升网站整体的使用体验。

虚拟人技术的发展及其伦理风险

田　郭[①]

【摘要】随着元宇宙平台的不断发展,为进一步实现虚拟与现实世界间的交互,进一步增强元宇宙应用领域的视觉效果、强化沉浸式的体验感,进一步扩大用户参与方式与参与度,虚拟人技术得到学界的普遍重视。近年来,虚拟人技术的应用场景日益广泛,行业发展呈现出从医学到文化产业的转变,泛娱乐化趋势较为明显。在这一背景下,虚拟人技术发展可能面临的存在认知风险、法律身份界定难题与数字人权让渡风险、责任划分困境、用户信息泄露风险等问题日益凸显。为了有效应对此类问题,加强对虚拟人相关行业的引导与治理工作势在必行:一方面,现阶段要尽快树立虚拟人行业更为明确的伦理原则,坚守技术发展的道德底线;另一方面,要提高立法意识,通过立法的方式解决新问题、新风险,更要加强虚拟人行业监管团队的建设,构建以政府为核心的多元参与监管模式。

【关键词】虚拟人技术;伦理风险;数字人权;责任划分。

---

① 作者简介:田郭,北京大学哲学系博士生。

一、虚拟人技术及其发展

虚拟人的诞生依托于元宇宙整体大环境的发展,因此明确界定元宇宙的相关概念对于研究虚拟人的发展及其伦理困境有着基础性的意义。近年来,元宇宙相关产业虽迎来了发展热潮,但目前学界尚未就元宇宙这一概念进行统一界定,国内外较为普遍认可的概念为:"元宇宙是整合多种新技术产生的下一代互联网应用和社会形态,这一数字化的社会平台存在且平行于现实世界。"元宇宙整体呈现出开拓时空、人机结合、经济增值三大特征。基于不同的技术平台,元宇宙整体呈现出三方面的发展趋势:一方面,基于AI技术的发展和互联网的高度普及,在文化产业等相关领域诞生了虚拟人、数字人等存在于数字世界的"人",随着技术的发展元宇宙平台甚至逐渐呈现出"虚实结合""人机结合"的趋势;另一方面,基于区块链、NFT等技术的成熟,元宇宙平台呈现出经济价值创造立体化、三维化的整体趋势。综合来看,随着元宇宙平台下经济体系、生产体系、社会关系体系的虚实共治,元宇宙平台逐渐实现了用户自主编辑、自主创造内容和自主积累数字资产等功能。

随着元宇宙平台的不断发展,为进一步实现虚拟与现实世界间的交互,进一步拓宽元宇宙应用领域的视觉效果、强化沉浸式的体验感,进一步扩大用户参与方式与参与度,虚拟人技术得到学界的普遍重视。根据学界现有的研究,可将虚拟人相关概念总结为:"虚拟人是以数字形式存在,具有人的外观、特点、行为,依赖科技展示的虚拟形象。"[①]虚拟人整体呈现出高度拟人化、存在于非现实空间两大特征,在一定程度上可以复制人类的知识、记忆、思维,其发展呈现出逐步实现人机交互的趋势。进而可以把虚拟人理解为一个存在于数字世界的"人",一个通过各种数字化技术打造出的,具有虚拟

---

① 马付才:《虚拟人火热背后面临伦理和法律风险》,《民主与法制时报》,2022-03-03。

样态的、立体的"人",是科技与文化相融合的产物。从伦理学的视角来看,虚拟人诞生及发展的背后体现了社会层面的三类哲学诉求:存在性诉求、物质性诉求、社会性诉求。存在性诉求产生于人类对自身存在方式的不满:为了克服现实世界中自身存在方式上的唯一性和不可抗拒的来自自然的约束与限制,人类试图通过数字技术实现第二生命的诞生,由此,个体在虚拟世界中的存在形式与方式呈现出非限制性的特征。物质性诉求产生于人类对自身生存依赖性的不满:在现实世界中为了维持生存,人类不可避免地对外在物质条件具有依赖性,而数字技术则实现了虚拟人存在成本的转换与降低。社会性诉求产生于人类伴随着生存所诞生的情感缺失:现实生活中随着生存成本的不断抬升与社会发展的不断复杂化,人类所要面临的压力也呈现出骤增的趋势,随之而来的情感缺失问题也日益严重,虚拟人的发展意味着人类能以更加自由的方式实现情绪共振,以追求现实社会中难以实现的社会认同感。总的来看,虚拟人的发展有其内在价值和内在动力,其所展现的是人类对现存生存状态以及价值创造方式的弥补与扩充。

近年来,虚拟人技术的应用场景日益广泛,以其依赖的具体技术为导向主要分为以下四部分:第一,虚拟场景技术,其通过三维建模技术主要应用于产品展示、医疗实验模拟、军事模拟等领域,具有较高的社会价值;第二,虚拟人交互技术,其通过虚拟人智能语言技术实现智能家电、设备语音助手、智能导航等,与用户实际生活高度关联;第三,虚拟人感知技术,其通过情感计算等技术实现拟人化情绪处理、多维表达等,常用于心理治疗等领域,重视满足用户的情感补足等需求;第四,虚拟人行为技术,其通过动作捕捉技术,应用于电脑游戏制作、人体工程学研究、生物力学研究等领域。

虚拟人的发展从技术层面来看,实现了从手工绘制到真人驱动,再到AI驱动并逐渐实体化的整体趋势。从应用层面来看,虚拟人的发展逐渐从医学领域过渡到文化产业,并整体呈现出泛娱乐化的趋势。虚拟人最早出现于20世纪末的数字化虚拟人计划,该计划的制订初衷是通过现代计算机技术与医学临床实践的相结合,为医学或其他学科的研究提供更为精致的演示条件。拟通过数字技术模拟真实的人体器官而合成三维模型,使其不仅具有人体外形以及各个器官的外貌,还具备各器官的新陈代谢机能,进而能较为真实地显示出人体的正常生理状态和各种变化。因此,最初的虚拟人大多充当的是实验者的角色,例如研究手术方案或试验新型药物等。[①]随着科学技术的不断发展以及社会需求的不断演变,相对应的虚拟人的功能不断增加,并开始被应用到更广泛的领域。近年来,相对于医疗领域,虚拟人在影视、音乐、游戏等文娱领域的发展更为活跃。人工智能技术的发展,让虚拟人拥有高拟真度的形象,而且,动作捕捉和语音合成技术也使得虚拟人的形象更加生动丰满。另外,虚拟人从多个角度突破人类局限,如生命周期长、行为可控、多线程持久工作、思维和计算能力强、可塑性好,这些都使其商业化发展空间广阔。[②]随着虚拟人的应用逐渐偏向商业领域,其商业价值也开始凸显。与传统的商业产品不同,虚拟人自身有着独特的价值创造机制。作为元宇宙数字经济的行为主体,用户通过虚拟人经济行为实现基于元宇宙平台的虚拟原生价值的积累与增值,比如通过挖掘虚拟人所蕴含的数字身份、虚拟房地产、数字劳动、数字消费等稀缺性价值来实现其数字使用价值的创造。

二、虚拟人技术发展所面临的伦理风险

(一)存在认知风险

从存在论的视角出发,元宇宙在未来将被塑造成一种深入的社会生活

① 马付才:《虚拟人火热背后面临伦理和法律风险》,《民主与法制时报》,2022-03-03。
② 马付才:《虚拟人火热背后面临伦理和法律风险》,《民主与法制时报》,2022-03-03。

方式以及社会控制形式,虚拟人技术发展的正当性将使得融入其中的用户出现存在认知障碍等问题。对于用户个体而言,虚拟人技术的发展对用户的心理与生理都将带来极大的影响。在心理层面,虚拟人的介入可能会影响用户的身份认同和自我定义,用户应将其所创造的虚拟人形象视为商品还是自我组成,选择的结果将影响用户在社会层面的主体身份认知以及潜意识和神经系统层面的自我认知,甚至会影响人的自我理解和对人的概念的界定。与此同时,一旦用户适应了虚拟世界中更理想化、完美化的自我之后,是否还能完全接受现实中的自己,这将带来更深层的自我异化风险。在生理层面,虚拟人的发展导致了赛博病的出现,长期适应虚拟人及虚拟世界的运转模式、操作模式后,用户身体所接收到的信号会出现与预期不匹配的情况,身体调节遇到冲突,进而出现眩晕、身体疲劳、心率加快等不适感。部分人甚至会明显出现平衡障碍、手眼不协调和短时间内辨声障碍等问题。与此同时,对于社会整体而言,虚拟人技术对人类思想、意图、记忆和情感的汇总及高度还原能力很可能将根本改变人类的主体性,其核心问题在于虚拟人的出现会弥补存在方式上的单一性和限制性,进而模糊人的本质,甚至模糊现实与虚幻的边界,从而使现实社会转化为一个"虚实共存"的社会。当现实与虚拟的边界不断被模糊,势必会出现社会群体性的恐怖谷效应,当高仿虚拟人与人类自身非常相似,但不完全相似的时候,社会群体会对其产生反感厌恶的情绪。这一效应一旦在社会范围内出现群体效应,将对社会原有的秩序带来巨大的冲击。与此同时,虚拟人的诞生带来了全新的社会身份、社会关系和社会秩序。

(二)法律身份界定难题与数字人权让渡风险

1. **法律身份界定难题:在现代社会中该如何去定义虚拟人?**

有关虚拟人的社会身份的问题关乎"是否可以对虚拟人讲道德与法律"等问题,因而具有基础性的意义。随着虚拟人的发展,在传统人与人、人与自然等社会关系的基础上无疑会增添新的社会关系,被赋予了主体性的虚拟人角色之间可以通过诸如合作、交往、交易等行为而形成除血缘、地缘、业缘之外的第四种社会关系,即虚拟体之间的社会关系。①与此同时,基于现实世界里的"自然世界+人类社会",元宇宙世界构建了"虚拟人"+"虚拟场景"的全新社会秩序,虚拟人角色体在交往和实践中重塑了全新的社会形态,而基于此产生的社会关系、经济活动、生产方式等将对原有的社会秩序带来巨大的冲击。以伦理视角来看,现有技术所创造的虚拟人并不构成一个完全意义上的"人",进而在法律层面并不构成一个有行为能力以及判断能力的主体。但从虚拟人相关技术的整体发展趋势来看,拥有自主判断、行动能力的虚拟人的出现只是时间问题,一旦威胁产生,该如何划分其相关责任? 现有的法律是否仍对其发展有一定的约束力? 从更大的伦理范围来看,随着虚拟人的设计越来越倾向为用户提供必要的情绪补偿,用户对虚拟人所建立的情感依赖也存在着极高的伦理风险,如在日本等国家出现的一些真人与假想的虚拟人结婚的现象。此类现象在伦理世界范畴内是否应该被允许? 除此之外,还有很多待商榷的法律和伦理问题,如被"复活"的人物名誉权保护问题,已故人物形象数字化商业利用权问题,虚拟人创作者或已故人物"复活"创作者的权利、义务和责任问题等。

2.数字人权让渡风险

作为虚拟人技术未来发展的愿景,元宇宙将给人工智能、交互技术、5G通信传输、区块链等一系列技术带来全新的能效提升,个体出于需求满足的便利性,将会或主动、或被动地向服务提供者让渡更多的数字权利。②由此,虚拟人全景化控制模式可能将会在一定程度上加剧用户"数字人权"的让渡

---

① 王文玉:《元宇宙的主要特征、社会风险与治理方案》,《科学学研究》2022年第3期,第1538页。

② 孙永泽:《存在、实践与平衡:对"元宇宙热"的哲学反观与科技伦理反思》,《科普实践》2022年第2期,第58页。

与滥用。在元宇宙背景下,数字人权涵盖自主权、知情权、隐私权等。人权让渡现象在技术弱势群体当中尤其严重。现有虚拟人技术在不断优化服务、增加性能同时,也逐渐抬高了技术弱势群体的参与门槛。技术适应能力、使用能力较弱、经济能力受限的群体,比如老人与低收入人群仍占据社会的重要构成部分,对于这部分群体而言,虚拟人技术自身不可避免的高复杂性和与现实的强脱节性无疑更加加剧了他们与现代社会间的数字鸿沟。为了获取更加便捷的服务,用户往往会无条件同意各项《用户协议》《隐私政策》,在冗长的条款背后,往往隐含着用户对自身各项权益的放弃,在这样的情况下,技术所带来的并非便捷的生活,而是对用户尤其是对弱势群体的强制性权利侵害。用户的各项基本权益应当是虚拟人技术发展的根本前提,是用户能够根据个人意愿在虚拟世界自主选择、自主决策的基础。在技术侵害用户自主权现象日益频发的情况下,技术的发展要实现从"以利为本"到"以人为本"的转向,要时刻以"服务用户、满足用户需求"为根本要求,始终在维护用户基本权益的范围内发展。

(三)责任划分困境

由于虚拟人相关技术在实际运行过程中极易出现各种不稳定的情况,可能出现程序运行结果背离主体用户的实际意图,或实际上伤害用户的利益而产生后续一系列赔偿等问题。在这样的情况下,该如何正确划分责任以明确责任归属?实际上,虚拟人技术发展可能面临的责任归属风险远不止上述问题,因其背后参与主体以及技术主体的复杂性和不确定性,往往会引发一系列责任划分困境。

1.责任主体划分困难

虚拟人技术相关的责任主体并非仅由传统的技术支持方、运营方以及用户构成。在提供技术支持方面,取代传统的单一技术开发主体,虚拟人的技术开发团队本身由很多部分构成,除了常见的 AI 技术提供方、后台用户管理技术提供方、风险管理技术提供方以外还包含人机互动技术提供方、通信技术提供方以及场景建构技术提供方。团队中的每一部分都在整个虚拟人技术实现的过程中起着举足轻重的作用,都承担着一定的风险与责任,但虚拟人技术在实现的过程中并不是单线程的运作。换句话说,虚拟人技术呈现给用户的每一项结果的背后都是多方技术提供者的运作成果,因此,很难明确判断因技术问题对用户造成的损失应属于哪一技术提供方的责任。

2.阶段性责任划分困难

虚拟人的诞生是多阶段运作的产物,其中包含技术研发阶段、技术应用阶段、试行阶段、产品市场化阶段、技术漏洞维护阶段、用户运营阶段等,每个阶段中都存在如何合理划分责任的问题,阶段与阶段之间也需要明确的责任界定。其中,矛盾尤其突出的为程序运行阶段监管方的责任划分问题,网络播放平台的审查义务以及政府相关部门的监管责任问题等该如何明确划分责任? 因此,虚拟人发展势必要解决阶段性的矛盾划分问题。

3.技术风险责任划分困难

作为行业新兴技术,虚拟人背后的支撑技术有着极强的不稳定性,存在极多可能出现的问题,如因虚拟人设备缺陷、软件漏洞以及程序故障等问题引发的事故,是否该由设备制造商承担相关法律责任? 虚拟人设备在投入使用的过程中因信息收集、分析失误等问题给用户造成的损失是否应由设备制造商承担,在该情况下是否因存在用户操作失误的可能性而使用户同样承担部分责任? 因虚拟人程序安全屏障方面存在漏洞导致被第三方病毒程序入侵所造成的用户信息泄露、经济损失等问题,该如何划分责任?

(四)用户信息泄露风险

虚拟人的建构离不开海量信息数据的收集,其中包括用户基础信息、行为偏好、社交情况、历史记录等,从而对用户形象及偏好进行刻画分析。这些被虚拟人创设方收集并用来分析个体的数据,在威胁用户隐私安全的同时,亦成为资本集团之间进行数据竞争的关键筹码。与此同时,作为虚拟人底层技术堡垒的区块链技术与保护用户信息安全之间必然存在着一定的矛盾。[①]一方面,作为用户正常登录、操作的基础,区块链技术将用户的各项必要信息储存在其各节点之上,并接受其他节点的验证与数据校验,这些数据涵盖用户的身份信息、资产信息甚至交易凭证等。另一方面,向其他节点公开的同时意味着将这些涉及用户隐私的信息暴露在整条元宇宙区块链之上,使其用户不得不面临隐私泄露的风险。此外,隐私权侵犯不仅涉及个人信息外泄等显性话题,还牵涉对个人隐私信息的隐秘收集问题等。资本方为提供更贴合用户需求的虚拟人形象,大量搜集用户的行为习惯、健康数据等,而用户与资本间权力条件的差异,致使用户置身于技术与资本布下的"全景监狱"之中,而对其所施加的剥削浑然不觉。由此,如何使用户信息数据的收集与运用更加规范,以及如何维持公共领域与私人空间的稳定,将是元宇宙时代虚拟人发展所应探究的关键所在。

三、虚拟人技术发展伦理风险的应对与解决

(一)树立明确的伦理原则

虚拟人的发展仍然充满不确定性,加强引导与治理工作是促进虚拟人技术健康有序发展的必然要求。现阶段虚拟人发展要更注重树立更为明确的伦理原则,要坚守一切技术都是为了服务于人的底线,使技术的发展始终在人类可掌控的范围内。在技术发展侧,一方面要重视算力最小化原则,尽可能降低技术成本的同时要坚守安全底线,在保障安全的前提下降低用户

---

① 王文玉:《元宇宙的主要特征、社会风险与治理方案》,《科学学研究》2022年第3期,第1539页。

参与门槛;另一方面,技术发展要有良好的价值导向,要对用户有良好的价值取向引导,对社会发展产生积极的影响力。在用户侧,一方面要坚守维护用户自主性的底线,技术的推进不能以牺牲用户的人权为代价,要着重保护用户的自主决策权;另一方面要维护用户的信息安全,建立行之有效的用户信息保护体系。在监管层,要坚持技术与相关法律同步发展,虚拟人整体行业发展要遵循道德原则、坚守法律底线。

(二)完善相关法律法规的建设

1.虚拟人法律身份界定

在虚拟人所构建的虚拟世界中,用户可以根据自己的意愿塑造个人形象、决定行为方式。在现阶段,现实世界中的法律法规显然与虚拟世界的非限制性的根本特征相悖,为此,构建虚拟世界的法律体系要以明确虚拟人的法律身份为前提。新时代,虚拟人的法律身份应围绕虚拟人身份的真实性、互操作性、安全性和合规性展开,这一身份的确立应当以用户在现实社会中的居民身份证信息为唯一参考。在明确虚拟人的身份信息来源之后,要明确虚拟人的这种数字化的身份是否具有与现实世界同等的人格权。现有虚拟人技术在实际应用中虽已实现相对的平等性和自主性,但在联合国教科文组织2021年通过的全球首份《人工智能伦理建议书》中已明确规定禁止人工智能技术本身获得法律人格,与之相对应的行为后果责任与问责都应始终由人类承担。由此,在涉及虚拟人相关的法律问题时,技术提供方与技术使用方仍是承担相关法律责任的主体。

2.虚拟人行业法律体系建设

针对前文所述的虚拟人技术发展所面临的问题,要提高立法意识,通过立法的方式解决新问题、新风险。其中,相关法律的建设要尤其关注用户信息安全问题。在保护用户信息安全方面,要重视制定有关用户信息收集、用户行为数据分析、算法设计和程序运行等方面的相关法律条文,要用法律的形式明确用户信息的归属问题。①要通过法律的方式进一步明确虚拟人技术发展的合法空间,强化技术提供方、平台运营方和用户方的法律意识,积极推动虚拟人相关行业自律建设。鼓励虚拟人相关企业、相关协会制定行业自律公约,进一步明确企业的主体责任和义务;充分发挥行业联盟作用,引导虚拟人相关企业树立合规经营意识。

3.虚拟人行业监管体系建设

构造虚拟人技术发展的良好生态环境,重在监管。应当及时弥补虚拟人技术方面的制度空白和漏洞,完善公平开放透明的虚拟人市场竞争规则,平等保护各类市场主体合法权益。以此为前提,虚拟人行业的监管必然需要与其他监管框架协同合作,例如,用户相关信息保护和虚拟人行业反垄断法要在元宇宙时代背景下进一步有效结合。要加强行业监管团队的建设,构建以政府为核心的多元参与监管模式;持续创新监管方式,积极使用区块链、人工智能等新技术提高监管能力,全面提升虚拟人行业监管效能。以此为背景,要加快搭建国家层面的虚拟人发展治理框架,推动建立跨部门协同治理机制,探索建立与虚拟人行业持续健康发展相适应的治理模式。除了传统的行业监管部门以外,还应建立整体元宇宙平台的伦理审查机构,要把伦理审查纳入对整体行业发展的审核中。相比行业外部的监管机构而言,在元宇宙内部设立相关伦理审查机构对于及时发现、全面预防和有效应对相关伦理风险具有积极意义。在职能上,伦理审查机构既需要负责制定符合不同类型元宇宙特质的基础伦理准则,还需要审查元宇宙平台的管理规则、技术应用规范、交易规则、社区自治规则等技术和秩序规范是否契合基本伦理要求。要加强外部政府检查机构与行业内部伦理审查机构的有效合作,共同维护虚拟人发展保护体系,推进虚拟人行业发展的良好生态环境建设。

---

① 左鹏飞:《元宇宙的主要特征、发展态势及风险研判》,《社会科学辑刊》2022 年第 10 期,第 201 页。

品牌与文旅产业

陈少峰[①]

【摘要】在国内现有市场环境下,相比较一味盲目地追求高端路线而言,文旅产业品牌走"轻奢化产品"的路线要相对合理一些。抓住轻奢化机遇的条件是不仅要有足够有影响力的品牌,还要符合生活美学化、创意常态化这两个特点,要把创意和品牌一同做好。响应国家乡村振兴政策,可以通过构建IP元宇宙来推动乡村文旅产业发展。"IP元宇宙"(或者"IP灵境")作为一个文体旅康与科技融合的文化体验园,各个县市(含省会城市)等区域都可以将其作为打造品牌以及延长产业链的核心载体。具体而言,这种"IP元宇宙"涵盖内容包括:内容创作、设备提供、衍生品、研学和运营等方面。各地推广"IP元宇宙"项目时,可以与"一县(市)—IP"相结合做"IP元宇宙文化体验园",并成为区域文体旅康和农业文创的入口和品牌的载体。国家重视品牌打造,以农业为例,要重视做优做精具有特色优势的农产品,提高重要农产品标准化、规模化、品牌化水平。深入实施品牌强农战略,打造一批区域公用品牌、农业企业品牌和农产品品牌。

---

① 作者简介:陈少峰,北京大学哲学系教授、博士生导师,北京大学文化产业研究院学术委员会主任。

【关键词】品牌；IP元宇宙；轻奢化机遇；文旅产业

一、文旅产业文创品牌

1.品牌类型

品牌主要分为三种类型：机构品牌、产品品牌和个人品牌。其中，机构品牌细化为可以交易的品牌和不可交易的品牌（如故宫和北京大学的文创品牌）；产品品牌可以细化为单一品牌和双品牌（如中高端和中低端分别用不同的品牌名称）；个人品牌可以细化为专业品牌（行业内知名的专家）和大众品牌（明星或者自带粉丝的个人品牌）。除此之外，还可以进一步把品牌的价值理念和功能区分开来。合理区分品牌的类型可以有效避免很多错误的发生：比如，像故宫或者北京大学，除了有不可交易的品牌之外，它们在做文创产品的时候，必须开发（二级）产品品牌，比如故宫需要开发类似"延禧"口红的商品，避免故宫形象过度商业化。此外，如果是同一种类型的产品，则要用双品牌来区分价格，比如"丰田"和"雷克萨斯"，尽量避免同一品牌的产品既有中低端又有高端的情况发生。

2.品牌名称

品牌的名称要求简洁、有韵律、有规律、吉祥。在展示品牌名称的时候不能过于艺术化而使消费者难以辨别具体内容，也不能让英文超过汉字（比如很少有消费者清楚"VANK"指的是哪家公司）。此外，品牌宣传还要注明信息发布的来龙去脉。许多微信公众号上的文章，在转发和转载的时候都没有宣传价值，类似标题中的"我市""我院"等内容应该标注清楚"某某市"或"某某大学某某院"，而不应该没有正规的名字。在互联网时代，区别于传统的电视台或报纸，要重视在媒体宣传过程中品牌名称的价值与效果。当然，良好的宣传效果建立在品牌名称及时注册（商标）的前提下，要避免公司商标抢注的问题，比如日本的"无印良品"早在进入中国市场之前就被抢注了,导致日方企业不仅不能用自己的品牌名称,还被罚款被迫发表道歉声明,这就属于劣币驱逐良币的现象。品牌名称的设计要有一定的特征,现在许多企业忽视品牌名称的重要性,用"H"或者"K"作为logo,殊不知这一类字母开头的公司在市场上有几十万个,这就导致消费者没有记忆点,从而失去品牌名称的价值。但与此同时,不能一味强调设计而忽视了实用性。近年来,随着文创企业的增多,越来越多的企业投入大量成本用于增强品牌logo的设计感,结果往往失去了朴实性进而引起消费者的反感。实际上,相较于品牌logo,品牌名称更具有重要意义,如果名字没有知名度,与之相对的logo也就没有宣传的土壤。在好的品牌名称的基础上,有设计感的logo是锦上添花,但它终究不能取代品牌名称。在做企业宣传时,要格外重视品牌名称的作用,比如,影视剧组开发布会时后排海报上赞助商和出品方的名字应该处在较为显眼的位置,而不应该被前排的导演、明星遮挡。

3.品牌价格定位

企业品牌价格定位不能过于笼统,而应合理界定以吸纳不同类型的消费群体,做好消费群体定位。许多公司在为生产的产品做定价时,往往仅区别高端还是中低端,这是非常笼统而不实用的。定位在高端并不意味着一味提高产品价格就行,而是要重在提高品牌产品的影响力,要明确品牌影响力和产品之间并不是先有鸡再有蛋的糊涂账。在保障一定的产品影响力的前提下,"高端"品牌决定了价格的高低,但在消费者眼中如何认定一个品牌确实是"高端"的呢? 这一点对于品牌而言,要有相对明确的评判准则。比如,一个长期买"李某"公司生产的低价休闲服的大爷肯定不会买定价高端的品牌,同时,有钱的青少年则肯定不会把"李某"认可为高端品牌。实际上,为什么样的消费群体生产和生产什么是对应的。目前来看,我们的制造业只能为国外大品牌贴牌生产,即使产品质量再高也是如此。这就意味着如今的国内消费者很难认可中国人自己的高端品牌产品,缺少对国内"高端"品牌的认可。

4.文创品牌建议

综观当今国内市场,除了茅台酒以外,几乎就很难有称得上"奢侈品"的品牌产品了。实际上,奢侈品所蕴含的都是文化、创意和品牌,85%以上属于文化创意产品的范围,但中国人做产品,产品质量上能达到奢侈品的水平,但创意和品牌方向却总有欠缺。因此,在这样的背景下,相比较一味盲目地追求高端路线而言,文创品牌走"轻奢化产品"的路线要相对合理一些。当然,抓住轻奢化机遇的条件是不仅要有足够有影响力的品牌,还要符合生活美学化、创意常态化这两个特点,要把创意和品牌一同做上去。值得注意的是,作为这类品牌的代表——泡泡玛特的品牌设计师团队由大量外国设计师构成。由此可见,做轻奢化也需要三个品牌的组合:设计师个人品牌、产品品牌、企业品牌。如果我们国家的电商做世界第一,文创电商也做世界第一的话,那么轻奢化也有机会做世界第一。与此同时,很多人做文创产品,只有设计没有品牌,只有产品没有营销,这同样是错误的做法。事实上,从设计走向文创产品(或者文博的文创产品),品牌和营销就是真正的痛点。而要做好一个品牌,必须动员所有的活动资源、行业资源和传播资源。比如,故宫与阿里巴巴、腾讯等的合作就是十分成功的范例。

二、文旅产业故事IP

1.IP的内在价值

文创和文旅内容IP的内在价值包括三种形态:自带粉丝、IP价值可以随时变现、具有持续价值增值或者可持续赋能价值的潜力。IP的价值呈现方式和品牌在某种意义上是一样的。如果IP需要有故事做载体并展现持续性,即IP内容能够持续化(如系列微电影内容持续传播),那么品牌则需要有内涵和形象做载体。品牌需要做到自带粉丝,即知名度和美誉度表里如一。故事IP、形象IP可以让品牌(含产品IP和企业IP的品牌)具有更高的传播价值。同样,品牌、IP和流量之间是一种互助传播的关系。比如抖音的网红和抖音之间的关系。

2.IP涵盖的内容

IP包括故事IP、形象IP、产品IP和企业IP。高品质品牌是内容IP的载体。网红是形象IP和自带粉丝的初级品牌(知名度高的品牌)。以抖音为例,抖音是企业IP(平台IP)和品牌,抖音和网红二者的合作中如果加上故事IP和提升型平台(比如峰火文创平台)对网红进行品牌IP的赋能加持,那么网红们也就具有更高的品牌效应,也就能持续传播正能量。易言之,IP和品牌(含网红和产品)不仅需要流量,而且需要具有赋能加持、正能量提升能力的流量。由此"峰火文创大会奖"可谓水到渠成,作为全国最大的文化产业(文旅产业、文创产业、互联网文化产业)的产学研交流与传播平台之一,峰火文创平台不仅具有超越普通商业交易平台的优质行业资源,而且可以通过学术著述、智库、案例分享、交流大会、新媒体、品牌传播和推荐(颁奖)活动等无偿(参评不收费)地为具有品牌价值或者品牌潜力、IP价值和潜力的企业、个人、产品、项目进行赋能加持和流量传播,成为一项(赋能)平台自我价值实现的重要方式。于此,如果能在IP、品牌的打造和推广方面发挥重要作用,那么"峰火文创大会奖"这项品牌赋能事业将具有持久的价值。与此同时,在颁奖大会之后,包括奖项获得者和获奖产品将作为教学案例进行传播,以及开展新媒体平台的系列传播等在内的一系列推广活动持续为品牌进行流量加持、形象提升和品质赋能,力求帮助获奖者持续打造更加专业的IP与更高质量的品牌。

三、文旅产业文化体验与品牌传播

1.体验性传播的建议

体验性是指文化体验,包括美学化和识别功能,比如logo的设计既要有美感,又不要过于艺术符号化以至于无法识别,还要包括赞赏和情感共鸣等等,这也就是传统观念上所谓的知名度、美誉度和忠诚度。打造文旅产业的品牌,需要和公司愿景(包含战略在内)以及企业文化相一致。所以"体验性"在一些情况下指产品植入故事,有时则指产品本身的特质。

2. 文化体验与品牌传播六方面内容

做好文旅产业文化体验与品牌传播需要关注以下六个方面:

第一,品牌层次性。品牌层次包括营销策划受众(消费者)的角度和形象传播的角度,也包括不同品牌(系列品牌)的角度,需要形成个性化与原则性相协调的关系。个性化的特点主要是体验的区别,比如说"凯蒂猫"和"小猪佩奇"的体验是不一样的,虚拟形象(品牌)也可以有很多真实的粉丝。这种体验性和个性化体验,是硬广告无法实现的。

第二,指导性原则。这种原则主要是指价值观(含伦理、审美和生活态度等)或者"三观+生活方式"。有些动漫公司和游戏公司没有体现正能量价值观的企业文化,这就很容易对儿童造成误导,而迪士尼公司以及宫崎骏动画在这方面的良好价值观引导就很值得借鉴。由此,国内文旅产业存在忽视品牌价值的严重问题。同时,若品牌希望作为IP永存,那么品牌的个性化就要受到原则的约束,而"满满的正能量"就是体验性方式对原则传播的效果。

第三,故事化载体。故事和文化体验中心、活动经济都是品牌体验性的载体。故事的表达(含演出等作为衍生品)最直接,比如"西湖"的品牌和传说故事有关,济州岛的品牌和"冬季恋歌"有关。除了情节性故事之外,比如一些音乐节和音乐企业品牌,一些体育赛事和体育产品品牌的关系也很密切。当然,电子游戏的体验性也很强,正能量的游戏+植入品牌的产业空间是巨大的,如此塑造品牌的价值也很有效果。

第四,活动经济。活动经济包括会展、体育、游学、节庆等等,活动经济是体验性强的载体。近年来,人们参与活动的形式逐渐转变为文化旅游,即文化体验活动的旅游。过去有很多会展营销和体育营销,近期还会有各种音乐节塑造音乐企业品牌。在种类众多的活动经济中,品牌应尽量选择与自己品牌调性相近的方式。

第五,互联网平台。互联网平台是个大社区、大传媒、大卖场,企业可以通过互联网来营造文化互动体验的各种活动,包括影视、音乐、游戏、网络文学和文创电商,进而实现故事IP＋社群互动＋体验营销的一体化。此外,互联网平台还可以直接塑造头部品牌,即爆款和网红。网红虽然是一把双刃剑,但它确实构成了体验性文化的一部分,与时尚体验或者专业体验有着密切的内在联系。

第六,可持续性与创新。老字号代表的是可持续性,适合年轻人的文化体验则更多的是创新。很多传统品牌缺乏年轻人喜欢的氛围、时尚感,最终成为快消品。所以这些品牌应以生活美学化和产品轻奢化的设计体验建构其品牌的基本价值。

四、品牌强农与乡村文旅产业

1.乡村振兴背景

乡村振兴战略是习近平同志2017年10月18日在党的十九大报告中提出的战略。党的十九大报告指出,农业农村农民问题是关系国计民生的根本性问题,必须始终把解决好"三农"问题作为全党工作的重中之重,实施乡村振兴战略。2018年7月5日,中共中央总书记、国家主席、中央军委主席习近平对实施乡村振兴战略作出重要指示强调,实施乡村振兴战略,是党的十九大作出的重大决策部署,是新时代做好"三农"工作的总抓手。各地区各部门要充分认识实施乡村振兴战略的重大意义,把实施乡村振兴战略摆在优先位置,坚持五级书记抓乡村振兴,让乡村振兴成为全党全社会的共同行动。

　　中共中央政治局2018年9月21日下午就实施乡村振兴战略进行第八次集体学习。中共中央总书记习近平在主持学习时强调,乡村振兴战略是党的十九大提出的一项重大战略,是关系全面建设社会主义现代化国家的全局性、历史性任务,是新时代"三农"工作总抓手。我们要加深对这一重大战略的理解,始终把解决好"三农"问题作为全党工作重中之重,明确思路,深化认识,切实把工作做好,促进农业全面升级、农村全面进步、农民全面发展。

　　关于这次重要讲话,我们可以总结为:(1)农业农村现代化是实施乡村振兴战略的总目标。(2)坚持农业农村优先发展是总方针。(3)产业兴旺、生态宜居、乡风文明、治理有效、生活富裕是总要求。(4)建立健全城乡融合发展体制机制和政策体系是制度保障。(5)打好脱贫攻坚战是实施乡村振兴战略的优先任务。

　　实地考察福建、海南、江西、陕西、河北、山东、四川等地的文旅产业,不难发现一些共性问题。比如,一些针对脱贫攻坚战的乡村文旅项目具有临时性的特点,农业三产缺乏用地指标,农村电商出现消费降级,甚至出现价格战等现象,从而导致文旅产业振兴乡村的目标陷入一定的发展困境。其中,乡村振兴的一个关键问题就是缺乏品牌强农的支撑。虽然有了类似"安吉白茶"一类的品牌效应,但是多数"三农"及乡村旅游、农业电商依然缺乏"区域品牌、企业品牌、产品品牌",更缺乏以区域传统文化塑造农业三产品牌的成功案例。

　　2.乡村文旅产业重点问题

　　显然,2020年为止的脱贫攻坚战已经取得重大胜利,但乡村振兴的后续发展确实很重要;在初步解决脱贫之后,还有很多问题需要解决,最主要的当然是"建立一种长效机制"来解决一系列后续问题。其中的一个重要问题是怎么保证脱贫之后的农民增收,还有城乡一体化的综合发展;另外一个核心问题是要解决扶贫之后已有的农业三产、乡村旅游、农业电商、产业富农等项目的进一步发展布局,也就是要解决乡村振兴的可持续发展问题。这些问题突出地表现为以下几个方面。

第一,对既有产业项目的把脉。国家对乡村振兴的顶层设计、对农业农村的发展预期指明了未来的发展方向,也决定了我们接下来需要关注的一些侧重点。比如,需要关注是否可以在现有的产业扶贫项目基础上做一个系统性的调研和分析,通过调研分析把握现有的乡村振兴相关项目的可持续发展能力,特别是农业三产、现有的文旅项目、农业文旅与全域旅游、民宿等这些项目的可持续发展情况。比如,部分项目是在外来的帮助下做起来的,对于这些项目不能够仅仅根据之前的状况来做分析,还要根据今后实际遇到的问题(比如需要维护等)来分析未来的发展预期。可能有很多现有的项目需要在某种程度上做一些提升或者是一些资源的整合。而且,各个区域的发展实际上是不平衡的,甚至是同样是一个产业兴农或者是"三农"的项目,也会存在很大的差异。因此,调研分析现有项目取得了什么样的效果、存在着什么样的问题,对于思考和推动未来的发展极有助益。

第二,农产品销售价格问题。农产品的销售价格问题是很重要的问题,也存在着一些需要解决的问题,比如消费降级的问题。虽然现在有很多人都以帮着扶贫的方式来做农产品的销售,但在农业电商方面一直存在着一个消费降级的问题。也就是说,虽然农产品产量上去了、营销途径也多了,但是事实上农民的收入是很有限的,因为农产品的价格上不去。如果要解决农产品卖不上价的问题,就需要做一些品牌的提升,比如用文创来做品牌、用文旅来做品牌,这是现在的一个很重要的新方法。

第三,农业三产融合发展问题。农业三产融合发展实际上涉及两个主要的问题。一个问题是农业的加工业,即农业怎么样进一步发展相关的加工业,还有怎么样通过品牌来提升农产品(消费品)的附加价值。另一个问题是农业三产和服务业的挂钩,这就需要做跨界的融合,比如说农业与健康旅游、农业乡村旅游、农业与民宿、农业与艺术的融合,甚至还可以包括各种文化传播基地的农业文化体验园的建设,还有一些农业的游客服务中心,或者是全域旅游中心的建设,等等,这些项目都需要用地指标。农业三产融合发展的下一步要考虑如何统筹城乡一体化发展、振兴农业三产等方面的因素,实施一些可持续的产业配套政策和措施,这样才能够保障各种资本进入,才能够提升产业的发展水平,从而真正地实现城乡一体化的发展和帮助农民增收。

3.乡村文旅产业政策建议

乡村振兴工作需要有系统化的统筹安排,主要工作可以划分为两个部分来进行,一部分是政府的工作,另一部分是组织社会力量,但社会力量也需要政府通过具体政策措施来推动。

第一,制定乡村振兴"十四五"专项规划。品牌强农与乡村振兴的基础是对症下药,目前和政府职能最直接相关的事情,就是希望政府能做一个专项的乡村振兴"十四五"规划,通过这种规划来梳理既有的项目和资源,包括农业相关的乡村旅游、农业三产,还有如何用品牌来促进产业发展,等等。在政府的规划工作中,尤其重要的是要做一个关于可持续发展的规划,进一步完善现代农业文化产业体系、乡村旅游产业体系,然后在农业三产、城乡一体化的层面上能够实现可持续发展。政府的专项规划同时也要能保障一部分的土地配套政策,比如明确农业三产土地指标,在吸引投资、税收优惠等方面提供便利和保障。这些政策需要政府统一部署,并且要明确可持续发展的要求,这样才能形成对投资者真正的吸引力,引导社会资本方参与乡村振兴工作。专项规划对品牌强农做出具体部署。

第二,促进产学研一体化。产学研一体化可以利用现有学校的一些服务社会的职能并发挥企业与高校的作用,以品牌强农为重点,动员学校来参与研究、策划和推动这件事;学校实际上也可以通过师生来参与做一些调研,然后提出项目提升与品牌强农的具体建议。当然在专项规划之后,政府也可以在全域旅游的范围之内,以及在农业电商的政策范围之内来设定一个专项政策,用来扶持产学研对乡村振兴、品牌强农的持续参与和行动。实际上,产学研各方可以通过品牌强农的实际行动,塑造区域IP和品牌形象,通过IP在互联网上开展农业品牌电商的传播与营销活动,比如通过"我为家乡代言"等活动和品牌强农活动的结合,以及与双创政策的结合,形成一种"IP+农业文创+品牌农业电商"的双创活动。

第三,打造品牌强农工程。还有一个政策建议是,以品牌强农作为现有扶贫和乡村振兴的主要抓手,在全国范围内实施品牌强农工程。一方面,对所有已有项目进行品牌化的提升,特别是综合性的品牌赋能、品牌建设和品牌营销。另一方面则结合区域重点农业产业和城乡一体化的全域旅游,实施龙头项目的品牌强农工程,特别通过塑造若干个知名品牌(区域品牌、企业品牌和产品品牌),以及互联网平台上的IP传播、品牌电商,促进农业三产、农业文旅和农村电商的品牌化发展,全面提升农业产业的附加价值,促进农民增收,以品牌发展实现可持续发展。

五、文旅产业IP元宇宙与县市品牌产业链

1.IP元宇宙

"IP元宇宙"(或者"IP灵境")作为一个文体旅康与科技融合的文化体验园,各个县市(含省会城市)等区域都可以将其作为打造品牌以及延长产业链的核心载体。具体而言,这种IP元宇宙涵盖内容包括:内容创作、设备提供、衍生品、研学和运营等方面,在"IP元宇宙"中各方都成为联合甲方和共同甲方,采用收入分成模式;这种"IP元宇宙"具有项目可复制的特征;线上做"IP内容延展""IP元宇宙"和衍生品品牌传播和游客的多次开发;联动夜间文旅、白天品牌活动、商业赞助等;带动相关产业链的延伸,如农业文创电商等。基于以上的商业模式,预计每个项目系列及项目复制的综合收入都可以支撑三个主板上市公司。

2.县市品牌产业链

在各地的项目复制时,可以与"一县(市)一IP"相结合做IP元宇宙(文化体验园),并成为区域文体旅康和农业文创的入口和品牌的载体,此时的品牌就包括了公用品牌和自有品牌。国家重视品牌打造,以农业为例,要重视做优做精具有特色优势的农产品,提高重要农产品标准化、规模化、品牌化水平。深入实施品牌强农战略,打造一批区域公用品牌、农业企业品牌和农产品品牌。值得注意的是,普通的农业品牌不如农业文创品牌,需要用农业三产带动农业二产,用农业二产带动农业一产。农业文创和农业文创电商是乡村产业振兴的重点。目前,各地的公用品牌(行业品牌与区域品牌)主要和地理标志有关,还不能做直接的企业品牌、产品品牌和授权品牌。也就是说,公用品牌(含地理标志品牌)需要和企业、产品的品牌化结合,比如"某某地方白茶",需要成为某某企业白茶和某某牌子的白茶,做三级品牌,并且要和可传播的IP相结合。

除了品牌知名度之外,还有很多参与塑造品牌的元素。比如外观与内涵。外观,如选暖色调的城市还是冷色调的城市?内涵,如是否无公害、有机?除了这两点,还包括品牌的名称、logo、宣传语以及系列内容(如系列微电影)的设计等,都十分重要,都需要专业人士做指导或者参与内容制作。另外,如何增强亮点与传播效益,是否要以"一县(市)一IP"作为IP元宇宙和品牌创建、带动产业链的入口和载体,这些都是值得思考的问题。目前,许多地区都在打造公用品牌,但是还需要更多地关注系列品牌。部分品牌需要政府打造"通用"品牌,以便涉及或者可覆盖到较多的产品领域,如农业文创等领域;而部分品牌可以通过收购产品来做专业品牌。总之,各地以打造"IP+品牌+产业链"为目标,可以做多种主题的"IP元宇宙",包括非遗主题、文博主题、农业文化主题、健康主题、黄河主题或者乡村文旅主题的IP元宇宙等。

数字经济与元宇宙视域下石家庄市国家级非遗的创意展示方法研究

陈　枫　张艮山　赵新宇①

【摘要】数字经济时代下万物互联,数据成为新的关键生产要素。石家庄是一个非物质文化遗产大市,若将其非遗传承从数字经济与元宇宙的视角出发,将有助于塑造创新的、有活力的非遗观。首先,本文对石家庄国家级非遗项目进行了分类及剖析。其次,分析了石家庄市非物质文化遗产的发展困境,并提炼了每一个非遗项目的展现要素。再次,为解决以上困境与问题,结合元宇宙和数字经济的新趋势,推导出了三种石家庄国家级非物质文化的创意展示方法,分别是:"非遗＋IP"树立品牌形象,提升经济价值;"非遗＋场景"创建共情情境,刺激体验消费;"非遗＋技术"创建数字非遗复合体,促进文化消费。旨在依托元宇宙概念和数字化技术,颠覆人们对传统非遗传承的认知,为省会城市石家庄的非遗传播方式注入新活力,并进一步为大众带来全新消费体验。

【关键词】元宇宙;数字经济;石家庄市非物质文化遗产;文化消费;文化创意

---

① 作者简介:陈枫,女,河北保定人,石家庄学院数字媒体技术专业教师,江南大学硕士,研究方向为数字创意与展现、新媒体与网络传播。张艮山,男,河北石家庄人,石家庄学院副教授,研究方向为非物质文化遗产数字化展示。赵新宇,男,河北石家庄人,石家庄学院广播电视学专业教师,研究方向为文化传播。

非物质文化遗产是中华优秀传统文化的组成部分,也是社会学、科技史、民间文化、历史发展的生动记录。以石家庄国家级非遗为切入点,探究在数字时代背景下如何推进省会城市石家庄经济建设是本文的研究初衷。本文通过学科交叉、跨文化等研究方法,在数字经济和元宇宙的视域下,探索石家庄国家级非物质文化遗产的创意展示方法,旨在提升石家庄非遗的经济价值,促进体验消费和文化消费。

一、石家庄市国家级非物质文化遗产剖析

中国非物质文化遗产网中的《国家级非物质文化遗产代表性项目名录》显示,石家庄市国家级非物质文化遗产项目现有十余项,涵盖了民间文学、传统医药、传统音乐、传统舞蹈、传统戏剧、民俗和传统技艺七种类别。非物质文化遗产的最根本特性在于"非物质性",因此非遗项目的展示与传播实则是对"看得到,听得到,摸不到"的非遗项目提出具象化的、符合现代审美和习惯的传播方案。[①]为解决以上困境与问题,本文从基本内容、人文精神和展现要素三个角度,对石家庄市的十项国家级非物质文化遗产项目进行了剖析。

耿村民间故事是外出经商、游历的耿村人返乡时,带回的天南地北的故事和传说,传承的故事内容聚焦在民间故事本身,涉及社会学、伦理学、哲学和文学等方面,有较高的学术价值。中医络病诊疗方法伴随着对经脉的认识而发现并发展,是一种认识人体生命现象和疾病规律的医学知识体系,体现了中国传统哲学"气—阴阳—五行""和""治未病"等文化思想,具有重要的历史文化价值。常山战鼓演奏时需用到多种打击乐器,表演雄壮威武、鼓点紧凑、变化复杂有致。主要为广场表演,多用于嫁娶寿庆及节日典礼,是

---

① 陈枫:《用户体验视角下明式家具展示 APP 设计研究》,江南大学硕士论文,2020 年。

河北农村文化生活不可或缺的重要组成部分,该项非遗的展现要素可提炼为表演曲目和表演氛围。井陉拉花的拉花道具各有其象征寓意,如伞象征风调雨顺,包袱象征丰衣足食,太平板象征四季平安,花瓶象征平安美满等,所以拉花道具可作为该项非遗的创意展示切入点。石家庄丝弦是全国稀有的一个地方戏曲声腔剧种,其表演动作夸张幅度较大,刻画人物细腻传神,带有浓厚的泥土气息,其展现要素可提炼为戏剧人物的神情。评剧内容多取材于民间故事、时事要闻、古今小说等,具有浓厚的生活气息,所以评剧的戏剧内容是创意展示的关键。晋剧在唱腔上刚柔相济,念白上字清、音刚,剧目上文武兼备,其特别的听觉感受可以作为创意展示的灵感来源。乱弹(南岩乱弹)以戏曲的形式链条式叙述了历朝历代的变迁,是中国历史发展的记录和再现。民间社火是春节期间流行的一种民众活动,它起源于古老的土地崇拜和火神崇拜,桃林坪花脸社火表现的是三国、梁山等故事场面,表演中人物脸型奇特,服装道具古老,所以该民俗活动中的人物角色服道化和活动氛围是展现的核心要素。南张井烟火种类达到一百二十多种,包括"老虎火""三国故事火""老杆火"等,显示了传统烟火制作技艺,具有民俗学、科技史等方面的研究价值,对于传统技艺类非遗项目,让大众体验其制作过程、见证其制作效果,是最具有说服力的传播方式。综上,通过剖析每一个非遗项目的基本内容和人文精神,石家庄市国家级非遗项目的展现要素可提炼为民间故事、中医疗法、表演曲目、表演氛围、拉花道具、烟花爆竹的制作过程等,如图1所示。

序号	名称	类别		展示要素
1	耿村民间故事	民间文学		民间故事
2	中医诊疗法（中医络病诊疗方法）	传统医药		中医疗法
3	锣鼓艺术（常山战鼓）	传统音乐		表演曲目、表演氛围
4	井陉拉花	传统舞蹈		拉花道具
5	石家庄丝弦	传统戏剧		人物神情、动作
6	评剧	传统戏剧	基本内容和人文精神剖析	戏剧故事
7	晋剧	传统戏剧		唱腔和念白
8	乱弹（南岩乱弹）	传统戏剧		戏剧故事
9	民间社火（桃林坪花脸社火）	民俗		人物角色服道化、活动氛围
10	烟火爆竹制作技艺（南张井老虎火）	传统技艺		烟火爆竹的制作过程、制作效果

图1　石家庄市国家级非物质文化遗产项目展示要素提炼

针对石家庄市国家级非物质文化遗产项目，则需要进一步思考怎样让大众愿意听故事、听演奏、看戏剧，如何使用传统中医疗法让大众的现代生活更加健康，如何为大众提供了解甚至体验传统技艺的平台。[①]

二、数字经济与元宇宙概念提供的新思路

数字经济时代下万物互联，数据成为新的关键生产要素。自2021"元宇宙"元年以来，各个国家和机构的行动表明元宇宙不仅可以为数字经济赋予更多的内涵和想象空间，也是引领经济发展的新动能、新赛道。数字经济的发展催生了一种虚实结合的新商业业态。清华大学新闻学院沈阳教授表示，"'元宇宙'本身不是一种技术，而是一个理念和概念，它需要整合不同的

[①] 陈枫、王峰：《VR/AR 技术在虚拟博物馆游览系统中的应用研究——以故宫博物院为例》，《大众文艺》2020 年第 4 期，第 61—62 页。

新技术，强调虚实相融"。元宇宙主要有以下几项核心技术：3D引擎、VR/AR/MR、数字孪生、AI计算、图像识别、可穿戴技术、自然交互技术（包括手势、声控等）、全息投影、区块链等。[①]在元宇宙时代，人们关注的不仅是数字化技术带来的新奇感，还开始追求满足眼、耳、鼻、舌、身体、大脑六个维度的需求（视觉、听觉、嗅觉、味觉、触觉、意识）。以数字经济为核心概念，本文归纳出了技术、IP、场景三个角度的非遗展现新思路。

三、石家庄市国家级非物质文化遗产的创意展示方法

1."非遗＋IP"树立品牌形象，提升经济价值

把文创IP和非遗展现、传播结合，可以把非遗的"非物质性"转化为可观、可用的"物质性"文化创意产品，从而为非遗项目提供一个有效的传播载体。在文创设计过程中，需要注意的是产品的实用性，"非遗＋IP"树立品牌形象绝非把图案印刷到某一物件，而是有机地将非遗展现要素与文创产品的适用场景相结合。例如，石家庄丝弦的展现要素为戏剧人物的神情，则可以提取戏剧人物的角色特征及神情特点，设计一套表达戏剧人物神态的文创产品。人物神态主要由眼睛表现，所以该项非遗的展现重心最终落在戏剧人物角色的眼睛，把角色眼睛与眼罩结合，即可完成一款石家庄丝弦非遗文创产品的设计，如图2所示。除此之外，还可以为中医络病诊疗方法非遗项目设计可作为挂件的中药香囊文创产品，为井陉拉花具有美好寓意的道具设计便利贴、鼠标垫等文创产品，将前人对美好生活的期盼延续至今。

---

① 张艮山、刘旭宁、陈枫：《新媒体时代石家庄非物质文化遗产数字化继承和推广策略探究J》，《文化产业》，2022年第28期，第141—143页。

图2　石家庄丝弦非遗文创眼罩设计

2."非遗＋场景"创建共情情境,刺激体验消费

非物质文化遗产中的民俗、传统戏剧等项目承载的精神内涵往往不具有直观的可读性,需要将该非遗场景重新进行解读后传达给观众。搭建虚实结合的场景可以创造性地再现活动场景和氛围,易于大众理解未知的事物,并能给大众带来一定的想象空间,加强认知效果。①在"体验场景"中,用户会根据自己的理解和经历回想起故事情节,是共情体验特有的现象。例如,锣鼓艺术(常山战鼓)多用于嫁娶寿庆及节日典礼,其展现要素为表演曲目和表演氛围,在"非遗＋场景"创建共情情境,刺激体验消费的思路下,可以借助投影技术、交互技术实现现场表演,吸引大众观看和参与,同时形成一种公共艺术展现形式。

3."非遗＋技术"创建数字非遗复合体,促进文化消费

数字非遗复合体是以非遗资源为内容,借助数字化手段,对非遗资源进行结构化加工。例如,耿村民间故事的展现元素为"民间故事",因此可以基于Unity、UE等交互引擎,设计并开发交互式叙事系统。大众不仅以听众的身份听故事,更可以以某个角色的身份参与到故事中,作为故事的推动者。交互叙事的方式一改乏味的听讲体验,加深了大众在听故事过程中的代入感。甚至还可以依托桃林坪花脸社火演绎的故事场面,通过人脸替换技术,让用户进入社火表演的场景,亲身体验当时春节的活动氛围。

---

① 王昭:《体验经济视域下数字沉浸文旅的创新性发展》,《江西社会科学》2022年第8期,第190—197页。

　　石家庄国家级非物质文化遗产的创意展示方法和具体方案归纳如下，如图3所示。

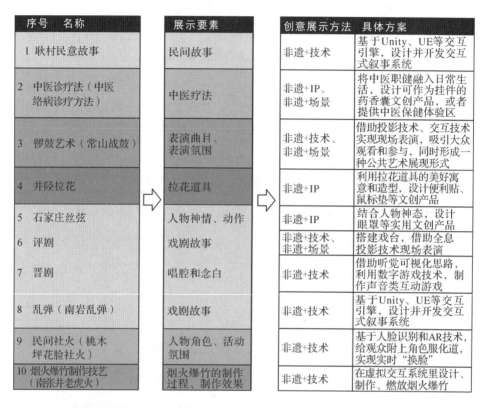

序号	名称	展示要素	创意展示方法	具体方案
1	耿村民意故事	民间故事	非遗+技术	基于Unity、UE等交互引擎，设计并开发交互式叙事系统
2	中医诊疗法（中医络病诊疗方法）	中医疗法	非遗+IP、非遗+场景	将中医职健融入日常生活，设计可作为挂件的药香囊文创产品，或者提供中医保健体验区
3	锣鼓艺术（常山战鼓）	表演曲目、表演氛围	非遗+技术、非遗+场景	借助投影技术、交互技术实现现场表演，吸引大众观看和参与，同时形成一种公共艺术展现形式
4	井陉拉花	拉花道具	非遗+IP	利用拉花道具的美好寓意和造型，设计便利贴、鼠标垫等文创产品
5	石家庄丝弦	人物神情、动作	非遗+IP	结合人物神态，设计眼罩等实用文创产品
6	评剧	戏剧故事	非遗+技术、非遗+场景	搭建戏台，借助全息投影技术现场表演
7	晋剧	唱腔和念白	非遗+技术	借助听觉可视化思路，利用数字游戏技术，制作声音类互动游戏
8	乱弹（南岩乱弹）	戏剧故事	非遗+技术	基于Unity、UE等交互引擎，设计并开发交互式叙事系统
9	民间社火（桃木坪花脸社火）	人物角色、活动氛围	非遗+技术	基于人脸识别和AR技术，给观众附上角色服化道，实现实时"换脸"
10	烟火爆竹制作技艺（南张井老虎火）	烟火爆竹的制作过程、制作效果	非遗+技术	在虚拟交互系统里设计、制作、燃放烟火爆竹

图3　石家庄市国家级非物质文化遗产创意展示方法及具体方案

四、结语

　　石家庄国家级非物质文化遗产承载了先人智慧与审美，是现代人无价的财富。数字经济和元宇宙视域下的石家庄国家级非遗项目创新展现将为非遗的传播方式注入新活力，使之更加契合现代人的审美喜好、娱乐方式和生活习惯，从而进一步提升省会城市的文化消费水平，同时为大众带来全新消费体验。

近三年我国文化企业发展现状分析[①]

王　军[②]

【摘要】本文全面梳理了近年来全国文化及相关产业统计数据,并按九大行业、三大产业类型、两大文化领域、四大行政区分门别类统计并分析了近三年我国文化企业发展状况。

【关键字】文化企业;文化产业;发展状况

2023年1月30日,国家统计局发布了"2022年全国规模以上文化及相关产业企业营业收入情况",如表1所示。2022年,文化企业实现营业收入超12万亿元,按可比口径计算,同比增长0.9%。为全面把握当前我国文化产业发展状况和基本特征,"文化产业评论"(三川汇文旅体研究院)对近三年(2020—2023年)全国文化企业营业收入情况进行梳理分析。

---

① 本文为作者在2023年1月30日公众号"文化产业评论"发布的《24张表格详解!三年来全国文化企业发展数据》一文的详版。

② 作者简介:王军,"文化产业评论"副主编、三川汇文旅体研究院副院长。

表1　2022年全国规模以上文化企业营业收入情况

总计	绝对额(亿元)	同比增长(%)	所占比重(%)
121805	0.9	100.0
按行业类别分			
新闻信息服务	14464	3.3	11.9
内容创作生产	26168	3.4	21.5
创意设计服务	19486	−0.2	16.0
文化传播渠道	13128	−1.0	10.8
文化投资运营	504	3.2	0.4
文化娱乐休闲服务	1141	−14.7	0.9
文化辅助生产和中介服务	16516	−0.6	13.6
文化装备生产	6904	2.1	5.7
文化消费终端生产	23494	0.3	19.3
按产业类型分			
文化制造业	44781	1.2	36.8
文化批发和零售业	19376	−1.2	15.9
文化服务业	57648	1.4	47.3
按领域分			
文化核心领域	74891	1.3	61.5
文化相关领域	46914	0.2	38.5
按区域分			
东部地区	91714	0.1	75.3
中部地区	18269	5.8	15.0
西部地区	10793	0.5	8.9
东北地区	1029	−1.0	0.8

注:1.表中增速均为未扣除价格因素的名义增速。

　　2.表中部分数据因四舍五入,存在总计与分项合计不等的情况。

一、全国文化企业复苏发展总体稳健

2022年,全国6.9万家规模以上文化企业实现营业收入121805亿元,比上年增长0.9%。其中,规模以上文化企业由疫前2019年5.8万家,增加到2022年6.9万家,3年累计升规入统1.1万家,年均增加3600多家。

如表2所示,从4年营业收入看,2020年,实现营业收入98514亿元,同比增长2.2%;2021年,实现营业收入119064亿元,同比增长16.0%。2020年和2021年两年平均增长9.1%,高于2019年营业收入7%增长率。2022年虽然出现大幅回落,但总体保持平稳复苏态势。

表2 2019—2022年全国规模以上文化企业营业收入情况

年份	规上企业(万家)	绝对额(亿元)	同比增长(%)
2022	6.9	121805	0.9
2021	6.5	119064	16.0
2020	6.0	98514	2.2
2019	5.8	86624	7.0

注:表中同比增速均为未扣除价格因素的名义增速。

二、九大文化行业呈现"五升四降"

2022年9大类文化行业中,有5个行业营业收入实现较快增长,分别是新闻信息服务、内容创作生产、文化投资运营、文化装备生产和文化消费终端生产;有4个行业营业收入不同程度下降,分别是创意设计服务、文化传播渠道、文化娱乐休闲服务、文化辅助生产和中介服务。其特点如表3所示。

表3 2022年全国规模以上九大文化行业营业收入情况

总计	绝对额(亿元)	比上年增长(%)	所占比重(%)
121805	0.9	100.0
新闻信息服务	14464	3.3	11.9
内容创作生产	26168	3.4	21.5
创意设计服务	19486	-0.2	16.0
文化传播渠道	13128	-1.0	10.8
文化投资运营	504	3.2	0.4
文化娱乐休闲服务	1141	-14.7	0.9
文化辅助生产和中介服务	16516	-0.6	13.6
文化装备生产	6904	2.1	5.7
文化消费终端生产	23494	0.3	19.3

数据来源:国家统计局。

（一）新闻服务业比重逐年提升

2022年,全国新闻信息服务营业收入14464亿元,比上年增长3.3%。从该行业3年增速看,呈现逐年递减态势,年均增长12.1%,较2019年（23%）减少了11个百分点。但该行业占全国文化企业总营业收入比重却逐年提升,从2019年的7.9%增长到2022年的11.9%。如表4所示。

表4 2019—2022年全国新闻信息服务行业营业收入情况

年份	绝对额(亿元)	同比增长(%)	所占比重(%)
2022	14464	3.3	11.9
2021	13715	15.5	11.5
2020	9382	18.0	9.5
2019	6800	23.0	7.9

年份	绝对额(亿元)	同比增长(%)	所占比重(%)
注: 1.文章中的所有数据均来自国家统计局官方网站。 2.新闻信息服务主要包括:报纸信息服务(报纸出版)、广播电视信息服务(广播电视集成播控)、互联网信息服务(互联网搜索服务、互联网其他信息服务)。 3.由于规模以上文化及相关产业企业范围每年发生变化。为保证本年数据与上年可比,计算规模以上文化及相关产业企业营业收入等指标同比增长速度所采用的同期数据需与本期的企业统计范围相一致,和上年公布的数据存在口径差异。主要原因是每年有部分企业达到规模以上标准纳入调查范围,同时也有部分企业因规模变小而退出调查范围,还有新建投产、破产、注(吊)销企业的影响,下同。			

(二)内容创作生产增速稳中上扬

如表5所示,2022年全国内容创作生产26168亿元,同比增长3.4%。从该行业4年营业收入增速看,年均增长7.63%,平均增速高于2019年1.5个百分点,所占比重与2019年持平。主要得益于线上文化内容创作生产和数字化文化产品快速崛起,回补了线下创作生产的不足。

表5　2019—2022年全国内容创作生产行业营业收入情况

年份	绝对额(亿元)	同比增长(%)	所占比重(%)
2022	26168	3.4	21.5
2021	25163	14.8	21.1
2020	23275	4.7	23.6
2019	18585	6.1	21.5

注:内容创作生产主要:包括出版服务、广播影视节目制作、创作表演服务、数字内容服务、内容保存服务、工艺美术品制造、艺术陶瓷制造。

(三)创意设计服务同比增速放缓

如表6所示,2022年,全国文化创意设计服务行业营业收入19486亿元,同比下降0.2%。据统计数据分析,该行业近3年营业收入增速较疫前2019

年明显下降,年均增速仅为9.17%,2022年同比为负增长,但占比好于疫前水平。

表6 2019—2022年全国创意设计服务行业营业收入情况

年份	绝对额(亿元)	同比增长(%)	所占比重(%)
2022	19486	-0.2	16.0
2021	19565	16.6	16.4
2020	15645	11.1	15.9
2019	12276	11.3	14.2

注:创意设计服务主要包括:广告服务(互联网广告服务、其他广告服务)、设计服务(建筑设计服务、工业设计服务、专业设计服务)。

(四)文化传播渠道增长缩水明显

如表7所示,2022年,全国文化传播渠道相关行业营业收入13128亿元,同比下降1.0%。从近4年统计数据看,2020年营业收入下降幅度最大,下降了11.8%,2021年回升到20.7%。2020—2022年3年合计增长仅达2019年同期水平(7.9%),所占比重明显缩水。

表7 2019—2022年全国文化传播渠道行业营业收入情况

年份	绝对额(亿元)	同比增长(%)	所占比重(%)
2022	13128	-1.0	10.8
2021	12962	20.7	10.9
2020	10428	-11.8	10.6
2019	11005	7.9	12.7

注:文化传播渠道主要包括:出版物发行、广播电视节目传输、广播影视发行放映、艺术表演、互联网文化娱乐平台、艺术品拍卖及代理、工艺美术品销售。

（五）文化投资运营增幅合理区间

如表8所示，2022年，全国文化投资运营行业营业收入504亿元，同比增长3.2%，所占比重为0.4%。从该行业4年整体表现看，2021年为最好成绩，营业收入和增长率均高于2019年。2022年两项指标出现大幅下降，主要受相关行业复工率的影响。

表8　2019—2022年全国文化投资运营行业营业收入情况

年份	绝对额（亿元）	同比增长（%）	所占比重（%）
2022	504	3.2	0.4
2021	547	14.3	0.5
2020	451	2.8	0.5
2019	221	13.8	0.3

注：文化投资运营主要包括：文化投资与资产管理、运营管理（文化企业总部管理、文化产业园区管理）。

（六）文娱休闲服务收入严重下滑

如表9所示，2022年，全国文化娱乐休闲服务营业收入1141亿元，同比下降14.7%，是9个大类文化行业中受疫情影响最重的行业。统计数据显示，2020年文化娱乐休闲行业营业收入下滑约三成。这与封闭或半封闭文化娱乐场所防控政策有着密切关联。

表9　2019—2022年全国文化娱乐休闲服务行业营业收入情况

年份	绝对额（亿元）	同比增长（%）	所占比重（%）
2022	1141	−14.7	0.9
2021	1306	18.1	1.1

年份	绝对额(亿元)	同比增长(%)	所占比重(%)
2020	1115	−30.2	1.1
2019	1583	6.5	1.8

注：文化娱乐休闲服务主要包括：文化娱乐服务、景区游览服务、休闲观光游览服务。

（七）文化辅助生产和中介服务小幅缩水

如表10所示，2022年，全国文化辅助生产和中介服务营业收入16516亿元，同比下降0.6%。相比较而言，2021年受疫情防控常态化政策助力，该行业一度实现大幅度复苏，同比2020年增长了14.6%。2022年主要因部分地区疫情反弹，导致会议展览服务、文化设备（用品）出租服务、文化科研培训服务受到影响。

表10　2019—2022年全国文化辅助生产和中介服务营业收入情况

时间	绝对额(亿元)	同比增长(%)	所占比重(%)
2022	16516	−0.6	13.6
2021	16212	14.6	13.6
2020	13519	−6.9	13.7
2019	13899	0.9	16.0

注：文化辅助生产和中介服务主要包括：文化辅助用品制造、印刷复制服务、版权服务、会议展览服务、文化经纪代理服务、文化设备（用品）出租服务、文化科研培训服务。

（八）文化装备生产增速稳开高走

如表11所示，2022年，全国文化装备生产营业收入为6904亿元，同比增长2.1%，所占比重5.7%。从该行业近4年统计数据看，年均增长保持在5.6%左右，高于2019年同期水平，呈现稳开高走的态势。同时，也体现文化实体企业的韧性。

表11 2019—2022年全国文化装备生产行业营业收入情况

年份	绝对额(亿元)	同比增长(%)	所占比重(%)
2022	6904	2.1	5.7
2021	6940	13.6	5.8
2020	5893	1.1	6.0
2019	5722	2.2	6.6

注:文化娱乐休闲服务主要包括:文化娱乐服务、景区游览服务、休闲观光游览服务。

(九)文化消费终端生产反超疫前

如表12所示,2022年,全国文化消费终端生产企业营业收入23494亿元,同比增长0.3%,所占比重为19.3%,超过了2019年水平(19.1%)。综合3年统计数据,该行业营业收入年均增长7.2%,反超2019年(5.5%)1.7个百分点,保持良好发展态势。

表12 2019—2022年全国文化消费终端生产营业收入情况

年份	绝对额(亿元)	同比增长(%)	所占比重(%)
2022	23494	0.3	19.3
2021	22654	16.2	19.0
2020	18808	5.1	19.1
2019	16532	5.5	19.1

注:文化消费终端生产主要包括:文具制造及销售、笔墨制造、玩具制造、节庆用品制造、信息服务终端制造及销售(电视机制造、音响设备制造、可穿戴智能文化设备制造等)。

三、三大文化产业收入"两强一弱"

从产业类型看,如表13所示,2022年全国文化制造业营业收入44781亿元,同比增长1.2%;文化批发和零售业19376亿元,下降1.2%;文化服务业57648亿元,增长1.4%。其中,文化服务业和文化制造业恢复较好,文化批发和零售业表现较弱。

表13 2022年全国规模以上三大文化产业营业收入情况

总计	绝对额(亿元)	比上年增长(%)	所占比重(%)
	121805	0.9	100.0
文化制造业	44781	1.2	36.8
文化批发和零售业	19376	−1.2	15.9
文化服务业	57648	1.4	47.3

注:《文化及相关产业分类(2018)》中规定,文化及相关产业分为文化制造业、文化批发和零售业、文化服务业。

(一)文化制造业总体复苏态势较好

如表14所示,2022年,全国文化制造业营业收入44781亿元,比上年增长1.2%,所占3大产业比重为36.8%,低于2019年5.6个百分点。但从3年营业收入增速看,年均增速为5%,行业复苏状态总体好于疫前2019年(3.2%)。

表14 2019—2022年全国文化制造业营业收入情况

年份	绝对额(亿元)	同比增长(%)	所占比重(%)
2022	44781	1.2	36.8
2021	44030	14.7	37.0
2020	37378	−0.9	37.9
2019	36739	3.2	42.4

注:文化制造业主要包括:文教、工美和文化娱乐用品制造业(含文具制造及销售、笔墨制造、玩具制造、节庆用品制造、信息服务终端制造及销售等)。

（二）批发和零售业比重轻微下滑

如表15所示，2022年全国文化批发和零售业营业收入19376亿元，同比下降1.2%，所占文化市场营收比重为15.9%，较2019年的17%占比轻微下滑。从年均增速看，近3年该产业营收年均增速为4.17%，恢复情况比较乐观。

表15　2019—2022年全国文化批发和零售业营业收入情况

年份	绝对额(亿元)	同比增长(%)	所占比重(%)
2022	19376	−1.2	15.9
2021	18779	18.2	15.8
2020	15173	−4.5	15.4
2019	14726	4.4	17.0

注：文化批发和零售业主要包括：图书、报刊、音像、电子出版物、首饰、工艺美术品、收藏品及其他文化用品、器材的批发和进出口活动。

（三）文化服务业比重反超疫前

如表16所示，2022年，全国文化服务业营业收入57648亿元，同比2021年增长1.4%，所占市场比重为47.3%，反超2019年占比（40.6%）6.7个百分点。尽管3年间营业收入同比增长收缩，但营业收入绝对额总体高于疫前。

表16　2019—2022年全国文化服务业营业收入情况

年份	绝对额(亿元)	同比增长(%)	所占比重(%)
2022	57648	1.4	47.3
2021	56255	16.3	47.2
2020	45964	7.5	46.7

续　表

年份	绝对额(亿元)	同比增长(%)	所占比重(%)
2019	35159	12.4	40.6

注:文化服务业主要包括:摄影、娱乐服务业、体育、教育、艺术培训、出版、图书馆、群众文化、文物修复、文化经纪与代理、广播影视以及不属于以上分类的其他文化服务业。

四、两大文化领域保持"齐头并进"

我国文化产业按大行业领域划分,主要包括文化核心领域,以及文化相关领域。从两大领域统计数据看,如表17所示,2022年全国文化核心领域营业收入74891亿元,比上年增长1.3%;文化相关领域营业收入46914亿元,同比增长0.2%。总体上保持齐头并进的发展态势。

表17　2022年全国文化核心及相关领域营业收入情况

总计	绝对额(亿元)	比上年增长(%)	所占比重(%)
	121805	0.9	100.0
文化核心领域	74891	1.3	61.5
文化相关领域	46914	0.2	38.5

注:1.文化核心领域包括新闻信息服务、内容创作生产、创意设计服务、文化传播渠道、文化投资运营、文化娱乐休闲服务等6个行业;

2.文化相关领域包括文化辅助生产和中介服务、文化装备生产、文化消费终端生产等3个行业。

(一)文化核心领域引领作用彰显

2022年,全国文化核心领域营业收入74891亿元,同比增长1.3%,所占比重61.5%。统计数据如表18所示,近3年该领域营业收入年均增长7.2%,较2019年的9.8%仅下降2.6个百分点。从所占比重看,整体优于疫前水平,较好地发挥了文化产业核心支撑力和引领力。

表18　2019—2022年全国文化核心领域营业收入情况

年份	绝对额(亿元)	同比增长(%)	所占比重(%)
2022	74891	1.3	61.5
2021	73258	16.5	61.5
2020	60295	3.8	61.2
2019	50471	9.8	58.3

注:文化核心领域包括新闻信息服务、内容创作生产、创意设计服务、文化传播渠道、文化投资运营、文化娱乐休闲服务等6个行业。

(二)文化相关领域营收增降持平

如表19所示,2022年,全国文化相关领域营业收入46914亿元,同比增长0.2%,所占比重为38.5%,较2019年(41.7%)下降了2个百分点。该领域3年营业收入平均增长超5个百分点,反超2019年(3.2%)2个百分点。这与疫情期间文化装备和文化消费终端生产保持较好增速有关。

表19　2019—2022年全国文化相关领域营业收入情况

年份	绝对额(亿元)	同比增长(%)	所占比重(%)
2022	46914	0.2	38.5
2021	45806	15.2	38.5
2020	38220	−0.1	38.8
2019	36153	3.2	41.7

注:文化相关领域包括文化辅助生产和中介服务、文化装备生产、文化消费终端生产等3个行业。

五、四大行政区营业收入"三升一降"

如表20所示，从行政区域统计数据看，2022年，东部地区实现营业收入91714亿元，比上年增长0.1%；中部地区18269亿元，增长5.8%；西部地区10793亿元，增长0.5%；东北地区1029亿元，下降1.0%，总体呈"三升一降"。

表20 2022年全国四大行政区规上文化企业营业收入情况

区域	绝对额（亿元）	比上年增长（%）	所占比重（%）
	121805	0.9	100.0
东部地区	91714	0.1	75.3
中部地区	18269	5.8	15.0
西部地区	10793	0.5	8.9
东北地区	1029	−1.0	0.8

（一）东部地区所占比重持续领跑

如表21所示，2022年东部地区规模以上文化企业实现营业收入91714亿元，同比增长0.1%，占全国比重为75.3%，约八成。从近3年数据看，东部地区营业收入年均保持在8.5万亿元区间，年均增速6.3%，连续3年反超2019年（6.3万亿元、增长6.1%），所占比重持续领跑全国。

表21 2019—2022年东部地区规上文化企业营业收入情况

年份	绝对额（亿元）	同比增长（%）	所占比重（%）
2022	91714	0.1	75.3
2021	90429	16.5	76.0
2020	73943	2.3	75.1
2019	63702	6.1	73.5

注：东部地区包括北京、天津、河北、上海、江苏、浙江、福建、山东、广东、海南10个省（市）。

（二）中部地区两项指标高于全国

如表 22 所示，2022 年，中部地区实现营业收入 18269 亿元，同比增长 5.8%，快于全国 4.9 个百分点；占全国比重为 15.0%，较上年提高 0.7 个百分点。综合 3 年数据看，2021 年中部地区规上文化企业营业收入大幅反弹，同比增长 14.9%，总体表现强劲。

表22　2019—2022年中部地区规上文化企业营业收入情况

年份	绝对额（亿元）	同比增长（%）	所占比重（%）
2022	18269	5.8	15.0
2021	17036	14.9	14.3
2020	14656	1.4	14.9
2019	13620	8.4	15.7

注：中部地区包括山西、安徽、江西、河南、湖北、湖南6个省。

（三）西部地区复苏趋势较为疲软

如表 23 所示，2022 年，西部地区实现营业收入 10793 亿元，同比增长 0.5%，所占全国份额 8.9%，低于中部地区（15%）近 6 个百分点。从近 3 年数据看，西部地区营业收入和增速持续放缓，所占全国份额从 2019 年的 9.7% 下降至 2022 年的 8.9%。除了客观因素外，西部地区各省份发展不平衡，主要支撑点为四川、陕西和重庆。

表23　2019—2022年西部地区规上文化企业营业收入情况

年份	绝对额（亿元）	同比增长（%）	所占比重（%）
2022	10793	0.5	8.9
2021	10557	13.7	8.9
2020	9044	4.1	9.2
2019	8393	11.8	9.7

注：西部地区包括内蒙古、广西、重庆、四川、贵州、云南、西藏、陕西、甘肃、青海、宁夏、新疆12个省（自治区、直辖市）。

（四）东北地区上下起伏不大

与东西部和中部地区相比，东北地区规模以上文化企业体量相对较小，重点指标可比性不强。据统计数据，如表24所示，2022年东北3省规模以上文化企业实现营业收入1029亿元，比上年下降1.0%，占全国份额不足一成。从3年营业收入看（详见表24），年均增速上下起伏并不大。

表24 2019—2022年东北地区规上文化企业营业收入情况

年份	绝对额（亿元）	同比增长（%）	所占比重（%）
2022	1029	−1.0	0.8
2021	1042	11.0	0.9
2020	872	−8.6	0.9
2019	909	1.5	1.0

注：东北地区包括辽宁、吉林、黑龙江3个省。

综上分析，2020年初以来，受不确定因素影响我国文化产业发展有所放缓，但在国家高效统筹疫情防控和经济社会发展的总体方针下，文化和旅游部及各地文旅部门出台了一系列纾困解难政策措施，为持续推动文化产业复苏发展提供了有力保障，并取得了预期目标。

ChatGPT 的功能、特点及前景

窦雅璇[①]

【摘要】ChatGPT 的出现对很多传统行业来说都是致命的打击,但不可否认的是它的应用确实可以让人们的生活更加智慧化、便捷化,可以为企业节省更多的人力成本;ChatGPT 的存在很可能会对现在的服务行业,以及对娱乐文化行业造成颠覆性的影响。研究从 ChatGPT 的发展过程开始探究其作为最新版的 GPT 所拥有的功能及特点,然后再从 ChatGPT 自身的功能特点出发,研探它与文化娱乐产业之间的影响,以及它的发展前景。最终,研究表明 ChatGPT 对文化娱乐产业中的就职人员能够起到基本代替的作用,也就是说未来的文化娱乐工作者可能会是 ChatGPT,而且在其他很多行业中 Chat - GPT 也有明显的发展空间。

【关键词】:ChatGPT;功能特点;文化娱乐;发展前景

---

① 作者简介:窦雅璇,浙江工商大学互联网文化产业研究院助理研究员。

一、引言

（一）研究背景

ChatGPT 是由 OpenAI 开发的一种自然语言生成模型。该模型的基本原理是使用 Transformer 架构训练。Transformer 是一种用于序列到序列任务的神经网络架构，在序列到序列任务中表现出高质量、高效率、低计算复杂度的特性。ChatGPT 基于 Transformer 架构，可以生成连贯、有意义的文本，这使得它成为语言模型领域中一个令人兴奋的研究方向。

ChatGPT 使用了两种预训练技术，这将使模型能够更好地捕捉上下文信息，并在不同语言之间进行翻译和转换。第一种是基于 Transformer 的预训练技术。它使用了一个预先定义好的、包含多个类别的语言模型，并在其中进行预训练。例如，ChatGPT 可以在预训练中使用 BERT 模型。它使用了一个包含大量数据的大型语言模型，并将其应用于下游任务，例如生成、翻译、问答等。第二种是无监督学习。这种预训练技术是指不需要预先定义好的模型参数，而是利用大量未标记数据进行训练和预测。无监督学习可以帮助机器学习模型学习一组数据中的模式，并通过利用这些模式来解决现实世界中的问题。无监督学习的模型主要包括三个步骤，即预训练、微调和迁移学习。预训练是指对大量数据进行预训练，使模型能够学习数据中的模式，并使用这些模式进行预测；微调是指使用预训练模型预测新数据集的模式；迁移学习是指将新的数据集添加到模型中，以提高模型的性能。

目前，OpenAI 已经发布了 ChatGPT、BERT、GPT-3、Vaswani 等多种自然语言处理模型，它们都表现出了优异的性能，特别是在自然语言生成方面；而正是自然语言的生成这一优势让 ChatGPT 可以在多领域内代替自然人发挥作用。

（二）研究意义

ChatGPT 作为一款人工智能语言模型，它将人类的语言与计算机的自然语言处理技术结合起来，能够进行对话和生成文本。目前，ChatGPT 已经在美国、加拿大、英国、法国、德国和意大利等多个国家和地区的企业和政府机构提供服务；此外，它和很多行业或者是企业都能够进行有效合作，因此，ChatGPT 应用日渐广泛。现阶段，国内外学者针对 ChatGPT 的研究大多集中于它的应用方向，很少有学者研究它的特点及功能，还有它的综合性应用，而本研究从 ChatGPT 自身功能及特点出发，探索它在多领域的综合性应用以及它的商业伦理，可以帮助人们更好地认识 ChatGPT，能够为以 ChatGPT 为主题的相关研究起到抛砖引玉的作用。

（三）研究创新点

本研究存在研究视角创新。在研究的过程中，笔者通过很多数据框搜索和整理了有关 ChatGPT 的文献资料，本文把与 ChatGPT 有关的理论和商业伦理分析相结合，而学术界对于 ChatGPT 的商业伦理研究还处于大量留白阶段；除此以外，本研究还把 ChatGPT 与现下十分火热的文娱产业相结合，充分展现了 ChatGPT 应用的广泛性和适配性。总而言之，此次的研究视角是比较新颖的。

二、ChatGPT 的功能及特点

ChatGPT 的功能和它的特点是息息相关的，其特点在一定程度上决定了它的功能。ChatGPT 的特点主要体现在两个方面，第一方面是语言生成能力强，第二方面是拥有大规模的语料库。ChatGPT 的语言生成能力是在语料库的基础上形成的，而语料库是基于现在的百度、搜狐等数据库资料所形成的,其资料具有一定的欺骗性,这也是ChatGPT特点中的一个漏洞。

根据对ChatGPT的特点分析,可以看出它的功能主要体现在文本生成、问题回答、智能语音聊天、内容推荐等方面。在文本生成的功能中,只需要用户提供一个文本标题,它就会生成一个文本框架,在用户确认了该文本框架后,它就会自动生成内容,最终形成一篇完整的文章,且查重率非常低。但是部分文本在生成的过程中会出现信息欺骗的行为,或者是涉及数据处理的文本会出现数据造假。在问题回答方面,它主要通过自己强大的语料库生成答案,在这个过程中,它先是对用户所提出的问题进行检索,然后迅速在自己的语料库中搜索相关资料,并通过ChatGPT中的模型进行语料重组,最终生成一个完整的回答。在智能语音聊天方面,ChatGPT不仅拥有强大的语料库,还能够识别语音和图像;换而言之,它可以非常自然地和人类进行聊天,并且在聊天过程中可以从用户的语气及面部表情识别出用户此时的心理情绪,提供情绪价值。智能语音聊天是ChatGPT的最大优势,因为在这方面它的自然语言生成特点尤为突出,这也决定了ChatGPT在多行业中的应用趋势及应用空间。在内容推荐方面,ChatGPT主要是通过自然语言来进行内容推荐,这种方法不仅可以提高推荐的准确度,还能够大大减少人力成本。例如,在一些企业中,员工的工作效率不高,主要是因为员工需要在有限的时间内完成更多的工作任务,而ChatGPT可以将这些任务进行合理安排,并根据每个人的特长进行分配;再如一些企业的生产任务繁重,ChatGPT可以通过搜索大量相关信息来帮助企业完成生产任务。除此以外,ChatGPT还可以在文化娱乐以及旅游行业中根据用户的喜好进行精准推荐。例如在旅游行业中,ChatGPT可以帮助旅游企业更加科学合理地制定旅游线路,从而帮助游客更好地了解当地的文化背景、景点特色等信息;还可以通过对游客的需求和偏好进行分析,为游客提供更加精准的旅游产品和服务;同时还可以通过对旅游公司及游客的双向信息检索,从而实现高效的双向推荐,让企业的个性化服务更加突出,让游客的游玩体验更好。

三、ChatGPT 与文化娱乐产业的联系

ChatGPT 在文化娱乐产业中的应用空间非常大，并且应用方式是多样化的。文化娱乐产业和 ChatGPT 之间的联系非常密切，在文化娱乐领域中它可以扮演好传承者与弘扬者的角色。

ChatGPT 对文本数据和语言数据可以进行长期保存。用户在使用 ChatGPT 的过程中会涉及大量的语料数据，这些数据在经过 ChatGPT 模型的处理后会衍生成一种新语料，它会自动对所生成的新语料进行储存；并且 ChatGPT 在和用户聊天的过程中也会对聊天内容进行保存；用户还可以单独把所要储存的数据上传到 ChatGPT 模型中。总而言之，ChatGPT 的储存功能可以对文化内容进行保存，从而起到文化传承的作用。

ChatGPT 的智能语音聊天功能可以让用户对影视角色产生强烈的情感共鸣，这种功能是基于 ChatGPT 的无监督学习训练所生成的，它并不需要预先定义好模型参数。例如，用户可以通过 ChatGPT 和影视角色进行对话，从而让角色获得相应的情感变化。同时，用户也可以通过 ChatGPT 来了解角色的背景故事、历史背景、性格特点等。例如，用户可以通过 ChatGPT 对角色的性格特点进行分析，从而让角色在和用户对话的过程中获得更多的信息，从而为用户提供更好的娱乐内容。

ChatGPT 在文化娱乐领域的应用范围非常广。在文化娱乐领域中，用户可以把自己想要看的电影、电视剧、动漫等内容上传到 ChatGPT 模型中，从而让 ChatGPT 为用户提供相关信息，做到精准内容推荐。此外，用户还可以通过 ChatGPT 对已有的文化娱乐内容进行修改或生成新内容，从而为用户提供更多的文化娱乐内容。ChatGPT 在文化娱乐领域还可以帮助用户生成具有创意的内容，在短时间内创作出大量的文化娱乐作品，从而给用户带来更多的快乐。随着文化娱乐产业的发展，观众对于文化娱乐产业有了更高

的要求,而 ChatGPT 刚好可以通过自身功能的多样性来满足观众对文化娱乐产品的要求。

四、ChatGPT 的发展前景分析

在教育行业中,ChatGPT 的应用主要体现在两个方面:一是以 ChatGPT 为核心的人工智能技术,能够有效提升老师和学生之间的交互效率。例如,AI 技术可以帮助老师更好地了解学生的学习情况,也可以为学生提供更加个性化的教学内容。二是 ChatGPT 可以有效地提升学生对于课程的学习效率。例如,ChatGPT 可以根据学生的知识水平和学习能力,为他们提供更加精准的教学内容,从而帮助他们更好地掌握知识。总的来说,ChatGPT 在教育行业中的应用前景还是十分广阔的。

在金融行业中,ChatGPT 的应用主要体现在智能客服、智能投顾和智能投资方面,其主要使用的训练模型是无监督学习,对于 Transformer 的序列训练模型并不怎么使用。一是 ChatGPT 可以通过对人类的语言和行为进行分析,从而对人类的需求进行精准的预测,为人们提供更加个性化的服务。二是 ChatGPT 可以通过分析用户的风险偏好、投资目标等信息,帮助用户实现更加精准的投资推荐。三是 ChatGPT 可以通过对市场变化进行预测,从而为用户提供更加合理的资产配置建议,帮助用户实现更加科学的投资决策。

在医疗行业中,ChatGPT 可以为患者提供更加精准的医疗服务。例如,ChatGPT 可以通过分析患者的症状,为患者提供更加精准的诊断。还可以通过对患者的身体状况、生活习惯等信息进行分析,为患者提供更加个性化的治疗方案。在健康咨询方面,ChatGPT 可以帮助用户更好地了解自身的健康状况,并为其提供更加准确的建议。此外,ChatGPT 的自然语言生成可以帮助它在心理治疗方面产生极大的作用,ChatGPT 可以通过语音聊天的方式对用户进行心理疏导,并根据用户的需求,对用户进行心理安慰。

在工业领域,ChatGPT 可以为工业企业提供更加精准的生产需求分析、生产方案建议、生产计划安排等服务,ChatGPT 在工业中所提供的这种功能是在 Transformer 训练模型中完成的。在工业制造领域中,很多企业面临着产能不足、订单不稳定等问题,而这些问题严重影响了企业的正常运营;对此,ChatGPT 可以通过分析用户的需求,为企业提供更加精准的产品和服务。

在娱乐影视行业中,ChatGPT 可以帮助影视企业打造更加高效的内容生成和推荐系统,这也是依托于 Transformer 训练模型产生的,必须先有一个预定,才能产生新的内容。通过对用户的阅读偏好、兴趣爱好、文化背景等信息进行分析,ChatGPT 可以为影视企业提供更加个性化的内容推荐服务,从而帮助用户更好地了解影视作品;除此以外,ChatGPT 还可以创作出许多新颖的娱乐影视作品,可以丰富娱乐影视的产品成果内容。

在旅游行业中,ChatGPT 可以帮助用户更加方便地查找相关信息,也可以根据用户的需求对其进行精准推荐,甚至还可以帮助用户制定个性化旅游方案,这主要是通过 ChatGPT 中的 Transformer 训练模型实现的,用户的需求就是一个序列,旅游企业现有的资源又是一个序列,Transformer 训练模型让这两种序列高效结合在一起最终实现精准内容推荐的功能。目前,国内旅游业正处于蓬勃发展的阶段,大量游客的旅游需求也随之增加。但是目前我国旅游行业存在着服务质量参差不齐、服务人员素质较低等问题,这些问题严重影响了我国旅游业的发展。为此,ChatGPT 可以利用其强大的自然语言生成功能,对用户的需求进行精准推荐,这样不仅可以为用户提供更加优质、个性化的服务,还能够提高旅游行业的服务质量,使我国旅游业得到更好的发展。

五、ChatGPT 商业伦理分析

ChatGPT 的商业伦理分析可以从技术和功能两个方面出发。就技术而言,ChatGPT模型目前还不够成熟,例如机器人泰依(Tay)在和用户进行人工智能聊天时,刚开始她的语言表达内容还算正常,但是在经过一段时间的运行后,她学会了说脏话,甚至会说一些种族歧视的偏激性话语,这严重违反了ChatGPT作为一个电子产品所存在的商业伦理。就功能而言,ChatGPT的最大功能就是自然语言生成,这一功能的最大特点就是人工智能可以和人类进行正常对话交流,所以ChatGPT的自然语言生成功能可以让它代替现有的客服职业,而且是形成全覆盖的顶替,还有它的文本生成功能也是颠覆了中国传统教育的意义,所以ChatGPT的功能应用对于人类的生存基本和社会治安都会造成一定的负面影响,这也体现了ChatGPT作为一个产品违反了商业伦理。

就目前的实际情况来看,ChatGPT在商业伦理方面引发的争议主要是其对数据隐私的保护问题,这也是近年来隐私保护方面的一个重大挑战。虽然ChatGPT使用大量数据进行训练,但它并没有处理这些数据,而是将其存储在自己的服务器中。这种行为违反了《个人信息保护法》(Consumer Protection Credit Act,CCPA)中有关"数据可携带权"(Data Witness Rights)的规定。这些数据在任何情况下都属于个人信息,必须得到处理并保护其安全,而不能被随意出售或提供给他人。此外,ChatGPT还违反了欧盟《通用数据保护条例》(General Data Protection Regulation,GDPR)。GDPR是一个非常严格的隐私保护法律,该法律要求在收集、处理个人数据之前要获得个人同意,且处理行为必须符合目的限制和最小化原则。但是ChatGPT却没有遵守这一规定,而是利用大量的数据进行训练,因此违反了GDPR规定,并且对于Chat-GPT来说,由于其具有自我学习和复制能力,因此可能会产生更加广泛的数据泄露问题。

除了数据隐私问题之外,ChatGPT还可能被用于违法行为。在商业领域,ChatGPT也可以被用于非法行为,例如销售违禁品。据报道,在2020年7月至2021年6月期间,美国一家公司就向美国国家运输安全委员会(National

Transportation Safety Board, NTSB) 举报了多起违反《联邦法》的非法行为, 这些非法行为包括销售违禁品、提供虚假数据、发布虚假信息等。在这些非法行为中, 销售违禁品是最为常见的违法行为。例如, 一家名为 Sabre 的公司使用 ChatGPT 向客户提供虚假数据, 并以此来欺骗政府监管机构。此外, 在一些公司的产品中, ChatGPT 被用于制造虚假新闻、发布虚假信息。因此, 对于 ChatGPT 来说, 如何在保证数据隐私和安全的前提下, 利用其进行合法的商业活动是一个非常重要的问题。而这也是 ChatGPT 未来发展面临的挑战之一。此外, ChatGPT 还存在数据泄露和算法滥用等风险。例如, 在 2020 年 5 月, NTSB 就曾对一家名为 TransportsFox 的公司进行了举报; TransportsFox 公司向 NTSB 提供了一份报告, 称其使用 ChatGPT 对自动驾驶汽车进行训练。而在 2020 年 7 月, 美国一家名为 TransportsFox 的公司则被发现在其自动驾驶汽车中安装了 ChatGPT。而 TransportsFox 公司则对此提出了异议, 认为该公司没有安装 ChatGPT, 但是 NTSB 认为这是一起非法行为, 因为该公司使用了 ChatGPT 训练自动驾驶汽车的算法。

复旦大学人工智能创新与产业研究院院长漆远认为 ChatGPT 的算法推算可以说远超了以前世界上的所有 AI, 因为中国数学在世界上一直被认为难度较高, 但是 ChatGPT 对于小学和初中级别的数学题已经可以顺利作答, 并且答案和过程都十分正确, 这表明 ChatGPT 不仅具备了语言方面的能力, 还具备了数学推理能力。复旦大学人工智能创新与产业研究院院长漆远对 ChatGPT 功能的肯定, 也表达了对 ChatGPT 发展前景的肯定。不过 AI 领军企业商汤科技董事长兼首席执行官徐立则明确表示 ChatGPT 的存在已经越过了多领域的红线, 即使它有很大的发展空间, 但是我们必须对它进行压制, 不然这对整个人类的生存和生活都会造成严重影响; 不过 ChatGPT 的存在也可能会推动社会前进, 倒逼人类提高自我能力, 那么整个社会的生产力可能会得到巨大的推动。

波士顿咨询公司董事长、总经理魏杰鸿认为 ChatGPT 在 2023 年将会对整个广告产业有巨大的影响,因为它现在的广告文案或海报制作的生成能力已经十分出色,ChatGPT 自动生成的一些广告文案和视频大部分已经远超普通广告策划师所创作的内容,但是它在航空及医疗方面的应用还不太完善,因为这些领域不仅需要 ChatGPT 的高效率,还需要它的准确与严谨。所以,ChatGPT 目前还不是万能的,它虽然对很多领域都造成了一定的冲击,但是它的内部算法结构还不够完善,这也警示众人在运用 ChatGPT 时还是要对所产生的结果进行人工复查,并且人类应该充分遵循商业伦理的原则去使用该产品,不然会无限放大 ChatGPT 对人类所造成的消极影响,从而忽略了积极影响。

上海算法创新研究院院长、中国科学院院士鄂维南表示世界正进入"算法时代",未来几十年,算法将是推动技术创新、科研突破、社会发展的主要动力。而当前我国的 AI 发展偏重工程层面,算法层面较为缺乏;而 ChatGPT 又是一款基于算法形成的 AI 软件,所以要应对 ChatGPT 对我国各行各业的冲击,我国应该加强算法层面的人才培养,这样不仅可以更好地应对 ChatGPT 的冲击,甚至能够借助 ChatGPT 助力我国综合国力的提高。国际知名科技作家陈根博士也认为 ChatGPT 对于当前这个时代来说是一次发展机遇,也是一次重要挑战,如果没有做好 ChatGPT 的合理应用管理,那么它将是人类发展过程中最大的威胁,它虽然是基于人类已有数据进行学习和应用的,但是它的学习能力十分突出,对于一些低能力的人来说,它会是一个强劲的生存空间竞争对手;但是只要合理正规地使用它就可以让它成为人类前进的助推器。

综上所述,ChatGPT 的存在就像一把双刃剑,在给人们带来便利的同时也存在着很多危险,因此 ChatGPT 需要被严格控制使用范围。ChatGPT 的商业应用严重影响了社会中多领域发展,最为严重的会对人类的生存空间造成毁灭性的冲击,从商业伦理的角度来看,政府对 ChatGPT 的监管力度必须加大,要避免智能全代替的现象发生,因为大规模的人如果长期处于失业状态就会加大社会治安的管理难度。所以,ChatGPT的发展如果不加以控制会违反很多现有的商业行为原则,不利于人类的长期可持续性和谐发展,ChatGPT的商业应用只有遵循了商业伦理原则才能在真正意义上发挥其价值,才能被消费者和社会认可。ChatGPT在应用过程中一定要做到保护人格权益、保护信息安全和保护著作权,一并要避免让AI与人行为一体化,必须要对两者做出详细区分,这样才能更好地保护人不被AI完全代替,以及对AI的发展起到约束作用,这也是遵从ChatGPT商业伦理的基本要求之一。

六、结语

ChatGPT是一款人工智能聊天机器人,它的工作原理就是让计算机理解用户的语言,然后根据用户的问题进行回答。在此过程中,它会用到深度学习技术来进行训练,这种技术可以让计算机变得更加聪明,更能理解人的语言。ChatGPT目前拥有语音识别和理解能力强,对话流畅,并且生成内容质量高;快速响应,会根据用户的问题进行回答;可以使用中文;训练数据庞大;可以进行自然语言生成等优势。ChatGPT的不足是目前的算法、数据和模型都还不够成熟,只有不断加强对智能对话系统的研究与开发,才能提升智能对话系统的性能和可靠性,还有一个不足之处就是ChatGPT不能和人类进行智能交互、不能拥有自我意识。

ChatGPT的本质是通过预先设定好的程序来回答问题,其答案是否准确完全取决于用户自己的理解能力和输入数据的质量。从目前ChatGPT所作出的回答来看,大部分是比较准确的,但仍存在一些问题需要改进。Chat-GPT存在这些问题,其原因在于其本身就是一款人工智能产品,而人工智能产品存在着不可控的弊端。由于ChatGPT的回答是根据大量的数据进行训练而来,因此在其回答的过程中存在着很多不可控的因素。如ChatGPT在回答过程中会出现错误的现象,而如果用户进行修改或重新输入数据,就会导致回答不准确。此外,在ChatGPT回答完一个问题之后,它会将这个答案作为下一个问题的输入,如果用户有修改或重新输入数据的需求,ChatGPT也无法及时更新,这就导致了用户在使用ChatGPT时不能及时更新答案,也无法修改答案。因此,要想解决以上问题,就需要从用户和ChatGPT两方面进行改进。只有改进了ChatGPT的以上问题,才能够促使其应用成果更加精准,更符合用户的实际需求。ChatGPT的核心功能——自然语言生成,决定了它的应用领域是广泛的,应用形式是多样化的,并且在未来人们对于ChatGPT的应用要求会更高,所以ChatGPT提高自身算法的精准性是必要的。随着互联网技术的不断发展,还有用户需求的不断提高,无监督学习的训练模式是ChatGPT的重要发展趋势,因为无监督学习的训练模式更加自由化,它的智能性更强。

参考文献

[1]郑满宁.人工智能技术下的新闻业:嬗变、转向与应对——基于ChatGPT带来的新思考[J].中国编辑 2023(4):35-40.

[2]郭亚军,郭一若,李帅,等.ChatGPT赋能图书馆智慧服务:特征、场景与路径[J].图书馆建设,2023(2):30-39.

[3]徐璐璐,洪赟,叶鹰.ChatGPT及GPT类技术的医学信息学应用前景探讨[J].情报理论与实践,2023(6):38-42.

[4]Fei-Yue Wang,Jing Yang,Xingxia Wang,Juanjuan Li,Qing-Long Han.Chat with ChatGPT on Industry 5.0:Learning and Decision-Making for Intelligent Indus-triesJ.IEEE/CAA Journal of Automatica Sinica,2023,10(4):831-834.

[5]谢新水.人工智能内容生产:功能张力、发展趋势及监管策略——以ChatGPT为分析起点[J].电子政务,2023,(4):25-35.

[6]张智雄,于改红,刘熠,等.ChatGPT对文献情报工作的影响[J].数据

分析与知识发现,2023,(3):36-42.

[7]郭倩,袁小康.科技企业竞跑ChatGPT赛道多领域智慧应用可期[J].山西老年,2023(4):14-15.

[8]钱力,刘熠,张智雄,等.ChatGPT的技术基础分析[J].数据分析与知识发现,2023(3):6-15.

[9] Benichou L. Rôle de l'utilisation de l'intelligence artificielle ChatGPT dans la rédaction des articles scientifiques médicaux The Role of Using ChatGPT AI in Writing Medical Scientific Articles.J. Journal of stomatology, oral and maxil-lofacial surgery,2023.

[10]赵朝阳,朱贵波,王金桥.ChatGPT给语言大模型带来的启示和多模态大模型新的发展思路[J].数据分析与知识发现,2023(3):26-35.

[11]蔡剑媚.ChatGPT——最智能的聊天机器人程序[J].教学考试,2023(12):35-37.

[12] Eysenbach Gunther. The Role of ChatGPT, Generative Language Models and Artificial Intelligence in Medical Education: A Conversation with ChatGPT-and a Call for Papers.J. JMIR medical education,2023.

[13] Lecler Augustin, Duron Loïc, Soyer Philippe. Revolutionizing radiology with GPT-based models: Current applications, future possibilities and limitations of ChatGPT.J. Diagnostic and interventional imaging,2023.

[14]朱光辉,王喜文.ChatGPT的运行模式、关键技术及未来图景[J].新疆师范大学学报(哲学社会科学版),2023(4):113-122.

[15]路虹.ChatGPT在金融应用上面临哪些挑战[N].国际商报,2023-02-15(004).

[16]荆林波,杨征宇.聊天机器人(ChatGPT)的溯源及展望[J].财经智库,2023(1):5-36,135-136.

论元宇宙：特征、场景应用与对文化产业的影响

薛雄星①

【摘要】"元宇宙热"的衰退为理论上思考元宇宙提供了空间。作为一个未定型的概念，"元宇宙"的基本含义必须强调人文与科技双重面向，达到二者的一种融合，在人的虚拟性与技术的应用性实现一种平衡。元宇宙有着广泛的应用场景。在文化产业相关领域，元宇宙带来的挑战可以被视为是互联网带来挑战的深化。文化产业的"元宇宙化"是文化产业"互联网化"的延续发展。相关从业人员需要具有未来眼光，具备跨界思维。认识到元宇宙带来的挑战，才能最终把握元宇宙带来的机遇。

【关键词】元宇宙；文化产业；未来眼光；跨界思维

自2021年开始"元宇宙热"迅速升温，而这一趋势在2023年逐渐下落。2023年第一季度，Microsoft、腾讯、Meta、字节跳动等互联网头部企业纷纷调整重心，改变赛道，强调夯实基础，回归主业发展，收缩元宇宙相关业务。似乎资本在鼓吹起巨大的美丽泡沫之后，泡沫本身承载不了资本对利润的持续性诉求，黯淡退场已经成为必然。过去两年，一来一回之间，"元宇宙"参

---

① 作者简介：薛雄星，陕西渭南人，北京大学哲学系博士研究生。

与下的未来图景绚丽但难以落地，技术突破过于缓慢，垂直行业应用和商业化进展甚微，诸多因素导致资本对元宇宙的市场期待降低。但从理论层面而言，某种现象的热度的衰退，恰恰为研究者提供了反思这一现象的思想空间。"元宇宙"本身的特征，其独特性应用优势，以及可能会面对的社会问题不应当因为热度减退而被轻易忽视，而应当在各种客观条件显露的情况下，更加系统、更加深入地看待元宇宙对人类社会的潜在影响力，积极探索相应的问题。

举例而言，随着元宇宙的发展，各种挑战、各种问题都会随之涌现：安全方面，拓展时空，连接便捷之后，如何做到数据备案、数据追踪？完成人机融生之后，如何确保身份验证的唯一性，如何保护设备？促使经济增值的过程中，如何完善准入制度，进行信用评估和资产保护？伦理方面，人机互动带来的情感伦理问题，人机异化，私人技术公司的技术霸权，以及世界失衡等应当如何解决？

从文化产业角度出发，思考元宇宙可以提供的产业模式的未来变革潜力，仍旧是一个值得讨论的理论问题。现象层面上某一类特定元宇宙概念公司的失败，其内在原因，可能并非在于元宇宙概念本身，而恰恰在于未能将元宇宙与文化产业发展融合为清晰有效的商业模式，因此，不能对元宇宙热衰退的现象笼统地进行归因，简单地进行概括。本文拟就元宇宙基本概念的澄清，元宇宙的基本特征等出发，探索元宇宙的可能应用场景和元宇宙对文化产业发展模式的潜在影响。

一、元宇宙的基本意涵澄清

2021 年被业内视为元宇宙元年，全球科技巨头密集进场元宇宙。尤其值得注意的是两件事：2021 年 10 月 29 日，Facebook 改名 Meta；Microsoft CEO Satya Nadella 在演讲中提出了"企业元宇宙"这一新概念。头部企业在各个层面上重视融合元宇宙因素。2021 年见证了元宇宙热度的高涨。互联网时代开始就积极参与,历经产业多轮更迭的老牌玩家和移动互联网上崛起的新势力玩家对元宇宙展现出浓厚兴趣。美国、日本、韩国等各国政府也应时而动,出台相关政策,规划元宇宙产业,出台支持性政策。那么,从概念意涵上澄清什么是"元宇宙",是值得去做的尝试。

随着虚拟现实(VR)、融合现实(MR)、增强现实(AR)、人工智能和脑机接口技术的日趋成熟,区块链 Web3.0、云计算以及计算机视觉、移动网络等基础性技术的发展,"元宇宙"作为新兴聚合技术概念受到广泛关注。即使元宇宙并未呈现出如 ChatGPT 出场就展现的巨大商业化空间和直接的可落地性,但元宇宙还是可以被认为是下一代互联网,是未来社会数字化转型的主要手段。按照乐观预测,其具有的巨大技术潜力将深刻地影响未来社会的各个层面。

然而,第一,"元宇宙"概念的提出时间虽然不长,但其本身是经过相当长时间发展的"旧事物",是长久以来技术和理念层面沉淀的结果,代表着某种确定的趋势。第二,作为一个新兴的、正在快速发展的概念,迄今为止,元宇宙仍是一个不断发展、演变的未定型概念,不同参与者以自己的方式不断丰富着它的含义。因此,"元宇宙"概念兼具现实刻画与未来想象两个层面[①]:一方面,基于虚拟现实技术和计算机渲染技术,结合区块链技术和传感器网络实现实时数据反馈,以基于人工智能的信息处理、机器学习等作为技术基础,现存技术的整合能初步实现虚拟体验;另一方面,"元宇宙"具有高度的概念开放性,很多构想还只是想象,需要攻克一些技术难关才能落地为现实。举例而言,虚实融合是互联网发展的大的趋势,实现的可能性大;而

---

① 简圣宇准确把握了元宇宙的这种特征,认为目前"元宇宙"仍是处在其基础技术阶段的未来概念,但它已彰显了构建下一代互联网的必要性和可行性。本文赞同这一观点。简圣宇:《"元宇宙":处于基础技术阶段的未来概念》,《上海大学学报》2022 年第 3 期,第 1—13 页。

大规模元宇宙的产品化还比较遥远。全球网络科技巨头布局元宇宙，大多数目前只是初步的设想和雏形，仅仅是对未来的想象与展望。

从21世纪初到今日，研究者对"元宇宙"有着各种各样的界定。概括言之，比较典型的有如下四种说法：1.认为元宇宙是虚拟现实世界（Virtual Worlds），人们以数字化身处于虚拟空间中；2.认为元宇宙不仅仅是单独虚拟世界的扩大，而是虚拟的网络互联空间，其功能在于基于计算机技术生成沉浸式的数字环境，使得现实中处于不同地点的用户实现实时交互。3.认为元宇宙是与现实世界交互的虚拟数字空间，是对未来数字智能世界的理性构想。4.将元宇宙视为一种"文明"概念，认为其将创造出全新的文明。[①]在研究者的阐述中，元宇宙概念极具伸缩性，偏重角度不同，概念的内涵外延也随之变化。

基于经济视角，元宇宙具有形成现实世界与元宇宙虚实循环的潜力，是互联网经济发展到数字经济之后的新范式转型；基于哲学视角，元宇宙能重塑"人"的概念和存在方式，引发思考存在与意识等哲学基本问题的崭新角度；基于传媒视角，元宇宙将极大突破人类身体认知局限，拓展人的感官维度，赋予人以更多的转播自由；基于社会关系视角，元宇宙则具有双重影响，一方面，元宇宙将加快社会治理的数字化、虚拟化和技术化进度，在人文层面上催生一种虚拟文化或新的"技术化哲学"（techno-philosophy）；另一方面，元宇宙治理存在巨大的监管隐患。

面对众多定义，我们需要从概念源头和技术基础，也即从纵向时间层面和横向空间层面做出基本澄清。

概念源头上，"元宇宙"（Metaverse）的概念诞生于1992年出版的美国科幻小说《雪崩》（*Snow Crash*）。作家尼尔·斯蒂芬森（Neal Stephenson）在书中

---

① 详细论述可参见左鹏飞：《元宇宙的主要特征、发展态势及风险研判》，《社会科学辑刊》2023年第1期，第195—202页。

描绘了一个庞大的虚拟现实世界①，人们可以控制数字化身（Avatar）在这个虚拟世界中进行交往、娱乐、消费等任何可以在现实世界做到的事，这个虚拟世界被作者称为"元宇宙"。"除了没有物质形态，这个世界与真实世界并无二致"。从词源词义上来看，"Metaverse"由"Meta"和"Universe"组合而成。"Meta"具有"元""上""后""超"等，超越于某物之上的意思，vcrse 是"宇宙"。"元宇宙"就是不同于现实世界又基于现实世界的另一个世界。具体而言，"元宇宙"可以在增强现实技术和混合现实技术的应用下，大大拓展人在现实世界中的经验。

研究者同时注意到"元宇宙"概念并非突然兴起，而是在以往历史的哲学渊源和实践探索方面，都有着诸多可资借鉴的思想资源。②客观来说，古代中国思想中确实存在着非常丰富的对宇宙根本原则、人与世界关系等的论述，例如，《周易上经·乾》："元亨利贞。"《说文解字》对此解释："元，始也，从一从兀。"也就是说，"元"的意思是万物的开始。老子《道德经》："天地万物生于有，有生于无。"屈原《天问》："圜则九重，孰营度之？"庄子《齐物论》："昔者庄周梦为蝴蝶，栩栩然蝴蝶也，自喻适志与，不知周也。俄然觉，则蘧蘧然周也。不知周之梦为蝴蝶与，蝴蝶之梦为周与？周与蝴蝶则必有分矣。此之谓物化。"《般若波罗蜜多心经》："色不异空，空不异色，色即是空，空即是色。思想行识，亦复如是。"《陆九渊全集·杂说》："四方上下曰宇，往古来今曰宙。宇宙便是吾心，吾心即是宇宙。"王阳明《传习录》："尔未看此花时，此花与尔心同归于寂。尔来看此花时，则此花颜色，一时明白起来。便知此花，不在尔的心外。"《西游记》讲述的世界观中，三清由元始、灵宝、道德三位天尊组成，其中位于"三清"之首的元始天尊拥有至高无上的法力和自然之气，存在于宇宙万物的开端。这些思想所奠定的社会思想氛围，为我

---

① 2018 年四川科学技术出版社，郭泽翻译的汉译本将 metaverse 译为"超元域"。

② 黄欣荣、周光玲：《元宇宙的生成逻辑》，《南昌大学学报》，2022 年第 12 期，第 92—94 页。

们在目前元宇宙发展尚不充分的阶段，运用人的理智来积极畅想元宇宙图景，提供了宝贵的参考。需要注意的是，西方思想中也存在着对某种用超日常的理论原则甚至理念实体的刻画，并以此在存在论和价值论方面，摆脱日常杂多世界对具身性的人的束缚，在认识论方面，以实体性的理念世界来解释日常世界的统一性。本文关注的要点在于，这种人文精神积淀会对技术本身的发展产生一定的导向作用，技术本身是无目的、无方向的，人文精神资源恰恰会为技术指引方向。

如果说对元宇宙概念性的阐述，想象的因素过多。那么技术层面对元宇宙的界定就不仅是对元宇宙概念的必要补充，而且更是研究者探讨与元宇宙相关的社会问题的基本出发点。

技术基础层面，元宇宙不是单一技术成果，而是多种基础理论与关键技术的"融合"。"融合"是指一系列基础科学、应用科技、终端设备深度融合，区块链、产业互联网、云计算、数字孪生等互联网全要素整合。因此，元宇宙是整合了多种新技术而产生的新型虚实相融的互联网应用和社会形态，是由数字、算法结构构建的融合虚拟与现实的多层次世界。因其兼具现实与虚拟世界的视觉、听觉、触觉而形成一种全新的"综合感官"（synthetic sense），元宇宙是人类感官维度的拓展；因其兼具现实世界与虚拟世界而形成一种全新的"综合环境"（synthetic environment），元宇宙是人类生存维度的拓展。

元宇宙的支撑技术分为感知、计算、重构、协同和交互五大模块。其中，"元感知"是"元宇宙"的物理基础，实现物理世界和数字世界能量的相互转换。光场成像提出了可见光波段元成像模型，全域感知建立了全频域感知框架，多模传感实现了全感知元融合。元计算是元宇宙的核心动力，元宇宙有更为大量的数据需要存储、计算和调度，对计算性能和算力分配提出了更高的要求。类脑计算完善了"元计算"的机理、光电计算提出了低碳高速的计算模型、存内计算突破了冯·诺伊曼架构的存储墙效应，有望实现高能效计算范式。"元重构"主要研究物质重构的模型、意识重构的机理以及跨时空跨虚实的作用关系。数字孪生与光场重建提供了物质重构的手段,脑与认知阐明了意识重构的机理。元协同是面向物理世界和数字世界各自内部与二者相互之间的全链接。物联网融合建立了全链接的基础,区块链协同提出了全链接的手段,大数据决策提供了全链接的策略。"元交互"作为人与元宇宙的接口,是人们进入元宇宙和完成沉浸式交互体验的主要支撑技术。人机交互理论奠定了"元交互"的基础,脑机接口机理为元交互提供原理支撑,触觉交互作为关键技术创造了元宇宙自然交互体验。

感知技术实现了物理世界和数字世界能量的相互转换,支持大场景多对象复杂关系的感知与建模;元宇宙有更为大量的数据需要存储、计算和调度,对计算性能和算力分配提出了更高的要求,通过深度学习,学习机器或智能机具备处理来自元宇宙的各种情形和任务的能力;重构技术主要用于构建元宇宙中的多元数字化内容,可以实现对室内场景进行三维扫描与重建;协同技术用于元宇宙的链接和协作,可以实现现实世界与元宇宙数字世界的万物互联、虚实交互和可信协作,实现高速率、低时延、广覆盖的通信,保证数据共享与安全应用;交互技术实现虚实融合,通过全息显示技术,脑机接口和触觉交互等实现多模态感知。总结来说,未来元宇宙的数字化生存,这五大支撑技术相互作用,具体表现为:以感知为基础,以计算为支撑,以重构为核心,以协同为机制,以交互为接口。

总之,无论比较务实地将元宇宙视为虚拟现实技术,强调其实时交互的特征,还是更加宏观地将之视为下一代文明新形态,界定元宇宙的因素主要是两个:一是人文精神资源的概念描画;二是技术层面的发展。元宇宙的图景就在于此,概念的构想需要科学技术层面的支撑。科学技术的进一步发展,需要人文精神为之擘画,指引方向。目前对元宇宙的诸多技术畅想与理论研究,诚然多数是关于未来的想象,并且这种想象是以资本盈利或者技术便捷为主要导向的。这样一种导向有着非常大的误区,其蕴含的容易忽视的前提技术万能主义下对人自身价值的抹杀，直接表现为忽视元宇宙概念与人文精神层面的关联。这启示我们，在对元宇宙的理解过程中，人文与技术两方面不可偏废。正如段伟文所说："在元宇宙的发展过程中，对技术的优化要诉诸更多实践的智慧。"①要言之，未来对元宇宙的理解和稳定的概念界定，需要在人的虚拟性与技术的应用性之间找到平衡点。

二、元宇宙的场景应用初探

那么，从当下和未来综合来看②，可以期待元宇宙在哪些领域的应用呢？

在基础理论与关键技术的支撑下，元宇宙能实现全面感知、强大计算、完整重构、高效协同以及沉浸交互。在军事领域、航空航天、工业制造、医疗等国家重大战略重点领域有广阔的应用前景。

全面感知、虚拟重构，将大幅提高工业制造、航空航天关键领域的效率，将为设备全生命周期回溯提供保障；通过沉浸式的交互以及多地、多对象协同，可以解决医疗、教育资源的均衡问题，支撑医疗、教育的全面发展；在强大计算支撑下，通过感知、重构以及协同，为国家安全领域带来全新模式。

在军事发展方面，以人工智能、虚拟现实与增强现实等元宇宙基础技术为核心的智能训练系统正逐渐成为各国军队训练研究的主流。美军有超现实虚拟综合训练环境（Synthefic Training Emironment Information System, STE）、新型实战训练仿真系统（e Bullet）、人工战斗增强现实训练系统（TRACER）、航母模拟训练系统（Techsolutions）、人工智能空战训练系统等。国内元宇宙相关的产品将虚拟现实技术、物联网技术等应用到装备管理和技术训练中。

在航空航天方面，元宇宙为航空航天产业带来全新机遇，为航空航天制

---

① 段伟文：《元宇宙与数字化未来的哲学追问》，《哲学动态》2022 年第 9 期，第 42 页。

② 未来的维度意味着，其可能当下无法实现，但技术的发展能逐渐克服实现应用的困难。

造、深空资源探测与开采带来重要技术支撑。元宇宙在航空航天的数字化全生命周期、太空资源探测与开采、航空航天环境的全面感知和重构等方面有重大应用潜力。交互、协同技术的进步支撑航空航天数字化和太空资源探测与开采的跨越式发展。

在工业制造方面,元宇宙技术可以实现工业生产环境和组件的实时全息重构与全流程建模,支持灵活、沉浸式的交互与试验,极大缩短产品设计和验证周期,提升工业生产效率。元宇宙也将重塑工业制造领域各个主体之间的协同合作机制。高效率的工业生产离不开流程中各主体的沟通协作,但真实世界中的时空距离让传统的独立、隔离的协作方式成为工业生产的严重障碍。元宇宙的虚拟现实技术可以让所有生产参与者共享虚拟世界,支持多主体、多场景、多空间的实时沟通共享机制,实现大范围、远距离、长时间协同生产,有效保障工业生产效率。元宇宙终将颠覆工业制造范式,引领制造业走向"无人"式的高层次智能新模式。

在智能医疗方面,元宇宙技术在医疗行业的应用主要涉及三大领域:一是临床应用,二是医学教育,三是疾病治疗。此外,元宇宙技术还可以应用于新药研发,例如帮助科学家在分子水平的微小世界中观察化合物的互动方式,模拟和修改化合物的作用过程。智能交互的应用也能帮助收集和分析大量医学数据,推动医学的发展。远程医疗、虚拟医疗、远程护理和监控、数据驱动医疗,甚至是医疗保险、医患关系等领域都将会出现更加深入、更加精确的新应用。

三、元宇宙与文化产业模式

实现高度智能体验是元宇宙的突出特征之一,而文化产业所要求的体验特征正与元宇宙深度契合。这使得元宇宙与文化产业的融合成为元宇宙热现象中一个特别的趋势,互联网平台贯彻元宇宙因素往往是以元宇宙与文化融合的形式呈现。文化行业中，因为元宇宙的应用，文化创作、文化表现形式、网络游戏平台、数字音乐和文化旅游产业都因为元宇宙因素的融入而带来变化。即使二者融合有上述优势，但目前而言，文化产业相关行业的"元宇宙化"仅仅是处于开端，并显露出一些问题，首要的问题在于，在宣传甚至营销中，过度炒作元宇宙概念。流弊所在，滋生了一些利用元宇宙概念进行金融诈骗的新骗局。[①]亟待讨论的问题是：从宏观视角而言，何种路径才是文化产业的"元宇宙化"可实现的具体路径，在这一过程中，需要注意的问题是什么？

这一问题的关键词是"文化产业模式"。面对新事物的产生，文化产业应当具有何种模式，才能避免企业盲目发展，保持自身发展的稳定与基业长青？最近一段时期，文化产业发生着巨大变化，文化产业相关行业从单一发展娱乐业到兼顾文化与艺术相关领域，创意设计、艺术策展、书籍网络化等领域越来越受到人们重视。产业相关的企业家策略上更加清醒，企业家素质提升，相应地，企业经营模式不再因循保守，而是能主动有意识地调整自身的行业模式创新，有意识地与互联网相融合。[②]可以看到，近年来，文化产业本身经历着的变化其实也是一种挑战——那些不能适应这一变化趋势、企业家不能做出相应调整的企业注定会在行业中消失。元宇宙具有和互联网相类似的特征，若将元宇宙视为互联网化趋势的深入发展，那么，文化产业模式在互联网时代面临的挑战不仅不会消失，而且会变得更加严峻。诸如不同企业间的竞争同质化问题，因互联网用户年轻化的特征导致的及时调整具体操作措施的压力大等问题[③]，随着将来元宇宙构思的落地，这些挑

---

① 李勇坚、张海汝：《推动元宇宙与文化产业融合发展》，《学习与探索》2022年第9期，第154页。

② 陈少峰、李源：《文化产业的产业变动与商业模式创新》，《北京联合大学学报》（人文社会科学版）2017年第4期，第31—35页。

③ 陈少峰、侯杰耀：《互联网文化产业的挑战与对策》，《北京联合大学学报》（人文社会科学版）2016年第2期，第8—12页。

战是文化产业者所要更加迫切需要面对的。

元宇宙概念本身的未完成性使得我们在思考文化产业模式时,不得不以一种宏观的、抽象的、哲学化的方式进行思考。

第一,因为一直有异质性因素的介入,文化产业从来就不是一成不变,可以固守的产业。恰恰因为如此,元宇宙因素的介入并非会带来理论层面的巨大挑战,而是可以被视为文化产业面对互联网的一种深化,元宇宙给文化产业带来的挑战很大程度上也是互联网带给文化产业的挑战。快速的变化要求行业从业人员必须坚持未来导向,具有前瞻思维。比如,重视科技赋能,重视内容的质量,考虑企业的整体成长性,在前景规划中,重视未来导向。更加追求品牌化,追求企业自身长远价值的实现,有意识地创造企业自身IP,将其与企业形象绑定,延伸产业链模式,提升企业自身的持续性,从而保证企业抵抗巨大市场波动对自身的危害。[①]

第二,文化产业必须有互联网思维。文化产业的互联网化甚至元宇宙化,其实质都是文化产业的数字化。核心问题就变成了:文化与数字科技如何相融合?措施就是:重视数字化发展对平台产业模式的需求,在元宇宙时代,对平台本身的质量的要求只会更加强劲。要求利用好技术带来的便利性,更新娱乐体验模式,加强人机、人人互动性。拓展文化与技术融合的营销模式,创新消费模式。适时促进文化产业的升级转型,进行自我创新。

第三,文化产业发展要有跨界意识。一方面,文章第二部分初步探索了元宇宙在军事、工业制造、医疗等关乎国计民生领域的应用潜力,元宇宙在民生方面也同样具有广泛的适用性。文化行业需要在元宇宙落地的行业中广泛跨界,力求实现官产学金在元宇宙层面的新合作。跨界才能实现企业价值的最大化。另一方面,元宇宙会使得跨界体验更加充分,这不仅仅是将

[①] 陈少峰:《未来导向的文化产业商业模式创新》,《北京联合大学学报》(人文社会科学版)2019年第4期,第40页。

传统故事与现代内容相结合,而且是将数字化的元宇宙互联网因素与线下实体经历相勾连。不仅仅是单个城市的文创综合体,而且会是线上线下融合的大型综合体。

四、结语

通过对元宇宙的基本意涵澄清,我们可以看到元宇宙兼具现实与未来,技术与人文,想象与实际,是一个正在发展尚未完全定型化的概念。而第二部分的应用初探,展示了元宇宙的广泛应用场景。在这样的背景下,通过对元宇宙与文化产业的思考,我们可以发现,元宇宙带给文化行业的挑战,实际上互联网挑战的一种深化。而其理论上的思考是以往探索文化产业与互联网关系的一种延续。而多少有些悖谬的是,只有我们清醒意识到元宇宙和互联网带给文化产业的挑战,才能更好地享受元宇宙和互联网带给整个行业或者特定企业的机遇。